XUEXIAO FALÜ SHIWU

学校法律实务

余雅风 茹国军 等 /著

北京师范大学出版集团
BEIJING NORMAL UNIVERSITY PUBLISHING GROUP
北京师范大学出版社

图书在版编目（CIP）数据

学校法律实务 / 余雅风等著. —北京：北京师范大学出版社，
2023.5

ISBN 978-7-303-28294-4

Ⅰ.①学… Ⅱ.①余… Ⅲ.①教育法－基本知识－中国
Ⅳ.①D922.16

中国版本图书馆 CIP 数据核字（2022）第 212279 号

图 书 意 见 反 馈　　gaozhifk@bnupg.com　010-58805079
营 销 中 心 电 话　　010-58802135　010-58802786
北师大出版社教师教育分社微信公众号　　京师教师教育

XUEXIAO FALÜ SHIWU

出版发行：北京师范大学出版社　www.bnup.com
　　　　　北京市西城区新街口外大街 12-3 号
　　　　　邮政编码：100088
印　　刷：天津旭非印刷有限公司
经　　销：全国新华书店
开　　本：787 mm×1092 mm　1/16
印　　张：21
字　　数：400 千字
版　　次：2023 年 5 月第 1 版
印　　次：2023 年 5 月第 1 次印刷
定　　价：72.00 元

策划编辑：伊师孟　　　　　责任编辑：林山水
美术编辑：焦　丽　　　　　装帧设计：焦　丽
责任校对：张亚丽　　　　　责任印制：马　洁

编写说明

学校法律实务关注学校运作与管理的实践，注重学习者运用法律知识解决学校教育与管理实践中具体法律问题的能力培养，是教育法学学科的重要内容。《学校法律实务》论述了学校运作过程中应注意的各种法律问题，是适应依法治校、推进教育法治化建设的迫切需要而形成的专门知识领域，可作为各级各类学校管理人员以及各级教育行政人员的学习参考用书，也可作为师范类院校本科（专科）专业教材。在构思本书的内容体系时，我们力图体现以下特点。

基础性。使用本书的对象是各级各类学校管理人员以及各级教育行政人员、师范类院校本科（专科）学生，目的是使读者了解学校运作中的法律问题，把握和提高运用法律解释、解决问题的能力。本书力图涵盖从学校设立到运作、管理过程中各方面的法律问题，介绍我国现行法律规定，而不作学术研究性探讨。

实践性。学校法律实务属于应用法学的范畴，与学校教育与管理实践密不可分，对于各级各类学校教育与管理实践具有重要的指导意义。本书根据学校教育与管理实践需要设置内容，并将相关法律问题、经典案例放在相应章节之中，注重理论与实践的结合。

逻辑性。学校法律实务涉及教育学和法学两个学科领域，涵盖教育法和其他相关法律法规和规章。本教材以学校为主体，以学校管理为切入点，以学校运作过程中的各种法律问题为逻辑，具有十分严密的体系结构。

本书从内容上分为五个部分。第一部分为总论兼基础知识部分，即第一章；第二部分为学校作为独立主体的设立及组织，即第二章；第三部分分述学校运作管理的主要方面，即第三至第七章；第四部分是学校管理中的几个突出法律问题，即第八至第十章；第五部分即最后一章，专门介绍法律救济的途径。本书的整体框架由余雅风和茹国军设计提出，各章节撰写具体分工如下：第一章：余雅风；第二章：

王祈然、王朝夷；第三章：吴会会、王朝夷；第四章：茹国军、丁庆荣、褚天；第五章：姜国平、褚天；第六章：姚真、杨丽君；第七章：刘盼婷、姚真；第八章：王一杰、姚真；第九章：徐城北、姚真；第十章：徐冬鸣、余雅风；第十一章：褚天。最后由余雅风和茹国军整体审校、修改完善。对于本书的编写，我们进行了积极的探索并付出了努力。不当之处，欢迎读者提出宝贵意见。

目　录

第一章　绪　论

 本章摘要

　　本章第一节首先介绍学校与法律两个概念的内涵及学校与法律的关系，阐释现代社会学校的运作、发展与法律系统的密切关联，以及法治社会法律对于教育的重要意义。同时进一步介绍教育法及其原则、教育法在介入教育领域并对教育事业发展进行调节和规范过程中，学校与相关主体之间的法律关系及其类型，以便学习者在分析学校法律问题时，把握基本的法律概念、原理。教育法治化是教育与学校管理与发展的基本要求和目标，本章第二节在简单介绍教育法治的内涵、理念的基础上，介绍了教育立法、执法、司法以及守法的内涵与要求，其中，我国的教育法律体系、法治教育、依法治校等是基础性概念与内容。本章第三节就学校法律实务作为一个专门的知识领域，对其内涵、目标和内容作了介绍。

 本章关键术语

　　学校；法律；教育法律关系；教育法治；教育法律规范；教育法律体系；依法行政；法治教育；依法治校；法律责任；学校法律实务。

 学习目标

◆了解学校的特点，认识法律介入的必要性
◆认识法律的功能，了解我国的法律体系
◆把握教育法律关系的内涵、类型
◆了解教育法治的内涵与要求
◆认识我国教育法律体系
◆认识依法行政、法律责任等基本概念
◆把握依法治校、法治教育的内涵与要求

第一节　学校与法律

　　从学科的视角看，学校和法律分别是教育学和法学这两个学科领域的重要概念。在现代国家，随着学校和法律功能的凸显，二者的关系也愈加密切。

一、学校的界定

学校作为一种社会组织，可以从不同的学科视角进行解释。从教育学的视角看，学校是有目的、有计划、有组织、系统地对学生进行教育教学的重要场所。从社会学的视角看，学校是最常见、最普遍的社会组织，是从事公共活动的组织。从法学的视角看，学校是法律调整的对象，是指经主管机关批准设立或登记注册的，专门实施教育教学活动、享有一定权利并承担一定义务的社会组织。该界定包括以下要素：①学校是按照法律规定，依照一定程序设立的；②设立学校的目的是专门从事教育教学活动，必须具备法定的条件；③学校享有法定权利，履行法定义务；④学校是法律调整的对象，必须在法律规定的范围内活动。

（一）学校的性质

学校教育事业与社会发展、公共福祉具有重大关系，因此，在学校内实施的教育事业本身具有公共的性质。学校具有公共性。学校的公共性是指学校涉及社会公众、公共财政以及社会资源的使用，影响社会成员共通的必要利益，其共同消费和利用的可能性开放给全体成员，其教育与管理活动的结果为全体社会成员得以共享的性质。学校的公共性表明，学校事务是社会上的公共事务，学校即使是"民办"的，也不是"个人"的，同时也不是将学校中的教育任由举办者或学生父母自由实施。

学校教育培养学生的文化素养、强化其在社会中的生存能力。公立学校是由国家或自治团体如公立高校、国有企业等设立，其公共性不容置疑。由于学校内实施的教育本身具有公共性，因而民办学校也具有公共性。民办学校是公立学校的补充，据《中华人民共和国民办教育促进法》（以下简称《民办教育促进法》）第三条"民办教育事业属于公益性事业，是社会主义教育事业的组成部分"及第四条"民办学校应当贯彻教育与宗教相分离的原则。任何组织和个人不得利用宗教进行妨碍国家教育制度的活动"、第七条"国务院教育行政部门负责全国民办教育工作的统筹规划、综合协调和宏观管理"的规定可知，民办学校也具有公共性。学校的公共性，构成了国家介入学校教育与管理，并通过立法确立权利义务关系的理由。民办学校的公共性并非不考虑办学者、教育者、受教育者私益的维护，是在兼顾保障私益的前提下使私立学校的公共性得到维护。

（二）学校与企业的区别

在现代社会，学校是教育事业最重要的标志和组织形式。我国学制系统内的基本教育阶段分为幼儿教育、初等教育、中等教育和高等教育。每一教育阶段，根据教育对象和培养目标的不同而设立不同类型的学校，主要包括幼儿园、小学、初级中学、高级中学或完全中学、各类中等专业学校、职业学校、技工学校、普通高等学校、具有颁发学历证明资格的成人教育学校，以及其他专门实施学历性教育的教育机构。学校明显地区别于社会其他组织，特别是企业组织。

设置学校的目的不同于企业。《中华人民共和国教育法》（以下简称《教育法》）第五条规定：教育必须为社会主义现代化建设服务、为人民服务，必须与生产劳动和社会实践相结合，培养德智体美劳全面发展的社会主义建设者和接班人。国家设置学校及其他教育机构的根本目的，是培养德智体美劳全面发展的社会主义建设者和接班人，提高全民族的素质。而企业则是以营利为目的的生产和经营单位，追求最大化的剩余产品价值，是其发展的动力。因此，企业可以直接以经济效益指标来衡量其对社会的贡献，而对学校及其他教育机构则不能根据经济标准简单地得出价值判断。

学校的经费来源不同于企业。学校及其他教育机构的经费来源是多渠道的，其中主要部分来源于国家的拨款。国家出于公益性要求，拿出一部分财政收入用行政的办法分配给学校及其他教育机构，这种资金的使用，与企业借贷资金不同，是无须偿还的。而企业则必须拥有直接从事经济活动的资产，并以这种资产为基础，进行经营性活动，经过不断地周转而实现增值。尽管企业也可以通过贷款筹集到资金，但这些资金是有偿使用的。

对学校的调节手段不同于企业。由于学校及其他教育机构属于公共性机构，因此，在遵循教育规律、自主办学的同时，必须对其权能做出必要的限制。国家需要根据社会整体利益的需要，加强对学校及其他教育机构的宏观指导和管理，学校及其他教育机构在国家的监督和控制下，在执行国家有关法规、方针、政策的前提下享有办学自主权。尽管市场在一定范围内和一定程度上会对教育资源及人才资源的分配起某种调节作用，但教育有其自身的特点及运行机制，不能简单地把市场机制作为教育运行机制，以经济效益代替教育的综合效益。

二、法律

法律具有广义和狭义之分。广义的法律是指由特定国家权力机关依照法定的权限和程序制定或认可的，以国家强制力保证实施的法律概念、法律原则以及行为规范的总和。广义的法律既包括国家各级权力机关制定的法律、法规，也包括国家各级行政机关制定和发布的命令、决定、条例、规定、办法、指示和规章等规范性文件。狭义的法律则专指由全国人民代表大会及其常委会制定的法律。本教材所称法律一般为广义的教育法。法律作为一种特殊的社会现象，具有其本质属性。

法律是由国家制定或认可的。法律是一个国家的特定权力机关在法定的权限范围内，依照法定的程序制定或认可的。制定和认可是国家创制法律的两种基本形式。法律的制定是指专门的国家机关制定、修改和废止法规的活动，是我国法律创制的主要途径；认可是指赋予已有的行为规范、习俗、习惯等以法律效力。

法律是一种行为规范。行为规范即人们在社会生活中必须遵循的行为规则或行为模式。这种规则或模式主要通过规范人的行为来调整一个社会中人与人之间的关系。法律是调整社会不同领域不同主体间的权利义务关系的行为规范，通过确立不同主体的权利与义务，协调社会关系。

法律是以国家强制力保障实施的行为规范。行为规范包括道德规范、法律规范等。法律是以国家强制力保障实施的行为规范，这也是法作为行为规范而不同于其他行为规范的重要特点。法律的国家强制性，表现为它是以国家强制机构（包括警察、法院、军队等）通过强制措施作为后盾。

（一）法律的功能

强调法律在教育和学校发展中的作用，是由法律的特殊功能所决定的。法律的功能可划分为规范功能和社会功能。

1. 法律的规范功能

法律的规范功能是指法律通过规范不同主体的行为，确立和调整权利义务关系，从而为人们提供标准和模式的作用。"法律是肯定的、明确的、普遍的规范。"[1] 法律是一种调整人们行为的规范，这种规范的存在，就是要对人们的意志、行为发生影响，对人们的行为起到规范作用。法律的规范功能主要表现在以下方面。

（1）引领功能。法律的引领功能表现为通过立法，规定人们在法律上的权利和义务，提供人们行为的既定模式，以此来指引人们的行为。法律在引领教育领域相关主体行为的同时，也在规范引导其他主体诸如社会组织、学生家长的行为。教育法具有普遍性的引领作用，政府及其教育行政机关、学校、教师、学生及其家长、社会有关组织等都应受到教育法的约束，在享有权利的同时履行应尽的义务。

（2）评价功能。法律是衡量人的行为的依据。法律作为一种行为标准和尺度，具有判断、衡量人们行为是否有效、是否合法的作用。通过这种判断、衡量和评价，能够有效地影响人们的价值观、是非标准，从而成为一种行为标准和尺度。教育法是人

---

[1]　《马克思恩格斯全集》第一卷，71页，北京，人民出版社，1995。

们教育上的行为的标准，教育主体的行为是以教育法律规范为准绳的。并且，教育法的这种标准功能适用于所有的人，是一种普遍的标准和尺度。教育法律关系主体的一切活动都必须合乎教育法的规定，否则无效，并且应追究相应的法律责任。

（3）预测功能。预测功能是指根据法律规定，人们可以预先知晓或估计到某种行为会产生什么样的后果。及时对人的行为进行预测可以避免行动的偶然性和盲目性，可以提高行动效率。现代教育活动是一种复杂的社会活动，如果没有一定普遍适用的规范为人们预测自己行为的后果，就难以保证教育的有序。法律的预测作用，使学校及其管理者可以根据法律的规定预测某种行为所产生的后果，避免行动的偶然性和盲目性，提高效率。

（4）教育功能。法律的教育作用首先表现为，通过把国家或社会对人们行为的基本要求转化为人们的固定的行为模式，进而影响人们的思想、意识。其次，通过对违法者的制裁和对合法行为的褒扬而影响个人今后的行为。教育法的教育功能，有利于提高公民的教育法律意识、权利和义务观念、责任感等。

（5）强制功能。法律的强制功能在于以国家强制力为后盾，制裁违法犯罪行为。通过国家强制力制裁违法行为，促使人们依法行使权利，履行义务，从而使教育活动有序化。教育法规定的法律责任有：①行政责任。如警告、宣告无效、没收、取消资格、停止招生、行政拘留等。②民事责任。如停止侵害、排除妨碍、消除危险、返还原物、赔偿损失、支付违约金等。③刑事制裁。如管制、拘役、有期徒刑、无期徒刑、死刑等以及附加刑。

2. 法律的社会功能

法律的社会功能是指法作为特殊的社会规范，为实现一定的社会目的而发挥的作用。任何法律部门均以承载着一定的社会功能而存在。正是由于多元的法律部门分别承载不同的社会功能，具有不同的作用，才有整个社会的组织化和整体社会活动的有序化。教育法的社会功能表现在以下几方面。

（1）确认和保障教育的性质和发展方向，保障教育目的的实现。教育的性质和方向是教育工作的首要问题，也是教育法首先明确的问题。《教育法》第五条明确规定了我国的教育方针："教育必须为社会主义现代化建设服务、为人民服务，必须与生产劳动和社会实践相结合，培养德智体美劳全面发展的社会主义建设者和接班人。"该规定明确指出，我国的教育是社会主义性质的。教育法的社会作用，首先表现在确认和保障教育的社会主义性质和方向。

（2）建立教育教学活动的法律支撑体系，促进教育的有序发展。现代教育的发展以及教育教学活动的有序开展，需要一个强有力的法律支撑体系的保障。教育法从以下方面，建立教育事业发展和教育教学活动的法律支撑体系，保障了教育的稳定发展。①教育事业发展计划的法律规范。从教育事业计划的管理及其动态运行的角度看，主要由编制、审批、执行和监督等环节构成。②教育经费管理的法律规范。教育事业规模的发展，国家财政支出占有十分重要的比例。因此，对教育经费的调控成为国家教育职能的重要内容。关于教育经费的取得、分配、保障，经费管理的原理、原则和使用方式，教育经费效能的发挥均属于法律手段的调节范围。③学校教学工作管理的法律规范。主要包括学校课程计划的编定和实施；教科书的编写、审定和使用；学生的学籍管理；学校招生、选拔工作的管理；学位授予工作的管理；教师教育与管理等。

（3）促进教育行政的合法化，实现依法治教。现代教育的一个重要特点就是教育活动的日益复杂化和有序化。任何国家要对教育进行有序的、科学的教育行政管理，就必须把国家的行政管理置于牢固的法治化基础之上。教育法规定了政府及其教育行政部门在教育管理方面的职权和法律责任，以保证教育行政部门按客观规律办事，确认政府及其教育行政机关的职权与权力界限，对不履行义务和违反禁止性规定的行为予以法律制裁，促使教育法律关系主体按照教育规律办事，从而大大提高教育管理的效率。

为了保证学校教育目标、方向的正确以及教育教学活动的连续性和稳定性，在教育发展规划的制定，教育经费的筹措、管理，教育方针、学校制度的规定，教育课程、计划的编制，教科书的编写、审定，入学、升学、毕业工作，学位授予，学校教学设施的标准，班级制标准，教师身份、工作条件、工资、职称、教师编制及培养等领域，法律的规范作用和调节作用都在不断加强。

（4）维护教育公平，保障平等受教育权利。受教育权是宪法规定的公民的基本权利。但宪法解释机构没有对公民受教育权进行权威性解释。单从权利的结构来看，受教育权应由三个部分组成：①公民积极行使接受教育的权利。②请求相对方如政府、学校或监护人履行义务以提供教育机会和条件的权利。③义务人不履行义务时，受教育者诉诸法律要求保护的权利。受教育权作为公民的基本权利，国家有义务保障公民的受教育权从法定权利真正地转化为现实权利。

受教育机会平等，即受教育的权利和拥有相应的条件这两个方面的平等。它是平等受教育权的最低限度的要求。它禁止依据不合理的标准对人进行分类，再依据不同分类提供不同的教育机会，或者给予某些人受教育的优惠，或者对某些人不提供受教育的机会。教育法以法律形式保障公民的受教育的权利和拥有相应的条件的平等，要求所有的公民不分民族、种族、性别、年龄、财产状况等都有受教育的权利，并以法律形式要求国家尽可能提供足够的教育资源，以保证公民享有平等的受教育条件。

（二）我国的法律体系

法律体系，通常是指一个国家全部现行法律规范分类组合为不同的法律部门而形成的有机联系的统一整体。简单地说，法律体系就是部门法体系。部门法则是根据一定标准、原则所制定的同类规范的总称。在一个国家的法律体系中，不同的法律部门有其特殊的调整对象，不同的调整对象有不同的矛盾运动，因而解决不同领域矛盾的法律规范具有各自特定的内容。任何法律部门均以承载着一定的社会功能而存在。正是由于多元的法律部门分别承载不同的社会功能，才有整个社会的组织化和整体社会活动的有序化。法律体系具有如下特征：法律体系是一个国家全部现行法律构成的整体；法律体系是由部门法构成的体系化的有机整体；理想的法律体系应该门类齐全、结构严密、内在协调。

目前，我国已经建立了以宪法为统帅和根本依据，由法律、行政法规、地方性法规与自治条例、单行条例三个层次，宪法及宪法相关法、民商法、行政法、经济法、社会法、刑法、诉讼与非诉讼程序法七个法律部门组成的法律体系。由于部门法的划分标准不是绝对的，因而教育法属于上述哪个法律部门并没有在学界达成一致。但这并不影响人们运用法律解决和分析教育领域的相关法律问题。学校在运作过程中，会由于法律事实和法律行为的不同，涉及上述不同法律部门中的具体法律规范，需要具体问题具体分析。

（三）法律与其他相关行为规范

行为规范，是组织或个人在参与社会活动中所遵循的规则、准则的总称，是社会认可和人们普遍接受的具有一般约束力的行为标准。包括法律规范、政策、道德规范等。学校法律实务不仅仅关涉法律，在学校的运作中，教育政策、师德规范等都是学校运作中密切关联的社会规范种类。

1. 政策

教育政策具有广义和狭义之分。广义的教育政策是国家机关、政党及其他政治团体在特定时期为实现或服务于教育发展目标所采取的政治行为或者规定的行为准则，是一系列方针、策略、法律、法规、制度、措施等的总称。广义的教育政策包含了教育法律。狭义的政策则是政党、政府等政治实体在一定历史时期，为了实现一定的教育目标和任务而平衡各方的教育利益、协调教育的内外关系所规定的行动依据和准则[①]。该概念涵盖以下要素：第一，制定教育政策的主体是政党、政府等

[①]　孙绵涛：《教育政策学》，22 页，北京，中国人民大学出版社，2010。

政治实体；第二，制定教育政策的目的在于平衡各方的教育利益、协调教育的内外关系，实现一定的教育目标和任务；第三，教育政策的表现形式为实施教育行动、活动、行为的依据或规则，包括党的有关教育的政策文件，国家行政机关制定、发布的有关教育工作的政策性文件，党中央和党的地方各级领导机关所属有关部门与国务院和地方人民政府所属各部门共同制定或批准的有关教育的政策文件，以及党和国家领导人有关教育问题的讲话、指示等。这里介绍狭义的教育政策与法律的关系。

法律与政策同属于上层建筑的范畴，都体现了国家的政治利益和经济利益，但又是两种不同的社会现象。在实际必要且条件成熟的情况下，教育政策可能会上升为法律。任何国家的教育法律都体现着一定的教育政策诉求，是政策的条文化、具体化。二者的区别如下。

属性不同。教育政策不具有国家意志的属性，它之所以能指导国家的教育事业和调整、解决教育工作中的问题，主要是由执政党的地位所决定的。而法是国家意志的体现。教育政策必须由一定的国家机关根据党的教育政策的内容和精神，通过一定的法律形式和法定程序才能转化为国家的教育法，才能成为人人普遍遵守的准则，才能依靠国家强制力保障实施。

制定机关和制定程序不同。教育政策的制定机关是政党、政府等政治实体，包括党的全国代表大会和党的全国代表大会所选举产生的中央委员会、党的地方各级代表大会和各级党的委员会、各级国家行政机关及其职能部门等。一般讲，教育政策在制定的程序上，是通过党的领导机关会议的形式，在民主讨论的基础上形成。

教育法是由宪法授权的有权制定法律、法规等的国家机关制定或认可的。是否属于国家宪法的具体授权，是教育法区别于教育政策的基本标志。从教育法的制定程序来看，《中华人民共和国立法法》分别对教育法律、教育行政法规、地方立法、部门规章规定了严格的制定程序。例如，法律的制定包括四个环节，即（1）提出教育法律草案；（2）讨论教育法律草案；（3）教育法律的表决和通过；（4）教育法律的公布。

稳定程度不同。教育政策是执政党及其机关根据一定时期的政治、经济任务而制定的教育工作的行动原则，具有一般的号召性，可以随着形势的变化进行及时的调整、丰富、改进和完善，以及时地解决各种实际的问题，因此具有较大的灵活性。教育法则比较具体、稳定，对全体社会成员的行为具有严格的规定性，以便于教育执法、守法。另外，教育法制定程序上的严格性，也使教育法比教育政策具有更强的稳定性。

实施方式不同。教育政策的实施主要靠号召、宣传、教育，其贯彻实施不具有确定的约束力或强制力作为保障。教育法是以国家强制力保障实施的行为规范，这也是法作为行为规范而不同于其他行为规范的重要特点。任何政党、社会团体、社会组织以及个人都必须在法律的范围内行动，违法的要受到国家强制力的制裁。

调整范围不同。教育政策在内容上具有全局性，因而在调整范围上具有调整范围更加广泛的特点，涉及教育领域的各个方面。教育法只调整基本的、教育法律规范所确定的教育社会关系，没有法律规定的教育社会关系，不受教育法的调整。

2. 道德

道德是人们共同生活及其行为的准则与规范，通常代表社会的正面价值取向，具有判断人们行为正当与否的作用。道德是以善恶为标准，通过社会舆论、内心信念和传统习惯来评价、引导人的行为，调整人与人之间以及个人与社会之间的相互关系。道德与法律都属于社会规范，具有巩固社会制度，维护良好社会秩序的作用。两者是相辅相成的，法律通过强制力处理和制裁违法行为，表彰和引导相关行为，有利于提高人们的道德水准。人们有了较高的道德素质，就会自觉地遵纪守法，从而促进法律的建设。道德与法律又是相互补充的，道德调整的范围大于法律，而法律依靠国家强制力，对同时违反道德也违反法律的行为给予制裁。道德与法律是两种不同的社会调控手段。

表现形式不同。法律是国家制定或认可的一种规范性文件，具有明确的内容，通常以各种法律渊源的形式表现出来，有明确的权利义务关系。而道德规范的内容有的存在于人们的意识之中，内容比较原则、抽象、模糊。

调整对象和范围不同。道德调整对象和范围是极其广泛的，涉及社会生活的各个方面，包括人们的行为、思想等。法律尽管也考虑人们的主观过错，但只调整人们有关法律的行为。如果没有违法行为存在，法律并不惩罚主观过错本身。由法律调整的，一般也由道德调整。但也有由法律调整的领域几乎不包括道德判断，如专门的程序规则、票据的流通规则、政府的组织规则等。

作用机制与实现方式不同。法律虽然也需要人们自觉遵守，但它是由国家强制力保证实施的。违反法律将承担法律责任，受到法律明确规定的制裁。而道德的实施首先靠人们的自觉遵守，其次是社会舆论、传统力量的强制，内心信念的约束、人们的自律等。违反道德通常受到社会舆论的压力和自我的良心谴责。

内容不同。法律是以权利义务为内容的，一般原则要求权利义务对等，没有无权利的义务，也没有无义务的权利。而道德一般只涵盖义务性要求，并不要求对等的权利。例如，面对学生，道德规范要求学校、教师有师德规范所规定的义务，却未赋予学校、教师权利。

三、学校与法律的关系

随着人类知识的不断丰富和成熟，知识的传授日显重要，而对知识传授本身的规定性也日显重要，这就使传授知识的活动有必要从社会生产和生活中分离出来，形成专门的活动领域，这导致了专门的教育机构和教师职业的出现。现代社会以前的学校教育机构，从制度和组织形式看，其特点是规模小，制度不完善、不系统，还没有形成统一有序、分工明确的各级各类学校系统。从学校教育机构的内部来看，教学活动的组织形式主要是个别教学和自学，没有统一的教学计划、大纲、教材和质量标准，其组织是不严密和不系统的。

随着生产力的提高、科技的进步以及生产和社会生活的高度社会化，教育领域不断扩大，教育的内涵日益纷繁复杂。现代社会对人才需求的多样化，要求打破传统的学校体系，建立统一的教学计划、教材和教学质量标准，形成一个幼儿、青少年、成人教育融会贯通，学校、社会、家庭密切配合的一体化教育体系。而通过法律手段保障教育事业的发展，就成为有效实现国家教育职责的客观需要。

近代以来，人们越来越清楚地认识到教育不仅影响人的生存质量与发展水平，而且也影响国家的繁荣与发展。所以，从18世纪开始，以德国为先导，一些实现工业革命的国家纷纷颁布义务教育的法律，进而将用立法手段干预教育的方法扩展到其他领域。"二战"之后，随着教育作用的进一步增强，各国教育立法进一步完善，到目前，各发达国家已建立起完善的教育法律体系。国家运用立法手段管理、控制教育，标志着传统上一直将教育视为私人事务的观念已成为历史，教育子女已不完全是父母的权利与义务，国家对其公民也有教育的权利与义务。而学校作为专门的教育场所在教育权的分化中也享有教育学生的基本权利与义务，并成为国家教育法调整的重要对象。

改革开放以前，我国的教育体制是一个与计划经济相适应的，由政府举办、计划调控、封闭办学、集中统一的体制。在这样一种国家与教育高度一体化的教育体制下，教育是一个与市场无涉的封闭领域。1978年，我国确立了以经济建设为中心，实行改革开放，建设有中国特色社会主义的基本路线，教育事业也开始进入恢复和发展的重要时期。针对教育体制改革的新情况，1985年《中共中央关于教育体制改革的决定》强调，在简政放权的同时，必须加强教育立法工作。1993年，中共中央、国务院颁布的《中国教育改革和发展纲要》，系统提出了教育法制建设的目标和任务，要求"加快教育法制建设，……逐步走上依法治教的轨道"。在全面依法治国，推进法治建设的过程中，我国教育法律初成体系，教育事业开始纳入法治化建设轨道。法律在教育领域的全面介入，使得计划经济体制下单纯依靠行政计划、行政命令等进行教育管理的情况发生了改变。法律对学校、教师、学生独立法律主体地位的确认以及对各主体权利义务的规定，使过去主体间单纯的内部行政关系变成了法律在调整教育领域不同主体的行为过程中形成的以权利义务关系表现出来的特殊的社会关系，法律关系成为学校管理中一个重要概念和法律分析的基本范式。

（一）教育法及其原则

教育法是现代教育发展的产物，是现代国家一个重要的法律规范领域。世界各国发展教育的一个重要经验就是通过法律这一高度专门化的手段来实现对大规模教育事业的调控和发展。

教育法具有广义和狭义之分。广义的教育法是指由特定国家权力机关依照法定的权限和程序制定或认可的，以国家强制力保证实施的有关教育的法律概念、法律原则以及行为规范的总和。广义的教育法既包括国家各级权力机关制定的法律、法规，也包括国家各级行政机关制定和发布的命令、决定、条例、规定、办法、指示和规章等规范性文件。狭义的教育法则专指由全国人民代表大会制定的《中华人民共和国教育法》。

教育法的原则是教育法律体系中所有法律法规应当维护和遵循的总原则，也是依法治教、完善教育法制的基本准则。为了使调整不同部类教育事业的所有教育法律法规形成一个内容和谐一致、形式完整统一的有机整体，众多的教育法律法规必须根据共同的基本原则来制定。它使众多的教育法律法规成为一个内部统一的体系。教育法的原则贯穿于全部教育法律法规中，是制定教育法的出发点和基本依据。我国教育法的基本原则体现于我国宪法和教育法的有关规定中，这些原则也是学校运作中应该遵守的，包括如下方面。

1. 坚持教育为社会主义建设服务的基本方向，保证各级各类教育事业协调发展

坚持教育的社会主义方向，是我国教育事业发展必须长期坚持的一项宪法性原则。《中华人民共和国宪法》（以下简称《宪法》）第十九条规定，"国家发展社会主义的教育事业"。《教育法》第三条规定，"国家坚持中国共产党的领导，坚持以马克思列宁主义、毛泽东思想、邓小平理论、'三个代表'重要思想、科学发展观、习近平新时代中国特色社会主义思想为指导，遵循宪法确定的基本原则，发展社会主义的教育事业"。

我国教育是社会主义教育，是我国社会主义建设的重要组成部分。教育必须为社会主义建设服务，社会主义建设必须依靠教育。坚持教育的这一基本方向，保证各级各类教育事业协调发展，为我国经济和社会发展大规模地准备能够坚持社会主

义方向的各级各类合格人才，是我国教育立法首先必须遵循的一项基本原则。

2. 坚持德智体美劳全面发展的教育基本方针，保障公民平等的受教育权利

培养学生全面发展和保障公民的受教育权利，是得到我国宪法确认的两项基本的教育政策。其着眼点都在于提高整个民族的素质，维护教育民主。教育法的目的与教育的目的相一致。《宪法》第四十六条第二款规定，"国家培养青年、少年、儿童在品德、智力、体质等方面全面发展"。《教育法》第五条规定，"教育必须为社会主义现代化建设服务、为人民服务，必须与生产劳动和社会实践相结合，培养德智体美劳全面发展的社会主义建设者和接班人"。

坚持教育的民主性原则，既要求人人有平等的受教育机会，也要求教育法律关系主体在享受教育法规定的权利时，应当履行教育法规定的义务。《宪法》第四十六条第一款规定，"中华人民共和国公民有受教育的权利和义务"。《教育法》第九条规定，"中华人民共和国公民有受教育的权利和义务。公民不分民族、种族、性别、职业、财产状况、宗教信仰等，依法享有平等的受教育机会"。受教育权利与义务是统一的。要保障公民有平等的受教育机会，就应做到让受教育者在受教育的起点上即入学方面机会平等、受教育的过程上即就学过程平等以及受教育的终点上即学业成就方面机会平等。

3. 确立不同主体的责任，维护教育的公共性原则

《教育法》第八条关于"教育活动必须符合国家和社会公共利益"的规定，体现了我国教育法所应维护的教育的公共性原则。教育的公共性体现了教育直接使个人受益、间接使社会受益的功效。

维护教育的公共性，第一，要求举办教育要向国家和人民负责，通过立法，保证教育投入，维护教育的发展。《宪法》第十九条规定，"国家发展社会主义的教育事业，提高全国人民的科学文化水平。国家举办各种学校，普及初等义务教育，发展中等教育、职业教育和高等教育，并且发展学前教育。国家发展各种教育设施，扫除文盲，对工人、农民、国家工作人员和其他劳动者进行政治、文化、科学、技术、业务的教育，鼓励自学成才"。第二，要求学校在实施教育的过程中应符合社会公共利益。根据《教育法》第二十六条的规定，举办学校或其他教育机构不得以营利为目的。不以营利为目的，不是学校不可以收费或办学经费有盈余。如果通过办学所得来的资金用于学校发展基金、教职员工福利、改善办学条件等，可以说符合《教育法》的规定；但用于举办者的分红、非教育教学目的的再投资等行为，以及明显超过培养成本的高收费行为都是违反《教育法》规定的。第三，要求政府及其教育行政机关在法定授权范围内行政，维护学校的自主性。教育工作有其自身的特点和规律，对教育工作的法律调整符合教育工作的特点和规律，就能起到促进教育事业发展的积极作用，反之，则会对教育工作起消极的甚至阻滞的作用。因此，需要通过立法，调动和发挥各级各类学校的积极性和主动性，保障各级各类教育工作的自主权，使之能主动适应经济和社会发展的多方面的人才培养需要。第四，教育的公共性原则体现在教育的世俗化。我国《教育法》明确规定"国家实行教育与宗教相分离"的原则，任何组织和个人不得利用宗教妨碍国家教育制度的实施。

（二）教育法律关系

法律关系是法律在调整人们行为过程中形成的以权利义务关系表现出来的特殊的社会关系。其意义在于进一步将规范化、一般化的法律权利和义务具体化和明确化，是法律调整社会关系的唯一途径和方式。法律关系是进行法律分析的基本范式。

任何法律部门都有其特有的调整对象，社会关系中被教育法所调整的部分，即教育法律关系。教育法律关系是教育法对由教育活动而产生的各种社会关系予以调整后形成的教育领域不同主体之间的权利与义务关系。

1. 法律关系的特征

在法律领域中，法律关系是运用较多的一个概念或术语，也是学校管理与法律实务中一个重要法律概念。同其他社会关系相比较，法律关系具有如下特征：

法律关系是由法律所规定和调整的社会关系。法律规范没有规定、未加规范的，就不是法律关系。一方面，任何一种法律关系都是以与这种法律关系相适应的法律规范的存在为前提的。另一方面，法律规范只有在具体的法律关系中才能得以实现，才能发挥其调整社会关系的作用。法律如果离开了对具体法律关系的确认和调整，便不能起到调整社会关系的作用。

法律关系是一种社会关系。法律关系是人与人之间的关系，它不同于人与自然界之间的关系，也不同于人与物之间的关系。但并非人与人之间的关系都是法律关系，只有被法律所调整的主体间的关系才是法律关系，因而它不是由人们的主观随意性所决定的。法律规范作为行为准则，为人们的权利与义务设定了一种可能性。法律关系中人们的权利与义务是具体的，指向特定的人、事或行为。

法律关系是以法律上的权利和义务为内容的社会关系。法律关系是法律规范在调整人们行为的过程中形成的一种特殊的社会关系，是以法律上的权利和义务为内容的。这种权利的行使和义务的履行是由国家的强制力来保障的。任何侵犯他人合法权利和不履行法定义务的行为，都将受到法律的制裁。即使人们之间自行协商解决各种纠纷，也是以国家的强制力为后盾的。

2. 法律关系的要素

一般认为，法律关系包括三个要素：法律关系主体、法律关系客体与法律关系的内容。

（1）法律关系主体是指法律关系的参加者，即在法律关系中一定权利的享有者和一定义务的承担者。在每一具体的法律关系中，主体的多少各不相同，但大体上都归属于相对应的双方：一方是权利的享有者，称为权利人；另一方是义务的承担者，称为义务人。在我国，能够参与教育法律关系的主体包括以下几类。

政府及其教育行政机关。国家教育行政职能是通过政府及其教育行政机关形成一定的教育法律关系，并以教育行政行为行使权力和承担义务来实现的。在此，政府及其教育行政机关是最主要的主体，政府及其教育行政机关的存在及其教育行政职能的行使，是教育法律关系产生的重要前提条件。

机构和组织（法人）。主要包括三类：一是学校与其他教育机构；二是企事业单位；三是社会团体。学校及其他教育机构是教育法律关系的核心。企事业单位和社会团体在一定条件下可以成为教育法律关系的主体。如企业事业单位委托办学或者合作办学时就同教育单位以及教育主管单位之间形成教育法律关系，并成为一方当事人。社会团体根据国家有关法律规定，向政府主管部门申请办学时，二者之间也可以形成教育法律关系，并成为该法律关系的一方当事人。

公民（自然人）。这里的公民既指中国公民，也指居住在中国境内或在中国境内活动的外国公民和无国籍人。如教师和其他教育工作者、受教育者、家长和其他公民个人等。公民在依法参与各项教育、教学和科研活动时，就会与教育主管机关或者教学科研机构之间发生享有教育权利和承担义务的教育法律关系，并成为该教育法律关系的主体，即一方当事人。

法律对由教育活动而产生的各种社会关系予以调整后形成了教育领域各主体间的权利、义务关系。从教育领域的主体视角划分，与学校有关的法律关系主要有学校与政府，学校与教师，学校与学生，学校与相关社会组织、个人的法律关系等。

（2）法律关系客体是指权利和义务所指向的对象，又称权利客体、义务客体或权利客体。教育法律关系的客体是将教育法律关系主体之间的权利与义务联系在一起的中介，没有教育法律关系的客体作为中介，就不可能形成教育法律关系。在现代社会中，教育法律关系的客体主要包括如下几类。

物。是指法律关系主体支配的客观实体。它可以是活动物，也可以是不可活动物。从学校领域看，活动物包括学校的各种资金、教学仪器设备、学生的物品等；

不可活动物包括学校中的土地及各种场地、房屋及其他建筑设施、学校的各种场馆等。

行为。在法律关系客体的意义上，行为指的是法律关系主体所指向的作为或不作为。从学校领域看，主要包括：①教育行政机关的行政行为，即国家教育行政机关为实现国家对教育事业的行政管理权而依法实施的，直接或间接产生行政法律后果的行为，如通知行为、批准与拒绝行为、许可行为、免除行为、处罚行为及委托给学校或其他教育机构具体颁发学历证书的授权行为等。②学校和其他教育机构的管理行为。包括制订学校或机构内部管理规范的行为；具体组织教学科研活动行为；决定给予违纪教育者或受教育者一定的教育纪律处分，接受被处分者申诉的行为；决定给予工作出色、成绩优秀的教育者或受教育者一定奖励的行为；对修业期满，符合国家学历水平要求的受教育者发给毕业证书或学位证书的行为；对符合本教育机构自行规定的学业水平要求的受教育者发给教育机构的结业证书行为；其他内部管理行为。③教育者与受教育者之间的教育教学行为。教学行为是维系教育关系最基本的行为，是教育法律关系赖以存在的重要条件。此外，还有学生家长、各种社会组织参与、支持教育活动的各种行为。

智力成果。即人们在智力活动中所创造的精神财富。在教育领域主要包括精神产品和智力成果，如教材、著作，以及各种具有独创性并行之有效的教案、教法、教具等。

人身利益。包括人格利益和身份利益，是人格权和身份权的客体。如教师、学生和学校的姓名或名称，以及公民的肖像权、名誉权、身体健康权、生命权等。

（3）法律关系的内容是法律关系主体享有的权利和必须履行的义务。一般来说，权利是指国家法律对权利人以某种相对自由的作为或者不作为的方式来获得一定利益的许可和保障。在现代法治国家，任何人的权利都要经由法律来规定。经法律所确认的权利，任何组织和个人都不得侵犯和非法剥夺。所谓义务，是指国家法律对义务人应作为和不应作为的约束或者规范。义务意味着义务人必须履行一定的法定责任。凡是法定义务，必须履行，不得拒绝。

教育法律关系的内容是教育法律关系主体在依法成立的法律关系中享有的某种权利和应承担的某种必须履行的义务。教育法律关系主体所享有的权利，即教育法律规范所规定的法律关系主体可以作为的行为或可以不作为的行为，它由教育法律确认、设定，并为教育法律保护。教育法律关系主体应承担的某种必须履行的义务，即教育法律规范所规定的法律关系主体必须做出一定行为或不做出一定行为的约束，它以教育法律规定为前提，不履行义务的人将受到国家强制力的制裁。

如前所述，教育法律关系是基于人们的教育活动所形成的人与人之间的权利与义务关系，因此，它必然涉及两类重要的主体，即教育者与受教育者。显然，这二者的权利与义务是教育法律关系的核心内容。值得注意的是，在教育实践中，教育者的权利与义务具有一致性。如国家有对公民实施教育的权利，而这种权利同样也是一种义务，因为国家这种权利必须以作为为目的，换言之，国家有权利同样也有义务通过举办学校、管理学校为公民提供教育机会。同样，受教育者有权利也有义务接受一定年限的国民教育。因此，就其体现社会内容的重要性而言，教育法律关系的内容突出表现为两个方面，即教育权利（简称教育权）与受教育权利（简称受教育权）。

第二节　教育法治

法治首先是指一种治国的方略、社会调控方式，与人治相对立，强调法律至上，法律具有最高的权威。法治还指一种法律价值、法律精神，一种社会理想，通过这种治国的方式、原则和制度的实现而形成的一种社会状态。法治是现代国家治理的基本方式，实行法治是国家治理现代化的内在要求。大到国家的政体，小到个人的言行，都需要在法治的框架中运行。

1978年党的十一届三中全会提出的"做到有法可依，有法必依，执法必严，违法必究"，被确定为社会主义法制建设的基本方针。在这十六字方针的指导下，我国法制建设取得了重大成就。2012年，党的十八大报告提出："法治是治国理政的基本要求。要推进科学立法、严格执法、公正司法、全民守法，坚持法律面前人人平等，保证有法必依、执法必严、违法必究"，从而确定了"科学立法、严格执法、公正司法、全民守法"新的法治建设的十六字方针。科学立法是建设法治中国的前提，严格执法是建设法治中国的关键，公正司法是建设法治中国的防线，全民守法是建设法治中国的基础。

古希腊著名的哲学家亚里士多德在其《政治学》一书中就对"法治"作过经典的解释："法治应包含两重意义：已成立的法律获得普遍的服从，而大家所服从的法律又应该本身是制定得良好的法律。"我国《宪法》确立了"中华人民共和国实行依法治国，建设社会主义法治国家"的治国基本方略，教育领域的法治也是实现全面法治的重要内容。依法治教是教育法的根本原则，也是依法治国方略在教育领域的体现，它要求运用法律手段管理和发展教育事业。

一、教育立法

立法是国家专门机关根据一定的指导思想和原则，依照法定权限和程序，创制、修改、补充和废止法律文件的专门活动。教育法是现代社会和现代教育的产物，同时也是促进教育发展的法律保障。科学立法是依法治教、实现教育法治的前提和基础。

（一）立法程序

立法包括制定法律、修订法律和废止法律三种表现形式。在法治国家，法律成为教育大系统中最强有力的子系统，为学校内、外部管理行为提供法律依据。我国的立法程序为：

（1）法律议案的提出：依照宪法和有关法律的规定，由有权的机关或人员向各级人民代表大会及其常务委员会提出关于法律创制、修改或废除的提案或建议。

（2）法律草案的审议：法律制定机关对列入议程的法律草案正式进行审查和讨论。

（3）法律的通过：法律制定机关对法律草案经过讨论并进行表决后，表示正式同意。

（4）法律的公布：法律制定机关将通过的法律用一定的形式予以正式公布。

教育法的目标是规范各主体之间的关系，保证不同形式、不同性质和不同层次的教育的协调发展，以形成一个合理的、符合社会发展需要的现代教育结构。教育法是以教育领域各主体之间的权利义务关系为调整对象的，从一个国家的整个法律体系来看，教育法是以宪法为依据又区别于调整其他领域的法律体系而相对独立的法律体系。从内部体系结构来看，教育法又是由调整不同阶段、不同形式、不同性质的教育法律、法规组成的，遵循共同的基本原则而形成的一个有机统一的教育法体系。为了建立一个适应社会需要和发展的教育系统，科学地依照基本的原则来制定教育法并形成能够有效规范不同主体的权利义务、积极促进教育事业发展的教育法体系具有重要的意义。

（二）教育法律体系

"二战"结束后，各个国家都开始意识到教育对于国家和社会经济发展的重要意义，大力发展教育事业。我国自1978年以来工作重点转移，开始加强民主和法制建设，促进了中国教育立法的发展。1982年的《宪法》中有关教育的规定，为教育法的制定和体系的完善、依法治教提供了宪法依据。为落实教育优先发展的原则，中国教育立法全面展开。目前，我国已初步形成以宪法确立的基本原则为基础，以《教育法》为核心，以教育专门法和行政法规为骨干，以教育规章和地方性法规、规章为主体的有中国特色社会主义的教育法律体系。① 我国教育法律体系的构成如下（如图 1-1）②。

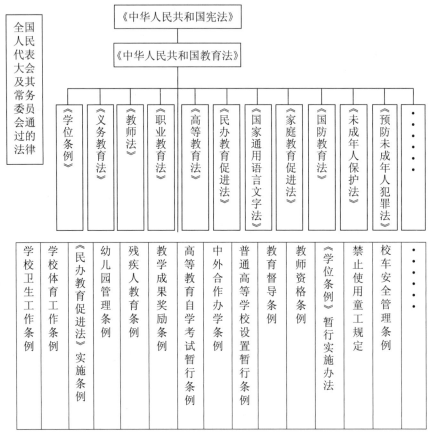

（以下从略）

图 1-1 我国教育法律体系

第一层次是宪法。宪法是国家最高立法机关制定的国家的根本大法，是制定其他法律法规的依据。宪法中的教育条文所规定的基本原则，是制定教育法律的依据。自 1954 年第一部宪法诞生以来，我国共颁布过 4 部宪法，现行宪法是中华人民共和国第五届全国人民代表大会第五次会议于 1982 年 12 月 4 日通过的，它是规定我国教育法的基本指导思想、教育立法的基本原则和教育教学活动的基本法律规

---

① 劳凯声：《变革社会中的教育权与受教育权：教育法学基本问题研究》，58 页，北京，教育科学出版社，2003。

② 因与学校教育、管理密切相关，特别是与学校法律实务密切相关，本书法律体系图谱将《未成年人保护法》《预防未成年人犯罪法》《家庭教育促进法》《国防教育法》《国家通用语言文字法》一并列入。

范。由于宪法具有最高的法律效力，因此任何教育法律法规都不得与之相抵触，否则不具有法律效力。

第二层次是教育基本法律《教育法》。它是由国家最高立法机关全国人民代表大会依照立法程序、依据宪法制定的，调整教育内外部关系的教育总法，在教育法律体系中的地位仅次于宪法。《教育法》于1995年3月第八届全国人民代表大会第三次会议获准通过，自1995年9月1日起施行。它规定了我国教育的基本性质、地位、任务、基本原则和基本教育制度等，是协调教育部门内部以及教育部门与其他社会部门之间关系的基本准则，也是制定其他教育法律、法规的依据。根据2009年8月27日第十一届全国人民代表大会常务委员会第十次会议《关于修改部分法律的决定》第一次修正，根据2015年12月27日第十二届全国人民代表大会常务委员会第十八次会议《关于修改〈中华人民共和国教育法〉的决定》第二次修正，2021年4月29日，第十三届全国人民代表大会常务委员会第二十八次会议通过《全国人民代表大会常务委员会关于修改〈中华人民共和国教育法〉的决定》，对《教育法》进行修正。这次修法有两个重点：一是教育方针，强调德智体美劳——加了"劳"，强调五育并举。二是针对高考暴露出来的个别考生替考问题，强调明确的法律责任。

第三层次是教育单行法律。它一般是由全国人民代表大会常务委员会制定，是国家根据宪法和教育基本法制定的，规范和调整某一类或某一级教育关系的教育法律。到目前为止，我国已制定并公布实施的教育单行法律有：

《中华人民共和国学位条例》（以下简称《学位条例》）。于1980年2月第五届全国人民代表大会常务委员会第十三次会议通过，自1981年1月1日起施行。这是新中国成立以来由国家最高权力机关制定的第一部教育法律，是调整高等教育机构对本科教育和研究生教育有关学位授予工作中产生的法律关系的单行法律。根据2004年8月28日第十届全国人民代表大会常务委员会第十一次会议《关于修改〈中华人民共和国学位条例〉的决定》修正。《学位条例》的实施，使中国的高等教育体系得以完善。1981年5月，国务院制定并公布了《中华人民共和国学位条例暂行实施办法》。2004年对《学位条例》进行了修正。目前该条例的修订工作正在进行当中，《学位法》的制定势在必行。

《中华人民共和国义务教育法》（以下简称《义务教育法》）。1986年4月，第六届全国人民代表大会第四次会议通过，1986年7月1日起施行。它以法律的形式规定国家实施九年义务教育，是调整实施普通小学教育、普通初级中学教育而产生的各种法律关系的单行法律。这一法律对提高中华民族素质，推进社会主义现代化建设，加强教育法制建设都有重要的影响。1986 年 9 月，国务院办公厅转发了国家教委、国家计委、财政部和劳动人事部《关于实施〈义务教育法〉若干问题的意见》，1992 年 4 月，国务院批准公布了《〈义务教育法〉实施细则》。2006 年，我国对《中华人民共和国义务教育法》进行了全面修订，内容涉及：一是将义务教育全面纳入财政保障范围，以改善薄弱校、扶持农村地区和民族地区、保障农村义务教育经费、保障家庭经济困难和残疾儿童接受义务教育、建立符合标准的安全学校等。二是加强政府的教育管理、监督职责，规定政府对义务教育经费进行审计监督，规范义务教育的办学行为。同时规定政府责任，并在教育立法中首次引入了问责制。三是以平等接受义务教育的权利为本位，包括硬性规定全面免除学杂费、取消重点校和重点班、禁止乱收费，同时强调政府均衡安排义务教育经费的职责。2015 年、2018 年又分别进行了修正。

《中华人民共和国教师法》（以下简称《教师法》）。1993 年 10 月，第八届全国人民代表大会常务委员会第四次会议通过，自 1994 年 1 月 1 日起施行，是调整教师在教育教学活动中形成的社会关系的单行法律。明确了教师在我国社会主义现代化建设中的重要地位，对教师的权利义务、任职资格、职务评定、评价考核、培训和待遇等作了较为全面的规定。国务院于 1993 年 11 月还发布了《关于贯彻实施〈中华人民共和国教师法〉若干问题的通知》。2009 年，《教师法》进行了修正。现已被列入全国人大修法计划。

《中华人民共和国职业教育法》（以下简称《职业教育法》）。1996 年 5 月，第八届全国人民代表大会常务委员会第十九次会议通过，自 1996 年 9 月 1 日起施行，是以实施职业教育涉及的社会关系为调整范围的单行法律。对职业教育的地位和作用、体系结构、方针原则、办学职责、管理体制和经费等都作了原则性的规范。2022 年《职业教育法》进行了修订。于 2022 年 5 月 1 日起施行。

《中华人民共和国高等教育法》（以下简称《高等教育法》）。1998 年 8 月，第九届全国人民代表大会常务委员会第四次会议通过，自 1999 年 1 月 1 日起施行。是以高等教育内外部关系为调整对象的单行法律。该法对我国高等教育的不同层次，高等教育的职责和管理，高等教育基本制度，高校的举办、设立、组织和活动，高校的教师、学生和其他工作者的地位，高等教育投入和条件保障等做了较为全面的规定。该法分别于 2015 年和 2018 年进行了修正。

《民办教育促进法》。2002 年 12 月，第九届全国人民代表大会常务委员会第三十一次会议通过，自 2003 年 9 月 1 日起施行，是调整社会力量办学过程中形成的法律关系的单行法律。1997 年 7 月 31 日国务院颁布的《社会力量办学条例》同时废止。该法共分十章 67 条，包括总则、设立、学校的组织与活动、教师与受教育者、学校资产与财务管理、管理与监督、扶持与奖励、变更与终止、法律责任和附则。该法分别于 2013、2016 年和 2018 年进行了修正。

2021 年 10 月 23 日，第十三届全国人民代表大会常务委员会第三十一次会议通过了《中华人民共和国家庭教育促进法》（以下简称《家庭教育促进法》），自 2022 年 1 月 1 日起施行。《家庭教育促进法》共分六章 55 条，包括总则、家庭责任、国家支持、社会协同、法律责任和附则。

第四层次是教育行政法规。是为实施教育法律或依据教育法律的授权，由国家最高行政机关，即国务院制定的规范性文件。它是针对某一类教育事务作出的规范，一般有条例、规定、办法或细则三种。目前，国务院根据宪法和教育法律，制定了十多个有关教育方面的行政法规，如《中外合作办学条例》《教师资格条例》《幼儿园管理条例》《教学成果奖励条例》等，并对新中国成立以来制定的数百件教育行政法规进行了整理和汇编。

第五层次是地方性教育法规。它是各省、自治区、直辖市的人大及其常委会，为贯彻国家的教育法律，根据本地区的实际情况和需要制定的适用于本地区的有关教育的条例、规定、实施办法、补充规定等。依立法目的和依据的不同，可以划分为执行性、补充性的地方性教育法规和自治性的地方性教育法规，这些教育法规只在本行政区域内有效。由于地方性教育法规具有操作性强的特点，现已成为教育法规不可缺少的重要组成部分。

第六层次是教育规章。它是国务院各部、委和省、自治区、直辖市，省、自治区、直辖市人民政府所在地的市，以及经国务院批准的较大的市的人民政府，根据法律、国务院的行政法规，在自身权限内发布的有关教育的规范性文件。包括教育部制定的教育规章和地方政府所制定的政府规章，数量最大，内容最多，适用范围最广。

二、行政执法

行政执法是国家行政机关依照法定职权和法定程序，行使行政管理职权、履行职责、贯彻和实施法律的活动。执法具有以下特征。

执法是以国家的名义对社会各领域进行管理的行为，具有国家权威性。行政机关执行法律的过程就是执法的过程，就是代表国家管理社会的过程，社会组织、公民应当服从。

执法具有国家强制性。行政权是一种国家权力，行政机关根据法律规定的权限和程序对社会各领域进行管理，其执行法律的过程就是行使执法权力的过程。

执法主体是国家行政机关及其公职人员。在我国，国务院和地方各级人民政府依法从事全国和地方执法，行政职能部门依法在某一领域、本部门执法。

执法具有主动性和单方面性。执法对于行政机关来讲，既是其进行社会管理的权力，也是其对社会、公民承担的义务、职责。行政机关需积极、主动执法，履行职责，无须行政相对人的请求和同意。

行政机关的执法活动，事关千千万万老百姓的切身利益。法律实施是维护法律权威和法律生命的有效手段，要靠严格执法来实现。严格执法是指要求在执行法规或掌握标准时，不放松、不走样，做到严厉、公平、公正。严格执法体现在两个方面：一是要求执法人员必须秉公执法，严肃执法，严格按照法律规定和程序办案，真正做到以事实为依据，以法律为准绳；二是要求执法人员必须尽职尽责，对发生的违法行为敢于纠正并依法处罚，不搞"态度执法""关系执法""人情执法"，做到见违必纠，纠违必罚，处罚有据。公正执法是法律公正的切实保障。

教育行政执法是国家和地方各级教育行政机关为了发展教育事业，以国家名义行使教育管理权力，履行职责、贯彻和实施教育法律的活动。需要政府、学校、公民和社会加强对教育执法行为的监督，同时还要排除对教育执法活动的非法干预。教育领域的严格执法是要促使教育行政执法机关依法全面履责，促进教育有序发展，学校、教师、学生等主体的权益得到维护，推进教育的法治化。

三、司法

司法是指国家司法机关及其司法人员依照法定职权和法定程序，运用法律处理具体案件的专门活动。司法是实施法律的一种方式，对实现立法目的、发挥法律的功能具有重要的意义。因此，就法律实施而言，司法是保障法律公正的最后一道关口，也是保障法律公正的最重要和最有实效的一种手段。我国的司法机关一般是指人民法院和人民检察院，从广义上讲，也可以包括公安机关、国家安全机关、司法行政机关、军队保卫部门、监狱等负责刑事侦查等职能的机构。

公正司法，其基本内涵就是要在实施法律的过程和结果中坚持和体现公平与正义的原则。既要求司法机关的审判过程遵循平等和正当的原则，也要求审判、裁决的结果体现公平和正义的精神。公正司法是法律公正的集中体现，是社会公平正义的最后一道防线。没有公正司法，再公正的法律也只能停留在纸上。公正司法以司法人员的职能活动为载体，体现在司法人员的职能活动之中，因此，公正司法更多指向司法人员。司法过程和司法裁决公正与否，直接决定或影响着案件当事人及其他诉讼参与人的权益。因为他们在诉讼活动中都有相应的权利，也都有得到公正对待的权利。

随着教育立法的完善，学校、教师、学生等主体的法律地位、权利义务得以明确，司法在教育领域的介入范围不断扩大，通过法定的程序和途径裁决教育领域中发生的纠纷，使权益受到损害的主体获得法律上的补救。

（一）法律救济

教育法律救济是指通过法定的程序和途径，对因侵害教育法所规定的合法权益而导致的纠纷给予解决，对受损害的一方进行补救。教育法律救济以宪法为基础，以一系列教育法为保障。我国宪法规定国家举办教育事业，公民享有文化教育权利和义务。并且规定，一切违反宪法和法律的行为，必须予以追究。宪法还特别规定，公民对于任何国家机关和国家工作人员的违法失职行为，有向国家机关提出申诉、控告或检举的权利。由于国家机关或国家机关工作人员侵犯公民权利而受到损失的人，有取得赔偿的权利。可见，宪法对公民的教育法律救济提供了依据。除此之外，一系列的教育法具体规定了公民在教育领域内所享有的权利，如其权利受侵犯，可依照相关法律进行补救。

教育法律救济的途径，是指相对人认为其合法权益受到损害时，请求救济的渠道和方式。了解教育法律救济的途径，有利于相对人更好地利用各种救济方式，维护自身合法权益。教育法律救济的途径大致分为两种：一种是诉讼途径。对此，从我国现行的法律制度来看，凡是侵犯了受教育者的合法权益，并符合民事诉讼法、刑事诉讼法、行政诉讼法受案范围的，都可以通过提起诉讼来解决。另一种是非诉讼途径。该途径包括行政途径及其他途径。其中，行政途径包括申诉和行政复议。申诉主要包括教师申诉和学生申诉。另外，随着教育法制的日趋完善，根据《教育法》和《教师法》的基本精神，正在逐步建立校内外调解制度以及教育仲裁制度。

（二）法律责任

法律责任是由于违法行为或特定的法律事实而导致的带有强制性的法律上的后果，是法律规范性、强制性特征的体现。对于保证法律的权威性和严肃性，实现依法治教具有重要意义。在法律责任追究方面，主要包括行政制裁、民事制裁、刑事制裁等方式。法律责任是整个法律制度的核心内容，与学校法律实务密切关联。

1. 法律责任的特性

（1）从法律责任的起端看，承受某种不利法律后果并非全部由违法行为引起，而是由违法行为或特定法律事实引起。一方面，法律责任主要是针对违反法律规定的行为所设定的，存在违法行为是承担法律责任的一个重要因素。另一方面，法律责任还可能由特定的法律事实引起。如当前学校事故责任追究过程中学校基于公平责任、无过错责任原则而承担的法律责任，是由于存在特定的法律事实并符合法律规定的条件而承担的责任，并不存在学校行为的违法性。

（2）从法律责任的基本性质看，该概念反映了法律的一个基本属性，即法律的一个重要的特点：它是由国家暴力（监狱、警察、法院等）保证实施的，具有国家强制性的特点。只要符合法定条件，相关主体就必须承担一定的法律后果。

（3）从法律责任的形态看，法律责任具有法定性。责任可以划分为不同的种类，如道义上的责任、政策上的责任，等等。法律责任是法律规定的，通过法律规定和解决承担责任的原则、承担责任的主体、承担责任的方式及程序，具有明确、具体的法律规定性。

（4）从法律责任的结果看，包括了一般法律责任和特殊法律责任。前者是指作为一般法律关系的参加者和作为普通法律关系的参加者违反法律规定的义务所应承担的法律责任。[1] 例如，结伙斗殴、寻衅滋事，扰乱学校及其他教育机构教育教学秩序或者破坏校舍、场地及其他财产的，由公安机关给予治安管理处罚；构成犯罪的，依法追究刑事责任。后者是指法律规定的某些法律关系的参加者或某些从事特定职业以及具有特定身份的人违反其承担的义务所应承担的法律责任。[2] 例如，学校及其他教育机构作为特定主体，违反国家有关规定向受教育者收取费用的，要承担教育法规定的法律责任。

2. 法律责任的分类

（1）行政法律责任。行政法律责任是指相关主体由于违反行政法律规范而承担的法律后果。承担行政法律责任的具体方式主要是行政处分、行政处罚和行政赔偿。

行政处分是一种内部责任形式，是国家机关、企事业单位、社会团体对其系统内部的工作人员实施的一种惩戒。行政处分包括警告、记过、记大过、降级、撤职和开除六种。行政处罚是国家行政机关或其他行政主体依照法定权限和程序对违反行政法律法规的个人、组织的一种制裁。国家行政机关或其他行政主体应依照《中华人民共和国行政处罚法》（以下简称《行政处罚法》）的规定实施行政处罚。行政赔偿是国家对其行政主体及其工作人员违法行使权力，就给他人造成的损害而承担的赔偿责任。

---

① 孙国华：《中华法学大辞典 法理学卷》，478 页，北京，中国检察出版社，1997。
② 同上书，424 页。

教育法规定的行政法律责任主体包括政府、学校、教师和学生。如果国家教育行政部门或其工作人员在行使权力时给学校、教师或学生造成损害，应依照《中华人民共和国国家赔偿法》（以下简称《国家赔偿法》）的规定，承担赔偿责任。如果学校实施未经批准或注册自行办学、不按规定使用和变更学校名称、在招生工作中营私舞弊、买卖文凭、不按规定授予学位等行为，应按照《行政处罚法》承担行政法律责任。教师故意不完成教育教学任务给教育教学工作造成损失的，体罚学生、经教育不改的或品行不良、侮辱学生的，由所在学校或者教育行政部门给予行政处分或者解聘。学生违反了教育法的规定，承担的责任方式主要是纪律处分和行政处罚。

（2）民事法律责任。民事法律责任是指相关主体不履行相关民事义务所应承担的责任。民事法律责任分为侵权行为的民事责任和违反合同的民事责任。其形式以财产责任为主，包括：停止损害，排除妨碍，消除危险，返还财产，恢复原状，赔偿损失，支付违约金，消除影响，恢复名誉，赔礼道歉等，遵从平等、等价、补偿的原则。

侵权行为的民事责任是教育领域中一种重要法律责任形式。例如，学校及其他教育机关或教师由于管理不善或者没有按照责任或义务的要求采取某一行为而造成对学生的伤害或损失，就构成侵权性质的法律责任。《教育法》第七十二条第二款规定，"侵占学校及其他教育机构的校舍、场地及其他财产的，依法承担民事责任。"第八十三条规定，"违反本法规定，侵犯教师、受教育者、学校或者其他教育机构的合法权益，造成损失、损害的，应当依法承担民事责任"。学生对他人造成了损害时，依照我国法律规定，学生是无民事行为能力人或限制民事行为能力人的，由其监护人承担民事责任。学生是完全民事行为能力人的，应承担相应的法律责任。

学校在参与各种民事活动，如合作办学、委托培养、有偿服务、知识产权转让、劳动用工等活动过程中，与其他主体形成合同关系。在履行合同过程中出现法律纠纷时，可以要求追究相关主体违反合同、不履行合同义务的民事责任。

（3）刑事法律责任。刑事法律责任是指行为主体实施了刑事法律所禁止的犯罪行为而必须承担的法律后果。刑事法律责任由有犯罪行为的自然人（如教育行政人员、学校管理直接责任人员、教师、学生等）或法人（法人犯罪）承担。行为人是否应承担刑事法律责任，只能由司法机关按照刑事法律的规定和刑事诉讼程序来确定。刑罚分为主刑和附加刑。主刑包括管制、拘役、有期徒刑、无期徒刑和死刑。附加刑分罚金、剥夺政治权利、没收财产。教育事业的发展与刑事法律责任追究这一保障手段是密切相连的，我国《教育法》《义务教育法》《教师法》等教育法律以及《未成年人保护法》都规定了相应的刑事责任条款。

知识链接1—1

《刑法》规定的与教育有关的犯罪

教育设施重大安全事故罪：指学校及其他教育机构的直接责任人员，明知校舍或教育教学设施有危险，而不采取措施或者不及时报告，致使发生重大伤亡事故而应承担刑罚的行为。《中华人民共和国刑法》（以下简称《刑法》）在修订时吸收了《教育法》第七十三条关于“明知校舍或者教育教学设施有危险，而不采取措施，造成人员伤亡或者重大财产损失的，对直接负责的主管人员和其他直接责任人员，依法追究刑事责任”的规定，《刑法》第一百三十八条将教育设施重大安全事故罪新规定为一个独立的罪名。规定：明知校舍或者教育教学设施有危险，而不采取措施或者不及时报告，致使发生重大伤亡事故的，对直接责任人员，处三年以下有期徒刑或者拘役；后果特别严重的，处三年以上七年以下有期徒刑。

聚众扰乱社会秩序罪：指组织、策划、指挥或者积极参加聚众扰乱社会秩序的活动，情节严重，致使工作、生产、营业和教学、科研无法进行，造成严重损害而应承担刑罚的行为。《刑法》第二百九十条第一款规定：“聚众扰乱社会秩序，情节严重，致使工作、生产、营业和教学、科研、医疗无法进行，造成严重损失的，对首要分子，处三年以上七年以下有期徒刑；对其他积极参加的，处三年以下有期徒刑、拘役、管制或者剥夺政治权利”。结合该规定，《教育法》第七十二条规定：“结伙斗殴、寻衅滋事，扰乱学校及其他教育机构教育教学秩序或者破坏校舍、场地及其他财产的，由公安机关给予治安管理处罚；构成犯罪的，依法追究刑事责任。侵占学校及其他教育机构的校舍、场地及其他财产的，依法承担民事责任。”

招收学生徇私舞弊罪：指国家机关工作人员在招收学生工作中徇私舞弊，对明知不符合条件的人员予以录取或录用，情节严重而应承担刑罚的行为。《刑法》在修订时吸收了《教育法》第七十七条关于“在招收学生工作中……徇私舞弊的，由教育行政部门……责令退回招收的不符合入学条件的人员；对直接负责的主管人员和其他直接责任人员，依法给予处分；构成犯罪的，依法追究刑事责任”的规定，将徇私招收学生罪新规定为一个独立的罪名。《刑法》第四百一十八条规定：“国家机关工作人员在招收公务员、学生工作中徇私舞弊，情节严重的，处三年以下有期徒刑或者拘役。”

伪造、贩卖伪造的高等院校学历、学位证明的犯罪。为依法惩处伪造、贩卖伪造的高等院校学历、学位证明的犯罪活动，2001 年 7 月 5 日起施行的最高人民法院、最高人民检察院《关于办理伪造、贩卖伪造的高等院校学历、学位证明刑事案件如何适用法律问题的解释》规定，"对于伪造高等院校印章制作学历、学位证明的行为，应当依照刑法第二百八十条第二款的规定，以伪造事业单位印章罪定罪处罚。明知是伪造高等院校印章制作的学历、学位证明而贩卖的，以伪造事业单位印章罪的共犯论处"。《刑法》在修订时新增加了第二百八十条第二款的规定，"伪造公司、企业、事业单位、人民团体的印章的，处三年以下有期徒刑、拘役、管制或者剥夺政治权利，并处罚金"。

四、守法

守法是指一切国家机关及其工作人员、政党、社会团体、企事业单位和公民，遵守法律规定，将法律的要求转化为自己的行为，从而使法律得以实现的活动。守法是法的实现的最基本的形式。守法，就是要树立法律至上的原则。当权利的运作和法律运行相悖时，权利应让位于法律；当道德、政策规定和法律相悖时，应以法律规范为准；当法律有明文规定时，不得违背法律；当法律无明文规定时，不得违背法律原则。法治建设，与公民的守法意识、守法程度有关。我国历史上长期重礼轻法，法治意识相对薄弱，各类不信法不守法行为在一定范围内和一定程度上仍然存在。因此，现阶段全民守法是法治建设的重要任务。

全民守法是法治中国的基础。守法是针对一切组织和个人而言的。我国《宪法》对守法的主体作了明确的规定。《宪法》第五条规定："一切国家机关和武装力量、各政党和各社会团体、各企业事业组织都必须遵守宪法和法律。一切违反宪法和法律的行为，必须予以追究。"《宪法》第三十三条规定："任何公民享有宪法和法律规定的权利，同时必须履行宪法和法律规定的义务。"第五十三条规定："中华人民共和国公民必须遵守宪法和法律，保守国家秘密，爱护公共财产，遵守劳动纪律，遵守公共秩序，尊重社会公德。"从《宪法》的规定来看，守法的主体包括两个方面：一是一切国家机关、武装力量，政党和社会团体、企事业组织。其中特别是国家机关及其公职人员，承担着各种社会公共事务，以贯彻执行国家统一意志和利益为原则，因此守法是对他们的基本要求。二是所有公民，即一切社会关系的参加者，包括国家领导人。公民自觉遵守法律，贯彻法律，维护法律的尊严，发挥法律的威力，就能有效地保证法律的实施。

（一）法治教育

法治教育指给人以法律、法律程序与法律制度有关的知识和技能以及法律、法律程序、法律制度所立足的基本原理和价值观的教育。全民守法，要求抓好学校法治教育工作。法治教育从青少年开始抓起、把法治教育纳入国民教育体系是十八届四中全会提出的明确要求。

1. 法治教育的目标

党的十八届四中全会审议通过的《中共中央关于全面推进依法治国若干重大问题的决定》对法治教育在基础教育课程体系中的核心价值定位予以确证。2016年，教育部印发《依法治教实施纲要（2016—2020年）》，要求全面加强学生法治教育。要把加强青少年学生法治教育、培养学生法治观念，放在教育工作的突出位置，强化规则意识，倡导契约精神，弘扬公序良俗，实践法治的育人功能。

为贯彻党的十八届四中全会关于"将法治教育纳入国民教育体系，从青少年抓起，在中小学设立法治知识课程"的要求，积极推动法治教育纳入国民教育体系，2016年6月颁布的《青少年法治教育大纲》，明确规定法治教育的总体目标是：以社会主义核心价值观为引领，普及法治知识，养成守法意识，使青少年了解、掌握个人成长和参与社会生活必需的法律常识和制度、明晰行为规则，自觉尊法、守法；规范行为习惯，培育法治观念，增强青少年依法规范自身行为、分辨是非、运用法律方法维护自身权益、通过法律途径参与国家和社会生活的意识和能力；践行法治理念，树立法治信仰，引导青少年参与法治实践，形成对社会主义法治道路的价值认同、制度认同，成为社会主义法治的忠实崇尚者、自觉遵守者、坚定捍卫者。大纲还分别规定了义务教育、高中教育和高等教育法治教育的目标。

义务教育阶段，要使学生初步了解公民的基本权利义务、重要法治理念与原则，初步了解个人成长和参与社会生活必须的基本法律常识；初步树立法治意识，养成规则意识和尊法守法的行为习惯，初步具备依法维护自身权益、参与社会生活的意识和能力，为培育法治观念、树立法治信仰奠定基础。

其中，小学阶段，着重普及宪法常识，养成守法意识和行为习惯，让学生感知生活中的法、身边的法，培育学生的国家观念、规则意识、诚信观念和遵纪守法的行为习惯。初中阶段，使学生初步了解个人成长和参与社会生活必备的基本法律常识，进一步强化守法意识、公民意识、权利与义务相统一观念、程序思维，初步建立宪法法律至上、民主法治等理念，初步具备运用法律知识辨别是非的能力，初步具备依法维护自身合法权益、参与社会生活的能力。

高中教育阶段，使学生较为全面地了解中国特色社会主义法律体系的基本框架、基本制度以及法律常识，强化守法意识，增强法治观念，牢固树立有权利就有义务的观念，初步具备参与法治实践、正确维护自身权利的能力。

　　高等教育阶段，要进一步深化对法治理念、法治原则、重要法律概念的认识与理解，基本掌握公民常用法律知识，基本具备以法治思维和法治方式维护自身权利、参与社会公共事务、化解矛盾纠纷的能力，牢固树立法治观念，认识全面依法治国的重大意义，坚定走中国特色社会主义法治道路的理想和信念。

2. 学校法治教育的实施

　　《青少年法治教育大纲》对学校法治教育做了专门规定。

　　专门课程。法治教育要与德育课程紧密结合，要适时、相应修订中小学德育课程标准，完成本大纲要求的教学内容。小学低年级要在道德与法治课中设置专门课时，安排法治教育内容；小学高年级要加大法治教育内容在道德与法治课中的比重，原则上不少于1/3；初中阶段，采取道德与法治课中设置专门教学单元或者集中在某一学期以专册方式实施教学，保证法治教育时间。高中教育阶段，思想政治课要设置专门的课程模块，可以采取分册方式，将法治教育作为思想政治课的独立组成部分，或者加大法治教育选修课的课时。高等教育阶段要把法治教育纳入通识教育范畴，开设法治基础课或者其他相关课程作为公共必修课。鼓励具备条件的地方、学校根据本大纲要求编写法治教育教材，在地方课程或者校本课程中设置法治知识课（必修或选修），完成本大纲要求的教育内容。

　　教学方式。在课程建设和课程标准修订中要强化法治教育内容，并将法治教育内容落实到各学科课程的教育目标之中。要综合采用故事教学、情境模拟（如法庭模拟）、角色扮演、案例研讨、法治辩论、价值辨析等多种教学方法，必要时，可根据学生认知特点，将真实法治案例引入课堂教学，注重学生法治思维能力的培养。有条件的学校，要充分利用信息技术手段，将多种法治教育资源、形式予以整合、提升，形成以学习者为中心的教育环境，引导学生自主学习，培养学生学习法律的兴趣。

　　多学科协同。要在各学科课程中挖掘法治教育因素，如：语文教学要充分利用文学作品中的人物形象和典型事件，向学生进行公平正义、违法责任等方面的教育；历史教学要关注法治发展史的教育，要重点讲述依法治国的历史范例；生物教学要对学生进行保护环境、热爱生命、尊重人权的教育；体育教学要对学生进行遵守规则、崇尚公正的教育，等等。

　　主题教育。要充分利用主题教育、校园文化、党团队活动、学生社团活动、社会实践活动等多种载体，全过程、全要素开展法治教育。要将安全教育、廉政教育、民族团结教育、国防教育、交通安全教育、禁毒教育等专题教育，与法治教育内容相整合，一体化设计教学方案。深入开展"法律进学校"活动。充分利用国家宪法日、国防教育日、国家安全教育日、全国消防日、全国交通安全日、国际禁毒日、世界知识产权日、消费者权益日等，普及相关法律知识，开展形式多样、丰富多彩的主题教育活动。在入学仪式、开学典礼和毕业典礼、成人仪式等活动中，融入法治教育，积极引导学生自主参与，体验感悟。

校园法治文化建设。要全面落实依法治校要求，把法治精神、法治思维和法治方式落实在学校教育、管理和服务的各个环节，建立健全学校章程、相关规章制度，完善学生管理、服务以及权利救济制度，实现环境育人。广泛开展模拟法庭、法律知识竞赛、法律情景剧展演、辩论会、理论研讨、法治社会实践、志愿服务等法治实践活动。中小学图书馆要选配符合青少年学生认知特点的普法读本、影视、动漫作品等，引导学生阅读、观看、讨论。在校园建设中要主动融入法治元素，利用宣传栏、招贴画、名言警句等校园文化载体，宣传法律知识、法治精神，营造校园法治教育氛围。

学生自我教育。在法治教育中要注重发挥学生的主体作用。要根据学生实际，引导、支持学生自主制定规则、公约等，逐步培养学生参与群体生活、自主管理、民主协商的能力，养成按规则办事的习惯，引导学生在学校生活的实践中感受法治力量，培养法治观念。具备条件的，要积极支持学生组建法治兴趣小组、法治实践社团等，加以正确引导，使学生以适当方式研究法治问题、参与法治实践。

（二）依法治校

《教育法》第二十九条规定学校具有对学校事务的管理权。该法第三十条同时规定学校在进行各种教育教学活动时必须遵守法律、法规，并依法接受监督。推进教育法治，实施依法治教是当前我国教育工作的重点之一，而依法治校是依法治教的基础和内容。依法治教更多强调政府与学校的关系，而依法治校更多强调学校内部关系。虽然调整的关系不同，实质却是相同的。早在 2003 年，教育部就下发了《关于加强依法治校工作的若干意见》，并开展了依法治校示范校的创建活动。学校面对当前改革带来的发展机遇与挑战，首要的任务是建立法治化的现代教育学校管理制度，实行依法治校。

1. 概念

从教育法律关系来看，因实施管理的主体和对象不同，依法治校有不同的含义。从国家机关以学校为对象进行管理的角度而言，依法治校是指各级政府及其教育主管部门对学校依法管理和规范学校行为，管理与学校有关的事务，并保护学校的合法权益。这些依法治校的职能主体应履行法定职责，依法行政，依法管理学校，确保学校工作顺利开展。从学校内部依法管理的角度来讲，依法治校是学校管理者按照法治的精神，依照法律和规章制度对学校的各项事务进行管理，实现学校管理的法治化、制度化。依法治校主要是从这个层面讲的。

在现代教育体制下，学校享有高度的自主权。学校自主权的获得是基于学校教育和管理活动的特殊性，但学校自主权的行使不能偏离法治社会的轨道。法治的基本理念是强调平等，反对特权，注重权利的保障，反对滥用权力，任何公民、法人和其他组织的活动都必须遵守法律、法规。法治精神要求学校管理排除非法治状态下的随意与自由。因此，要对学校管理行为进行必要的限制，使学校权力的运行纳入秩序化、规范化的轨道。

2. 要求

根据教育部 2003 年的《关于加强依法治校工作的若干意见》的规定，实行依法治校，就是要在依法理顺政府与学校的关系、落实学校办学自主权的基础上，完善学校各项民主管理制度，实现学校管理与运行的制度化、规范化、程序化，依法保障学校、举办者、教师、学生的合法权益，形成教育行政部门依法行政，学校依法自主办学、依法接受监督的格局。

实行依法治校，就是要严格按照法律的原则与规定，开展教育教学活动。这里的法律是学校实施管理的依据。不仅包括专门的教育法律、法规和规章，还应包括《宪法》中有关学校教育的内容以及其他与学校教育有关的法律、法规和规章及规范性文件。因为学校在运行过程中，不仅要与教师、学生发生法律关系，而且与社会各类主体有着密切联系。所以依法治校依据的法律，既有专门规范教育事项的特别法律，又包括全社会共同遵守的一般法律。对学校管理来讲，依法治校应体现在两个方面：

对学校内部管理，依法治校要求在教学、管理和服务等方面实行依法管理。依法治校可以具体化为学校各部门的职责，如在教学方面，应按《教师法》《教师资格条例》《教学成果奖励条例》及教育部有关教学方面的政策和规定去执行，引导监督教师全面贯彻教学大纲要求，制订教学计划，完成教学任务。在管理方面，应贯彻执行《教师法》及《义务教育法》《中华人民共和国治安处罚条例》《中华人民共和国未成年人保护法》（以下简称《未成年人保护法》）及其他相关法律法规，保护教师和学生的合法权益。在服务方面，后勤等部门应依法履行对学校教育教学工作的支持职责，提供充分、有效、适当的物资和服务。

对学校外部事务管理，依法治校要求学校在与国内外组织交往与合作等活动中，学校管理者要依法办事。在市场经济条件下，随着学校办学自主性的增强、学校办学途径的多样化以及学校与社会、学校与学校之间的交往与合作不断增多，校长、相关责任人以及学校职能部门在与国内外组织的交往与合作中必须增强法律意识，本着对国家负责、对学校负责、对全体教师负责、对学生负责的精神，依据《中华人民共和国民法典》（以下简称《民法典》）、教育法律法规、行政法律法规等，维护学校、教师和学生的合法权益，履行应尽的职责。

第三节　学校法律实务

学校法律以国家机关所实施的教育管理活动、学校及其他教育机构所进行的办学活动、公民的学习活动以及社会组织和公民所从事的与教育相关的活动中发生的，国家机关、学校及其他教育机构、教师、学生或其家长、社会组织及公民个人之间的关系为调整对象，通过权利、义务、法律责任的具体落实，保证立法目标的达成。随着法律在教育领域的介入以及调整范围的扩大，学习和认识法律对学校运作和管理的规范与要求愈显重要。

一、内涵与目标

学校法律实务，即对学校的实际法律事务运用法律知识进行分析、判断和处理，从事法律活动的过程。法律事务是指与法律相关的事务，或者需要运用法律知识处理的事务。学校法律事务是学校运作和管理过程中与法律相关的事务，或者学校运作和管理过程中需要运用法律知识处理的事务。实务，注重运用，是一个动态过程。在全面依法治国方略的推动下，运用法律知识，对学校运作和管理过程中的法律事务进行分析、判断和处理，是进行学校管理的重要素养和能力。

（一）学校法律实务与相关学科

从内容看，学校法律实务属于法学分支学科。法学分支学科是由于法学研究的具体对象不同而形成的法学体系内部的学科分支。由于其与教育密不可分，因而，被纳入高等院校师范教育的课程中，成为教育法学的重要内容。

从与社会、实践的关系看，学校法律实务属于应用学科。与纯理论法学、法律史学不同，学校法律实务直接与学校教育与管理实际相关，侧重运用法律知识解决现实中的具体问题。

学校法律实务与教育法学、学校法学、未成年人法学等课程关系密切，但又有所差异。它们都属于法学应用学科，都与教育相关，基本术语、方法论与研究范式大体相同。但由于在目标方面有较大的区别，因而在内容、重点方面有所不同。

32

从目标看，学校法律实务主要关注学校运作与管理的实践，注重运用法律解决实践中的问题，注重学习者运用法律解决学校教育与管理实践中具体问题的能力培养，因而教育立法与完善问题并非学习的主要内容。

（二）培养目标与要求

历史上，长期存在关于法治与人治的争论，即治理国家主要依靠法律还是道德、政策？指导人们的行为主要依靠一般性的、普遍性的法律规则还是根据具体情况具体对待？国家与社会管理应实行民主还是专制？1978 年改革开放以来，我国逐步确立了法治国家建设的目标。国家法治建设原则从"有法可依、有法必依、执法必严、违法必究"，进一步发展为"科学立法、严格执法、公正司法、全民守法"，这对教育法治提出了更高要求，对教育实践者运用法律解决学校教育与管理中具体问题的能力也提出了更高要求。

培养目标（知识能力）：培养系统掌握相关法律，熟悉教育法律和相关政策，对学校运作与管理中的法律问题进行分析、判断和处理，能在政府及其教育行政部门、各级各类学校从事法律与管理工作的专门人才。

培养要求（专业素养）：学习者应掌握法学的重要概念、基本原理、基本分析方法和技术；受到法学思维和学校法律实务的基本训练；掌握与学校运作与管理相关的法的基本知识；具备运用法律知识和方法分析学校法律问题的基本能力；具备运用法律处理学校事务与解决问题的基本能力。

二、特点

学校法律实务和学校运作与管理实践密不可分，对于学校运作与管理实践具有重要的指导意义。本书将学校作为一个组织，以学校的主要活动为线索，将设立、组织与运作、变更与终止的整个过程中涉及的法律问题、经典案例放在不同章节中加以分析，注重理论与实践的结合，法律与实务的结合，具有以下特点。

第一，知识多元。学校法律实务是一门涉及教育学和法学两个学科领域，涉及宪法、行政法、教育法、民法、刑法、经济法、诉讼法等诸多法律部门，以各级各类学校为主体的复杂知识领域，具有知识的综合性。

第二，内容全面。学校法律实务从学校法律事务处理和相关法律风险防控的视角出发，全面解析学校的设立与组织、教师管理、学生管理、课程与教学，以及学校运作过程中的安全管理、校园欺凌与性侵防治、学校与其他社会组织的合同关系、法律救济的途径等各类法律问题。

第三，面向应用。学校法律实务的目的在于应用型人才的培养，较多涉及法律应用，通过法律分析、典型案例引导来阐述相关知识点，通过案例分析、实践活动以及习题练习、拓展书目来提高学习者处理学校法律实务问题的能力。不过多涉及理论问题、立法问题、争议问题，具有知识的实践应用性。

第四，适用面广。学校法律实务不但可以作为师范类院校学生学习，道德与法治课程教师培训的基础课程，还可以作为校长、学校管理与行政人员、教师等广大教育实践者解决学校法律问题的参考。同时亦可为关注和涉及学校法律问题的社会组织、法律工作者和父母等提供知识参考。

第五，利于把握。学校法律实务重在对学校的实际法律事务运用法律知识进行分析、判断和处理，注重运用国家现行法律法规解决学校教育与管理中的具体问题，强调对学习者管理素养和能力的培养。因此，除了相关法律规定的分析介绍，在体例形式上体现"教、学、做"的思路，利于学习者把握。

本章小结

学校与法律是分属教育学和法学两个学科领域的重要概念。现代法治社会，学校与法律的关系愈加密切。领会两个概念的内涵以及二者的关系，对于学校的组织管理活动和教育教学活动的有序开展具有重要意义。了解教育法的内涵及其原则，教育法在介入教育领域并对教育事业发展进行调节和规范过程中，学校与相关主体之间的法律关系及其类型，有助于在分析学校法律问题时，准确把握基本的法律概念和原理。依法治校是学校管理与发展的基本要求，教育法治是教育发展的基本要求和目标，应了解教育法治的内涵、理念，教育立法、执法、司法以及守法的内涵与要求，我国的教育法律体系、法治教育、依法治校等基础性概念与内容。了解学校法律实务的内涵、目标和特点，认识学校法律实务这一专门的知识领域。

参考书目

[1] 劳凯声，余雅风. 教育法学 [M]. 沈阳：辽宁师范大学出版社，2020.

[2] 劳凯声. 教育法学 [M]. 沈阳：辽宁大学出版社，2000.

[3] 余雅风. 新编教育法 [M]. 上海：华东师范大学出版社，2008.

拓展阅读书目

余雅风. 学生权利概论 [M]. 北京：北京师范大学出版社，2009.

思考问题

1. 什么是教育法？教育法有哪些功能？

2. 什么是教育法律关系？其构成要素有哪些？

3. 我国教育法律体系的构成是怎样的？

4. 什么是依法治校？具体要求是什么？

5. 简述学校法律实务的内涵、目标和特点。

第二章　学校的设立与运作

本章摘要

　　本章第一节介绍了我国的学校教育制度、学校的类型、学校的权利与义务、学校与政府的法律关系。第二节主要介绍学校的设立，首先明确各级学校设立的基本原则，进而结合相关法规文件对包括幼儿园、中小学、中等职业技术院校以及高等院校在内的所有类型学校的设立条件进行详细解读。考虑到民办学校的特殊性，本节还从民办学校的举办者、分类、登记等方面进行解释。第三节则重点分析了不同类型学校的组织领导体系和运行结构，并依据教育部出台的相应标准呈现了各级各类学校校长的职责。

本章关键术语

　　学校教育制度；学校的权利与义务；学校设立；学校运作。

学习目标

　　◆认识学校的类别，权利与义务
　　◆了解学校与政府之间的法律关系
　　◆了解学校设立的基本条件
　　◆了解学校设立的程序
　　◆了解民办学校设立、变更需要注意的问题
　　◆认识学校组织机构和校长职责
　　◆了解学校运作的基本模式

第一节　学校概述

　　学校是通过传递知识、提供学习服务以教育人、培养人的专业化社会组织，是教育人、培养人的专门机构。学校之所以日益变得重要和必不可少，是因为学校具有教育人、培养人、为人的学习提供服务的基本功能。学校教育是由专职人员和专门机构承担的有目的、有计划、有组织的，以影响受教育者身心发展为直接目标并最终使受教育者的身心发展达到预定目的的社会活动。

一、学校教育制度

《教育法》第十七条规定我国现行学校教育制度为："国家实行学前教育、初等教育、中等教育、高等教育的学校教育制度。国家建立科学的学制系统。学制系统内的学校和其他教育机构的设置、教育形式、修业年限、招生对象、培养目标等，由国务院或者由国务院授权教育行政部门规定。"该规定指明了我国担负不同教育职责的不同层次但又互相衔接的学校教育制度系统。

学校教育制度简称学制，规定各级各类学校的性质、任务、入学条件、修业年限以及相互之间的衔接关系。我国现行学制分学前教育、初等教育、中等教育、高等教育四个等级，并从中等教育开始分支为普通教育和职业教育。此外，从学习时间来看，有全日制、半工半读制和业余制之分；从教育形式来看，有面授、函授、广播电视教育之分；从教育对象来看，有学龄前期、学龄期教育和继续教育之分等。这里所说的学校系统是指整个学制系统的主体，即根据受教育者的身心发展规律，以教育程度来划分的实施全日制教育的学校系统。由于我国学制系统存在复杂性和多样性，为了保证教育质量，培养合格人才，国家制定了相应的规范和标准。各级各类学校及其他教育机构的设置要件、审批机构、审批办法、变更程序、教育形式的种类及确认、招生的指向和范围、修业年限、培养目标和质量标准，由国务院及其教育行政部门进行规定。

二、学校的类型

从人才培养的层次上，学校可分为小学、中学、高等学校；从是否直接培养职业技能看，学校可分为普通学校和职业学校；从组织形式看，学校可分为学校和其他教育机构，其他教育机构如培训中心、培训部等。不同类型的学校，其设立和发展的目标亦不同。

（一）按学段划分

按学段划分，学校主要分为四类：（1）幼儿园。指对3周岁以上学龄前幼儿实施保育和教育的机构，一般为三年制。其中，小班为3周岁至4周岁幼儿，中班为4周岁至5周岁幼儿，大班为5周岁至6周岁幼儿。学前教育的主要任务是使儿童身心获得协调发展，对儿童进行预备教育（性格完整健康、行为习惯良好、获得初步的自然与社会常识），是整个教育体系基础的基础。（2）小学。指对6岁至12岁儿童实施教育的机构。除了普通小学之外，还包括承担实施小学教育任务的其他机构，如在实施小学教育的基础上，开展文艺、体育及特种工艺等教育的机构。小学属于初等教育，目的是使受教育者具备基本的写算能力，为接受初中教育做好准备。小学属于义务教育，一般为 5 年或 6 年。（3）中学。指在初等教育基础上实施中等普通教育和职业教育的学校及其他教育机构，中学又分为初级中学和高级中学。初中是中学阶段的初级阶段，属于义务教育，一般为 3 年或 4 年。高中分为两类：一类为普通高级中学，是我国九年义务教育结束以后高一级的教育机构，上承初中，下启大学，学制一般为 3 年。另一类是初等和高等的职业学校，例如中师、中专、职高、技校等。（4）大学。指实施高等教育、提供教学和研究条件和授权颁发学位的学校。高等教育采用全日制和非全日制教育形式，高等学历教育分为专科教育、本科教育和研究生教育。

（二）按学校性质划分

按照学校性质划分，我国学校一般分为公办学校和民办学校、混合所有制学校。公办学校指利用公共财政经费举办的学校。民办学校是国家机构以外的社会组织或者个人，利用非国家财政性经费，面向社会举办的学校及其他教育机构。"混合所有制"在涉及教育的官方文件中正式提出较晚，且主要限定在职业教育领域。《国务院关于加快发展现代职业教育的决定》提出："探索发展股份制、混合所有制职业院校，允许以资本、知识、技术、管理等要素参与办学并享有相应权利。"实践层面，某些具有"混合所有制"办学特征的地方探索出现较早，且超越了职业教育范畴。当前我国混合所有制学校主要有两种：（1）国有资本与社会资本合作举办职业院校，不同属性的资本混合新建职业院校。① 如许多地方的职业技术学校通过政府入股、企业投资形式筹建，并按出资比例享有相应权益。（2）中外教育机构合作办学。一种是中外双方共同设立具有独立法人资格的教育机构，另一种是依托国内从事学历教育的院校成立的二级教育机构（或项目）。

三、学校的权利与义务

（一）学校的权利

根据《教育法》第二十九条规定，学校享有下列权利：（1）按照章程自主管理。依照法定程序建立的学校，有权进行自主管理。章程由学校及其他教育机构自行拟定。（2）组织实施教育教学活动。根据办学宗旨和任务，依据国家主管部门有关教育计划、课程、专业设置等方面的规定，学校有权决定和实施自己的教学计

---

① 孟源北、樊明成：《发展混合所有制职业院校的若干思考》，载《中国高教研究》，2016（5）。

划，组织教学活动、生产劳动、科技活动、义务劳动等。（3）招收学生或者其他受教育者。在符合国家招生规定的情况下，学校有权根据自己的办学宗旨、培养目标、规格、任务及办学条件和能力，制定本机构具体的招生办法，发布招生广告，决定招生的具体数量，决定录取或不录取等。（4）对受教育者进行学籍管理，实施奖励或者处分。实施学籍管理，主要是根据主管部门的学籍管理规定，针对受教育者的不同层次和类别，制定有关入学与报名注册、考试与成绩、纪律与考勤、休学与复学、转学、退学等管理办法。同时有权根据国家有关学生奖励和处分的规定，结合本校的实际，制定具体的奖励与处分的办法，并对受教育者实施奖励与处分等。（5）对受教育者颁发相应的学业证书。根据受教育者完成学业的情况，按照学业证书管理规定，学校有权对经考核成绩合格的受教育者，按其类别颁发毕业证书、结业证书或肆业证书。（6）聘任教师及其他职工，实施奖励或者处分。根据国家有关教师和其他教职工管理的法律法规和主管部门的规定，学校有权从本校的办学条件与能力和实际编制情况出发，自主决定聘任、解聘教师和其他职工；有权制定本机构教师和其他人员聘任办法，签订和依约解除聘任合同；有权对成绩优异者，给予表彰或奖励，对不胜任者或玩忽职守者，给予批评或处分。（7）管理、使用本单位的设施和经费。场地、教室、宿舍、教学设备、设施等和办学经费以及其他有关财产是学校开展教学活动的基本物质保障，学校有权自主管理和使用。（8）拒绝任何组织和个人对教育教学活动的非法干涉。学校有权拒绝任何组织和个人在招生和分配等方面的非法干涉，有权拒绝任何组织和个人的乱摊派、乱收费、乱罚款。（9）法律、法规规定的其他权利。学校其他合法权益亦受法律保护，任何组织或个人侵犯学校及其他教育机构的合法权益，造成损失、损害时，将承担相应的法律责任。国家保护学校及其他教育机构的合法权益不受侵犯。

（二）学校的义务

根据《教育法》第三十条规定，学校应当履行下列义务：（1）遵守法律、法规。学校不仅应当遵守宪法、法律，还应当遵守教育法律法规。（2）贯彻国家的教育方针，执行国家教育教学标准，保证教育教学质量。国家的教育方针和教育标准，有着法律效力，对学校和其他教育机构具有普遍的约束力和强制作用。不执行教育方针和教育标准，主管部门要追究其法律责任。（3）维护受教育者、教师及其他职工的合法权益。学校在行使行政管理权时，要尊重受教育者、教师及其他职工的合法权益，尽量为教育者和教职工提供良好的工作条件和创造良好的工作环境；对外作为一级组织，也应维护受教育者和教职工的利益。当本机构以外的其他社会组织和个人侵犯了本机构的受教育者、教师及其他职工的合法权益时，学校及其他教育机构有义务以合法方式，积极协助有关单位查处违法行为人，维护本机构成员的合法权益。（4）以适当方式为受教育者及其监护人了解受教育者的学业成绩及其他有关情况提供便利。学校及其他教育机构有义务以适当方式为受教育者及其监护人了解受教育者的学业成绩及其他有关情况提供便利，不得拒绝受教育者及其监护人了解受教育者的学业成绩及其他有关情况等的请求。但是要注意，在管理和提供受教育者的学习成绩及其他个人资料时，必须使用适当的方式，不得侵犯受教育者的隐私权、名誉权，不得损害受教育者的身心健康等。（5）遵照国家有关规定收取费用并公开收费项目。学校及其他教育机构应当按照中央和地方各级政府及其有关部门的收费规定，确定收取学杂费的具体标准，不得乱收费，也不能擅自提高收费标准。同时，收费项目应向社会公开，自觉接受社会监督，维护办学机构的公益性质。（6）依法接受监督。学校及其他教育机构应当依法接受国家行政机关、教育行政部门的监督，还要接受财政、审计、工商、物价、卫生和体育等部门的监督。

四、学校与政府的法律关系

学校是经政府教育行政主管机关批准或登记注册，以实施学制系统内各阶段教育为主的教育机构。在现代社会，学校是教育事业最重要的标志和组织形式，也是政府公共管理的重要领域。通常，学校与政府之间存在两类不同性质的法律关系。

（一）学校与政府的行政法律关系

在学校与政府的行政法律关系中，学校作为政府及其教育行政机关的管理对象，是以行政相对人的身份和地位出现的。作为行政相对人，学校有以下权利：（1）依法独立自主管理各自内部事务。（2）依法捍卫自己合法权益。（3）依法代表和维护自己所代表的那部分组织成员权益和要求。（4）参与国家管理。（5）依法对行政机关监督或诉讼。作为行政相对人，学校还应履行下列义务：（1）接受政府及其教育行政部门的管理。（2）执行行政管理法规、规章。（3）接受教育行政机关的委托代理执行有关事务。（4）违法承担相应法律责任。在学校与政府及其行政机关的行政法律关系中，双方的地位是不对等的。只要是国家行政机关依法下达的行政指令，学校应遵照执行，而不得各行其是。如果学校认为某项行政指令有违背法律法规的地方，可以通过一定的程序向上反映或依法提出行政诉讼。但在没有做出否决之前，仍然要遵照执行。

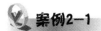 **案例2-1**

温州新世纪学校违规办学被吊销办学许可证案

【案例事实】

温州新世纪学校（化名）系一所民办学校。2013年5月，温州市人力资源和社会保障局（以下简称"人社局"）收到该校学员焦某投诉，称该学校存在虚假宣传、教学管理混乱等违规情况。经人社局查明，该学校是一所职业技能培训学校，不具备学历教育资格，但是却在招生简章中写着"学生毕业后获得全国通用登记证书和大专学历证书（教育部电子注册，国家承认学历）"，确实存在发布虚假招生简章和广告的情况。此外，人社局还发现，该学校网站"师资力量"一栏中介绍的老师也没有实际任教。

2014年5月26日，人社局做出限期改正指令书，责令该学校三个月内整改，暂停招生，网站招生广告、招生简章等应如实宣传，并加强内部管理、规范教学秩序。7月17日，人社局对这所学校进行核查发现，责令期间这所学校并没有进行整改，还在继续招收新学员，无故拖欠教师工资，学生联名要求退学，造成恶劣影响。据此，人社局依据相关法律规定吊销了该学校的办学许可证。

【案例分析】

《民办教育促进法》第六十二条规定，民办学校有下列行为之一的，由县级以上人民政府教育行政部门、人力资源社会保障行政部门或者其他有关部门责令限期改正，并予以警告；有违法所得的，退还所收费用后没收违法所得；情节严重的，责令停止招生、吊销办学许可证；构成犯罪的，依法追究刑事责任：（一）擅自分立、合并民办学校的；（二）擅自改变民办学校名称、层次、类别和举办者的；（三）发布虚假招生简章或者广告，骗取钱财的；（四）非法颁发或者伪造学历证书、结业证书、培训证书、职业资格证书的；（五）管理混乱严重影响教育教学，产生恶劣社会影响的；（六）提交虚假证明文件或者采取其他欺诈手段隐瞒重要事实骗取办学许可证的；（七）伪造、变造、买卖、出租、出借办学许可证的；（八）恶意终止办学、抽逃资金或者挪用办学经费的。该校在办学宣传中已存在虚假宣传的违法事实，并在具体办学中有非法颁发学历证书、结业证书、培训证书、职业资格证书的重大嫌疑，因此有关部门吊销了其办学许可证。

案例来源：北大法宝　引证码CLI. C. 6647606

（二）学校与政府的民事法律关系

在学校与政府的民事法律关系中，学校与政府是平等的民事主体。《教育法》第三十二条规定："学校及其他教育机构具备法人条件的，自批准设立或者登记注册之日起取得法人资格。学校及其他教育机构在民事活动中依法享有民事权利，承担民事责任。"具备法人资格的学校具有民事权利能力和民事行为能力，依法独立享有民事权利和承担民事义务。学校与政府的民事法律关系通常表现为学校接受政府购买等委托，实施相关的人才培养活动，政府支付相应费用等方面。

第二节　学校的设立

学校是实施教育教学活动的专门机构。作为专业性的机构，学校必须具备一定的人力、物力和财力条件。《民法典》第五十八条规定了法人应具备的条件，与这一规范相适应，《教育法》《义务教育法》和《高等教育法》都对学校设置规定了基本条件。

一、设立原则

《教育法》第二十六条规定，国家制定教育发展规划，并举办学校及其他教育机构。国家鼓励企业事业组织、社会团体、其他社会组织及公民个人依法举办学校及其他教育机构。国家举办学校及其他教育机构，应当坚持勤俭节约的原则。以财政性经费、捐赠资产举办或者参与举办的学校及其他教育机构不得设立为营利性组织。该规定体现了设立学校的原则。

（一）符合国家教育发展规划和地方发展需求

设立学校要在符合国家教育发展规划的基础上，根据本地区经济建设和社会发展的需求以及全地区教育事业规划的要求，做好本地区教育事业规划，并据此统筹本地区教育资源，合理布局，进行各类学校的设置和调整工作。

（二）符合审批程序与权限

学校设立的审批，应由地区教育行政部门会同区域编办审核后，报省、市、县级人民政府批准。坚持属地管理原则，地方只负责所辖学校变更、终止的审批和校址在本区域行政辖区内学校设立的审批。经本区域批准设立的学校，一般不在其他区域设立分校或办学点。中小学进行办学体制改革试点仍由市教委负责审批。

（三）提升和维护公共性

公共性作为教育立法的基础，是教育最具有普遍性的特定内涵。教育作为公共服务，它已经不是纯公共产品，它既可以由公立学校来提供，也可以由接受政府资助的私立学校来提供。学校的公共性，并不表现为政府充当唯一的办学主体，由社会团体及个人出资创办并不影响其公共教育的属性。民办学校尽管是民间性质的教育机构，在本质上仍与公立教育一样具有公共服务的基本特性和功能。

二、学校设立的条件

《教育法》第二十七条规定，设立学校及其他教育机构，必须具备下列基本条件：（1）有组织机构和章程；（2）有合格的教师；（3）有符合规定标准的教学场所及设施、设备等；（4）有必备的办学资金和稳定的经费来源。除该条规定的基本条件，不同学段、性质的学校，还有具体的设立条件的规定。

（一）幼儿园

2016年发布的《幼儿园工作规程》对幼儿园规模、园舍、经费等做了具体要求。

幼儿园规模：应当有利于幼儿身心健康，便于管理，一般不超过360人。幼儿园每班幼儿人数一般为：小班（3周岁至4周岁）25人，中班（4周岁至5周岁）30人，大班（5周岁至6周岁）35人，混合班30人。寄宿制幼儿园每班幼儿人数酌减。幼儿园可以按年龄分别编班，也可以混合编班。

幼儿园园舍：应当符合国家和地方的建设标准，以及相关安全、卫生等方面的规范，定期检查维护，保障安全。幼儿园不得设置在污染区和危险区，不得使用危房。幼儿园的设备设施、装修装饰材料、用品用具和玩教具材料等，应当符合国家相关的安全质量标准和环保要求。

幼儿园的经费：由举办者依法筹措，保障有必备的办园资金和稳定的经费来源。按照国家和地方相关规定接受财政扶持的提供普惠性服务的国有企事业单位办园、集体办园和民办园等幼儿园，应当接受财务、审计等有关部门的监督检查。

幼儿园师资：教育部2013年印发的《幼儿园教职工配备标准（暂行）》，详细规定了新设立幼儿园应具备的师资条件，并要求已经设立但未达到标准的幼儿园在三年内达到相应条件。其中，教职工与幼儿的比例：幼儿园教职工包括专任教师、保育员、卫生保健人员、行政人员、教辅人员、工勤人员。幼儿园保教人员包括专任教师和保育员。幼儿园应当按照服务类型、教职工与幼儿以及保教人员与幼儿的一定比例配备教职工，满足保教工作的基本需要（表2-1）。

表 2-1　不同服务类型幼儿园教职工与幼儿的配备比例

服务类型	全园教职工与幼儿比	全园保教人员与幼儿比
全日制	1：5～1：7	1：7～1：9
半日制	1：8～1：10	1：11～1：13

专任教师和保育员配备：幼儿园应根据服务类型、幼儿年龄和班级规模配备数量适宜的专任教师和保育员，使每位幼儿在一日生活、游戏和学习中都能得到成人适当的照顾、帮助和指导。全日制幼儿园每班配备 2 名专任教师和 1 名保育员，或配备 3 名专任教师；半日制幼儿园每班配备 2 名专任教师，有条件的可配备 1 名保育员。寄宿制幼儿园至少应在全日制幼儿园基础上每班增配 1 名专任教师和 1 名保育员。单班学前教育机构，如村学前教育教学点、幼儿班等，一般应配备 2 名专任教师，有条件的可配备 1 名保育员。对所辖社区或村级幼儿园（班）负有管理和指导职责的中心幼儿园，应根据实际工作任务和需要增配巡回指导教师。招收特殊需要儿童的幼儿园应根据特殊需要儿童的数量、类型及残疾程度，配备相应的特殊教育教师，并增加保教人员的配备数量。幼儿园应根据当地学前教育发展的实际情况，增设教师岗位类别和数量，满足本园发展和保教工作的需要，并确保在教师进修、支教、病产假等情况下有可供临时顶岗的保教人员。不同服务类型幼儿园各年龄班和混龄班班级规模、专任教师和保育员的配备标准见表 2-2，寄宿制幼儿园每班幼儿人数酌减。

表 2-2　幼儿园班级规模及专任教师和保育员配备标准

年龄班	班级规模/人	全日制		半日制	
		专任教师	保育员	专任教师	保育员
小班（3～4 岁）	20～25	2	1	2	有条件的应配备 1 名保育员
中班（4～5 岁）	25～30	2	1	2	
大班（5～6 岁）	30～35	2	1	2	
混龄班	＜30	2	1	2～3	

相关人员配备：6 个班以下的幼儿园设园长 1 名，6～9 个班的幼儿园不超过 2 名，10 个班及以上的幼儿园可设 3 名。卫生保健人员根据《托儿所幼儿园卫生保健工作规范（2012 年修订）》配备。幼儿园应根据餐点提供的实际需要和就餐幼儿人数配备适宜的炊事人员，每日三餐一点的幼儿园每 40～45 名幼儿配 1 名；少于三餐一点的幼儿园酌减；在园幼儿人数少于 40 名的供餐幼儿园（班）应配备 1 名专

职炊事员。幼儿园应根据国家和地方有关财会工作、安保工作规定，配备财会和安保人员。

参考《幼儿园工作规程》，教育部于 2017 年 4 月发布了《幼儿园办园行为督导评估办法》，对于幼儿园办园行为评估设定了评估指标及要点，具体对办园条件的要求如下：（1）取得办园许可，证照齐全。（2）幼儿园设置在安全区域，无危房，周边没有安全隐患。（3）幼儿园规模、班额符合相关规定。（4）园舍、户外场地等符合相关规定，区、角设置合理。（5）教学、生活、安全、卫生等设备设施齐全。（6）玩教具、游戏材料和幼儿图画书数量充足，种类丰富，并符合国家相关安全质量标准和环保要求。（7）有必要的办园资金和稳定的经费来源。

（二）中小学校

这里的中小学校包括义务教育阶段的学校和普通高中。中小学校设立的前提是要符合本地教育事业发展规划，符合学校设置规划总要求，符合义务教育阶段中小学就近入学的需要，具备《教育法》规定的四个基本条件。除此之外，还应具备其他具体条件。

经费来源。中小学要有可靠的经费保障和足够的人员编制（财政、人事编制部门意见）；占地和校舍产权证书（在建项目、校园建设规划图、土地划拨书等证明材料）及相关印证材料。

硬件设施。中小学校必须要有充足的生均用地面积，体育活动用地、绿化用地均要达到相关国家级、省市级标准。按国家标准建有够用的普通教室，建有音乐教室、美术室、计算机教室、多媒体教室、多功能教室、图书室（馆）（包括藏书室、阅览室）、技术教室、科技活动室、体育活动室（馆）、体育器材室、卫生保健室、心理咨询室、综合档案室、总务仓库、传达值宿室等教辅用房。具有够用的行政、教师办公用房、教师周转房，满足需要的食堂、开水房、浴室和厕所等生活服务用房。

初中理、化、生实验室（包括仪器标本室和仪器设备室），以及小学科学教室建设应符合国家有关要求。初中实验室和小学科学教室按照教育部《中小学理科实验室装备规范》《中小学实验室规程》的要求建设；教学仪器设备达到教育部《小学数学科学教学仪器配备标准》《初中理科教学仪器配备标准》《初中科学教学仪器配备标准》规定的基本要求。有条件的地方可达到上述文件规定的规划要求。

中小学根据学校规模和课程标准，配齐必配的体育、音乐、美术器材设备。城市中小学按照《中学体育器材设施配备目录》《小学体育器材设施配备目录》的要求配备体育卫生器材；农村中小学按照《国家学校体育卫生条件试行基本标准》配备体育卫生器材。中小学按照教育部《关于印发九年义务教育阶段学校音乐、美术教学器材配备目录的通知》配备艺术教育器材。

师资队伍。校级干部符合国家规定的任职条件和资格。新任校长须取得"任职资格培训合格证书",持证上岗;在职校长每五年须接受国家规定学时的提高培训,并取得"提高培训合格证书",作为继续任职的必备条件。

中小学教师须取得相应学段的教师资格证,有良好的师德;小学教师学历达到专科以上,初中教师学历逐步达到大学本科以上。在职教师每五年须完成国家规定学时的继续教育培训。新任教师岗前培训、班主任专题培训达到国家要求,中小学按规定配齐必需的行政、教辅和工勤人员。根据办学规模,按规定配备足够的从事实验室、图书馆(室)、音乐室、美术室、体育室、劳动技术室、电化教育和教学装备等管理工作的教辅人员,以及符合健康标准的安全保卫、炊事员等专门人员。按规定配有专(兼)职财务人员和学籍管理人员。寄宿制学校或600人以上的非寄宿制学校,配备持有卫生专业执业资格证书的专职卫生专业技术人员。寄宿制学校配备一定数量的学生生活管理员。专任教师应掌握必需的信息技术。

组织管理。举办中小学,要在明确办学原则、宗旨和业务范围的基础上,建立内部组织机构以保障学校运作。校长全面负责学校工作,依法治校。学校内设德育、教学、后勤等工作机构。规模较大的学校设学科组、年级组。学校建立科学民主的决策机制。加强学校党组织建设;实行校务会议制度;建立健全教职工(代表)大会制度;充分发挥工会、共青团、少先队和家长学校以及家长委员会等在学校教育教学活动和管理中的作用。

(三)中等职业学校

2010年《中等职业学校设置标准》对职业技术院校的设置进行了规定,设置中等职业学校,应当符合当地职业教育发展规划,并达到《职业教育法》规定的基本条件。

中等职业学校应当具备法人条件,并按照国家有关规定办理法人登记。设置中等职业学校,应具有学校章程。学校章程包括:名称、校址、办学宗旨、学校内部管理体制和运行机制、教职工管理、学生管理、教育教学管理、校产和财务管理、学校章程的修订等内容。

师资队伍:学校学历教育在校生数应在1200人以上。中等职业学校应当具有与学校办学规模相适应的专任教师队伍,兼职教师比例适当。专任教师一般不少于60人,师生比达到1:20,专任教师学历应达到国家有关规定。专任教师中,具有高级专业技术职务人数不低于20%。专业教师数应不低于本校专任教师数的50%,

其中双师型教师不低于30％。每个专业至少应配备具有相关专业中级以上专业技术职务的专任教师2人。聘请有实践经验的兼职教师应占本校专任教师总数的20％左右。

校园、校舍：中等职业学校应有与办学规模和专业设置相适应的校园、校舍。校园占地面积（不含教职工宿舍和相对独立的附属机构）：新建学校的建设规划总用地不少于40000平方米；生均用地面积指标不少于33平方米。校舍建筑面积（不含教职工宿舍和相对独立的附属机构）：新建学校建筑规划面积不少于24000平方米；生均校舍建筑面积指标不少于20平方米。

体育用地：应有200米以上环形跑道的田径场，有满足教学和体育活动需要的其他设施和场地，符合《学校体育工作条例》的基本要求。

卫生保健、校园安全机构健全，教学、生活设施设备符合《学校卫生工作条例》的基本要求，校园安全有保障。

图书馆和阅览室：适用印刷图书生均不少于30册；报刊种类80种以上；教师阅览（资料）室和学生阅览室的座位数应分别按不低于专任教师总数的20％和学生总数的10％设置。

仪器设备：应当具有与专业设置相匹配、满足教学要求的实验、实习设施和仪器设备。工科类专业和医药类专业生均仪器设备价值不低于3000元，其他专业生均仪器设备价值不低于2500元。

实习、实训基地：要有与所设专业相适应的校内实训基地和相对稳定的校外实习基地，能够满足学生实习、实训需要。要具备能够应用现代教育技术手段，实施现代远程职业教育及学校管理信息化所需的软、硬件设施、设备。其中，学校计算机拥有数量不少于每百生15台。

（四）高等学校

《高等教育法》第二十五条规定，设立高等学校，应当具备教育法规定的基本条件。大学或者独立设置的学院还应当具有较强的教学、科学研究力量，较高的教学、科学研究水平和相应规模，能够实施本科及本科以上教育。大学还必须设有三个以上国家规定的学科门类为主要学科。设立高等学校的具体标准由国务院制定。设立其他高等教育机构的具体标准，由国务院授权的有关部门或者省、自治区、直辖市人民政府根据国务院规定的原则制定。设立高等学校，应当根据其层次、类型、所设学科类别、规模、教学和科学研究水平，使用相应的名称。

教育部于1986年12月15日发布了《普通高等学校设置暂行条例》，首次规定了普通公立高等院校设立的相关条件及审批流程。2006年，按照《教育部关于

"十一五"期间普通高等学校设置工作的意见》制定的《普通本科学校设置暂行规定》，是高等院校设立的重要依据。2011年和2017年，教育部分别发布《关于"十二五"期间高等学校设置工作的意见》和《关于"十三五"时期高等学校设置工作的意见》。2021年，教育部又发布《关于"十四五"时期高等学校设置工作的意见》，对"十四五"时期高等学校设置的指导思想、基本原则、主要政策以及工作要求进行规定。

1. 设立条件

普通公立高等院校设立条件具体如下。

办学规模。普通本科学校主要实施本科及本科以上教育。称为学院的，全日制在校生规模应在 5000 人以上。称为大学的，全日制在校生规模应在 8000 人以上，在校研究生数不低于全日制在校生总数的 5％。艺术、体育及其他特殊科类或有特殊需要的学院，经教育部批准，办学规模可以不受此限。

学科与专业。在人文学科（哲学、文学、历史学）、社会学科（经济学、法学、教育学）、理学、工学、农学、医学、管理学等学科门类中，称为学院的应拥有 1 个以上学科门类作为主要学科，称为大学的应拥有 3 个以上学科门类作为主要学科。

称为学院的其主要学科门类中应能覆盖该学科门类 3 个以上的专业；称为大学的其每个主要学科门类中的普通本科专业应能覆盖该学科门类 3 个以上的一级学科，每个主要学科门类的全日制本科以上在校生均不低于学校全日制本科以上在校生总数的 15％，且至少有 2 个硕士学位授予点，学校的普通本科专业总数在 20 个以上。

师资队伍。普通本科学校应具有较强的教学、科研力量，专任教师总数一般应使生师比不高于 18∶1；兼任教师人数应当不超过本校专任教师总数的 1/4。

称为学院的，在建校初期专任教师总数不少于 280 人。专任教师中具有研究生学历的教师数占专任教师总数的比例应不低于 30％，具有副高级专业技术职务以上的专任教师人数一般应不低于专任教师总数的 30％，其中具有正教授职务的专任教师应不少于 10 人。各门公共必修课程和专业基础必修课程，至少应当分别配备具有副高级专业技术职务以上的专任教师 2 人；各门专业必修课程，至少应当分别配备具有副高级专业技术职务以上的专任教师 1 人；每个专业至少配备具有正高级专业技术职务的专任教师 1 人。称为大学的专任教师中具有研究生学位的人员比例一般应达到 50％以上，其中具有博士学位的专任教师占专任教师总数的比例一般应达到 20％以上；具有高级专业技术职务的专任教师数一般应不低于 400 人，其中具有正教授职务的专任教师一般应不低于 100 人。

教学与科研水平：普通本科学校应具有较强的教学力量和较高的教学水平，在教育部组织的教学水平评估中，评估结论应达到"良好"以上（对申办学院的学校是指高职高专学校教学工作水平评估；对学院更名为大学的学校是指普通高等学校本科教学工作水平评估）。称为大学的学校应在近两届教学成果评选中至少有 2 个项目获得过国家级一、二等奖或省级一等奖。普通本科学校应具有较高的科学研究水平。称为大学的学校还应达到以下标准。

科研经费：近 5 年年均科研经费，以人文、社会学科为主的学校至少应达到 500 万元，其他类高校至少应达到 3000 万元；近 5 年来科研成果获得省部级以上（含省部级）奖励 20 项，其中至少应有 2 个国家级奖励；至少设有省部级以上（含省部级）重点实验室 2 个和重点学科 2 个；一般至少应具有 10 个硕士点，并且有 5 届以上硕士毕业生。

基础设施：①土地。普通本科学校生均占地面积应达到 60 平方米以上。学院建校初期的校园占地面积应达到 500 亩以上。②建筑面积。普通本科学校的生均校舍建筑面积应达到 30 平方米以上。称为学院的学校，建校初期其总建筑面积应不低于 15 万平方米；普通本科学校的生均教学科研行政用房面积，理、工、农、医类应不低于 20 平方米，人文、社科、管理类应不低于 15 平方米，体育、艺术类应不低于 30 平方米。③仪器设备。普通本科学校生均教学科研仪器设备值，理、工、农、医类和师范院校应不低于 5000 元，人文、社会科学类院校应不低于 3000 元，体育、艺术类院校应不低于 4000 元。④图书。普通本科学校生均适用图书，理、工、农、医类应不低于 80 册，人文、社会科学类和师范院校应不低于 100 册，体育、艺术类应不低于 80 册。各校都应建有现代电子图书系统和计算机网络服务体系。

实习、实训场所：普通本科学校必须拥有相应的教学实践、实习基地。以理学、工学、农林等科类专业教育为主的学校应当有必需的教学实习工厂和农（林）场和固定的生产实习基地；以师范类专业教育为主的学校应当有附属的实验学校或固定的实习学校；以医学专业教育为主的学校至少应当有一所直属附属医院和适用需要的教学医院。

办学经费：普通本科学校所需基本建设投资和教育事业费，须有稳定、可靠的来源和切实的保证。

领导班子：必须具备《教育法》《高等教育法》《民办教育促进法》等有关法律规定的关于高等学校领导任职条件要求，具有较高政治素质和管理能力、品德高尚、熟悉高等教育、有高等教育副高级以上专业技术职务的专职领导班子。位于少数民族地区和边远地区的普通本科学校，在设置时，其办学规模和有关条件在要求上可以适当放宽。

公立专科院校升本。对于布局合理，条件具备，毕业生届数在 10 届以上，且在区域内高等教育结构中具有不可替代性的普通专科层次学校，可申请组建为本科学校。

2. 设置审批

满足设立高等学校条件的，依法申请设立普通高等学校。设置普通高等学校的审批程序，一般分为审批筹建和审批正式建校招生两个阶段。完全具备建校招生条件的，也可以直接申请正式建校招生。

审批筹建。应当由学校的主管部门邀请教育、计划、人才需求预测、劳动人事、财政、基本建设等有关部门和专家共同进行论证，并提出论证报告。凡经过论证，确需设置普通高等学校的，按学校隶属关系，由省、自治区、直辖市人民政府或国务院有关部门向国家教育委员会提出筹建普通高等学校申请书，并附交论证报告。

审批正式建校招生。经批准筹建的普通高等学校，按学校隶属关系，由省、自治区、直辖市人民政府或国务院有关部门向国家教育委员会提出正式建校招生申请书，并附交筹建情况报告。国家教育委员会在接到筹建普通高等学校申请书，或正式建校招生申请书后，应当进行审查，并作出是否准予筹建或正式建校招生的决定。经批准建立的普通高等学校，从批准正式建校招生之日起十年内，应当达到审定的计划规模及正常的教师配备标准和办学条件。

（五）民办学校

2018 年新修订的《民办教育促进法》规定，民办教育事业属于公益性事业，是社会主义教育事业的组成部分。国家对民办教育实行积极鼓励、大力支持、正确引导、依法管理的方针。各级人民政府应当将民办教育事业纳入国民经济和社会发展规划。

1. 设立民办学校的基本条件

基本的办学条件是学校及其他教育机构开展教育教学活动并保证教育教学质量的基础。根据《民办教育促进法》第十一条规定，设立民办学校应当符合当地教育发展的需求，具备教育法和其他有关法律、法规规定的条件。民办学校的设置标准参照同级同类公办学校的设置标准执行。

根据教育法及其他有关法律、法规规定，民办学校的设立应当满足以下 4 项基本条件。

（1）有相应的组织管理机构、人员和学校章程。民办学校的章程是指依据国家法律、法规以及教育行政规章、国家教育政策制定的，依法自主办学的自律性文件，主要对办学宗旨、内部管理体制及财产、财务等重大的、基本问题做出的规定，是教育机构进行自我管理的基本依据，也是行政管理部门进行监管的重要条件。章程一般应载明教育机构的名称、性质、层次、权力机构、执行机构、教学及财产财务管理制度、教职人员的聘任及工资福利待遇、举办者的权利与义务、教育机构解散的条件、清算事项以及章程修改程序等内容。

（2）有合格的教师。合格教师主要是指符合《教师法》和《教师资格条例》的人员，民办学校聘任的教师，应当具有国家规定的任教资格。

（3）有符合规定标准的教学场所及设施、设备，既包括教育教学条件方面的设置标准，也包括卫生、安全等方面的标准。

（4）有必备的办学资金和稳定的经费来源。必备的办学资金是指举办者以自有资金和社会捐赠等合法渠道筹集到的设立民办学校所必须具备的最低启动资金。除办学资金外，举办者还应保证民办学校设立后有稳定的经费来源。

2. 民办学校的举办者类别

民办学校的举办者分为两类：一类是各种社会组织；另一类是公民个人。第一类，举办民办学校的社会组织应当具有法人资格，没有法人资格的组织不能举办民办学校。法人是具有民事权利能力和民事行为能力，依法独立享有民事权利和承担民事义务的组织。第二类，举办民办学校的个人，应当具有政治权利和完全民事行为能力。

3. 民办学校的类型

民办学校分为非营利性民办学校和营利性民办学校。两者的区别在于，学校存续期间举办者能否取得办学收益、学校终止时能否分配办学结余。非营利性民办学校的举办者不得取得办学收益，学校的办学结余全部用于办学。营利性民办学校的举办者可以取得办学收益，学校的办学结余依照公司法等有关法律法规的规定处理。申请设立实施义务教育的学校只能设立为非营利性学校。国家对于非营利性民办学校、营利性民办学校的利润分配、收费标准以及鼓励奖励政策方面也做出了相关的规定，具体如表 2-3。

表 2-3　民办学校财务激励、限制监管政策对比 ①

民办学校类型	非营利性民办学校	营利性民办学校
适用阶段	所有学段	义务教育阶段外的学段
利润（分红）分配	不能分红	可以分红

---

①　表格整理自：《教育部等五部门关于印发〈民办学校分类登记实施细则〉的通知》，2017-01-05http：//www.moe.edu.cn/srcsite/A03/s3014/201701/t20170118_295142.html，2020-10-12。

续表

民办学校类型		非营利性民办学校	营利性民办学校
终止后剩余财产处置		继续用于其他非营利性学校	在股东间进行分配
会计制度		民间非营利组织会计制度、事业单位会计制度	企业会计制度
收费		由省、自治区、直辖市人民政府制定政策	市场调节，由学校自主决定
扶持与奖励	扶持措施	购买服务、助学贷款、奖助学金和出租、转让闲置国有资产、政府补贴、基金奖励、捐资激励等	购买服务、助学贷款、奖助学金和出租、转让闲置国有资产等
	税收优惠	与公办学校一致	与企业一致
	土地取得	与公办学校一致，划拨等方式	按国家规定，出让等方式
	教师人才引进政策	与公办学校一致	尚未明确

三、学校的设立程序

《教育法》第二十八条规定，学校及其他教育机构的设立、变更和终止，应当按照国家有关规定办理审核、批准、注册或者备案手续。由于各类学校设立程序存在差异，法律法规对其进行了分别规定。其中，普通高等学校、民办学校的设立程序分别由《高等教育法》、《普通高等学校设置暂行条例》（国发【1986】108 号）、《国务院办公厅关于国务院授权省、自治区、直辖市人民政府审批设立高等职业学校有关问题的通知》（国办发〔2000〕3 号）、《民办教育促进法（2018 修正）》等予以规定。

（一）普通高等学校的设立程序

根据《高等教育法》《普通高等学校设置暂行条例》《国务院办公厅关于国务院授权省、自治区、直辖市人民政府审批设立高等职业学校有关问题的通知》，高等学校的设立大体需要经过申请、论证、申请筹建、审批、筹建、验收六个阶段。

申请。普通高等学校的建立，应当由设置普通高等学校的主管部门在每年第三季度以前提出申请，逾期则延至下一年度审批时间办理。申请设立高等学校的，应当向审批机关提交下列材料：（一）申办报告；（二）可行性论证材料；（三）章程；（四）审批机关依照本法规定要求提供的其他材料。

论证。设置普通高等学校，应当由学校的主管部门邀请教育、计划、人才需求预测、劳动人事、财政、基本建设等有关部门和专家共同进行论证，并提出论证报告。论证报告应当包括下列内容：（一）拟建学校的名称、校址、学科门类、专业设置、人才培养目标、规模、领导体制、招生及分配面向地区；（二）人才需求预测、办学效益、高等教育的布局；（三）拟建学校的师资来源、经费来源、基建计划。

申请筹建。凡经过论证，确需设置普通高等学校的，按学校隶属关系，由省、自治区、直辖市人民政府或国务院有关部门向国家教育委员会提出筹建普通高等学校申请书，并附交论证报告。国务院有关部门申请筹建普通高等学校，还应当附交学校所在地的省、自治区、直辖市人民政府的意见书。

审批筹建。设立实施本科及以上教育的高等学校，由国务院教育行政部门审批；设立实施专科教育的高等学校，由省、自治区、直辖市人民政府审批，报国务院教育行政部门备案；设立其他高等教育机构，由省、自治区、直辖市人民政府教育行政部门审批。审批设立高等学校和其他高等教育机构应当遵守国家有关规定。审批设立高等学校，应当委托由专家组成的评议机构评议。国家教育委员会在接到筹建普通高等学校申请书，或正式建校招生申请书后，应当进行审查，并作出是否准予筹建或正式建校招生的决定。

审批正式建校招生。普通高等学校的筹建期限，从批准之日起，应当不少于一年，但最长不得超过五年。经批准筹建的普通高等学校，凡符合法定设置标准的，按学校隶属关系，由省、自治区、直辖市人民政府或国务院有关部门向国家教育委员会提出正式建校招生申请书，并附交筹建情况报告。

验收。为保证新建普通高等学校的办学质量，由国家教育委员会或它委托的机构，对新建普通高等学校第一届毕业生进行考核验收。经批准建立的普通高等学校，从批准正式建校招生之日起十年内，应当达到审定的计划规模及正常的教师配备标准和办学条件。国家教育委员会或它委托的机构负责对此进行审核验收。

（二）民办学校设立的特殊程序

《民办教育促进法》规定了民办学校设立的程序。

申请筹设与审批。申请筹设民办学校，举办者应当向审批机关提交下列材料：（1）申办报告，内容应当主要包括：举办者、培养目标、办学规模、办学层次、办学形式、办学条件、内部管理体制、经费筹措与管理使用等。（2）举办者的姓名、住址或者名称、地址。（3）资产来源、资金数额及有效证明文件，并载明产权。（4）属捐赠性质的校产须提交捐赠协议，载明捐赠人的姓名、所捐资产的数额、用途和管理方法及相关有效证明文件。审批机关应当自受理筹设民办学校的申请之日起三十日内以书面形式作出是否同意的决定。同意筹设的，发给筹设批准书。不同意筹设的，应当说明理由。筹设期不得超过三年。超过三年的，举办者应当重新申报。

申请设立与审批。申请正式设立民办学校的，举办者应当向审批机关提交下列材料：（1）筹设批准书。（2）筹设情况报告。（3）学校章程、首届学校理事会、董事会或者其他决策机构组成人员名单。（4）学校资产的有效证明文件。（5）校长、教师、财会人员的资格证明文件。具备办学条件，达到设置标准的，可以直接申请正式设立，并应当提交以下材料：一是申请筹设民办学校应当提交的四类材料，二是除筹设批准书和筹设情况报告以外的其他三类申请正式设立民办学校应当提交的材料。申请正式设立民办学校的，审批机关应当自受理之日起三个月内以书面形式做出是否批准的决定，并送达申请人；其中申请正式设立民办高等学校的，审批机关也可以自受理之日起六个月内以书面形式作出是否批准的决定，并送达申请人。

审批。举办实施学历教育、学前教育、自学考试助学及其他文化教育的民办学校，由县级以上人民政府教育行政部门按照国家规定的权限审批；举办实施以职业技能为主的职业资格培训、职业技能培训的民办学校，由县级以上人民政府人力资源社会保障行政部门按照国家规定的权限审批，并抄送同级教育行政部门备案。审批机关对批准正式设立的民办学校发给办学许可证。审批机关对不批准正式设立的，应当说明理由。

（1）批准设立的，发给办学许可证。审批机关对申请人的设立申请进行审查，符合设立条件的，予以批准，其批准的形式是发给办学许可证。办学许可证由举办人持有、保管，在对外开展有关办学活动时，应当主动出示办学许可证，如招生、刊登招生广告等。持有人不得转借、出租、买卖办学许可证，否则要承担相应的法律责任。有关组织和公民个人要尊重许可证持有人的权利，除发证的审批机关外，其他任何单位和个人不得收缴、扣压或者吊销办学许可证。

（2）不予批准的，应当说明理由。对于不予批准办学申请的，也应当书面告知当事人，并说明具体的理由。这种理由应当是构成是否批准的实质性理由，不应是材料不全、文字错误等原因。在说明理由时，还应告知当事人申请救济的途径和方式。救济方式有两种：一是在法定期限内申请行政复议。根据《行政复议法》的规定，复议机关可以是本级人民政府，也可以是上一级教育或劳动和社会保障行政部门。二是可以向审批机关所在地的人民法院提起行政诉讼。可以经复议后提请行政诉讼，也可以不经复议直接提起行政诉讼。

登记。申请人取得办学许可证后，应当办理民办学校的设立登记。民办学校取得办学许可证，只是完成了办学审批程序，要取得法人资格，取得相应的民事权利，承担民事责任，还应当办理登记手续。登记管理机关对符合登记条件的民办学校，依法依规予以登记，并核发登记证或者营业执照；对不符合登记条件的，不予登记，并以书面形式向申请人说明理由。

民办学校分类登记管理如表 2-4。

表 2-4 民办学校分类登记管理表①

民办学校类型	非营利性民办学校	营利性民办学校
登记法人性质	非营利法人（事业单位、社会服务机构）	营利法人
登记标准	符合《事业单位登记管理暂行条例》等事业单位登记管理有关规定的到事业单位登记管理机关登记为事业单位。符合《民办非企业单位登记管理暂行条例》等民办非企业单位登记管理有关规定的到民政部门登记为社会服务机构	符合《公司登记管理条例》等营利法人登记管理有关规定的，到市场监管部门、工商行政管理部门等登记机关登记为营利法人
登记部门	实施本科以上层次教育的非营利性民办高等学校，由省级人民政府相关部门办理登记。实施专科以下层次教育的非营利性民办学校，由省级人民政府确定的县级以上人民政府相关部门办理登记	正式批准设立的营利性民办学校，依据法律法规规定的管辖权限到工商行政管理部门办理登记
登记性质	事业单位、社会服务机构	有限责任公司、股份有限公司
现有学校分类登记	现有民办学校选择登记为非营利性民办学校的，依法修改学校章程，继续办学，履行新的登记手续	现有民办学校选择登记为营利性民办学校的，应当进行财务清算，经省级以下人民政府有关部门和相关机构依法明确土地、校舍、办学积累等财产的权属并缴纳相关税费，办理新的办学许可证，重新登记，继续办学

第三节 学校的组织与运作

学校的举办者必须遵循有关法律、法规、规章和国家有关的政策来确定所办学校的内部领导体制，建立必要的内部组织。内部领导体制应按照民主管理与监督的原则确立，同时还要根据学校及其他教育机构性质、种类、层次与规模的不同，依法采取不同类型的领导体制。

---

① 表格整理自：《教育部等五部门关于印发〈民办学校分类登记实施细则〉的通知》，2017-01-05http：//www.moe.edu.cn/srcsite/A03/s3014/201701/t20170118_295142.html，2020-10-12。

一、学校的组织

依照《教育法》第二十七条的规定，设立学校及其他教育机构，必须建立相应的组织机构。

（一）党的基层组织

《教育法》第三条规定，国家坚持以马克思列宁主义、毛泽东思想、邓小平理论、"三个代表"重要思想、科学发展观、习近平新时代中国特色社会主义思想为指导，遵循宪法确定的基本原则，发展社会主义的教育事业。该条确立了教育与学校发展必须坚持的原则。《中国共产党章程》第三十条规定，"企业、农村、机关、学校、医院、科研院所、街道社区、社会组织、人民解放军连队和其他基层单位，凡是有正式党员三人以上的，都应当成立党的基层组织"。学校党支部与党委是中国共产党在学校的基层组织，是学校的政治核心。

《高等教育法》第三十九条规定：中国共产党高等学校基层委员会按照中国共产党章程和有关规定，统一领导学校工作，支持校长独立负责地行使职权，其领导职责主要是：执行中国共产党的路线、方针、政策，坚持社会主义办学方向，领导学校的思想政治工作和德育工作，讨论决定学校内部组织机构的设置和内部组织机构负责人的人选，讨论决定学校的改革、发展和基本管理制度等重大事项，保证以培养人才为中心的各项任务的完成。

《民办教育促进法》第九条规定，民办学校中的中国共产党基层组织，按照中国共产党章程的规定开展党的活动，加强党的建设。

2016年7月，中共中央组织部、中共教育部党组联合印发《关于加强中小学校党的建设工作的意见》，要求各级党委和有关部门按照全面从严治党要求，推进中小学校党组织和党的工作全覆盖，增强党组织政治功能，充分发挥政治核心作用，切实加强中小学校党的建设。

（二）教代会与校工会

教代会是依法保障教职工参与学校民主管理和监督，完善现代学校制度，促进学校依法治校的重要组织。《教育法》第三十一条规定，学校及其他教育机构应当按照国家有关规定，通过以教师为主体的教职工代表大会等组织形式，保障教职工参与民主管理和监督。

2012年正式实施的《学校教职工代表大会规定》中，明确规定了教职工代表大会的主要职权：（1）听取学校章程草案的制定和修订情况报告，提出修改意见和建议。（2）听取学校发展规划、教职工队伍建设、教育教学改革、校园建设以及其他重大改革和重大问题解决方案的报告，提出意见和建议。（3）听取学校年度工作、财务工作、工会工作报告以及其他专项工作报告，提出意见和建议。（4）讨论通过学校提出的与教职工利益直接相关的福利、校内分配实施方案以及相应的教职工聘任、考核、奖惩办法。（5）审议学校上一届（次）教职工代表大会提案的办理情况报告。（6）按照有关工作规定和安排评议学校领导干部。（7）通过多种方式对学校工作提出意见和建议，监督学校章程、规章制度和决策的落实，提出整改意见和建议。（8）讨论法律法规规章规定的以及学校与学校工会商定的其他事项。

工会是教职工群众组织，接受上级工会的领导，同时直接接受学校党组织的领导和行政组织的领导，协助党组织和行政组织做好教职工的政治、文化、业务学习，做好团结工作和生活福利工作，在民主管理中发挥参与作用。依照《学校教职工代表大会规定》，学校工会为教职工代表大会的工作机构。在教代会闭会期间，教育工会一般是教代会的常务委员会，协助学校定期召开教代会。学校工会承担以下与教职工代表大会相关的工作职责：（1）做好教职工代表大会的筹备工作和会务工作，组织选举教职工代表大会代表，征集和整理提案，提出会议议题、方案和主席团建议人选。（2）教职工代表大会闭会期间，组织传达贯彻教职工代表大会精神，督促检查教职工代表大会决议的落实，组织各代表团（组）及专门委员会（工作小组）的活动，主持召开教职工代表团（组）长、专门委员会（工作小组）负责人联席会议。（3）组织教职工代表大会代表的培训，接受和处理教职工代表大会代表的建议和申诉。（4）就学校民主管理工作向学校党组织汇报，与学校沟通。（5）完成教职工代表大会委托的其他任务。

（三）理事会

公立普通高等学校理事会系指国家举办的普通高等学校根据面向社会依法自主办学的需要，设立的由办学相关方面代表参加，支持学校发展的咨询、协商、审议与监督机构，是高等学校实现科学决策、民主监督、社会参与的重要组织形式和制度平台。设立的目的在于推进中国特色现代大学制度建设，健全高等学校内部治理结构，促进和规范高等学校理事会建设，增强高等学校与社会的联系、合作。2014年9月1日起施行的《普通高等学校理事会规程（试行）》就理事会的主要职责作了规定，包括：审议通过理事会章程、章程修订案；决定理事的增补或者退出；就学校发展目标、战略规划、学科建设、专业设置、年度预决算报告、重大改革举措、学校章程拟定或者修订等重大问题进行决策咨询或者参与审议；参与审议学校开展社会合作、校企合作、协同创新的整体方案及重要协议等，提出咨询建议，支持学校开展社会服务；研究学校面向社会筹措资金、整合资源的目标、规划等，监督筹措资金的使用；参与评议学校办学质量，就学校办学特色与教育质量进行评估，提出合理化建议或者意见；学校章程规定或者学校委托的其他职能。该规程还就理事会的代表、组成人员、例会制度及运作等作了具体规定。公立高等学校使用董事会、校务委员会等名称建立的相关机构适用本规程。

《民办教育促进法》第二十条、第二十一条、第二十二条规定：民办学校应当设立学校理事会、董事会或者其他形式的决策机构并建立相应的监督机制。民办学校的举办者根据学校章程规定的权限和程序参与学校的办学和管理。学校理事会或者董事会由举办者或者其代表、校长、教职工代表等人员组成。其中三分之一以上的理事或者董事应当具有五年以上教育教学经验。学校理事会或者董事会由五人以上组成，设理事长或者董事长一人。理事长、理事或者董事长、董事名单报审批机关备案。学校理事会或者董事会行使下列职权：（1）聘任和解聘校长。（2）修改学校章程和制定学校的规章制度。（3）制定发展规划，批准年度工作计划。（4）筹集办学经费，审核预算、决算。（5）决定教职工的编制定额和工资标准。（6）决定学校的分立、合并、终止。（7）决定其他重大事项。

（四）校务委员会

中小学校务委员会制度在教育发达国家是一个应用广泛、比较成熟的现代教育管理制度。是在校长负责制下，进一步加强民主管理、完善内部管理体制的一种新型制度。校务委员会委员由学校领导、上级教育主管部门、财政管理部门、社区管理部门、人大政协代表、教师代表、学生家长代表和社会知名人士、专家学者等人员担任。校务委员会需要遵循其校务委员会章程办事。

作为现代学校管理体制的重要组成部分，校务委员会是家庭、社会参与学校管理，尊重家庭、社区对学校管理的知情权、表达权、参与权、监督权，维护学生权益的有效途径。学校校务委员会的主要职责是：（1）审议学校的办学理念、办学方针、发展规划、年度工作计划和招生计划等。（2）审议学校的基础建设项目、设备购置、师资队伍和制度建设等问题。（3）审议学校财务预算和决算方案。（4）审议学校年度工作总结。（5）审议学校的其他重大事项。

二、校长及其职责

依照国家教育法律及政策的规定，公办中小学校及幼儿园，校长在学校党组织领导下依法依规行使职权、依照学校党组织有关决议全面负责学校的教育教学和行政管理等工作。公立高等学校实行党委领导下的校长负责制；民办学校及其他教育机构实行董事会领导下的校长负责制。《教育法》第三十一条规定，"学校及其他教育机构的校长或者主要行政负责人必须由具有中华人民共和国国籍、在中国境内定居、并具备国家规定任职条件的公民担任，其任免按照国家有关规定办理。学校的教学及其他行政管理，由校长负责"。

民办学校的法定代表人由理事长、董事长或者校长担任。民办学校校长负责学校的教育教学和行政管理工作，行使下列职权：（1）执行学校理事会、董事会或者其他形式决策机构的决定。（2）实施发展规划，拟订年度工作计划、财务预算和学校规章制度。（3）聘任和解聘学校工作人员，实施奖惩。（4）组织教育教学、科学研究活动，保证教育教学质量。（5）负责学校日常管理工作。（6）学校理事会、董事会或者其他形式决策机构的其他授权。

（一）幼儿园园长

幼儿园园长应当具有《教师资格条例》规定的教师资格、具备大专以上学历、有三年以上幼儿园工作经历和一定的组织管理能力，并取得幼儿园园长岗位培训合格证书。幼儿园园长由举办者任命或者聘任，并报当地主管的教育行政部门备案。《幼儿园园长专业标准》对幼儿园园长的办学理念、专业能力提出了全面要求。《幼儿园工作规程》对幼儿园园长的资格、职责作了规定。幼儿园园长负责幼儿园的全面工作，主要职责为：（1）贯彻执行国家的有关法律、法规、方针、政策和地方的相关规定，负责建立并组织执行幼儿园的各项规章制度。（2）负责保育教育、卫生保健、安全保卫工作。（3）负责按照有关规定聘任、调配教职工，指导、检查和评估教师以及其他工作人员的工作，并给予奖惩。（4）负责教职工的思想工作，组织业务学习，并为他们的学习、进修、教育研究创造必要的条件。（5）关心教职工的身心健康，维护他们的合法权益，改善他们的工作条件。（6）组织管理园舍、设备和经费。（7）组织和指导家长工作。（8）负责与社区的联系和合作。

（二）中小学校校长

依照 2013 年《义务教育学校校长专业标准》的规定，中小学校长是履行学校领导与管理工作职责的专业人员。2015 年的《普通高中校长专业标准》则是对普通高中合格校长专业素质的基本要求，是制订普通高中校长任职资格标准、培训课程标准、考核评价标准等的依据。中小学校长的专业能力任职要求为如下方面。

（1）规划学校发展：诊断学校发展现状，及时发现和研究分析学校发展面临的主要问题。组织社区、家长、教师、学生多方参与制订学校发展规划，确立学校中长期发展目标。落实学校发展规划，制订学年、学期工作计划，指导教职工制定具体行动方案，并提供人、财、物等条件支持。监测学校发展规划的实施，根据实施情况修正学校发展规划，调整工作计划，完善行动方案。

（2）营造育人文化：广泛涉猎自然科学与人文社会科学知识，具有良好的艺术修养和相应的艺术欣赏与表现的知识。了解校园文化建设的基本理论，掌握促进优秀文化融入学校教育的方法和途径。掌握不同年龄阶段学生思想品德形成和健康心理发展的特点与规律，了解学生思想与品行养成过程及其教育方法。

（3）领导课程教学：有效统筹国家、地方、学校三级课程，确保国家课程、地方课程的落实，推动校本课程的开发与实施，为学生提供丰富多样的课程教学资源。认真落实义务教育课程标准，切实减轻学生过重课业负担，不得随意提高课程难度，不得挤占体育、音乐、美术及少先队活动等课程的课时，确保学生每天一小时校园体育活动。建立听课与评课制度，深入课堂听课并对课堂教学进行指导，每学期听课不少于地方教育行政部门规定的课时数量。积极组织开展教研活动和教学改革，建立完善促进学生全面发展的教育教学评价制度，不片面追求学生考试成绩和升学率。

（4）引领教师成长：建立健全教师专业发展的制度，推行校本教研，完善教研训一体的机制，落实每位教师五年一周期不少于360学时的培训要求。关注每一位教师的发展，指导教师根据自身发展特点制订专业发展计划，加强青年教师培养，支持教师轮岗交流，推进信息技术在教师专业发展中的应用。扎实开展师德师风教育，落实教师职业道德规范要求，严禁教师体罚或变相体罚学生，严禁教师从事有偿补课。维护和保障教师合法权益和待遇，关爱教师身心健康，建立优教优酬的激励制度。

（5）优化内部管理：坚持依法治校，自觉接受师生员工和社会的监督。形成学校领导班子的凝聚力，认真听取党组织对学校重大决策的意见，充分发挥党组织的政治核心作用，加强学校管理队伍建设。尊重和支持教职工代表大会参与学校管理的民主权利，定期向教职工代表大会报告工作，实行校务会议、校务公开等管理制度。鼓励师生员工参与学校管理。健全学校人事、财务、资产管理等管理制度，将信息化手段引入学校管理，提高学校管理的专业化水平。不得违反国家规定收取费用，不得以向学生推销或者变相推销商品、服务等方式谋取利益。努力建设平安校园，建立和完善学校各种应急管理机制，定期实施安全演练，排查安全隐患，正确应对和妥善处置学校突发事件。

（6）调适外部环境：树立学校的良好形象，加强校际合作，整合办学资源，优化育人环境，争取社会（社区）对学校的大力支持。充分发挥家长委员会的积极作用，接受改进学校工作的合理建议，完善家庭和社会（社区）参与学校管理的机制，主动与社区建立合作关系。健全家校合作育人机制，建立教师家访制度，通过家长学校、家长会、家长开放日以及信息化通信手段等多种形式，帮助家长了解学校情况和学生身心发展特点，指导家长掌握科学的家庭教育方法。积极发挥学校在社区建设中的文化引领作用，鼓励并组织学校师生参与服务社会（社区）的有益活动。

（三）中职院校校长

2015年《中等职业学校校长专业标准》对中等职业学校合格校长专业素质的基本要求作了规定，是制定中等职业学校校长任职资格标准、培训课程标准、考核评价标准等的依据。中等职业学校校长专业能力任职要求为如下方面。

（1）规划学校发展：诊断学校发展现状，及时发现和研究分析学校发展面临的主要问题。组织多方参与制订学校发展规划，与社会需求紧密对接，确立学校中长期发展目标。分解和落实学校发展规划，制订学年、学期工作计划，指导教职工制定具体行动方案，并提供人、财、物等条件支持。监测学校发展规划的实施，根据实施情况修正学校发展规划，调整工作计划，完善行动方案。

（2）营造育人文化：加强校园自然环境和人文环境建设，树立优良的校风、教风、学风，设计体现职业教育理念和学校办学特色的校训、校歌、校徽、校标。精心设计和组织丰富多彩、积极向上的文艺体育活动、技能展示活动和社会实践活动，积极组织开展创业创新、职业生涯规划、礼仪规范等主题教育活动，形成爱学习、爱劳动、爱祖国活动的有效形式和长效机制。建设绿色健康的校园信息网络，向师生推荐优秀的精神文化作品和劳动模范、创业典型、技术能手的先进事迹，努力防范不良的流行文化、网络文化和学校周边环境对学生的负面影响。凝聚学校文化建设力量，推进优秀企业文化进校园，发挥教师、学生及社团的主体作用，发挥各级各类公共文化设施、专业实践活动基地和实训基地的德育功能，为共青团、学生社团、班集体活动开展提供必要条件，保证活动时间。

（3）领导课程教学：根据区域经济社会发展的需要，对接职业和岗位需求，在政府、行业、企业等方面指导下开展专业建设。认真落实国家颁布的中等职业学校专业教学标准，合理设置公共基础课和专业技能课，设立法治知识课程，关注学生心理健康和青春期教育，推动校本课程的开发与实施。落实综合实训、顶岗实习等实践教学的有关要求。建立听课与评课制度，深入课堂听课并对课堂教学进行指导，每学期听评课不低于地方教育行政部门规定的课时数量。积极组织开展教研活动和教学改革，推行项目教学、案例教学、工作过程导向教学等教学模式，建立健全教育教学评价制度。

（4）优化内部管理：建立健全教师专业发展的制度，落实五年一周期的教师全员培训制度和教师企业实践制度，推行校本教研，完善教研训一体的机制。关注每一位教师的发展，指导教师根据自身发展特点制订专业发展计划，加强专业带头人和青年教师培养，为兼职教师创造良好的工作环境。落实中等职业学校教师职业道德规范要求和违反职业道德行为处理办法，扎实开展师德师风教育，建立健全教育、宣传、考核、监督与奖惩相结合的师德建设工作机制，引导支持教师坚定理想信念、提高道德情操、掌握扎实学识、秉持仁爱之心，不断提升教师的精神境界。维护和保障教师合法权益和待遇，关心教师身心健康，建立优教优酬的激励机制。

（5）优化内容管理：形成学校领导班子的凝聚力，充分听取党组织对学校重大决策的意见，发挥党组织的政治核心作用。尊重和支持教职工代表大会参与学校管理的民主权利，推行校务公开，定期向教职工代表大会报告工作，实行校务会议等管理制度。依法制定学校章程，建立健全学校人事、财务、资产管理、校企合作等规章制度，提高学校管理规范化水平，不得违反国家规定收取费用，不得利用学校招生、学生顶岗实习、企业招工等谋取利益。努力打造平安校园，建立和完善学校各种应急管理机制，定期实施安全演练，正确应对和妥善处置学校突发事件。

（6）调适外部环境：努力争取地方政府、行业企业和社会力量对学校教育的支持，营造良好的外部育人环境。建立学校、行业、企业、社区等共同参与的学校理事会或董事会。引导行业企业、社区和相关专业人员参与学校管理和监督，接受改进学校工作的合理建议。建立健全产教融合、校企合作育人机制，通过与行业企业共建实训实习基地、引企入校等形式，实现资源共建共享。积极发挥学校服务区域经济发展和促进就业的作用，鼓励并组织学校师生参与服务社会（社区）的有益活动。

（四）高等学校校长

2017年《高等学校领导人员管理暂行办法》规定，党委书记和校长应当符合社会主义政治家、教育家的标准，善于从政治上看问题把方向，有坚定的政治立场、崇高的理想信念、服务国家和人民的价值追求，有正确的教育思想和深厚的学识学养，有相当的教学科研和学校管理能力，有高尚的道德情操和人格魅力。

高等学校领导人员应当具备下列基本资格：（1）应当具有大学本科以上文化程度。（2）一般应当具有五年以上工作经历。行政领导人员一般应当具有高等教育工作经历。从高等学校提任的，一般应当具有院（系）管理工作经历。（3）从副职提任正职的，应当具有副职岗位两年以上任职经历；从下级正职提任上级副职的，应当具有下级正职岗位三年以上任职经历。（4）专业技术人员直接提任领导人员的，应当具有一定的管理工作经历，且已担任正高级专业技术职务或者三年以上副高级专业技术职务。其中，直接提任本科院校领导人员的，应当已担任正高级专业技术职务。（5）应当经过党校、行政学院、干部学院和教育行政学院或者干部教育培训管理部门认可的其他培训机构的培训，培训时间达到有关规定要求。确因特殊情况在提任前未达到培训要求的，应当在提任后一年内完成。（6）具有正常履行职责的身体条件。（7）符合有关法律法规和行业主管部门规定的其他任职资格要求。对特别优秀或者工作特殊需要的，可以破格提拔。破格提拔必须从严掌握，并报上级组织（人事）部门审批。

2014年《关于坚持和完善普通高等学校党委领导下的校长负责制的实施意见》规定：普通高等学校校长全面负责教学、科研、行政管理工作。具体职权为：（1）组织拟订和实施学校发展规划、基本管理制度、重要行政规章制度、重大教学科研改革措施、重要办学资源配置方案。组织制定和实施具体规章制度、年度工作计划。（2）组织拟订和实施学校内部组织机构的设置方案。按照国家法律和干部选拔任用工作有关规定，推荐副校长人选，任免内部组织机构的负责人。（3）组织拟订和实施学校人才发展规划、重要人才政策和重大人才工程计划。负责教师队伍建设，依据有关规定聘任与解聘教师以及内部其他工作人员。（4）组织拟订和实施学校重大基本建设、年度经费预算等方案。加强财务管理和审计监督，管理和保护学校资产。（5）组织开展教学活动和科学研究，创新人才培养机制，提高人才培养质量，推进文化传承创新，服务国家和地方经济社会发展，把学校办出特色、争创一流。（6）组织开展思想品德教育，负责学生学籍管理并实施奖励或处分，开展招生和就业工作。（7）做好学校安全稳定和后勤保障工作。（8）组织开展学校对外交流与合作，依法代表学校与各级政府、社会各界和境外机构等签署合作协议，接受社会捐赠。（9）向党委报告重大决议执行情况，向教职工代表大会报告工作，组织处理教职工代表大会、学生代表大会、工会会员代表大会和团员代表大会有关行政工作的提案。支持学校各级党组织、民主党派基层组织、群众组织和学术组织开展工作。（10）履行法律法规和学校章程规定的其他职权。

三、学校的运作

学校运作是指通过建立一定的内部组织，制定系统的制度规范，规定职务或职位，在明确的责权关系下开展教育教学以及相应的管理活动，以有效实现学校教育目标的过程。

（一）学校章程

《教育法》第二十七条规定，设立学校及其他教育机构必须有组织章程。学校章程是学校依照《教育法》及其他相关法律法规的规定制定的，有关学校性质、办学宗旨、办学规模、主要任务、组织机构、教师和学生管理、财务管理的纲领性文件。现代学校制度的一个显著特点是学校工作法制化、规范化。学校依法治校，既是现代学校制度的必然要求，也是现代学校制度的重要内容。

制定和完善学校章程的意义在于：（1）学校章程是教育行政部门监督、管理学校的依据。学校章程是学校办学的纲领性文件，是学校成为法人组织的必备条件。学校是否按照章程办学，就成为我国政府监督、管理学校的基本依据。（2）学校章程是学校自主管理、依法办学的依据。学校要真正实现自主管理，形成自主发展、自我约束的机制，就必须制定和完善学校章程。

随着教育改革的逐步深化、教育管理职能的转变，教育行政部门会从对学校的直接管理为主变为间接管理为主，由具体管理变为宏观指导，由单一地运用行政手段转到依法监督、评估、指导。因此，建立现代学校制度，首先要制定和完善学校章程，将学校重大的基本的问题用章程的形式明确和稳定下来，从而为实现政府宏观管理、学校面向社会依法自主办学创造条件。

（二）校长办公会

校长办公会是以校长为首的学校行政负责人的经常性工作会议，是一种体现集体领导的组织形式。主要职责是讨论决定学校行政工作中的重大问题，布置安排和协调检查工作。

（三）学校行政管理

学校行政组织在学校的全部活动中占主体地位，发挥主导作用，领导和管理学校的全部行政和业务工作，对学校的办学方向和教育质量起决定作用。学校的业务组织在行政组织的领导管理下，直接或间接参与学校的教育教学活动。

（四）招生与培养

不同层级的学校招生和培养要求不尽相同。

对于义务教育阶段，2017年《义务教育学校管理标准》对于中小学招生有如下要求：根据国家法律法规和教育行政部门相关规定，落实招生入学方案，公开范围、程序、时间、结果，保障适龄儿童少年平等接受义务教育的权利。按照教育行政部门统一安排，做好进城务工人员随迁子女就学工作。坚持免试就近入学原则，不举办任何形式的入学或升学考试，不以各类竞赛、考级、奖励证书作为学生入学或升学的依据。不得提前招生、提前录取。实行均衡编班，不分重点班与非重点班。编班过程邀请相关人员参加，接受各方监督。实行收费公示制度，严格执行国家关于义务教育免费的规定。

对于高中阶段，2022年《教育部办公厅关于进一步做好普通中小学招生入学工作的通知》提出，要结合实际进一步完善普通高中招生管理，有序规范优质普通高中指标到校招生和省属（省级示范）、市属（市级示范）普通高中、高等学校附属中学招生，同步规范民办普通高中招生，持续巩固普通高中招生改革成果，进一步压减优质公办普通高中和民办普通高中跨区域招生计划，确保按照国家有关规定如期全面实现属地招生和公民同招。要全面建立地市级或省级高中阶段学校统一招生录取网络平台，切实加强招生录取过程管理，严禁提前招生、超计划招生、违规跨区域招生，严禁招收借读生、收取借读费。严格落实公办学校参与举办的民办普通高中独立招生规定，严禁公民办学校混合招生。

《民办教育促进法》第二十六条、第三十三条、第三十四条规定：民办学校对招收的学生，根据其类别、修业年限、学业成绩，可以根据国家有关规定发给学历证书、结业证书或者培训合格证书。对接受职业技能培训的学生，经备案的职业技能鉴定机构鉴定合格的，可以发给国家职业资格证书。民办学校依法保障受教育者的合法权益。民办学校按照国家规定建立学籍管理制度，对受教育者实施奖励或者处分。民办学校的受教育者在升学、就业、社会优待以及参加先进评选等方面享有与同级同类公办学校的受教育者同等权利。

国家对于教学培养方面有如下要求：中小学校应落实国家义务教育课程方案和课程标准，严格遵守国家关于教材、教辅管理的相关规定，确保国家课程全面实施。不拔高教学要求，不加快教学进度。根据学生发展需要和地方、学校、社区资源条件，科学规范开设地方课程和校本课程，编制课程纲要，加强课程实施和管理。落实综合实践活动课程要求，通过考察探究、社会服务、设计制作、职业体验等方式培养学生创新精神和实践能力。每学期组织一次综合实践交流活动。创新各学科课程实施方式，强化实践育人环节，引导学生动手解决实际问题。定期开展学生学习心理研究，研究学生的学习兴趣、动机和个别化学习需要，采取有针对性的措施，改进课程实施和教学效果。

（五）设立分校与更名升格

当前我国设立分校主要存在于基础教育和高等教育领域。在基础教育领域，主要是"名校办分校"。具体指在基础教育阶段，依托教育质量水平较高学校的优势，促进薄弱学校的硬件与软件建设，跨区域或区域内整合基础教育资源，引导优质教育资源向农村转移或者向区域薄弱学校扩散，从而促进基础教育高标准、高质量发展的政策机制。① 例如 2005 年，北京市发展改革委员会（以下简称市发改委）牵头，会同北京市教育委员会等委办局和区县政府正式启动了名校办分校的试点工作。截至 2010 年，北京市共启动建设了 24 所名校分校，约占义务教育学段学校的 1%。高等院校设立分校始于 1999 年。国务院 1999 年下发了《中共中央国务院关于深化教育改革全面推进素质教育的决定》，明确提出："进一步扩大高等学校招生、专业设置等自主权，高等学校可以到外地合作办学。"例如北京师范大学珠海分校、山东大学威海分校、北京理工大学秦皇岛分校等。

对于院校更名，《高等学校命名暂行办法》规定，高等学校应严格管理、合理使用、依法保护承载学校历史与声誉的校名无形资产，保持名称稳定，原则上同层次更名间隔期至少 10 年。

（六）学校的变更与终止

我国现行立法对民办学校的变更与终止作了规定。《民办教育促进法》规定：民办学校的分立、合并，在进行财务清算后，由学校理事会或者董事会报审批机关批准。申请分立、合并民办学校的，审批机关应当自受理之日起三个月内以书面形式答复；其中申请分立、合并民办高等学校的，审批机关也可以自受理之日起六个月内以书面形式答复。

民办学校举办者的变更，须由举办者提出，在进行财务清算后，经学校理事会或者董事会同意，报审批机关核准。民办学校名称、层次、类别的变更，由学校理事会或者董事会报审批机关批准。申请变更为其他民办学校，审批机关应当自受理之日起三个月内以书面形式答复；其中申请变更为民办高等学校的，审批机关也可以自受理之日起六个月内以书面形式答复。

民办学校有下列情形之一的，应当终止：（1）根据学校章程规定要求终止，并经审批机关批准的。（2）被吊销办学许可证的。（3）因资不抵债无法继续办学的。民办学校终止时，应做好以下工作：（1）民办学校终止时，应当妥善安置在校学生。实施义务教育的民办学校终止时，审批机关应当协助学校安排学生继续就学。（2）民办学校终止时，应当依法进行财务清算。其中，民办学校自己要求终止的，由民办学校组织清算；被审批机关依法撤销的，由审批机关组织清算；因资不抵债无法继续办学而被终止的，由人民法院组织清算。

民办学校的财产清偿顺序为：（1）应退受教育者学费、杂费和其他费用。

---

① 薛二勇：《基础教育名校办分校的政策分析——基于北京市基础教育均衡发展政策的调查研究》，载《教育科学研究》，2014（7）。

（2）应发教职工的工资及应缴纳的社会保险费用。（3）偿还其他债务。非营利性民办学校清偿上述债务后的剩余财产继续用于其他非营利性学校办学；营利性民办学校清偿上述债务后的剩余财产，依照公司法的有关规定处理。终止的民办学校，由审批机关收回办学许可证和销毁印章，并注销登记。

 案例2—2

任丘市育才小学、任丘市教育体育局行政批准案

【案例事实】

　　原告任丘市育才小学是经被告任丘市教育体育局批准成立的民办小学。2013年12月18日，原告任丘市育才小学向被告任丘市教育体育局递交了"任丘市育才小学因资不抵债终止办学申请书"。2013年12月28日，被告任丘市教育体育局根据《中华人民共和国民办教育促进法》及《河北省民办教育条例》等法律法规，给出批字〔2013〕2号《关于任丘市育才小学终止办学申请的批复》：一、同意任丘市育才小学终止办学申请。二、在学校终止办学时，要求任丘市育才小学：1. 配合教育行政部门做好学生统计工作，维护好学校正常教学秩序，保障师生的安全。2. 妥善安置学生继续就学。3. 应退学生学费、杂费和其他费用；发放教职工的工资，缴纳社会保险费；偿还其他债务。原告任丘市育才小学称此批复被告任丘市教育体育局未送达给原告。原告任丘市育才小学得知此批复后不服，向该院提起行政诉讼，要求予以撤销。

【法院判决】

　　《民办教育促进法》第五十八条规定，民办学校终止时，应当依法进行财务清算。民办学校自己要求终止的，由民办学校组织清算；被审批机关依法撤销的，由审批机关组织清算；因资不抵债无法继续办学而被终止的，由人民法院组织清算。本案系任丘市育才小学申请终止办学，根据上条规定，任丘市教育体育局无组织清算的法定职责，因此任丘市育才小学要求任丘市教育体育局承担清算责任没有法律依据。依照《最高人民法院关于适用〈中华人民共和国行政诉讼法〉若干问题的解释》第三条第一款第（十）项规定，应驳回任丘市育才小学的起诉。

　　　　　　　　　　　　案例来源：北大法宝　引证码 CLI. C. 10114769

本章小结

　　作为公民受教育的重要载体，学校具有教育人、培养人、为人的学习提供服务的基本功能。认识学校的不同类别，了解学校的权利与义务，有助于正确处理

学校与教育者、受教育者、政府之间的教育关系。了解不同学校设立的基本条件，确保申办学校的办学条件符合该类学校的设置标准。了解新设立学校的申请程序，了解民办学校设立、变更需要注意的问题，对民办学校的举办者和管理者有重要参考意义。认识学校领导机构体系和校长职责，了解不同学校运作的基本模式，确保在学校管理活动中依法治校，使学校的各项工作逐步走上法治化、规范化的轨道。

参考书目

[1] 劳凯声，蒋建华.教育政策与法律概论 [M].北京：北京师范大学出版社，2015.

[2] 石中英.公共教育学 [M].北京：北京师范大学出版社，2008.

[3] 丁钢.公共教育学 [M].上海：华东师范大学出版社，2015.

拓展阅读书目

毛亚庆.学校管理的改进与创新 [M].北京：北京师范大学出版社，2013.

思考问题

1. 我国学校从学段和性质上划分，分别有哪几类？

2. 公办学校和民办学校在设立上有什么区别？

3. 中小学校长和大学校长的职责有什么区别？

4. 民办学校的终止和变更有哪些需要注意的问题？

第三章　学生管理

本章摘要

本章第一节首先概要介绍学生、学生的法律身份、学生与学校的法律关系，然后进一步介绍学生管理的概念及应当遵循的法律依据、学生管理涉及的主要领域及内容，通过典型判例分析，分析学生管理的法律问题。基于学生管理领域与内容的划分，第二节在介绍学籍管理内涵的基础上，介绍学籍管理的原则、程序与方法，学籍管理中的常见法律问题，以为学籍管理工作提供操作指南。第三节介绍纪律管理，依次分析学生的日常行为管理、班级管理、体育卫生管理等内容，同时结合学校管理实践，对教育惩戒的原则及相关规定进行介绍。第四节就高等教育领域中学位管理的内涵、原则、程序等内容做了介绍，结合"于艳茹案"分析学位管理相关法律问题，以为学位管理提供参考。

本章关键术语

学生；学生管理；学生与学校的法律关系；学籍管理；纪律管理；学位管理；教育惩戒。

学习目标

◆了解学生管理涉及的主要法律、法规、部门规章及其他规范性文件

◆了解学籍管理的原则、程序、方法与常见法律问题

◆了解学生日常行为管理、班级管理、体育卫生管理、教育惩戒中应了解的法律规定

◆掌握学位管理的内涵、原则、程序与常见的学位纠纷类型及解决办法

◆掌握教育惩戒的内涵、原则、程序、方法与常见法律问题

第一节　概　述

学生是学校、教师施行教育的对象，是在教育机构中接受教育、承担学习任务

的个体。"学生既是教育的对象又是教育的主体"①，"学生是人，是发展中的人，……是以学习为主体任务的人"②。这些都是教育学意义上的学生概念，是从教育学的角度对学生本质属性所作的规定。把学生作为责权主体来对待，是现代教育的特征，也是现代社会教育民主的重要标志。20世纪中叶以来，保护学生的各种权利，推进学生管理的法治化，已成为国际社会的共同行动。

一、学生的法律身份及相关法律关系

从法学的视角，学生是在依法成立或国家法律认可的学校及其他教育机构中按规定的条件具有或获得学籍的公民。按学习阶段，可分为小学生、中学生（初中生、高中生）、大学生（专科生、本科生）、研究生（硕士研究生、博士研究生）。按照教育的性质，可以区分为义务教育学生和非义务教育学生；按照年龄划分，可以区分为未成年学生和成年学生。每一种分类有其特定的意义，但被分类的对象会出现交叉或部分重叠。一般而言，中小学生（特别是义务教育学生）主要是未成年学生，高校学生主要是成年学生。

学生的法律地位，是指学生以其权利能力和行为能力在具体法律关系中取得一种主体资格，通过学生的法律身份，以及学生在不同法律关系中享有的权利与应履行的义务来表现。学生的法律地位因其特殊的身份而具有不同的内容和特点。

（一）学生的法律身份

作为受教育的公民，学生是教育法律关系中的重要主体，是学校及其他教育机构施行教育的对象，也是教育活动的参加者。在不同的法律关系中，学生具有公民、民事权利主体、未成年人和受教育者等不同的身份，基于不同身份享有不同的权利与义务。

1. 公民

学生是一个以学习为主要任务的社会群体，是公民在学校或其他教育机构上学期间身份的特殊表现形式。这意味着学生身份的双重性。学生并不因为其成为学生而丢失其公民的基本身份。因而公民以学生身份在学校期间具有学生的权利和义务，但同时仍具有公民本身应有的权利和义务。我国《宪法》第四十六条规定"中华人民共和国公民有受教育的权利和义务。国家培养青年、少年、儿童在品德、智力、体质等方面全面发展"。从学生的概念界定看，学生首先是依法取得学籍的公

---

① 全国十二所重点师范大学：《教育学基础》，126页，北京，教育科学出版社，2004。

② 李剑萍等：《教育学导论》，115页，北京，人民出版社，2000。

民，享有与公民资格相关的一系列政治、经济和文化权利。主要包括：（1）平等权；（2）政治权利和自由；（3）宗教信仰自由；（4）人身与人格权；（5）监督权；（6）社会经济权利；（7）社会文化权利和自由；（8）妇女保护权；（9）婚姻、家庭、母亲和儿童受国家保护；（10）华侨、归侨和侨眷的正当权利和利益受国家保护。学生作为社会的一员，与普通公民享有法律规定的同等权利，并且不受民族、职业、家庭出身、宗教信仰、教育程度、财产状况等诸因素的限制。对学生而言，主要涉及人身权和受教育权。

2. 民事主体

民事主体是参与民事法律关系，享有民事权利和承担民事义务的人。教育民事主体一般有两种：一种是作为自然人的公民，如校长、学生、教师和家长等；另一种是社会组织，如学校、教育行政部门等。在学校与学生形成民事流转等关系的过程中，学生可以作为民事主体而出现。根据《民法典》第十七条、第十八条、第十九条、第二十条规定，十八周岁以上的自然人为成年人。不满十八周岁的自然人为未成年人。成年人为完全民事行为能力人，可以独立实施民事法律行为。十六周岁以上的未成年人，以自己的劳动收入为主要生活来源的，视为完全民事行为能力人。八周岁以上的未成年人为限制民事行为能力人，实施民事法律行为由其法定代理人代理或者经其法定代理人同意、追认；但是，可以独立实施纯获利益的民事法律行为或者与其年龄、智力相适应的民事法律行为。不满八周岁的未成年人为无民事行为能力人，由其法定代理人代理实施民事法律行为。在教育教学法律关系之外，学生也作为民事权利主体与学校建立起相应的民事法律关系。在民事法律关系中，学生与学校的法律地位是平等的。双方权利与义务的确定具有可选择性和自由意志，学生与学校应依据双方的协议享有权利并履行义务。从学生作为消费者的一方看，学生有权根据自己的需要和满意度来选择某类学校、某类教育内容甚至某位教师。与之相对，学校和教师作为这项服务的提供者，有义务按照国家的教育标准和对学生的承诺，提供有效率的高品质的教育和服务。

3. 行政相对人

行政相对人是在国家行政管理关系中处于被管理地位的主体。其属性有：①行政相对人是被行政主体管理的当事人。行政主体与行政相对人是管理与被管理的关系，二者的法律地位是不平等的。②行政相对人不能规避行政主体的管理，行政相对人对于行政主体对于自己施行的行政行为不能选择、躲避、对抗。③行政相对人接受行政主体管理的范围、程序是法定的。行政主体对行政相对人的管理不是随意的，是法定的职权。既不能超越，也不能疏于管理，否则就是渎职或滥用职权。同时，行政机关在实施管理的时候必须依照法定程序进行。行政主体不能随意改变，否则其行政管理行为无效。④行政相对人对行政主体实施行政行为的过程和结果有监督、批评、申诉、复议和提起诉讼的权利。

学生是教育行政部门、学校及其他教育机构管理的对象。学生管理是学校及其他教育机构或教育行政部门因履行教育职能，对学生的各个方面的行为或活动进行组织、规范和控制等的总称。为维护正常的教育教学秩序和学生生活秩序，使教育教学活动正常进行，并且在各种管理过程中培养学生具有良好的学习、生活和行为习惯，实现德、智、体等方面全面发展，教育行政部门、学校承担着教育教学管理、学生管理等各方面职能。学生从入学到毕业的各个环节都处于学校的管理活动中。其中，学校对学生的管理主要包括学籍管理、纪律管理和学位管理等几个方面的内容。

教育行政部门、学校及其他教育机构对学生的管理具有一定的强制性。教育行政部门、学校及其他教育机构在对学生实施管理过程中，履行的是行政主体的职能。这些组织对学生实施的管理具有一定强制性，学生具有服从管理的义务。

（1）教育行政部门

教育行政部门是国家的教育行政职能部门。《教育法》第十五条规定，"国务院教育行政部门主管全国教育工作，统筹规划、协调管理全国的教育事业。县级以上地方各级人民政府教育行政部门主管本行政区域内的教育工作。县级以上各级人民政府其他有关部门在各自的职责范围内，负责有关的教育工作"。该规定明确了政府的教育职权主要由各级教育行政部门具体负责行使。教育行政部门对学生的管理，反映了国家与学生之间的纵向法律关系。具体表现为教育行政部门是实施教育管理的组织，与学生之间通常处于命令与服从的不对等地位，对学生管理具有强制性。

教育部是我国中央政府所属的教育行政部门，是国家教育事业的领导机关。其关于学生管理方面的职能主要是：①指导各级各类学校的思想政治工作、德育工作、体育卫生与艺术教育工作及国防教育工作，指导高等学校的党建和稳定工作。②负责各类高等学历教育招生考试和学籍学历管理工作，会同有关部门制订高等教育招生计划，参与拟订普通高等学校毕业生就业政策，指导普通高等学校开展大学生就业创业工作。③负责全国学位授予工作，实施国家的学位制度，负责国际学位对等、学位互认等工作。

省、自治区、直辖市教育行政部门的基本职权，是在当地人民政府和教育部的指导下，统筹本地区各级各类教育事业，研究和拟定本地区教育发展规划，保证党和国家的教育方针政策的全面贯彻执行。其关于学生管理方面的职能主要是：①组织进行全省、自治区、直辖市人才的需求预测。②编制各级各类学校发展计划、招生计划。③组织领导招生和学生升学、就业的指导工作。

市（县）教育行政部门对所辖中学、小学、职业中学、职业技术学校、学前教育机构、校外教育机构进行管理。2018年修正的《义务教育法》对县级教育行政部门有关义务教育阶段学生管理方面的教育职权作出规定。《义务教育法》第十一条规定，"适龄儿童、少年因身体状况需要延缓入学或者休学的，其父母或者其他法定监护人应当提出申请，由当地乡镇人民政府或者县级人民政府教育行政部门批准"。第十三条规定，"县级人民政府教育行政部门和乡镇人民政府组织和督促适龄儿童、少年入学，帮助解决适龄儿童、少年接受义务教育的困难，采取措施防止适龄儿童、少年辍学"。第十四条规定，"根据国家有关规定经批准招收适龄儿童、少年进行文艺、体育等专业训练的社会组织，应当保证所招收的适龄儿童、少年接受义务教育；自行实施义务教育的，应当经县级人民政府教育行政部门批准"。第二十三条规定，"各级人民政府及其有关部门依法维护学校周边秩序，保护学生、教师、学校的合法权益，为学校提供安全保障"。

（2）学校及其他教育机构

依照我国的法律规定，学校是受法律、法规授权对学生进行管理的组织。《教育法》第二十九条规定学校及其他教育机构行使下列权利：①按照章程自主管理；②组织实施教育教学活动；③招收学生或者其他受教育者；④对受教育者进行学籍管理，实施奖励或者处分；⑤对受教育者颁发相应的学业证书；⑥聘任教师及其他职工，实施奖励或者处分；⑦管理、使用本单位的设施和经费；⑧拒绝任何组织和个人对教育教学活动的非法干涉；⑨法律、法规规定的其他权利。据此，《教育法》对学校的招生、学籍管理、对学生实施处分、颁发学业证书的权力规定，具有单方意志性和强制性，符合行政权力的特征。因此，学校享有的学生管理权，应属于法律赋予的公共教育管理权。

学校的学生管理权源于法律授予，是学校的法定职责与义务。一方面，学校必须履行法律规定的学生管理职责；另一方面，学生必须接受学校的管理、履行应尽的义务。《教育法》第四十四条规定学生应当履行遵守法律法规、遵守学生行为规范、遵守所在学校或者其他教育机构的管理制度的义务。因此，学生作为被管理者，必须服从学校在法定授权范围内的管理行为。

（二）学校与学生的法律关系

学校与学生之间在教育与被教育、管理与被管理过程中所形成的权利与义务关系，称为学校与学生的法律关系。在学校教育活动中，学校与学生之间的关系并不是单一的。依照现行法律，学生与学校之间的法律关系可分为教育行政法律关系、民事法律关系、内部关系，相应地，权利义务也不同。

1. 学生与学校的教育行政法律关系

行政法律关系是指经过行政法律规范调整的，因实施国家行政权而发生的，行政主体与行政相对方之间以及行政主体之间的权利与义务关系。作为一种重要的行政法律关系，这一关系反映的是国家与教育的纵向关系，其实质是国家如何领导、组织和管理教育活动。① 《教育法》第二十九条规定："学校及其他教育机构行使下列权利：（一）按照章程自主管理；（二）组织实施教育教学活动；（三）招收学生或者其他受教育者；（四）对受教育者进行学籍管理，实施奖励或者处分；（五）对受教育者颁发相应的学业证书；（六）聘任教师及其他职工，实施奖励或者处分；（七）管理、使用本单位的设施和经费；（八）拒绝任何组织和个人对教育教学活动的非法干涉；（九）法律、法规规定的其他权利。国家保护学校及其他教育机构的合法权益不受侵犯。"依照该规定，学校拥有招生权、学籍管理及处分权、颁发学业证书权等，这些权力都带有明显的单方意志性和强制性，符合行政权力的主要特征，因而在性质上应当属于行政权力或公共管理权力。因此，可以把学校看作经由国家法律的授权，行使国家行政权力或公共管理权力，履行行政职责，能够独立承担相应的法律责任，具有行政主体地位的组织。学校在行使法定的相关权力时，与学生之间不存在平等的民事法律关系，而属于行政法律关系。

在学籍管理、学位管理、考试评估、教育教学秩序维护等教育教学管理领域，学校与学生的关系即为教育行政法律关系。学校作为经法律法规授权的社会组织，成为拥有行政主权的行政主体。例如，学校可依据教育法及相关法律、法规的授权对学生进行日常管理，对学生进行奖励或惩戒，并可依法决定是否给学生颁发毕业证和学位证。在上述管理活动中，学校与学生之间的地位是不平等的，具有强制性的命令与服从关系。

需要说明的是，教育行政法律关系中学生管理的目的在于形成良好的教育教学环境和秩序，从而为学生快乐学习、健康成长创造有序的教育教学环境。在此，管理与教育的关系并不矛盾，管理具有教育性，管理的目的也在于教育。

2. 学生与学校的民事法律关系

民事法律关系是由民事法律规范调整所形成的，以民事权利和民事义务为核心

---

① 劳凯声：《中国教育改革 30 年。政策与法律卷》，139 页，北京，北京师范大学出版社，2009。

内容的社会关系，是民法所调整的平等主体之间的财产关系和人身关系在法律上的表现，包括财产法律关系和人身法律关系。在民事法律行为中学校与学生的法律地位是平等的，不存在隶属法律关系。这也是民事法律关系与教育行政法律关系的根本区别。《教育法》第三十二条第二款规定："学校及其他教育机构在民事活动中依法享有民事权利，承担民事责任。"《高等教育法》第三十条第二款也规定："高等学校在民事活动中依法享有民事权利，承担民事责任。"学校与学生发生的民事法律关系主要涉及所有权、契约及侵权损害赔偿等诸多问题，由于学校事故而产生的侵权损害赔偿纠纷、在教育教学活动中发生的侵害学生人格权纠纷又是经常发生在学校与学生之间的。

例如，与学生相关的财产、人身、人才培养合同所涉及的权益，都可能会产生学校与学生间的民事法律关系。又如，两个学生之间因发生肢体冲突而产生的法律纠纷，即可视为平等主体的公民之间的人身权关系。再如，学校宿舍门损坏又未及时维修，导致学生手指被夹伤，此时学生与学校形成的法律关系即属于公民与平等主体的法人之间的人身权关系。此外，在学校向学生提供食宿等生活服务的过程中，学校与学生之间的民事服务关系是一种平等的契约关系。学生及其家长拥有要求学校提供高质量服务的权利，学校则有向其收取必要合理费用的权利。这种在学生交纳餐饮、住宿、生活用品费用后要求学校按照承诺提供相应产品和服务的民事行为不仅在公立学校存在，在民办学校也较为常见，不仅在基础教育阶段学校存在，在高等学校同样存在。

3. 学生与学校的内部关系

学校与学生之间还有一些社会关系不为法律所调整，这些社会关系依靠学校自己制定的内部规则来调整。这些内部规则是由学校、教师、学生等私人或组织制定的，因此他们之间所形成的关系不是法律关系，而是一种特殊的内部关系。他们之间的权利义务关系多受道德规范及学校为调整日常教育教学秩序的内部规则调整。这些内部关系主要涉及学术及学习评价、课程安排、教科书指定、教师的安排及授课、学校秩序及学习纪律等方面。

二、学生的权利与义务

了解学生的权利与义务是进行学生管理工作的基本前提。《教育法》对学生的权利与义务作出了如下规定。

（一）学生的权利

《教育法》第四十三条对学生的权利作了专门规定。

1. 参加教育教学计划安排的各种活动，使用教育教学设施、设备、图书资料

这项权利可以简称为"接受、享用教育的权利"。这是保障学生参加学习、接受教育、享有实质性的受教育权的前提和基础，也是学生受教育权的具体体现。它规定学生有权"参加教育教学计划安排的各种活动"，其前提是要求教育机构的教育教学计划对本机构的学生公开，使学生了解教育计划。学生有权按照教育教学计划的安排参加相应的活动，如本年级本班教师的授课活动，围绕课堂教学所安排的课外活动，包括参观访问、社会实践、勤工俭学等。一般来说，学校及其他教育机构的教育教学计划都是具体、确定的，具有规范性和可操作性，学生对照教育教学计划，即可知道自己有权参加的活动项目和内容。

活动的开展离不开物质条件。学生既然有权参加教育教学计划所安排的各种活动，自然享有教育教学活动所必需的教育设施、教学设备、图书资料的使用权利。例如，教室和课桌椅是进行课堂教学的最基本的物质条件，学生有权使用；实验室是中小学校保证实施教学大纲，培养学生初步的科学实验能力和生产试验技能的重要场所，是高等学校进行教学和科研的重要基地，学生有权参加实验课，有权按实验课的要求使用实验室里的仪器设备，包括电脑、试剂、模型、标本等。学校图书馆（室）贮有为教学科研服务的大量藏书和各种信息资料，学生有权按有关规定进行查询和借阅等。随着科技进步和社会发展，教育教学设施和设备将会不断更新、完善和现代化，图书资料将会不断增添而多样化，学生使用教育教学设施、设备、图书资料的权利的具体内容也将随之扩大和增多。

2. 按照国家有关规定获得奖学金、贷学金、助学金

这项权利可简称为"获取物质保障的权利"或获取各种学金资助的权利。它体现国家政府对为学生提供完成学业的物质保障的重视，也是学生的一项实质性权利。这里的"国家有关规定"主要是指《普通高等学校本、专科学生实行奖学金制度的办法》《普通高等学校本、专科学生实行贷款制度的办法》《普通高等学校研究生奖学金办法》《关于在普通高等学校设立勤工助学基金的通知》等。根据上述有关规定，我国建立了奖学金、贷学金和助学金制度。

奖学金、贷学金主要适用于普通高等学校和中等专业学校学生，体现了国家对特殊群体学生的鼓励和扶助。根据《普通高等学校本、专科学生实行奖学金制度的办法》，普通高等学校及中等专业学校学生有获得奖学金的权利。奖学金分为三种，学生可根据条件申请不同类型、不同等级的奖学金：（1）德、智、体等方面全面发展，品学兼优的学生可申请获得优秀学生奖学金。（2）考入师范、农林、体育、民族、航海等专业的学生均有权享受专业奖学金，并且在校学习期间，德、智、体等方面全面发展的优秀学生可获得较高等级的专业奖学金。（3）立志毕业后到边疆地区、经济贫困地区和自愿从事煤炭、矿业、石油、地质、水利等行业的学生，可按有关规定申请定向奖学金。根据《普通高等学校研究生奖学金办法》，凡具有国家规定基本条件的研究生，均可享受普通奖学金；在专业学习和研究中成绩突出的研究生，除享受普通奖学金外，还可享受优秀奖学金。此外，对于企业事业组织、社会团体和学校设立的奖学金，品学兼优的学生和报考国家重点保证的、特殊的、条件艰苦的专业的学生或符合其他规定条件的学生，有权申请。

贷学金制度是国家为帮助确有经济困难、无力解决在校期间生活费用的部分大中专学生而实行的无息贷款的办法。根据《普通高等学校本、专科学生实行贷款制度的办法》，经济确有困难、学习努力、遵守国家法律和学校纪律的学生，均有权提出贷款申请，以解决在校期间的生活费用。对于自愿到国家急需的地区和单位工作的毕业生，国家将给予适当的一次性奖励。贷学金制度，赋予了经济困难而学习努力的学生以获得必要资助的权利。

随着我国高校学生缴费上学制度的建立和奖学金、贷学金制度的实行，助学金在高校已成为历史，但家庭经济困难的高校学生可获取助学金性质的资助。根据《关于在普通高等学校设立勤工助学基金的通知》，家庭经济困难的学生，尤其是特困生可通过勤工助学活动得到资助或根据条件申请不定期的困难资助。目前，国家对普通高校经济困难的学生实行减免学杂费的政策，符合条件的学生有权申请。

3. 在学业成绩和品行上获得公正评价，完成规定的学业后获得相应的学业证书、学位证书

这项权利可简称为"获得公正评价与相应证书的权利"。具体可分为：获得公正评价的权利；获得学业、学位证书的权利。

在学业成绩和品行上获公正评价是学生的一项基本权利，是教育机构必尽的义务。学业成绩的评价是教育机构对学生在受教育的某一阶段（时期）的学习情况和知识结构、能力水平的概括性鉴定，包括课程考试成绩记录，平时学习情况和总评等。品行评价是教育机构对学生的思想品德和行为表现作出鉴定，包括对学生政治觉悟、道德品质、劳动态度等的评定。学生有权要求获得学业成绩评价和品行评价，而且有权要求评价实事求是，体现公平、公正。例如，每学期、每学年直至毕业时，在评价表格填写和总结上，或因正当需要，学生都有权要求学校所在系或教师出示学业成绩和品行评价，并对各种失真的评价有权通过正当途径要求予以更正。

从本质上看，学业证书、学位证书是对学生某一阶段受教育时期的学业成绩、学术水平和品行的终结性评定，它对学生的升学、就业和今后的发展具有重要的作用。学生在思想品德等方面合格的前提下，学完或提前学完教育教学计划所规定的全部课程，经考核（考查、考试）及格或修满学分，在该教育阶段结束时均有获得相应学业证书以及学位证书的权利。学业证书包括毕业证书、结业证书和肄业证书等，它相应于学生所受教育的区别有不同的类型和等级或规格。学位证书分为学士、硕士和博士学位证书三种。根据《中华人民共和国学位条例》，学士学位，由国务院授权的高等学校授予；硕士学位、博士学位，由国务院授权的高等学校和科学研究机构授予。此内容将在第四节学位管理部分予以论述。

4. 对学校给予的处分不服向有关部门提出申诉，对学校、教师侵犯其人身权、财产权等合法权益，提出申诉或者依法提起诉讼

这项权利可简称为"维护自身权益的权利"或"申请法律救济的权利"。它是公民申诉权和诉讼权在学生身上的具体体现。诉讼权是公民的一项基本权利，包括民事诉讼权、刑事诉讼权和行政诉讼权。本项规定的学生对学校、教师侵犯其人身权、财产权等合法权益提起诉讼的权利，主要属于民事诉讼的范畴。学生享有的诉讼权利可分以下几种情况：（1）学生对学校或教师侵犯其受教育权可以提起申诉或诉讼，如学校或教师对学习差、品格有缺陷的学生迫使其退学或转学的行为，学生有权提起诉讼。（2）学生对学校侵犯其合法财产权可以提起诉讼，例如：对学校向学生乱收费，包括利用补办学历证件，违法设定"辍学保证金"等罚款项目，强制推行校服、运动服装，收取不合理费用等，学生有权起诉。（3）学生对学校侵犯其人身权利可以提起诉讼，例如学生对学校在校园管理过程中处理不当而侵害了其名誉权，有权提起诉讼。（4）学生对教师侵犯其合法财产权利可以提起诉讼，例如教师强迫学生购买与教学无关的物品。（5）学生对教师侵犯其人身权利的可以提起诉讼。例如：教师私拆学生信件造成其身心伤害，侮辱学生人格、情节恶劣，体罚学生造成严重后果等，学生均有权提起诉讼。（6）学生对学校或教师侵犯其知识产权可以提起诉讼，例如：教师侵害学生的著作权、发现权、发明权或其他成果权，学校强行占有学生的知识产权等，学生有权提起诉讼。

除诉讼权外，学生还享有申诉权。申诉分为诉讼上的司法申诉和非诉讼上的行政申诉。前者向司法部门提出，后者向主管行政部门提出。本项申诉属于非诉讼上的行政申诉。这是学生维护自身合法权益的一项权利，学生对前述的学校、教师侵犯其合法权益的那些行为在不提起诉讼的前提下，均可提出申诉。对学校给予的处分不服，认为所受处分过重或不该受处分，也可提出申诉。目前，我国申诉制度尚未完备，国家将逐步健全学生申诉制度，对受理学生申诉的机关、职权、受案范围等予以规范。随着学生申诉制度的逐步确立、完善，学生对学校给予的处分不服以及对学校、教师侵犯其人身权、财产权等合法权益，可根据《教育法》的配套法规或规章提出申诉，以维护自身的合法权益。

5. 法律、法规规定的其他权利

这项权利可简称为"法定的其他权利"。《教育法》规定学生除享有上述权利外，还享有法律、法规所规定的其他权利。此处"法律、法规"主要是指有关教育的法律、法规以及依据法律、法规制定的有关教育的规章。例如：《未成年人保护法》规定，学校、幼儿园不得在危及未成年人人身安全、身心健康的校舍和其他设施、场所中进行教育教学活动。换言之，未成年的学生有拒绝在危及人身安全、健康的校舍和其他教育教学设施中参加教育教学活动的权利。《普通高等学校学生管理规定》规定，学生有权参加校内合法的学生社团，等等。

（二）学生的义务

《教育法》第四十四条对学生的义务作了专门规定。

1. 遵守法律、法规

此处的"法律、法规"是指宪法、法律、行政法规和依据法律、法规制定的行政规章。学生作为公民，遵守法律、法规是其基本义务。

首先要遵守宪法。宪法是我国的根本大法，是国家社会组织和公民一切活动的最高准则，学生理当遵守。我国宪法第三十三条规定，"任何公民享有宪法和法律规定的权利，同时必须履行宪法和法律规定的义务"。这也是新时代学生应当具备的法治素养。

除了遵守宪法外，学生还要遵守教育法律、法规与规章。例如，《教育法》《义务教育法》《教师法》《职业教育法》《高等教育法》《未成年人保护法》《预防未成年人犯罪法》《学位条例》等法律；《学校体育工作条例》《学校卫生工作条例》《禁止使用童工规定》《幼儿园管理条例》《高等教育自学考试暂行条例》《学位条例暂行实施办法》等法规。此外，国家教育行政部门单独或联合其他部委制定的教育行政规章，地方立法机关或政府部门制定的地方性教育法规、规章，也都对学生的义务作出了细化性的规定。作为重要的教育法律关系主体，学生要做到"知法、懂法、守法、用法"。

2. 遵守学生行为规范，尊敬师长，养成良好的思想品德和行为习惯

尊敬师长是遵守学生行为规范的具体要求，是良好的思想品德和行为修养的具体体现。在教育教学活动中，教师是文化知识的传播者，承担着教书育人、培养社会主义事业建设者和接班人、提高民族素质的使命，理应受到学生和全社会的尊重。尊敬师长是我国的传统美德，也是社会进步文明的重要标志，学生要养成良好的思想品德和行为习惯，提高自身素养，就应当继承发扬这一美德。

3. 努力学习，完成规定的学习任务

这项义务可简称为"努力学成学业的义务"。学习科学文化知识，完成规定的学业，以便使自己成为德智体等方面全面发展的社会主义事业的建设者和接班人，是学生的首要任务，也是学生区别于其他公民的一项主要义务。

学生"以学为主"，学生进入学校就意味着他的主要任务是学习，意味着承担接受教育、完成学业的义务。对于义务教育阶段的学生来说，这种义务是强迫的，具有强制性；对于非义务教育阶段的学生来说，这是自愿入学在享受受教育权利的同时应承担的义务。履行完成学业的义务是学生享有获得学业证书及学位证书的权利的前提。任何一个教育阶段的学习任务都包括两种：一种是结果性的或称终结性的，即某一教育阶段教育计划规定的学生在该教育阶段结束时应完成的学习任务；另一种是过程性的，是学生为完成某一教育阶段的学业或总的学习任务而要完成的日常的、大量的、具体的学习任务。这两种性质的学习任务是相辅相成的，过程性的学习是量的积累，其目的和结果是质的提高。因此，学生对学习任务都应认真对待，为完成既定的学习目标而努力。

4. 遵守所在学校或者其他教育机构的管理制度

这项义务可简称为"遵守管理制度的义务"，或称"守纪服从管理的义务"。学校及其他教育机构的管理制度，也是国家教育管理制度的重要组成部分，是确保学校及其他教育机构教育教学活动正常有序进行的基本措施，也是国家为实现教育权利而赋权于学校及其他教育机构制定的必要的纪律。从广义上说，它是国家法律法规的具体化，遵守学校或其他教育机构的管理制度与遵守国家的法律法规，在实质上是一致的，学生作为广泛的教育活动主体之一，有义务遵守和服从。具体地说，主要包括以下几个方面：

（1）遵守其所在教育机构的思想政治教育管理制度。

（2）遵守其所在教育机构的教学管理制度。

（3）遵守其所在教育机构的学籍管理制度，包括入学注册、成绩考核、登记，对升级、留级、转学、复学、休学、退学的处理，考勤记录、纪律教育、奖励处分、毕业资格审查等的管理规定。

（4）遵守其所在教育机构的体育管理、卫生管理、图书仪器管理、校园及宿舍管理等方面的规定。

三、学生管理的法律依据

学生管理是指学校或教育行政部门在法定权限范围内，依照相应的程序，履行教育管理职能，对学生进行的规范、组织与调整行为。学生管理是学校管理工作的重要组成部分，做好学生管理工作是教育教学工作得以正常、有效开展的前提条件，应当遵循合法性与合理性原则，在依照教育规律、合乎教育目的并适应学生身心发展规律的前提下进行，并采取相应的法律形式。

为使学生管理工作步入规范化、法制化轨道，我国相继出台了一些有关学生管理的法律、法规、规章以及教育部门制定的规范性文件。涉及学生管理的法律包括：《教育法》《义务教育法》《教师法》《职业教育法》《高等教育法》《未成年人保护法》《预防未成年人犯罪法》《学位条例》等。涉及学生管理的行政法规包括：《学校体育工作条例》《学校卫生工作条例》《禁止使用童工规定》《幼儿园管理条例》《高等教育自学考试暂行条例》《学位条例暂行实施办法》《国务院关于贯彻实施〈中华人民共和国教师法〉若干问题的通知》《未成年人学校保护规定》等。涉及学生管理的部门规章包括：《国家教育考试违规处理办法》《中小学校园环境管理的暂行规定》《教育行政处罚暂行实施办法》《中小学幼儿园安全管理办法》《中小学卫生保健机构工作规程》《高等学校校园秩序管理若干规定》《高等学校培养第二学士学位生的试行办法》《流动儿童少年就学暂行办法》《小学生守则》《中学生守则》《小学生日常行为规范》《中学生日常行为规范》《小学班主任工作暂行规定》《中学班主任工作暂行规定》《普通高等学校学生行为准则》《普通高等学校学生管理规定》《研究生学籍管理规定》《职业高级中学学生学籍管理暂行规定》《小学管理规程》《关于中学生品德评定的几点意见》《关于高中生建立学生档案的暂行规定》《关于中学共青团工作几个具体问题的规定》《关于小学少先队工作几个具体问题的补充规定》等。涉及学生管理的其他规范性文件包括：《教育部关于加强依法治校工作的若干意见》《青少年法治教育大纲》《义务教育学校管理标准》《加强中小学生欺凌综合治理方案》《关于推进中小学生研学旅行的实施意见》《学校招收和培养国际学生管理办法》《中小学教育惩戒规则（试行）》等。

第二节　学籍管理

学籍是指公民作为某所学校学生的身份。学籍档案是记录学生就学和成长过程的重要载体。学籍管理是指学校和有关各级教育行政部门根据《教育法》《高等教育法》《义务教育法》等法律法规和政策对学生从入学到毕业的学籍进行管理的行为，是学校管理的重要组成部分。2014年1月，教育部已建成全国联网的中小学生学籍信息管理系统，各类学籍业务均纳入系统管理。加强学籍管理工作，成为教育领域深化综合改革的重要任务。作为一项政策性很强的管理措施，学籍管理必须按照国家有关规定实施，具体由各级教育行政管理部门负责。

2013年7月，教育部印发《中小学生学籍管理办法》（以下简称《办法》），规定从当年9月秋季入学开始，施行中华人民共和国有史以来第一个全国统一的中小学生学籍制度。这标志着全国统一的学籍信息管理制度正式建立。2017年，修订后的《普通高等学校学生管理规定》对高校学生的学籍管理也做出了新的规定。

一、中小学生学籍管理

依据《办法》，中小学生学籍管理主要涉及学籍建立、学籍变动处理以及一些细微具体的学籍管理事项，体现出基础教育阶段学生管理的普遍特点。

（一）学籍建立

拥有学籍是每个学生应有的权益，在经过批准的学校学习的学生都具有学籍。根据《办法》的规定，学生初次办理入学注册手续后，学校应为其采集录入学籍信息，建立学籍档案，通过电子学籍系统申请学籍号。学籍主管部门应通过电子学籍系统及时核准学生学籍。学籍号以学生居民身份证号为基础生成，一人一号，终身不变。学籍号具体生成规则由国务院教育行政部门另行制订。同时，逐步推行包含学生学籍信息的免费学生卡。学校不得以虚假信息建立学生学籍，不得重复建立学籍。学籍主管部门和学校应利用电子学籍系统进行查重。学籍管理实行"籍随人走"。除普通学校接收特殊学校学生随班就读、特殊教育学校、工读学校外，学校不接收未按规定办理转学手续的学生入学。残疾程度较重、无法进入学校学习的学生，由承担送教上门的学校建立学籍。学校应当从学生入学之日起1个月内为其建立学籍档案。

学籍档案分为电子档案和纸质档案。电子档案纳入电子学籍系统管理，纸质档案由学校学籍管理员负责管理。逐步推进学籍档案电子化是学籍管理的重要趋势，同时也应保留必要的纸质档案。内容包括：（1）学籍基础信息及信息变动情况；

（2）学籍信息证明材料（户籍证明、转学申请、休学申请等）；（3）综合素质发展报告（含学业考试信息、体育运动技能与艺术特长、参加社区服务和社会实践情况等）；（4）体质健康测试及健康体检信息、预防接种信息等；（5）在校期间的获奖信息；（6）享受资助信息；（7）省级教育行政部门规定的其他信息和材料。学籍基础信息表由国务院教育行政部门统一制订。

学生转学或在基础教育阶段升学时，学籍档案应当转至转入学校或升入学校，转出学校或毕业学校应保留电子档案备份，同时保留必要的纸质档案复印件。学生最后终止学业的学校应当归档永久保存学生的学籍档案，或按相关规定办理。学校合并的，其学籍档案移交并入的学校管理。学校撤销的，其学籍档案移交县级教育行政部门指定的单位管理。如学生父母或其他监护人提出修改学生基础信息的，凭《居民户口簿》或其他证明文件向学校提出申请，并附《居民户口簿》复印件或其他证明复印件，由学校核准变更学籍信息，并报学籍主管部门核准。

（二）学籍变动管理

各学段各类学籍变动的具体条件和要求由省级教育行政部门根据国家法律法规和当地实际统筹制定。正常升级学生的学籍信息更新，由电子学籍系统完成。学生学籍信息发生变化，学籍进行转接或学生毕业（结业、肄业）时，学校应及时维护电子学籍系统中的有关信息，并将证明材料归入学生学籍档案。学籍主管部门应及时对学生学籍变动信息进行更新。

学生转学或升学的，转入学校应通过电子学籍系统启动学籍转接手续，转出学校及双方学校学籍主管部门予以核办。转入、转出学校和双方学校学籍主管部门应当分别在 10 个工作日内完成学生学籍转接。学生办理学籍转接手续后，转出学校应及时转出学籍档案，并在 1 个月内办结，转入学校应当以收到的学籍档案为基础为学生接续档案。其中，特教学校学生转入普通学校随班就读，或普通学校随班就读残疾学生转入特教学校就读的，其学籍可以转入新学校，也可保留在原学校；进入工读学校就读的学生，其学籍是否转入工读学校，由原学校与学生的父母或其他监护人商定。省（区、市）直管学校、设区的市直管学校学生的转入转出情况，由学校每学期书面告知所在地县（区）教育行政部门。

学生休学期间学校应为其保留学籍。学生休学由父母或其他监护人提出书面申请，学校审核同意后，通过电子学籍系统报学籍主管部门登记。复学时，学校应及时办理相关手续。学生到境外就读的，应当凭有效证件到现就读学校办理相关手续。回到境内后仍接受基础教育的，应接续原来的学籍档案。学生死亡，学校应当凭相关证明在 10 个工作日内通过电子学籍系统报学籍主管部门注销其学籍。

学校应将义务教育阶段学生辍学情况依法及时书面上报当地乡镇人民政府、县级教育行政部门和学籍主管部门，在义务教育年限内为其保留学籍，并利用电子学籍系统进行管理。义务教育阶段外来务工人员随迁子女辍学的，就读学校的学籍主管部门应于每学期末将学生学籍档案转交其户籍所在地县（区）教育行政部门。

（三）常见学籍管理问题处理

2014年1月，教育部已建成全国联网的中小学生学籍信息管理系统，各类学籍业务均纳入系统管理。学生入学后应如何办理学籍手续？学籍号有几种？如何通过学籍系统办理转学？针对这些学籍管理相关问题，2016年6月，教育部办公厅印发《关于进一步规范中小学生学籍管理相关问题处理的通知》，对常见的学籍管理问题及其处理办法进行了说明。

1. 学生入学或转学，地方教育部门是否可将有无学籍作为入学门槛或条件

学籍的主要功能是记录，是学生入学的结果，不是入学和转学的前提条件。转接学籍或新建学籍是招生入学的后置程序，教育行政部门或学校不应将学生之前有无学籍或学籍是否已转至接收地作为确定入学资格的必要条件，不得以学籍问题为由拒收学生。

2. 学生入学后应如何办理学籍手续

学生被学校招收后，原来已有学籍的，接收学校应通过全国学籍系统为学生转接学籍，实现"人籍一致"；原来没有学籍的，应为学生新建学籍并通过查重程序。如果遇到学籍系统或数据传输故障等特殊情况，学校可先通过线下流程办理转学等业务，线下流程完成后，即可作为拥有连续学籍的计算时点，学生即应视为在校生，享受在校生待遇（如参加地方教育行政部门和学校组织的考试及各种活动），之后再通过学籍系统完成电子学籍档案转接，最终以学籍系统记录的信息为准。

学籍信息是维护学生权益的依据。学籍信息更新是确保学籍信息准确的必然要求。《教育部办公厅关于加快问题学籍处理和建立数据质量核查机制的通知》要求各地各校加强宣传和督促检查，结合本地实际，建立常态工作机制，每学期核查一次学籍信息变动情况。学生家长有义务及时将学生信息如家庭住址、联系电话等的变动情况告知班主任，由班主任将学生信息的变动情况通知学校学籍管理员，在学籍系统内及时更新。

3. 学籍号的种类

学籍号是学籍信息的核心要素。学籍号以学生居民身份证号为基础生成，一人一号，伴随学生整个学习生涯，原则上终身不变。学籍号分为"G"字头正式学籍号、"L"字头临时学籍号以及"J"字头学籍号三种。较为常见的是"G"字头正式学籍号和"L"字头临时学籍号。

"G"字头正式学籍号：具有"L"字头临时学籍号的学生经过全国查重和与国家人口基础信息库进行比对，通过后分配"G"字头正式学籍号，每年春季学期开学后，通过学籍系统下发。"G"字头正式学籍号为"G＋身份证号"，但学生身份证号发生变化等特殊情况下，二者可不相同。

"L"字头临时学籍号：学生首次注册学籍后，分配"L"字头的临时学籍号。"L"字头学籍号按照身份证号编码规则生成，与身份证号相似，但与身份证号不具有对应关系。"L"字头临时学籍号是学生获得正式学籍号前办理各项业务的依据，在办理有关业务时与正式学籍号效力相同。各地各校在办理有关业务时应对持有临时学籍号的学生一视同仁。

"J"字头学籍号是为暂无居民身份证号或原居民身份证号不可用的学生设计的。编码规则与身份证号相同。学生获得身份证号后，可以申请将学籍号更改为"G"字头正式学籍号，但保留原来的记录。

4. "G"字头正式学籍号是否一定和身份证号一致

"G"字头正式学籍号依据身份证号生成，因此一般情况下二者应一致。之后学生身份证号发生变化才会导致不一致。不一致也不会影响学生办理任何业务，因此无特殊理由没有必要申请修改正式学籍号。特殊情况需修改"G"字头正式学籍号的，需要依申请按流程重新办理。

5. 获得"G"字头正式学籍号后，是否可修改其中的关键信息

"G"字头学籍号具有权威性。获得了"G"字头正式学籍号的学生，其学籍号不能轻易修改。因户籍关键信息变动，确需对"姓名"和"身份证号"两项关键信息进行修改的，必须履行相关程序。修改时，应由学校学籍管理员在学籍系统内上传户籍等相关证明材料照片或扫描件，县级学籍主管部门审核把关后提交中央数据库进行全国查重和身份比对，对没有问题的，可进行修改。学籍修改情况的历史信息将随学籍永久保留。

6. 已获得的"G"字头正式学籍号是否可删除

原则上不允许删除"G"字头正式学籍号。"G"字头正式学籍号通过了全国查重、与国家人口基础信息库比对等一系列程序的严格检验，是学生身份的权威标识。如涉及问题学籍确需删除的，由省级教育行政部门提交佐证材料报教育部审核后方可删除。

7. 转学、毕业后跨省就学办理时间的要求

为做好毕业结业和升级处理工作，每年从7月15日零时至8月14日24时，学籍系统暂停发起转学业务,其他时间均可发起,7月15日零时之前发起的转学业务可继续办理。每年毕业后跨省就学新业务发起时间限定为8月15日零时至12月14日24时、3月1日零时至5月31日24时。需要注意的是,各省在国家规定的统一时段中,根据各自实际又规定了本省的转学及毕业后跨省就学时段,在这种情况下,以省级规定为准。

8. "出国""其他离校""退学""开除"状态的学籍是否可以办理转学及跨省就学

为了方便群众,学籍系统除了允许在校生状态(休学除外)的学生办理转学及跨省就学业务外,还允许处于"出国""其他离校""退学""开除"等状态的学生办理此类业务。转学完成后,学籍状态不变,在转入学校办理相关手续后变为在校生状态。需要注意的是,处于"休学"状态的学生,须在原就读学校办理复学手续后再办理转学手续。

9. 办理转学时,家长需提供哪些证明材料

通过学籍系统办理转学,家长需要向转入学校提供学生基本信息表和说明转学原因的证明材料。其中,学生基本信息表可由转出学校通过学籍系统打印,以证明学生学籍信息的真实性;说明转学原因的证明材料即家长签字的学生转学理由说明。

各地各校不应再要求家长(学生)提供纸质转学审批表。因为在学籍系统中办理转学业务流程时,已经设置了学校和区县教育行政部门负责人的核办环节,相当于纸质材料的盖章审批,因此除了因系统故障需要先线下办理以外,不应要求学生家长再提供纸质转学审批表。

10. 毕业后跨省就学需要注意什么

为保障学生的合法权益,减少跨省业务纠纷,转入省、转出省及学生家长应注意以下内容:

学生跨省流动客观存在,必须加以规范和引导。转入省份应明确外省学生就学、升学的条件和办理的程序,指导区(县)教育行政部门和学校妥善处理和核办毕业后跨省就学。就学和升学条件不得违反国家招生入学总体政策,不得利用学籍系统抢夺或变相抢夺生源;转出省份对于外省份同意接收的要及时办理,不得以接收省份可能违规招生、学生分数可能未达到接收省份要求等理由驳回申请。学生家长应提前多了解和遵循相关省份的招生管理要求,以免出现不必要的跨省业务纠纷。

11. 毕业生被学校错误调转学籍后怎样办理

原则上,被招生的学生到下一阶段学校入学报到后学校才能调转学籍并再次变为在校生。对误调转学籍的，学籍系统将按照"谁操作、谁负责"的原则增加回退功能，允许区（县）学籍管理部门在学生毕业后半年内将被误招学生退至毕业生状态，然后再由实际录取的学校将其学籍调入。

12. 小学新生入学年龄的要求

《义务教育法》对未满 6 周岁的儿童是否必须入学没有做出具体规定。根据其确定的义务教育管理体制，学生入学年龄的具体日期由各省份根据实际自行设定。全国中小学生学籍信息管理系统提供了入学截止日期控制功能，由省级学籍管理部门自行设置。

13. 学籍信息更新

每名学生的学籍信息中，"是否留守儿童""是否进城务工人员随迁子女""政治面貌""现住址""联系电话""户口所在地""上下学交通距离""上下学交通方式"等字段可能发生变化，班主任要将学生上述信息的变动情况通知学校学籍管理员，在学籍系统内及时更新。县级教育行政部门要建立信息核查工作机制，每学期核查一次学籍信息变动情况，确保学籍信息准确，与实际一致。

14. 关于其他学籍变动的情况

跳级和留级。《中小学生学籍管理办法》已授权省级教育行政部门制订中小学生跳级和留级等学籍变动的具体条件和管理办法。学籍系统具备相关处置功能，由省级教育行政部门根据本省学籍管理的具体规定设置地市、区县的处理权限。各省级教育行政部门要把促进每一名学生的健康成长作为工作的出发点和落脚点，探索建立和规范学生跳级或留级的工作机制，指导地市和区县做好相关管理工作。

规范"其他离校"和"辍学"处理。对离校前未告知学校具体原因，离校时间超过 3 个月且联系不上的学生，学校应在学籍系统中将其置为"其他离校"状态。属于义务教育辍学的，应按照有关规定进行标识和书面报告。

二、中等职业学校学生学籍管理

中等职业学校学生的学籍管理工作主要依据 2010 年教育部制定的《中等职业学校学生学籍管理办法》，主要包括入学与注册、学习形式与修业年限、学籍变动与信息变更、成绩考核、工学交替与顶岗实习、奖励与处分、毕业与结业等事项规定。

（一）入学与注册

中等职业学校应当从学生入学之日起建立学生学籍档案。学生学籍档案内容包括：（1）基本信息；（2）思想品德评价材料；（3）公共基础课程和专业技能课程成绩；（4）享受国家助学金和学费减免的信息；（5）在校期间的奖惩材料；（6）毕业生信息登记表。学籍档案由专人管理，学生离校时，由学校归档保存或移交相关部门。同时，学校应当将新生基本信息，各年级学生变动名册（包括转入、转出、留级、休学、退学、注销、复学、死亡的学生等情况）及时输入中等职业学校学生信息管理系统，并报教育主管部门。教育主管部门逐级审核后上报至国家教育行政部门。

新生应当按照学校规定时间到校报到，办理入学注册手续。因特殊情况，不能如期报到，应当持有关证明向学校提出书面申请。如在学校规定期限内不到学校办理相关手续，视为放弃入学资格。学生入学后，学校发现其不符合招生条件，应当注销其学籍，并报教育主管部门备案。新生实行春、秋两季注册，春季注册截止日期为 4 月 20 日（限非应届初中毕业生）；秋季注册截止日期为 11 月 20 日。其中，外籍或无国籍人员进入中等职业学校就读，应当按照国家留学生管理办法办理就读手续。港、澳、台学生按照国家有关政策办理就读手续。东部、中部和西部联合招生合作办学招收的学生，注册及学籍管理由学生当前就读学校按学校所在省（区、市）有关规定执行，不得重复注册学籍。需要强调的是，学校不得以虚假学生信息注册学生学籍，不得为同一学生以不同类型的高中阶段教育学校身份分别注册学籍，不得以不同类型职业学校身份分别向教育部门和人力资源社会保障部门申报学生学籍。

（二）学习形式与修业年限

中等职业学校实施全日制学历教育，主要招收初中毕业生或具有同等学力者，基本学制以 3 年为主；招收普通高中毕业生或同等学力者，基本学制以 1 年为主。采用弹性学习形式的学生的修业年限，初中毕业起点或具有同等学力人员，学习时间原则上为 3 至 6 年；高中毕业起点或具有同等学力人员，学习时间原则上为 1 至 3 年。学校对实行学分制的学生，允许其在基本学制的基础上提前或推迟毕业，提前毕业一般不超过 1 年，推迟毕业一般不超过 3 年。

（三）学籍变动与信息变更

学生学籍变动包括转学、转专业、留级、休学、注销、复学及退学。采用弹性学习形式的学生，原则上不予转学、转专业或休学。学生因户籍迁移、家庭搬迁或个人意愿等原因可以申请转学。转学由学生本人和监护人提出申请，经转出学校同意，再向转入学校提出转学申请，转入学校同意后办理转学手续。对跨省转学的学生，由转入、转出学校分别报所在市级和省级教育行政部门备案。需要注意的是，在中等职业学校学习未满一学期的，不予转学；毕业年级学生不予转学；休学期间不予转学。普通高中学生可以转入中等职业学校，但学习时间不得少于一年半。其中经学校批准，可以转专业的情形包括：（1）学生确有某一方面特长或兴趣爱好，转专业后有利于学生就业或长远发展；（2）学生有某一方面生理缺陷或患有某种疾病，经县级及以上医院证明，不宜在原专业学习，可以转入本校其他专业学习；（3）学生留级或休学，复学时原专业已停止招生。已经享受免学费政策的涉农专业学生原则上不得转入其他专业，特殊情况应当经省级教育行政部门批准。跨专业大类转专业，原则上在一年级第一学期结束前办理；同一专业大类转专业原则上在二年级第一学期结束前办理。毕业年级学生不得转专业。

学生休学由学生本人和监护人提出申请，学校审核同意后，报教育行政部门备案。学生因病必须休学，应当持县级及以上医院病情诊断证明书。学生休学期限、次数由学校规定。因依法服兵役而休学，休学期限与其服役期限相当。学生休学期间，不享受在校学生待遇。学生退学由学生本人和监护人提出申请，经学校批准，可办理退学手续。学生退学后，学校应当及时报教育主管部门备案。学生具有：（1）休学期满无特殊情况两周内未办理复学手续；（2）连续休学两年，仍不能复学；（3）一学期旷课累计达90课时以上；（4）擅自离校连续两周以上等情况之一的，学校可以做退学处理。学生非正常死亡，学校应当及时报教育主管部门备案，教育主管部门逐级上报至省级教育行政部门备案。

此外，已注册学生（含注册毕业学生）各项信息修改属于信息变更，主要包括学生姓名、性别、出生日期、家庭住址、身份证号码、户口性质等。对信息变更，应当由学生本人或监护人提供合法身份证明等相关资料，学校修改后及时报教育行政部门备案。

（四）成绩考核

学生应当按照学校规定参加教学活动。采用弹性学习形式的学生公共基础课程教学应当达到国家教育行政部门发布的教学大纲的基本要求，专业技能课程教学应当达到相应专业全日制的教学要求。

学校按照国家或行业有关标准和要求组织考试、考查。采用弹性学习形式的学生的专业能力评价可以视其工作经历、获得职业资格证书情况，折算相应学分或免于相关专业技能课程考试、考查。学业成绩优秀的学生，由本人申请，经学校审批后，可以参加高一年级的课程考核，合格者可以获得相应的成绩或学分。

学生所学课程考试、考查不合格，学校应当提供补考机会，补考次数和时间由学校确定。学生缓考、留级由学校规定。学校应当及时将留级学生情况报教育主管部门备案。考试、考查和学生思想品德评价结果，学校应当及时记入学生学籍档案。

（五）工学交替与顶岗实习

学校应当按照法律法规和国家教育行政部门文件规定组织学生顶岗实习。实施工学交替的学校应当制订具体的实施方案，并报教育主管部门备案。学生顶岗实习和工学交替阶段结束后，应当由企业和学校共同完成学生实习鉴定。学校应当将学生实习单位、岗位、鉴定结果等情况记入学籍档案。采用弹性学习形式的学生有与所学专业相关工作经历的，学校可以视情况减少顶岗实习时间或免除顶岗实习。

（六）奖励与处分

学生在德、智、体、美等方面表现突出，应当予以表彰和奖励。学生奖励分为国家、省、市、县、校等层次，奖项包括单项奖和综合奖，具体办法由各级教育行政部门和学校分别制定。对学生的表彰和奖励应当予以公示。学校对于有不良行为的学生，可以视其情节和态度分别给予警告、严重警告、记过、留校察看、开除学籍等处分。学校作出开除学籍决定，应当报教育主管部门核准。受警告、严重警告、记过、留校察看处分的学生，经过一段时间的教育，能深刻认识错误、确有改正进步的，应当撤销其处分。

学生受到校级及以上奖励或处分，学校应当及时通知学生或其监护人。学生对学校作出的处分决定有异议的，可以按照有关规定提出申诉。学校应当依法建立学生申诉的程序与机构，受理并处理学生对处分不服提出的申诉。学生对学校作出的申诉复查决定不服的，可以在收到复查决定之日起 15 个工作日内，向教育主管部门提出书面申诉。教育主管部门应当在收到申诉申请之日起 30 个工作日内作出处理并答复。对学生的奖励、记过及以上处分有关资料应当存入学生学籍档案。对学生的处分撤销后，学校应当将原处分决定和有关资料从学生个人学籍档案中移出。

（七）毕业与结业

学生达到准予毕业要求的条件如下：（1）思想品德评价合格；（2）修满教学计划规定的全部课程且成绩合格，或修满规定学分；（3）顶岗实习或工学交替实习鉴定合格。学生如提前修满教学计划规定的全部课程且达到毕业条件，经本人申请，学校同意，可以在学制规定年限内提前毕业。

毕业证书由国家教育行政部门统一格式并监制，省级教育行政部门统一印制，学校颁发。采用弹性学习形式的学生毕业证书应当注明学习形式和修业时间。对于在规定的学习年限内，考核成绩（含实习）仍有不及格且未达到留级规定，或思想品德评价不合格者，以及实行学分制的学校未修满规定学分的学生，发给结业证书。对未完成教学计划规定的课程而中途退学的学生，学校应当发给学生写实性学习证明。若毕业证书遗失，可以由省级教育行政部门或其委托的机构出具学历证明书，补办学历证明书所需证明材料由省级教育行政部门规定。学历证明书与毕业证书具有同等效力。

三、高校学生学籍管理

高校学生的学籍管理工作主要依据 2017 年新修订的第三版《普通高等学校学生管理规定》（以下简称新《规定》），涉及初步审查、学习成绩与学业档案管理、教育诚信与学籍关系、转专业和转学、休学和复学、退学、毕业和结业等相关事项。

（一）学籍审查

新《规定》第九条对高校学生学籍的初步审查制度做出说明，要求"学校应当在报到时对新生入学资格进行初步审查，审查合格的办理入学手续，予以注册学籍；审查发现新生的录取通知、考生信息等证明材料，与本人实际情况不符，或者有其他违反国家招生考试规定情形的，取消入学资格。"在初步审查的基础上，新《规定》第十一条规定了 3 个月期限内的复查程序，并列举了复查的主要内容：（1）录取手续及程序等是否合乎国家招生规定；（2）所获得的录取资格是否真实、合乎相关规定；（3）本人及身份证明与录取通知、考生档案等是否一致；（4）身心健康状况是否符合报考专业或者专业类别体检要求，能否保证在校正常学习、生活；（5）艺术、体育等特殊类型录取学生的专业水平是否符合录取要求。

（二）学习成绩管理制度和学籍档案规定

为防止学生成绩管理的随意性，新《规定》第十八条规范了学生成绩管理制度："学校应当健全学生学业成绩和学籍档案管理制度，真实、完整地记载、出具学生学业成绩，对通过补考、重修获得的成绩，应当予以标注。"

（三）退学学生学习成绩有效性规定

新《规定》指出，因退学等情况中止学业的学生经重新入学考试、符合录取条件再次入学的，其在校学习期间所修课程及已获得学分，经录取学校认定，可予以承认。

（四）诚信教育和失信惩戒

新《规定》第二十条规定：第一，学校应当开展学生诚信教育，以适当方式记录学生学业、学术、品行等方面的诚信信息。第二，建立对失信行为的约束和惩戒机制，对有严重失信行为的，可以规定给予相应的纪律处分，对违背学术诚信的，可以对其获得学位及学术称号、荣誉等做出限制。这不仅授权学校对严重失信学生予以处分，还授权学校对违背学术诚信学生获得学位及学术称号、荣誉等做出限制性规定。由于《规定》属于教育部颁发的规章，因此，此规定可以为法院审查学位争议提供参照。

（五）转专业与转学

新《规定》明确了转专业的兴趣取向和专长取向，限制国家有相关规定或者录取前与学校有明确约定的以特殊招生形式录取的学生转专业，并给予休学创业或退役复学学生转专业的优先权。此外，要求学校制定学生转专业的具体办法，建立公平、公正的条件和程序，健全公示制度。

在转学排除事项方面，相比原《规定》，调整和增加了如下内容：（1）将"入学未满一学期的"改为"入学未满一学期或者毕业前一年的"；（2）将"由招生时所在地的下一批次录取学校转入上一批次学校、由低学历层次转为高层次的"改为"高考成绩低于拟转入学校相关专业同一生源地相应年份录取成绩的"；（3）将原《规定》"招生时确定为定向、委托培养的"改为"以定向就业招生录取的"；（4）增加了"研究生拟转入学校、专业的录取控制标准高于其所在学校、专业的"的规定。新《规定》还规定，学生因学校培养条件改变等非本人原因需要转学的，学校应当出具证明，由所在地省级教育行政部门协调转学到同层次学校。此外，新《规定》细化了转学程序规定，并要求学校建立健全学生转学的具体办法，以及规定省级教育行政部门对学校转学行为的监督和管理责任。

（六）休学与复学

在休学方面，新《规定》首先明确了学生最长学习年限含休学和保留学籍期限，而原有规定只含休学。其次，对休学创业的学生，可以单独规定最长学习年限，并简化休学批准程序。最后，规定应征参加中国人民解放军（含中国人民武装警察部队）的新生和在校学生保留其入学资格或者学籍至退役后2年；学生参加学校组织的跨校联合培养项目，在联合培养学校学习期间，学校同时为其保留学籍；学生保留学籍期间，与其实际所在部队、学校等组织建立管理关系。

（七）退学

关于退学条件，新《规定》未做实质性变动，主要的变动是学生退学后相关事宜的办理。原《规定》规定，退学的学生，档案、户口退回其家庭户籍所在地。新《规定》规定，退学学生的档案由学校退回其家庭所在地，户口应当按照国家相关规定迁回原户籍地或者家庭户籍所在地。

（八）毕业和结业

关于毕业。新《规定》做了调整，首先将毕业条件由原来的"修完教育教学计划规定内容，德、智、体达到毕业要求"修改为"修完教育教学计划规定内容，成

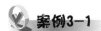

绩合格，达到学校毕业要求"；其次，新增提前毕业规定，即"学生提前完成教育教学计划规定内容，获得毕业所要求的学分，可以申请提前毕业"。

关于结业。原《规定》授权学校可以决定对结业学生是否颁发毕业证书，新《规定》则授权学校可以决定对结业学生是否颁发毕业证书、学位证书，并规定，对合格后颁发的毕业证书、学位证书，毕业时间、获得学位时间按发证日期填写。关于肄业，新《规定》将原《规定》中"学满一学年以上退学的学生，学校应当颁发肄业证书"修改为"对退学学生，学校应当发给肄业证书或者写实性学习证明"。

（九）学业证书管理

新《规定》在第三章增加一节即第七节，专门规范学业证书的管理，并对原《规定》注入了新内容，包括：（1）填写、颁发学历证书、学位证书及其他学业证书的规定；（2）学生在校期间变更姓名、出生日期等证书需填写的个人信息的规定；（3）学籍学历电子注册管理规定；（4）违反国家招生规定取得入学资格或者学籍的处理规定，对此规定学校应当取消其学籍，不得发给学历证书、学位证书；已发的学历证书、学位证书，学校应当依法予以撤销。对以作弊、剽窃、抄袭等学术不端行为或者其他不正当手段获得学历证书、学位证书的，学校应当依法予以撤销。

案例3—1
张某斌诉北京市教育委员会等取消学籍案

【案例事实】

张某斌之女张某凤于1982年7月1日出生，系"某建材学校"9765班学生。"某建材学校"以张某凤在1997—1998年度两个学期共计4门功课经过补考仍然不及格为由，取消了张某凤的学籍，令其退学。1998年8月30日，该校在全校大会上公布了退学学生名单。当日，张某凤在大会后离开学校，至今下落不明。张某凤的父母于次日到"某建材学校"为张某凤办理了户籍和档案转出手续，未办理退学手续。2000年5月6日，张某斌以自己的名义向市教委递交了保护受教育权的申请书，要求市教委撤销"某建材学校"作出的"取消张某凤的学籍，令其退学"决定。市教委于2000年6月8日以张某斌为申诉人，"某建材学校"为被申诉人，作出学生申诉处理决定书，维持了"某建材学校"劝张某凤退学的决定。

【法院判决】

一、撤销市教委2000年6月8日作出的京教学申字〔2000〕003号学生申诉处理决定书；二、驳回张某斌的其他诉讼请求。

学校法律实务

【案例分析】

根据《中等职业学校学生学籍管理办法》规定，学校有权对学生进行成绩考核，并依据学校规定决定学生能否取得毕业或结业证书。"某建材学校"依法享有法律授予的对学生进行学籍管理、颁发相应的学历证书等职责。其对张某凤作出的取消学籍、令其退学决定，尚未被确认违法，不能产生行政侵权赔偿。张某凤失踪是否因"某建材学校"的行为所致尚不能确定，故张某斌要求"某建材学校"给予赔偿的请求不属于本案一并调整的范畴。因此，张某斌要求两被上诉人共同赔偿的诉讼请求，没有事实和法律的支持，应当予以驳回。

案例来源：北大法宝　引证码 CLI. C. 4563

第三节　纪律管理

纪律管理是指通过制定学校规章制度而对学生在校行为施加外部控制与规范的活动，旨在实现学生的内在自制与自律。根据管理范围的不同，纪律管理一般包括学生日常生活管理、班级管理、教育惩戒等主要内容。纪律管理以尊重和保护学生利益、促进学生自我管理为重点，目的在于构建管理育人长效机制，实现管理效果与教育效果的统一。

一、学生日常行为管理

学生的日常行为管理包括日常行为规范和综合素质评价。日常行为管理涉及学生行为各方面，如宿舍管理、卫生与体育管理等，是对学生学习与生活进行的综合管理。我国教育部门分别以《中小学生守则》（2015年）和《普通高等学校学生管理规定》（2017年）等对学生日常行为进行规定。前者共九条，后者共六十八条，分别是国家对不同教育阶段学生作出的基本道德行为规定，也是对学生日常行为的最基本要求。学校对学生的日常行为管理，应当依据上述守则或规定，同时参照地方教育行政部门制定的学生日常行为规范，结合学校实际情况制定出具有可操作性的管理规范并实施。

综合素质评价是对学生的思想品德、行为表现等作出的综合性评定。实施学生综合素质评价是落实党的教育方针的要求，是促进学生德智体美劳全面发展、培养个性特长、扭转"唯分数论"的重要举措。综合素质评价从多维度的视角对学生的成长进行记载与体现，强调对每个学生的教育成长历程进行全面的写实记录。2002年印发的《教育部关于积极推进中小学评价与考试制度改革的通知》，提出要从德、

94

智、体、美等方面综合评价学生的发展，强调对学生、教师与学校评价的内容要多元，既要重视学生的学习成绩，也要重视学生的思想品德以及多方面潜能的发展，注重学生的创新能力和实践能力。评价方法要多样，除考试或测验外，还要研究制定便于评价者普遍使用的科学、简便易行的评价办法，探索有利于引导学生、教师和学校进行积极的自评与他评的评价方法。2011年10月，教育部印发了《中小学校素质教育督导评估办法（试行）》，将科学安排学生学习生活时间，合理安排课内外作业和考试次数作为学校督导评估的重要内容。在学生的综合素质评价方面，各地也积极进行了有益探索。如，北京建立了中小学生综合素质评价体系，并研制了信息系统，实行量化管理，重庆等地出台了中小学生综合素质评价实施办法。黑龙江省教育厅2014年出台文件，要求小学考试取消百分制，实行"等级加评语"的评价方式。2020年10月，中共中央、国务院印发《深化新时代教育评价改革总体方案》，提出要创新德智体美劳过程性评价办法，完善综合素质评价体系，完善德育评价，强化体育评价，改进美育评价，加强劳动教育评价，严格学业标准，深化考试招生制度改革，切实引导学生坚定理想信念、厚植爱国主义情怀、加强品德修养、增长知识见识、培养奋斗精神、增强综合素质。

二、班级管理

班级管理是班主任依据学校的教育方针与培养目标，通过组织、指导、协调、控制等方式，为学生的发展提供条件、创造良好环境的过程。[①] 我国教育教学活动实行班级授课制，班级是教育教学活动开展的基本组织单元，也是学生学习、活动的主要场所，有效的班级管理是保障学生健康成长、快乐学习的重要条件。我国全日制学校普遍设置班主任，全面负责班级管理工作。

1988年，国家教委发布的《小学班主任工作暂行规定（试行）》《中学班主任暂行规定》，是班主任开展班级管理工作的主要依据。其主要职责包括：编班、分组和排座位，组建班委会，制定班级规章制度，召开班会，评选优秀学生与先进个人以及做好个别学生的管理工作等。

需要强调的是，随着"走班制"改革在一些学校的实施，原有的班主任管理模式被打破，面对处于流动中的学生，管理的工作量陡然上升，需要建立与之配套的管理机制。拥有了自主选择权的学生，独立人格和独立思想日渐凸显，需要更多的自主空间，但又要保持良好的教学秩序。探索建立起全员育人、自主管理的教育网

---

① 陈红，陈文：《班主任的班级管理》，50页，北京，清华大学出版社，2014。

络，是未来的普遍趋势。更为重要的是，随着行政班和班主任的消失，任课教师的教育和管理责任大大增加。每一位教师从学科教学走向了学科教育，他们不仅要负责学科的教学，还要关注学生的心理、情绪和人际交往；不仅要教会学生，更要教学生会学，要管理和领导学生的学习。如此，通过让每一位教师都成为教育者，学校方可实现全员育人。

三、教育惩戒

对学生的失范行为进行惩戒，既是教育学生的必要手段，也是维持学校教育教学秩序的重要管理措施。为维护正常的教育教学秩序、矫正学生的失范行为，学校和教师须拥有必要的惩戒权。2019 年 11 月，教育部发布《中小学教师实施教育惩戒规则（征求意见稿）》，预示着教师即将获得法律明确规定的惩戒权。2020 年 12 月 23 日，教育部公布《中小学教育惩戒规则（试行）》（以下简称《规则》），为普通中小学校、中等职业学校及其教师在教育教学和管理过程中对学生实施教育惩戒提供法律依据，对教育惩戒的概念、目的、原则、范围、方式、程度、申诉等方面进行了规范。

首先，《规则》明确了教育惩戒在实际应用中的概念、目的及原则，并通过一系列禁止性规定区分了教育惩戒与体罚的差异。从概念上，《规则》将教育惩戒明确界定为学校、教师基于教育目的，对违规违纪学生进行管理、训导或者以规定方式予以矫治，促使学生引以为戒、认识和改正错误的教育行为。从目的看，教育惩戒应以及时纠正学生错误言行，培养学生的规则意识、责任意识为目标。从原则看，实施教育惩戒应当秉持三大原则：第一，符合教育规律，注重育人效果。第二，遵循法治原则，做到客观公正。第三，选择适当措施，与学生过错程度相适应。在授权教师进行教育惩戒的同时，仍强调不能越过体罚红线，禁止以击打、刺扎等方式直接造成身体痛苦的体罚；禁止超过正常限度的罚站、反复抄写，强制做不适的动作或者姿势，以及刻意孤立等间接伤害身体、心理的变相体罚；禁止辱骂或者以歧视性、侮辱性的言行侵犯学生人格尊严以及其他侵害学生权利的行为。

其次，《规则》还对教育惩戒具体的规则制定进行了规范。除国家法律法规及政策规定外，教育惩戒的具体规则应当由学校结合本校学生特点，依法制定并完善，包括校规校纪、学生行为规范、实施教育惩戒的具体情形和规则等。同时，学校制定校规校纪，应当广泛征求教职工、学生和学生父母或者其他监护人（以下称家长）的意见；有条件的，可以组织有学生、家长及有关方面代表参加的听证。校规校纪应当提交家长委员会、教职工代表大会讨论，经校长办公会议审议通过后施行，并报教育主管部门备案。学校可以根据情况建立校规校纪执行委员会等组织机构，吸收教师、学生及家长、社会有关方面代表参加，负责确定可适用的教育惩戒措施，监督教育惩戒的实施，开展相关宣传教育等。此外，还可以由教师组织学生、家长以民主讨论形式共同制定班规或者班级公约，报学校备案后施行。学校不仅负有制定惩戒规则的责任，还应当通过多种宣传方式保证这一规则的公开性。学校应当利用入学教育、班会以及其他适当方式，向学生和家长宣传讲解校规校纪。未经公布的校规校纪不得施行。

再次，《规则》还明确了教育惩戒具体实施的范围、方式。从教育惩戒的范围来看，《规则》明确了制止及批评教育、教育惩戒、实施教育惩戒并加强管教、移交公安机关依法处理几种处理学生违法违规违纪行为的边界。对于六种规定的行为（包括：故意不完成教学任务要求或者不服从教育、管理的；扰乱课堂秩序、学校教育教学秩序的；吸烟、饮酒，或者言行失范违反学生守则的；实施有害自己或者他人身心健康的危险行为的；打骂同学、老师，欺凌同学或者侵害他人合法权益的；其他违反校规校纪的行为），学校及其教师应当予以制止并进行批评教育，确有必要的，可以实施教育惩戒；学生实施属于预防未成年人犯罪法规定的不良行为或者严重不良行为的，学校、教师应当予以制止并实施教育惩戒，加强管教；构成违法犯罪的，依法移送公安机关处理。

从教育惩戒的方式来看，《规则》提供了多种教育惩戒可以使用的方式，并根据学生违纪情节的程度有所调整。教师在课堂教学、日常管理中，对违规违纪情节较为轻微的学生，可以当场实施的教育惩戒方式包括（这类措施可以以适当方式告知学生家长）：点名批评；责令赔礼道歉、做口头或者书面检讨；适当增加额外的教学或者班级公益服务任务；一节课堂教学时间内的教室内站立；课后教导；学校校规校纪或者班规、班级公约规定的其他适当措施。对于违反校规校纪，情节较重或者经当场教育惩戒拒不改正的学生，学校可以实施的教育惩戒方式包括（这类措施应当及时告知家长）：由学校德育工作负责人予以训导；承担校内公益服务任务；安排接受专门的校规校纪、行为规则教育；暂停或者限制学生参加游览、校外集体活动以及其他外出集体活动；学校校规校纪规定的其他适当措施。对于违规违纪情节严重或者影响恶劣的小学高年级、初中和高中阶段的学生，学校可以实施的教育惩戒方式包括（这类措施应当事先告知家长）：给予不超过一周的停课或者停学，要求家长在家进行教育、管教；由法治副校长或者法治辅导员予以训诫；安排专门的课程或者教育场所，由社会工作者或者其他专业人员进行心理辅导、行为干预。对违规违纪情节严重，或者经多次教育惩戒仍不改正的学生，学校可以给予警告、严重警告、记过或者留校察看的纪律处分。对高中阶段学生，还可以给予开除学籍的纪律处分。对有严重不良行为的学生，学校可以按照法定程序，配合家长、有关部门将其转入专门学校教育矫治。

除以上规定外，《规则》还明确了多方主体在教育惩戒中的责任，如教师、学校、家长等。对教师来说，对学生实施教育惩戒后，应当注重与学生的沟通和帮扶，对改正错误的学生及时予以表扬、鼓励。从学校层面看，学校可以根据实际和需要，建立学生教育保护辅导工作机制，由学校分管负责人、德育工作机构负责人、教师以及法治副校长（辅导员）、法律以及心理、社会工作等方面的专业人员组成辅导小组，对有需要的学生进行专门的心理辅导、行为矫治。同时，学校应当支持、监督教师正当履行职务，教师因实施教育惩戒与学生及其家长发生纠纷，学校应当及时进行处理，对情节轻微的，予以批评教育，对情节严重的，暂停履行职责或者依法依规给予处分，对给学生身心造成伤害，构成违法犯罪的，交由公安机关依法处理，对于教师无过错的，不得因教师实施教育惩戒而给予其处分或者其他不利处理。此外，学校、教师应当重视家校协作，积极与家长沟通，使家长理解、支持和配合实施教育惩戒，形成合力。另外，学校应当有针对性地加强对教师的培训，促进教师更新教育理念、改进教育方式方法，提高教师正确履行职责的意识与能力。每学期末，学校应当将学生因违规违纪情节严重或者影响恶劣受到的教育惩戒和纪律处分的信息报主管教育行政部门备案。对家长来说，家长应当履行对子女的教育职责，尊重教师的教育权利，配合教师、学校对违规违纪学生进行管教；家长不得威胁、侮辱、伤害教师，情形严重的，应当及时向公安机关报告并配合公安机关、司法机关追究责任。

最后，《规则》明确了学生及家长的反馈、申诉机制。家长对教师实施的教育惩戒有异议或者认为教师行为违反相关禁止性规定的，可以向学校或者主管教育行政部门投诉、举报。学校、教育行政部门应当按照师德师风建设管理的有关要求，及时予以调查、处理。学校拟依据《规则》对违规违纪情节严重或者影响恶劣的学生实施教育惩戒和纪律处分的，应当听取学生的陈述和申辩。学生或者家长申请听证的，学校应当组织听证。学生及其家长对这类教育惩戒或者给予的纪律处分不服的，可以在教育惩戒或者纪律处分做出后15个工作日内向学校提起申诉。学校应当成立由学校相关负责人、教师、学生以及家长、法治副校长等校外有关方面代表组成的学生申诉委员会，受理申诉申请，组织复查。学校应当明确学生申诉委员会的人员构成、受理范围及处理程序等并向学生及家长公布。学生申诉委员会应当对学生申诉的事实、理由等进行全面审查，作出维持、变更或者撤销原教育惩戒或者纪律处分的决定。学生或者家长对学生申诉处理决定不服的，可以向学校主管教育部门申请复核；对复核决定不服的，可以依法提起行政复议或者行政诉讼。

惩戒是一种制度形式，通过学校和教师必须遵守的一系列惩戒规则，通过规范化、系统化的规定来达成纠正失范行为、教育学生的目的。从各国的规定来看，惩戒作为一种制度，包括各种形态的惩戒形式。具体如：训诫、隔离、剥夺某种特权、留校、短期或长期停学、开除以及体罚等。而体罚是通过身体接触，使学生身体感到痛苦，严重的可造成学生身心健康损害的惩罚形式。目前，大陆法系国家如日本，明文规定允许学校对学生实施惩戒，禁止体罚，并明确规定何谓法律禁止的体罚行为。而判例法国家如美国，惩戒权历史上被认为是教师替代父母应有的权利。

现实中，由于过去仅有禁止体罚的法律规定，却无教育惩戒的合法授权，教师对学生不良行为不敢管、不愿管，害怕被学生、学生家长视为侵犯学生的人身权或者受教育权。再加上舆论或媒体的渲染，实践中也出现了教师实施合理惩戒而使得自身人身权被侵害的现象。以《规则》出台为起点，教育惩戒制度将逐渐建立，为保护学生受教育权利、保护教师权利、促进学生个人发展提供更充分的法律依据。不仅如此，考虑到教育活动的复杂性，立法在赋予教师惩戒权的同时，也应当给予一定的弹性空间，在此基础上，还要强调这一权力行使的限度[1]，使教师能够根据实际情况实施惩戒行为，以保障教育惩戒真正发挥教育作用。

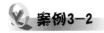 **案例3—2**

学生殴打教师案

【案例事实】

2012年3月30日18时许，被告傅某灯等人在被告福建省三明市尤溪县某某中学的教学楼追打教师。值班老师陈某棉发现后，上前制止，被被告周某述用水泥块砸中，致陈某棉口唇部受伤。当晚20时15分许，陈某棉被送至尤溪县医院治疗，经诊断为：下颌前庭沟黏膜裂伤；左上颌第1牙外伤性半脱位；右上颌第1牙冠折，左上颌第2牙冠折。在尤溪县医院口腔科治疗期间，陈某棉共花费医疗费3733.04元。2012年5月30日，经尤溪县公安局法医鉴定，陈某棉的伤情为轻微伤。陈某棉被砸伤后，被告周某述、周某潘、苏某英通过被告尤溪县某某中学预付

---

① 余雅风，叶壮：《论中小学教师惩戒权的弹性及限度》，载《教师发展研究》，2020（02）。

了医疗费 3000 元。

2012 年 6 月 12 日，双方在被告尤溪县某某中学协调下，由被告周某述、周某潘、苏某英一次性赔偿陈某棉医疗费等各项经济损失 3750 元，扣除已付款 3000元，余款 750 元当场给付。

2012 年 5 月 17 日至 2012 年 7 月 2 日，陈某棉因创伤后应激障碍（迟发性），先后到尤溪县中医医院精神科、福州市第四医院治疗。

2012 年 7 月 6 日，陈某棉在家属陪同下准备再次到福州就诊时在尤溪县汽车站走失。次日，在尤溪县城关镇玉带桥下河中发现陈某棉的尸体。经公安机关认定，陈某棉死于自杀。

2012 年 7 月 18 日，被告尤溪县某某中学给付原告慰问金 30000 元。

2013 年 6 月 26 日，厦门市仙岳医院司法鉴定所受尤溪县公安局委托，以厦仙岳司法鉴定所（2013）精鉴字第 187 号《法医精神病鉴定文证审查意见书》认定被鉴定人陈某棉生前精神状况与 2012 年 3 月 30 日被殴打事件之间存在直接因果关系。

2012 年 7 月 31 日，经被告尤溪县某某中学申请，三明市人力资源和社会保障局以明人社伤认（尤溪）（2012）080 号《工伤认定决定书》认定：陈某棉于 2012年 3 月 30 日 18 时许在尤溪县某某中学值班过程中受到的伤害为工伤。

2013 年 8 月 6 日，死者陈某棉的父亲、妻子、儿子作为原告提起诉讼，要求各被告承担过错赔偿责任。

诉讼中，原告于 2013 年 9 月 1 日向法院提出鉴定申请，要求对陈某棉生前精神状况与 2012 年 7 月自杀行为之间是否存在因果关系进行鉴定。

2013 年 9 月 16 日，被告周某述、周某潘、苏某英对厦门市仙岳医院司法鉴定所作出的厦仙岳司法鉴定所（2013）精鉴字第 187 号《法医精神病鉴定文证审查意见书》的鉴定结论提出异议，并向法院申请重新鉴定，同时还申请对陈某棉自杀死亡结果与 2012 年 3 月 30 日被殴打事件之间是否存在必然的因果关系进行鉴定。后经本院多方委托，无鉴定机构愿意接受委托。

一审法院认为，公民的生命健康权受法律保护。公民、法人由于过错侵害他人身体的，应当承担民事责任。当事人对造成损害都没有过错的，可以根据实际情况，由当事人分担民事责任。本案陈某棉作为被告尤溪县某某中学的教师，在校内值班时为制止被告傅某灯的不法侵害而遭受被告周某述砸伤，被告周某述、傅某灯应对自身的过错行为承担赔偿责任。

诉讼中，被告周某述、周某潘、苏某英虽辩称原告提供的鉴定意见不能作为本案证据，并申请重新鉴定，但因无鉴定机构愿意接受委托，可视为被告举证不能。故根据原告提供的《法医精神病鉴定文证审查意见书》，可以认定陈某棉生前精神状况与 2012 年 3 月 30 日被殴打事件之间存在直接因果关系，被告周某述、傅某灯依法应当赔偿陈某棉治疗被砸伤、创伤后应激障碍的各项经济损失。

陈某棉创伤后精神上出现应激障碍，进而自杀死亡，虽没有证据证明陈某棉的自杀行为与其创伤后应激障碍之间存在直接的因果关系，但并不排除存在创伤后应激障碍诱发自杀的一个因素。在诱发陈某棉自杀的过程中，虽被告周某述、傅某灯不存在过错，不应承担过错赔偿责任，但鉴于陈某棉自杀死亡使原告身心遭受痛苦，又在经济上造成原告一定的损失，故依据公平原则可判令被告周某述、傅某灯对陈某棉死亡的后果承担补偿责任。

被告尤溪县某某中学在陈某棉自杀死亡的过程中虽也无过错，但陈某棉是在履行值班教师职责过程中受伤，并引发创伤后应激障碍，自杀死亡，被告尤溪县某某中学作为受益人应给予原告一定的经济补偿。依被告周某述、傅某灯在陈某棉被砸伤事件中的过错程度和被告尤溪县某某中学在事件处置中的行为表现以及其在陈某棉死亡后已给付死亡慰问金 30000 元等情况，酌情确定由被告周某述、傅某灯、尤溪县某某中学分别补偿原告因陈某棉自杀死亡造成的死亡赔偿金、被抚养人生活费等经济损失 50000 元、30000 元、30000 元。因被告周某述、傅某灯属限制民事行为能力人，其应承担的民事责任应由其监护人承担。

综上，一审法院认为，原告要求被告周某述、傅某灯承担陈某棉被砸伤的过错赔偿责任，于法有据，但其要求三被告承担陈某棉自杀死亡的过错赔偿责任的请求，证据不足，不予支持；被告辩称伤害行为与陈某棉自杀结果之间不存在因果关系，不应对陈某棉死亡后果承担过错赔偿责任的辩解理由成立，予以支持；被告尤溪县某某中学辩称不应成为本案被告，不应承担任何责任的辩解理由不足，不予采纳。

综上，一审法院判决：一、被告周某述、周某潘、苏某英和被告傅某灯、傅某地、阮某妹应当于本判决生效之日起十日内一次性赔偿原告陈某本（系陈某棉父亲）、陈某芳（系陈某棉妻子）、陈某（系陈某棉儿子）因陈某棉被砸伤的医疗费等各项经济损失人民币 3750 元（该款从被告周某述、周某潘、苏某英已付款人民币 3750 元中扣抵）；二、被告周某述、周某潘、苏某英应当于本判决生效之日起十日内一次性补偿原告陈某本、陈某芳、陈某因陈某棉死亡造成的死亡赔偿金、被抚养人生活费等经济损失人民币 50000 元；三、被告傅某灯、傅某地、阮某妹应当于本判决生效之日起十日内一次性补偿原告陈某本、陈某芳、陈某因陈某棉死亡造成的死亡赔偿金、被抚养人生活费等经济损失人民币 30000 元；四、被告尤溪县某某中学应当于本判决生效之日起十日内一次性补偿原告陈某本、陈某芳、陈某因陈某棉死亡造成的死亡赔偿金、被抚养人生活费等经济损失人民币 30000 元；五、驳回原告的其他诉讼请求。

宣判后，原告不服提起上诉，二审法院判决驳回上诉，维持原判。

【案例分析】

依照《中华人民共和国民法典》第一百七十九条及第一百八十三条，"承担民事责任的方式主要有：（一）停止侵害；（二）排除妨碍；（三）消除危险；（四）返还财产；（五）恢复原状；（六）修理、重作、更换；（七）继续履行；（八）赔偿损失；（九）支付违约金；（十）消除影响、恢复名誉；（十一）赔礼道歉。法律规定惩罚性赔偿的，依照其规定。本条规定的承担民事责任的方式，可以单独适用，也可以合并适用"。"因保护他人民事权益使自己受到损害的，由侵权人承担民事责任，受益人可以给予适当补偿。没有侵权人、侵权人逃逸或者无力承担民事责任，受害人请求补偿的，受益人应当给予适当补偿。"基于此，陈某棉为帮助被周某述、傅某灯追打的教师，被二人砸伤，应当由被告承担民事责任，赔偿其损失。基于最新出台的《规则》第十一条，"教师、学校发现学生携带、使用违规物品或者行为具有危险性的，应当采取必要措施予以制止"，以及第十五条，"学校应当支持、监督教师正当履行职务。教师因实施教育惩戒与学生及其家长发生纠纷，学校应当及时进行处理，教师无过错的，不得因教师实施教育惩戒而给予其处分或者其他不利处理"，教师有采取必要措施制止学生危险行为的权利，学校也应当支持教师正当履行这一职务。

案例来源：北大法宝　引证码 CLI. C. 4288843

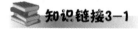知识链接3—1

中小学生守则（2015 年修订）

1. 爱党爱国爱人民。了解党史国情，珍视国家荣誉，热爱祖国，热爱人民，热爱中国共产党。

2. 好学多问肯钻研。上课专心听讲，积极发表见解，乐于科学探索，养成阅读习惯。

3. 勤劳笃行乐奉献。自己事自己做，主动分担家务，参与劳动实践，热心志愿服务。

4. 明礼守法讲美德。遵守国法校纪，自觉礼让排队，保持公共卫生，爱护公

第三章

学生管理

共财物。

5. 孝亲尊师善待人。孝父母敬师长，爱集体助同学，虚心接受批评，学会合作共处。

6. 诚实守信有担当。保持言行一致，不说谎不作弊，借东西及时还，做到知错就改。

7. 自强自律健身心。坚持锻炼身体，乐观开朗向上，不吸烟不喝酒，文明绿色上网。

8. 珍爱生命保安全。红灯停绿灯行，防溺水不玩火，会自护懂求救，坚决远离毒品。

9. 勤俭节约护家园。不比吃喝穿戴，爱惜花草树木，节粮节水节电，低碳环保生活。

日本《小学生守则》

1. 不迟到；进校后不随便外出。

2. 听到集合信号时，迅速在指定场所列队；进教室开门窗要轻；在走廊和楼梯上保持安静，靠右行。

3. 上课铃一响即坐好，静等教师来；听课时姿势端正，不讲闲话，勤奋学习。

4. 遇迟到、早退、因故未到等情况，必须向老师申明理由，有事事先请假。

5. 严格遵守规定的放学时间，延长留校时间要经老师许可。

6. 上学放学时走规定的路线，靠右行，不要绕道和买零食。

7. 遇地震、火灾等紧急情况时不惊慌，按老师指示迅速行动。

美国《小学生守则》

1. 总是称呼老师职位或尊姓。

2. 按时或稍提前到课堂。

3. 提问时举手。

4. 可以在你的座位上与老师讲话。

5. 缺席时必须补上所缺的课业。向老师或同学请教。

6. 如果因紧急事情离开学校，事先告诉你的老师并索取耽误的功课。

7. 所有作业必须是你自己完成的。

8. 考试不许作弊。

9. 如果你听课有困难，可以约见老师寻求帮助，老师会高兴地帮你。

10. 唯一可以允许的缺勤理由是个人生病、家人亡故或宗教节日。其他原因待在家里不上课都是违规。

11. 当老师提问且没有指定某一学生回答时，知道答案的都应该举手。

英国《小学生守则》

1. 平安成长比成功更重要。

2. 背心、裤衩覆盖的地方不许别人摸。

3. 生命第一，财产第二。

4. 小秘密要告诉妈妈。

5. 不喝陌生人的饮料，不吃陌生人的糖果。

6. 不与陌生人说话。

7. 遇到危险可以打破玻璃，破坏家具。

8. 遇到危险可以自己先跑。

9. 不保守坏人的秘密。

10. 坏人可以骗。

转引自：王立志：《教育该给学生留下什么：学生守则里的秘密》，载《光明日报》，2013-08-12。

第四节　学位管理

学位管理是指学位授予单位围绕学位授予审核与质量监控等而开展的管理活动。当前，高等教育蓬勃发展，高等学校的学位管理制度面临着严峻的挑战。学生起诉高校的案件多围绕学位纠纷展开，因此，对我国现行学位制度进行审视实属必要。

一、我国现行学位管理制度

我国的学位立法体系是由不同位阶的各种法律构成，其中效力较高的综合性教育法包括《教育法》和《高等教育法》，这两部法律都在总体上对学位制度作出了规定。1981 年《学位条例》是我国专门性的学位立法。《学位条例暂行实施办法》《关于普通高等学校授予来华留学生我国学位的试行办法》《关于授予具有研究生毕业同等学力人员硕士、博士学位的规定》等一系列规章制度以及国务院学位委员会以办法、通知、函件的形式陆续颁布的文件，形成学位法体系与管理体制。

各高等学校根据立法和规定，制定本校的学位授予实施细则。如《北京大学学位授予工作细则》《清华大学学位授予工作实施细则》《北京航空航天大学学位授予实施细则》等，是本校研究生学位授予工作的操作性文件，在研究生学位授予和学位管理过程中发挥着重要作用。高校的学位授予实施细则是根据《学位条例》和《学位条例暂行实施办法》，结合本校实际制定的，虽然在具体规定和细节上有差异，但在基本体系框架和基本制度上大致相同。

目前，《学位条例》修订已纳入国家立法规划。应适时加以了解、学习，并进一步完善学校相关规章，确保学位管理与授予的合法合理，既维护学位质量以及学位授予秩序，又不侵犯学生权利。

二、学位管理的主要内容

《学位条例》和《学位条例暂行实施办法》是我国学位管理与授予的制度基础。

（一）学位评定委员会的规定

根据《学位条例暂行实施办法》第十八、第十九条规定，学位评定委员会由9～25人组成，任期2～3年，成员包括学位授予单位主要负责人和教学、研究人员。其职责主要是审查通过接受申请硕士/博士学位的人员名单；确定硕士学位的考试科目、门数和博士学位基础理论课和专业课的考试范围；审批主考人和论文答辩委员会成员名单；做出授予硕士/博士学位的决定；审批申请博士学位人员免除部分或全部课程考试的名单；通过授予名誉博士学位的人员名单；做出撤销违反规定而授予学位的规定；研究和处理授予学位的争议和其他事项。

（二）授予学位的要件

各高校规定的授予学位的要件主要有以下三个方面：（1）德育要件。其依据主要是《学位条例》的第二条。一般要求学位申请人必须拥护中国共产党领导，拥护社会主义制度，遵纪守法，品德良好。（2）学术要件。其依据主要是《学位条例》第五、六条，研究生通过硕士、博士学位课程考试及论文答辩，成绩合格，并达到相应学术水平的授予硕士、博士学位。（3）公开发表论文要件。在公开发表论文方面，不同学校、不同专业对论文发表的篇数和刊物要求略有不同。

（三）课程考试要求

研究生学位课程考试的要求各高校也是基本相同的，都是根据《学位条例暂行实施办法》第七、第十一条规定的。硕士学位考试课程为马克思主义理论课、基础理论课和专业课、一门外国语；博士学位考试课程为马克思主义理论课、基础理论课和专业课、两门外国语。但博士学位申请人在科技上有重要著作、发明、发现或发展的，专家推荐并经考试委员会审查后，可免除部分或全部课程考试。

(四) 学位论文的基本要求

首先,在论文的内容方面,最基本的要求是学位论文应该由研究生在导师的指导下独立完成。论文的选题和研究内容应该有一定的理论意义或现实意义,并符合学术规范。其中硕士学位论文要求研究生有新的见解,博士学位论文进一步要求研究生有一定的创新性。其次,在论文的格式要求方面,各高校多数要求文字通顺,逻辑严谨,整齐清晰,注明引证及参考文献等。

(五) 学位论文评阅、答辩程序

通过论文答辩是获得学位的重要条件之一,各大高校都详细制定了本校的论文评阅、答辩程序。其基本步骤如下:首先是学位申请人提交论文(时间规定不一,为1~3个月),然后由聘请的相关专家进行评阅,由评阅人就是否应提交答辩提出意见。学位论文经评阅人认为达到申请学位的相应水平则提交学位论文答辩委员会答辩。硕士学位论文答辩委员会由3~5人组成,博士学位论文答辩委员会由5~7人组成,基于导师回避原则,一般导师不参加答辩或参加答辩不参与表决。对通过论文答辩和建议授予博士、硕士学位的决定要采取不记名投票方式表决,须经2/3以上答辩委员会成员同意方可通过,报学位评定委员会审批通过,方可授予学位。

(六) 受纪律处分和退学学生的学位授予问题规定

各高校在学籍管理规定和违纪处分条例中都规定了对于不能达到培养要求和受严重违纪处分的学生的学籍处理,但对于退学学生的学位的处理,除北京大学以外,都未直接予以明确,大多仅规定批准退学的研究生在校学习不满1年的发给学习证明,学满1年或1年以上的发给肄业证书,被勒令退学的发给学习证明,被开除学籍的不发给任何学历证明。

现行的《学位条例》及其《学位条例暂行实施办法》是 20 世纪 80 年代制定的,2004 年《学位条例》的修改也仅局限于小范围之内,现在各高校的学位授予实施细则多是根据《学位条例》及其《学位条例暂行实施办法》制定的。

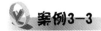 **案例3—3**

北京大学与于艳茹撤销博士学位决定纠纷案

【案例事实】

于艳茹系北京大学历史学系 2008 级博士研究生,于 2013 年 7 月 5 日取得历史学博士学位。2013 年 1 月,于艳茹将其撰写的论文《1775 年法国大众新闻业的"投石党运动"》(以下简称《运动》)向《国际新闻界》杂志社投稿。同年 3 月 18 日,该杂志社编辑通过电子邮件通知于艳茹按照该刊格式规范对《运动》一文进行

修改。同年 4 月 8 日，于艳茹按照该杂志社要求通过电子邮件提交了修改稿。同年
5 月 31 日，于艳茹向北京大学提交博士学位论文答辩申请书及科研统计表。于艳茹
将该论文作为科研成果列入博士学位论文答辩申请书，注明"《国际新闻界》，2013
年待发"。于艳茹亦将该论文作为科研论文列入研究生科研统计表，注明"《国际新
闻界》于 2013 年 3 月 18 日接收"。同年 7 月 23 日，《国际新闻界》（2013 年第 7
期）刊登《运动》一文。2014 年 8 月 17 日，《国际新闻界》发布《关于于艳茹论文
抄袭的公告》，认为于艳茹在《运动》一文中大段翻译原作者的论文，直接采用原
作者引用的文献作为注释，其行为已构成严重抄袭。随后，北京大学成立专家调查
小组对于艳茹涉嫌抄袭一事进行调查。同年 9 月 1 日，北京大学专家调查小组召开
第一次会议，决定聘请法国史及法语专家对于艳茹的博士学位论文、《运动》一文
及在校期间发表的其他论文进行审查。同年 9 月 9 日，于艳茹参加了专家调查小组
第二次会议，于艳茹就涉案论文是否存在抄袭情况进行了陈述。其间，外聘专家对
涉案论文发表了评审意见，认为《运动》一文"属于严重抄袭"。同年 10 月 8 日，
专家调查小组作出调查报告，该报告提到审查小组第三次会议中，审查小组成员认
为《运动》一文"基本翻译外国学者的作品，因而可以视为严重抄袭，应给予严肃
处理"。同年 11 月 12 日，北京大学学位评定委员会召开第 117 次会议，对于艳茹
涉嫌抄袭事件进行审议，决定请法律专家对现有管理文件的法律效力进行审查。
2015 年 1 月 9 日，北京大学学位评定委员会召开第 118 次会议，全票通过决定撤销
于艳茹博士学位。同日，北京大学作出校学位［2015］1 号《关于撤销于艳茹博士
学位的决定》（以下简称《撤销决定》）。该决定载明："于艳茹系我校历史系 2008
级博士研究生，2013 年 7 月获得博士学位，证书号为（×××）。经查实，其在校
期间发表的学术论文《1775 年法国大众新闻业的"投石党运动"》存在严重抄袭。
依据《中华人民共和国学位条例》《国务院学位委员会关于在学位授予工作中加强
学术道德和学术规范建设的意见》《北京大学研究生基本学术规范》等规定，经
2015 年 1 月 9 日第 118 次校学位评定委员会审议批准，决定撤销于艳茹博士学位，
收回学位证书。"该决定于同年 1 月 14 日送达于艳茹。于艳茹不服，于同年 1 月 20
日向北京大学学生申诉处理委员会提出申诉。同年 3 月 16 日，北京大学学生申诉
处理委员会做出 2015［3］号《北京大学学生申诉复查决定书》，决定维持《撤销决
定》。同年 3 月 18 日，于艳茹向北京市教育委员会（以下简称市教委）提出申诉，
请求撤销上述《撤销决定》。同年 5 月 18 日，市教委做出京教法申字［2015］6 号
《学生申诉答复意见书》，对于艳茹的申诉请求不予支持。于艳茹亦不服，于同年 7
月 17 日向一审法院提起行政诉讼，请求撤销北京大学做出的《撤销决定》，并判令

恢复其博士学位证书的法律效力。

2017年1月17日，一审法院经审理认为，根据《中华人民共和国学位条例》（以下简称《学位条例》）第八条规定，博士学位，由国务院授权的高等学校和科研机构授予。该条例第十七条规定："学位授予单位对于已经授予的学位，如发现有舞弊作伪等严重违反本条例规定的情况，经学位评定委员会复议，可以撤销。"根据上述规定，北京大学作为学位授予机构，依法具有撤销已授予学位的行政职权。因此，北京大学向于艳茹做出的《撤销决定》，属于《中华人民共和国行政诉讼法》（以下简称《行政诉讼法》）规定的行政行为；于艳茹不服该《撤销决定》而提起的诉讼，亦属于人民法院行政诉讼受案范围。

《行政诉讼法》第一条规定了该法的立法宗旨是"保证人民法院公正、及时审理行政案件，解决行政争议，保护公民、法人和其他组织的合法权益，监督行政机关依法行使职权……"《行政诉讼法》第六条亦规定："人民法院审理行政案件，对行政行为是否合法进行审查。"因此，行政行为是否合法是人民法院审理行政案件的关键所在。

本案中，北京大学在做出《撤销决定》的过程中，其行为是否合法，是本院应当审查的主要问题。"发展高等教育事业，实施科教兴国战略，促进社会主义物质文明和精神文明建设"是《中华人民共和国高等教育法》的立法原则。同时，该法第五条规定："高等教育的任务是培养具有社会责任感、创新精神和实践能力的高级专门人才，发展科学技术文化，促进社会主义现代化建设。"《学位条例》第三条规定了我国高等教育学位分学士、硕士、博士三级，其中博士学位是最高级。因此，为了培养我国的高级专门人才，促进社会主义现代化建设，高等院校在授予学位，特别是最高级别的博士学位过程中，应当按照科学、严谨的态度和方法，审慎进行处理；对于已授予的学位予以撤销的，亦应遵循正当程序进行，保障相关权利人的合法权益。

《学位条例》及相关法律法规虽然未对撤销博士学位的程序做出明确规定，但撤销博士学位涉及相对人重大切身利益，是对取得博士学位人员获得的相应学术水平做出否定，对相对人合法权益产生极其重大的影响。因此，北京大学在做出被诉《撤销决定》之前，应当遵循正当程序原则，在查清事实的基础上，充分听取于艳茹的陈述和申辩，保障于艳茹享有相应的权利。本案中，北京大学虽然在调查初期与于艳茹进行过一次约谈，于艳茹就涉案论文是否存在抄袭陈述了意见；但此次约谈系北京大学的专家调查小组进行的调查程序；北京大学在做出《撤销决定》前未充分听取于艳茹的陈述和申辩。因此，北京大学做出的对于艳茹不利的《撤销决定》，有违正当程序原则。虽然北京大学当庭辩称此次约谈有可能涉及撤销学位问题，但北京大学未能提供相关证据予以证明。因此，法院对北京大学的上述辩称意见不予采信。

此外，北京大学做出的《撤销决定》中仅载明"依据《中华人民共和国学位条例》《国务院学位委员会关于在学位授予工作中加强学术道德和学术规范建设的意见》《北京大学研究生基本学术规范》等规定"，未能明确其所适用的具体条款，故其做出的《撤销决定》没有明确的法律依据，适用法律亦存有不当之处。

综上，北京大学做出的被诉《撤销决定》违反法定程序，适用法律存在不当之处，法院应予撤销。该《撤销决定》被依法撤销后，由北京大学依照相关规定进行处理。于艳茹要求恢复其博士学位证书法律效力的诉讼请求，不属于本案审理范围，法院依法予以驳回。据此，一审法院依照《行政诉讼法》第六十九条、第七十条第（二）、（三）项之规定，判决撤销北京大学做出的《撤销决定》，并驳回于艳茹的其他诉讼请求。

北京大学不服一审判决，上诉称：（1）没有相关法律规定，学校在作出撤销学位决定之前必须听取当事人的陈述与申辩；（2）上诉人在作出决定前，曾经约谈过于艳茹，已经给其提供了充分陈述与申辩的机会。没有相关规定要求，上诉人必须向于艳茹说明其学位可能被撤销的后果。而且，约谈属于调查程序，没有必要也不可能向于艳茹提及最终处理结果的问题。于艳茹在受到处分之后，也已向学生申诉受理委员会提出申诉，委员会予以受理并专门召开会议，听取了于艳茹本人的申辩，并进行了讨论；（3）尽管《撤销决定》中没有列明具体法律条文，但这不表明相关的法律依据不存在，一审法院以此为由撤销《撤销决定》显属不当。综上，请求依法撤销一审判决。被上诉人于艳茹表示同意一审判决，请求二审法院维持一审判决。北京一中院作出终审判决，维持原判。

【案例分析】

本案的争议焦点有三。

焦点一：北京大学做出《撤销决定》的程序是否符合正当程序原则。正当程序原则的要义在于，做出任何使他人遭受不利影响的行使权力的决定前，应当听取当事人的意见。正当程序原则是裁决争端的基本原则及最低的公正标准，其在我国行政处罚法、行政许可法等基本行政法律规范中均有体现。作为最基本的公正程序规则，只要成文法没有排除或另有特殊情形，行政机关都要遵守。即使法律中没有明确的程序规定，行政机关也不能认为自己不受程序限制，甚至连最基本的正当程序原则都可以不遵守。应该说，对于正当程序原则的适用，行政机关没有自由裁量权。只是在法律未对正当程序原则设定具体的程序性规定时，行政机关可以就履行正当程序的具体方式作出选择。本案中，北京大学作为法律、法规授权的组织，其在行使学位授予或撤销权时，亦应当遵守正当程序原则。即便相关法律、法规未对撤销学位的具体程序做出规定，其也应自觉采取适当的方式来践行上述原则，以保证其决定程序的公正性。

正当程序原则保障的是相对人的程序参与权，通过相对人的陈述与申辩，使行政机关能够更加全面把握案件事实、准确适用法律，防止偏听偏信，确保程序与结果的公正。而相对人只有在充分了解案件事实、法律规定以及可能面临的不利后果之情形下，才能够有针对性地进行陈述与申辩，发表有价值的意见，从而保证其真正地参与执法程序，而不是流于形式。譬如，行政处罚法在设定处罚听证程序时就明确规定，举行听证时，调查人员提出当事人违法的事实、证据和行政处罚建议，当事人进行申辩和质证。本案中，北京大学在作出《撤销决定》前，仅由调查小组约谈过一次于艳茹，约谈的内容也仅涉及《运动》一文是否涉嫌抄袭的问题。至于该问题是否足以导致于艳茹的学位被撤销，北京大学并没有进行相应的提示，于艳茹在未意识到其学位可能因此被撤销这一风险的情形下，也难以进行充分的陈述与申辩。因此，北京大学在做出《撤销决定》前由调查小组进行的约谈，不足以认定其已经履行正当程序。北京大学对此程序问题提出的异议理由不能成立。

焦点二：北京大学作出《撤销决定》适用法律是否准确。作为一个对外发生法律效力的行政行为，其所依据的法律规定必须是明确的，具体法律条款的指向是不存争议的。唯有此，相对人才能确定行政机关的确切意思表示，进而有针对性地进行权利救济。公众也能据此了解行政机关适用法律的逻辑，进而增进对于相关法律条款含义的理解，自觉调整自己的行为，从而实现法律规范的指引、教育功能。本案中，北京大学做出的《撤销决定》虽载明了相关法律规范的名称，但未能明确其所适用的具体条款，而上述法律规范的条款众多，相对人难以确定北京大学援引的具体法律条款，一审法院据此认定北京大学做出的《撤销决定》没有明确的法律依据并无不当。

焦点三：于艳茹是否可以经由此判决恢复其博士学位。依照法院判决，北京大学的《撤销决定》被依法撤销后，由北京大学依照相关规定进行处理。于艳茹要求恢复其博士学位证书法律效力的诉讼请求，不属于本案审理范围，法院依法予以驳回。一审、二审判决主要是以程序违法为由，撤销了此前北京大学做出的撤销博士学位的决定，并未从实体上进行处理。法院判决北京大学败诉，是因为北京大学调查、处理这起事件的程序不合法，没有尊重当事人的权利，在作出撤销决定前未充分听取于艳茹的陈述和申辩。论文抄袭是严重的学术失范行为，败坏社会风气，必须严加规范，切实维护学术尊严。该案判决绝不意味着对论文抄袭行为本身的肯定或保护。惩治违反学术道德、抄袭剽窃等的学术违法不端行为要正当合法，须遵循正当程序原则，保障当事人知情权、参与权、表达权、监督权，给当事人陈述申辩机会，以程序公正确保实体公正。

本章小结

学生作为学校教育的对象，是学校教育教学与管理工作的重要参与群体。在学校中，学生相关的管理包括学籍管理、纪律管理、学位管理等内容。通过学习学生管理涉及的主要法律、法规、部门规章及其他规范性文件，了解学籍管理的原则、方法与常见法律问题，了解学生日常行为管理、班级管理、体育卫生管理与常见法律问题，了解学位管理的原则与依据，了解教育惩戒的内涵、原则、程序、形式与常见法律问题。

参考书目

[1] 劳凯声. 教育法学 [M]. 沈阳：辽宁大学出版社，2000.

[2] 劳凯声. 中国教育法制评论（第 9 辑） [M]. 北京：教育科学出版社，2010.

[3] 余雅风. 学生权利与义务 [M]. 南京：江苏出版社，2012.

[4] 李华. 普通高等学校学生管理规定条文精义与案例解析 [M]. 北京：经济管理出版社，2017.

拓展阅读书目

[1] 马怀德. 学位法研究：修订建议及理由 [M]. 北京：中国法制出版社，2014.

[2] 张士平. 学生管理 [M]. 北京：北京师范大学出版社，2018.

[3] 王静，等. 学籍管理工作手册 [M]. 北京：中央广播电台出版社，2009.

思考问题

1. 学位管理的原则与依据是什么？

2. 学生的法定权利与义务是什么？

3. 中小学生学籍管理的常见注意事项有哪些？

4. 教育惩戒的形式有哪些？基于哪些原则？

第四章　教师管理

 本章摘要

　　本章首先概要介绍教师的内涵、基本分类、权利义务及教师与学校、教师与政府的行政法律关系，了解法律视域中的教师。从第二节开始，介绍教师资格任用、教师培训、教师考核、教师工伤保障、师德管理、教师奖惩六个方面的内容，着重介绍教师聘任的程序和教师职务的类别与评定要求，主要介绍教师和校长培训的类别与管理，突出呈现教师考核评价的内容与方式，重点分析教师工伤的认定，着重师德师风规范的主要内容，最后就教师奖惩的奖励规定与惩处细则做了介绍和说明。

 本章关键术语

　　教师；教师管理；教师的权利与义务；教师与学校的行政法律关系；教师与政府的行政法律关系；教师职务；教师聘任；教师考核评价；教师和校长培训；师德管理；教师奖惩。

 学习目标

◆了解教师的概念与基本类型，掌握教师的权利义务

◆认识教师与学校、教师与政府的行政法律关系

◆了解教师聘任的程序和形式

◆认识教师的系列职务

◆了解教师和校长培训的主要内容

◆认识教师考核评价的内容、方式与结果运用

◆掌握师德规范的主要内容

◆认识教师奖惩的主要形式和内容

第一节　概　述

　　广义的教师泛指传授知识、经验的人，狭义的教师是指受过专业培训的，并在教育机构（学校）中担任教育、教学工作的人。《教师法》第一章第三条规定，教

师是履行教育教学职责的专业人员，承担教书育人，培养社会主义事业建设者和接班人、提高民族素质的使命。教师应当忠诚于人民的教育事业。教师以培养人，促进人的发展为根本职责，其劳动具有巨大的社会价值。

一、教师的类型

《教育法》第十七条规定，国家实行学前教育、初等教育、中等教育、高等教育的学校教育制度。国家建立科学的学制系统。学制系统内的学校和其他教育机构的设置、教育形式、修业年限、招生对象、培养目标等，由国务院或者由国务院授权教育行政部门规定。我国教师按照学段，大致可分为五类：幼儿园教师、小学教师、中学教师、中等职业学校教师、高等学校教师。

（一）幼儿园教师

幼儿园教师是履行幼儿园教育工作职责的专业人员。为促进幼儿园教师专业发展，建设高素质幼儿园教师队伍，根据《教师法》，教育部 2012 年颁布出台了《幼儿园教师专业标准（试行）》。幼儿园教师在工作过程中要坚持四大基本理念：(1) 幼儿为本。尊重幼儿权益，以幼儿为主体，充分调动和发挥幼儿的主动性；遵循幼儿身心发展特点和保教活动规律，提供适合的教育，保障幼儿快乐健康成长。(2) 师德为先。热爱学前教育事业，具有职业理想，践行社会主义核心价值体系，履行教师职业道德规范，依法执教。关爱幼儿，尊重幼儿人格，富有爱心、责任心、耐心和细心；为人师表，教书育人，自尊自律，做幼儿健康成长的启蒙者和引路人。(3) 能力为重。把学前教育理论与保教实践相结合，突出保教实践能力；研究幼儿，遵循幼儿成长规律，提升保教工作专业化水平；坚持实践、反思、再实践、再反思，不断提高专业能力。(4) 终身学习。学习先进学前教育理论，了解国内外学前教育改革与发展的经验和做法；优化知识结构，提高文化素养；具有终身学习与持续发展的意识和能力，做终身学习的典范。

（二）小学教师

小学教师是履行小学教育教学工作职责的专业人员。小学教师在工作过程中同样要坚持四大基本理念：(1) 师德为先。热爱小学教育事业，具有职业理想，践行社会主义核心价值体系，履行教师职业道德规范，依法执教。关爱小学生，尊重小学生人格，富有爱心、责任心、耐心和细心；为人师表，教书育人，自尊自律，做小学生健康成长的指导者和引路人。(2) 学生为本。尊重小学生权益，以小学生为主体，充分调动和发挥小学生的主动性；遵循小学生身心发展特点和教育教学规律，提供适合的教育，促进小学生生动活泼学习、健康快乐成长。(3) 能力为重。

把学科知识、教育理论与教育实践有机结合，突出教书育人实践能力；研究小学生，遵循小学生成长规律，提升教育教学专业化水平；坚持实践、反思、再实践、再反思，不断提高专业能力。（4）终身学习。学习先进小学教育理论，了解国内外小学教育改革与发展的经验和做法；优化知识结构，提高文化素养；具有终身学习与持续发展的意识和能力，做终身学习的典范。

（三）中学教师

中学教师是履行中学教育工作职责的专业人员。根据《教师法》和《义务教育法》，2012 年教育部下发了《中学教师专业标准（试行）》。要求中学教师在工作过程中，也要做到师德为先、学生为本、能力为重、终身学习。《中学教师专业标准（试行）》是国家对合格中学教师的基本专业要求，是中学教师开展教育教学活动的基本规范，是引领中学教师专业发展的基本准则，是中学教师培养、准入、培训、考核等工作的重要依据。

（四）中等职业学校教师

中等职业学校教师是履行中等职业学校教育教学工作职责的专业人员，要经过系统地培养与培训，具有良好的职业道德，掌握系统的专业知识和专业技能，专业课教师和实习指导教师要具有企事业单位工作经历或实践经验并达到一定的职业技能水平。根据《教师法》《职业教育法》《中华人民共和国劳动法》，2013 年教育部制定了《中等职业学校教师专业标准（试行）》。《中等职业学校教师专业标准（试行）》要求中等职业学校的教师在教学和育人过程中，把专业理论与职业实践相结合、职业教育理论与教育实践相结合；遵循职业教育规律和技术技能人才成长规律，提升教育教学专业化水平；坚持实践、反思、再实践、再反思，不断提高专业能力。中等职业学校教师要坚持学习专业知识、职业教育理论与职业技能，学习和吸收国内外先进职业教育理念与经验；参与职业实践活动，了解产业发展、行业需求和职业岗位变化，不断跟进技术进步和工艺更新；优化知识结构和能力结构，提高文化素养和职业素养。

（五）高等学校教师

高等学校教师是履行高等学校教育教学工作职责的专业人员。《高等教育法》第四十六条规定：高等学校实行教师资格制度。中国公民凡遵守宪法和法律，热爱教育事业，具有良好的思想品德，具备研究生或者大学本科毕业学历，有相应的教育教学能力，经认定合格，可以取得高等学校教师资格。不具备研究生或者大学本科毕业学历的公民，学有所长，通过国家教师资格考试，经认定合格，也可以取得高等学校教师资格。

（六）民办学校教师

民办学校教师是在民办学校履行教育教学工作职责的专业人员。依照《民办教育促进法》的规定，民办学校聘任的教师，应当具有国家规定的任教资格，民办学校教职工在业务培训、职务聘任、教龄和工龄计算、表彰奖励、社会活动等方面依法享有与公办学校教职工同等权利。民办学校应当依法保障教职工的工资、福利待遇和其他合法权益，并为教职工缴纳社会保险费，对教师进行思想品德教育和业务培训。国家鼓励民办学校按照国家规定为教职工办理补充养老保险。

二、教师的权利与义务

教师作为中华人民共和国公民，享有宪法所规定的公民的基本权利，履行宪法规定的公民义务。同时，教师作为一种专业性职业，还享有《教师法》规定的教师权利，履行《教师法》规定的教师义务。

（一）教师作为公民的权利与义务

宪法规定了公民在政治、经济、文化、人身等方面所享有的基本权利，这些规定体现了广泛性、平等性、真实性以及权利和义务的一致性。我国公民的基本权利，主要包括以下几个方面：（1）法律面前一律平等；（2）政治权利，包括选举权和被选举权，言论、出版、集会、结社、游行、示威的自由；（3）宗教信仰自由；（4）人身与人格权，包括人身自由不受侵犯，人格尊严不受侵犯，住宅不受侵犯，通信自由和通信秘密受法律保护；（5）监督权，包括对国家机关及其工作人员有批评、建议、申诉、控告、检举并依法取得赔偿的权利；（6）社会经济权利，包括劳动权利，劳动者休息权利，退休人员生活保障权利，因年老、疾病、残疾或丧失劳动能力时从国家和社会获得社会保障与物质帮助的权利；（7）社会文化权利，包括受教育权利，进行科研、文艺创作和其他文化活动的自由；（8）妇女保护权，包括妇女在政治、经济、文化、社会和家庭生活等方面享有同男子同等的权利；（9）婚姻、家庭、母亲和儿童受国家保护；（10）华侨、归侨和侨眷的正当权利和利益受国家保护。

公民的基本义务是指宪法和法律规定的公民应该履行的对国家、社会和他人的某种责任。《宪法》规定我国公民的基本义务包括以下几个方面：（1）维护国家的统一和全国各民族的团结；（2）遵守宪法和法律，保守国家秘密，爱护公共财产，遵守劳动纪律，遵守公共秩序，尊重社会公德；（3）维护国家的安全、荣誉和利益；（4）保卫祖国，抵抗侵略，依照法律服兵役和参加民兵组织；（5）依照法律纳税；（6）其他义务。

案例4-1

高某诉重庆市南岸区某小学校著作权纠纷案

【案例事实】

1990年1月，高某调入某小学从事小学语文教学工作。根据某小学的管理规定，从事教学工作的教师必须在课前备课，编写教案，并在每学期期末向学校上交教案备学校检查。从1990年至2002年，高某每学期均按被告某小学安排编写和上交教案，先后交给被告某小学教案本48册，但校方在例行检查之后并未将这些教案本返还给高某。2002年4月，高某因总结教学经验并撰写论文需要，向校方提出返还其历年上交的教案，在高某提出要求返还教案本后，某小学曾返还给高某教案本4册，包括1999—2000学年度下学期小学语文第8册备课本1册，2000—2001学年度上学期小学语文第9册备课本1册，2000—2001学年度下学期小学语文第10册备课本2册。其余44册记载高某教案的孤本已经被某小学以销毁或者变卖等方式处理，下落不明。某小学返还给高某的4册教案本是格式备课本，包括课题、课型、几课时完成、教学要求、教学重点、教学难点、教具准备、教学过程、作业设计、板书设计、课后记等栏目。其中，教学要求、教学重点、教学难点等属于教学大纲和教学资料中的内容。高某认为校方漠视教师的劳动成果，侵犯其对于自己所写教案的知识产权及载有教案内容之教案本的所有权，遂与校方发生纠纷。2002年5月30日，高某向重庆市南岸区人民法院起诉，要求被告某小学归还44册教案本或赔偿损失。

依照《中华人民共和国民法通则》第一百零六条的规定，重庆市南岸区人民法院做出判决，驳回原告高某的诉讼请求，案件受理费360元，其他诉讼费155元，合计515元，由高某负担。高某不服，上诉至重庆市第一中级人民法院。2004年3月29日被驳回，维持原判。2004年11月25日，重庆市人民检察院提出抗诉，重庆市第一中级人民法院经过再审，于2005年5月23日判决维持二审民事判决。

高某以某小学私自处分自己教案原稿的行为侵犯了其著作权为由，再次提起诉讼，请求判令：1. 确认被告私自处分原告教案原稿的行为侵犯了原告的著作权；2. 被告赔偿原告经济损失6000元；3. 本案的诉讼费用由被告承担。2005年9月7日，重庆市第一中级人民法院受理。

【法院判决】

重庆市第一中级人民法院于2005年12月9日判定：依照《中华人民共和国民法通则》第四条、《中华人民共和国著作权法》第十六条、第四十六条第（十一）

项、第四十八条第二款、《中华人民共和国著作权法实施条例》第二条、第十二条第一款、《最高人民法院关于审理著作权民事纠纷案件适用法律若干问题的解释》第二十五条第一、第二款、《中华人民共和国民事诉讼法》第一百二十八条和《最高人民法院关于民事诉讼证据的若干规定》第二条、第七十五条的规定，判决：一、被告重庆市南岸区某小学校私自处分原告高某教案原稿的行为侵犯了原告高某的著作权；二、被告重庆市南岸区某小学校赔偿原告高某经济损失5000元。本案受理费1250元，其他诉讼费预收375元，实收375元，合计1625元，由被告重庆市南岸区某小学校负担。

【案例分析】

本案中，高某第一次提起的诉讼，是请求法院判决其对教案本的物权，在一审、二审、再审均未获得法院支持。教案与教案本是两个不同的概念。教案即教学方案，教案本是记录教案的一种载体形式。从案件事实看，本案讼争的教案本在未使用前，是由学校购买后，为完成教学任务作为办公用品发放给原告，其发放的目的是让原告将其教案再现于该空白教案本上，并无转移教案本所有权的意思表示。而所有权的部分权能是可与所有权人分离的。故学校将空白教案本发放给原告，仅是对空白教案本占有权的转移。该空白教案本不管由何人占有，其在性质上系学校财物，应属学校所有。

之后，高某改变诉由，以某小学侵犯自己的著作权为由，再度将学校告到法院。根据《中华人民共和国著作权法》第十一条和第十八条的规定，著作权属于作者，本法另有规定的除外。创作作品的自然人是作者。自然人为完成法人或者非法人组织工作任务所创作的作品是职务作品，除本条第二款的规定以外，著作权由作者享有，但法人或者非法人组织有权在其业务范围内优先使用。本案中的教案是高某为完成教学工作任务而编写的，应当属于职务作品。但是，教案编写并不是主要依靠学校的物质技术条件完成的，也不是由学校来承担法律责任的。因此教案作品的著作权应归高某所有。教案本作为作品的唯一载体，被学校私自处理后，作品本身的著作权已经无法实现。因此，学校的行为已经侵犯了高某的著作权，应承担相应的责任。

案例来源：北大法宝　　引证码 CLI. C. 9406106

(二) 教师的专业权利与义务

依据《中华人民共和国教师法》规定，我国教师享有以下权利。

(1) 教育教学权，即进行教育教学活动，开展教育教学改革和实验的权利。这是教师的最基本的权利。任何人不得非法剥夺在聘教师行使这一基本权利。虽取得教师资格，但尚未受聘或已被解聘的人员，此项权利的行使处于停顿状态，待任用时方能行使这一权利。学校及其他教育机构依法解聘教师的，不属于侵犯教师权利的行为。

（2）学术自由权，即从事科学研究、学术交流，参加专业的学术团体，在学术活动中发表意见的权利。这是教师作为专业技术人员所享有的一项基本权利。教师在行使此项权利时，要注意处理好教学与科研的关系，使之相辅相成，提高教育教学质量。

（3）管理学生权，即指导学生的学习和发展，评定学生的品行和学业成绩的权利。这是与教师在教育教学过程中的主导地位相适应的一项权利。教师在行使管理学生权时，要注意加强对学生的各方面管理，将关心爱护学生与严格要求相结合，促进学生德、智、体等方面全面发展。

（4）教育惩戒，即通过对失范行为施与否定性的制裁，从而避免失范行为的再次发生，以促进合范行为的产生和巩固的一种教育措施或手段。教育惩戒是教育的应有之义，通过立法确认教师的惩戒权是世界各国的一致行为。2020年12月，教育部制定颁布《中小学教育惩戒规则（试行）》，自2021年3月1日起施行。教育惩戒权成为我国教师的专业权利之一。

（5）获取报酬待遇权，即按时获取工资报酬，享受国家规定的福利待遇以及寒暑假期的带薪休假的权利。这是教师实施正常教育教学活动，完成职守的基本物质保障权利。政府、学校应采取有效措施，依据法律的规定，切实保障教师这一权利的行使。

（6）民主管理权，即对学校教育教学、管理工作和教育行政部门的工作提出意见和建议，通过教职工代表大会或者其他形式，参与学校的民主管理的权利。这是教师参与教育管理的民主权利，是宪法所规定的"公民对任何国家机关和国家工作人员，有提出批评和建议的权利"的具体体现。

（7）进修培训权，即参加进修或者其他方式的培训的权利。这是教师享有的继续教育的权利。教育行政部门、学校及其他教育机构，应采取多种形式，开辟多种渠道，努力为教师的进修培训创造有利条件，切实保障教师权利的实现。同时，教师培训权的行使，要在完成本职工作的前提下有组织有计划地进行，不得影响正常的教育教学工作。

关于教师的义务，《教育法》规定："教师享有法律规定的权利，履行法律规定的义务，忠诚于人民的教育事业。"《教师法》第八条专门对教师义务做了具体规定。依照《教师法》之规定，我国教师应当履行下列义务。

（1）遵守宪法、法律和职业道德，为人师表。教师要教书育人，应模范地遵守宪法和法律，而且要在教育教学工作中，自觉培养学生的法制观念和民主精神。教师职业是一种专门化的职业，有着自身的职业道德准则，教师应当自觉遵守职业道德，做到敬业爱岗，热爱学生，诲人不倦，博学多才，关心集体，团结奋进。《中小学教师职业道德规范》明确规定了中小学教师应当遵守的职业道德准则。

（2）贯彻国家的教育方针，遵守规章制度，执行学校的教学计划，履行教师聘约，完成教育教学工作任务。教师在教育教学活动中，应当全面贯彻国家关于教育必须为社会主义现代化建设服务，必须与生产劳动相结合，培养德、智、体等方面全面发展的社会主义事业的建设者和接班人的方针；自觉遵守教育行政部门和学校制定的教育教学管理的各项规章制度；认真执行学校依据国家规定的教学大纲、教学计划或教学基本要求制订的具体教学计划；严格履行教师聘任合同中约定的教育教学职责，完成规定的教育教学任务，保证教育教学质量。

（3）对学生进行宪法所确定的基本原则的教育和爱国主义、民族团结的教育，法治教育以及思想品德、文化、科学技术教育，组织、带领学生开展有益的社会活动。这是对教师教育教学工作内容方面的全面规范。作为教师，应结合自身教育教学业务特点，将政治思想品德教育贯穿于教育教学过程之中。教师应当有意识地对学生进行爱国主义教育、民族团结教育、法制教育、文化科学技术教育，弘扬中华民族优良传统，引导学生逐步树立科学的人生观和世界观，教育学生热爱祖国、爱人民、爱劳动、爱科学、爱社会主义，把学生培养成为有理想、有道德、有文化、有纪律的社会主义新人。

（4）关心爱护全体学生，尊重学生人格，促进学生在品德、智力、体质等方面全面发展。人格尊严是宪法赋予公民的一项基本权利。由于学生在教育教学活动中居于受教育者的地位，其人格尊严往往容易受到侵犯。作为教师要关心爱护全体学生，对学生应一视同仁，不因民族、性别、残疾、学习成绩等因素歧视学生，尤其是对那些有缺点的学生，教师应给予特别关怀，要满腔热情地教育指导，绝不能采取简单粗暴的办法，不能侮辱、歧视学生，不能体罚或变相体罚学生，不能泄露学生隐私。因侮辱学生影响恶劣或体罚学生经教育不改的，应依法承担相应的法律责任。

（5）制止有害于学生的行为或者其他侵犯学生合法权益的行为；批评和抵制有害于学生健康成长的现象。保护学生的合法权益和身心健康成长，是全社会的共同责任。作为教师自然更负有此项义务。教师履行此项义务具有特定的范围，主要是制止在学校工作和与教育教学工作相关的活动中，侵犯其所负责教育管理的学生合法权益的违法行为；批评和抵制社会上出现的有害于学生身心健康成长的不良现象。

（6）不断提高思想政治觉悟和教育教学业务水平。教育教学工作是一项专业性较强的工作，担负着提高民族素质的使命，这就要求教师具有较高的思想觉悟和业务水平。同时这也是社会进步和科学技术发展对教师提出的要求。为此，教师应加强学习，调整知识结构，不断提高思想政治觉悟和教育教学业务水平，以适应教育教学的实际需要。

三、教师与政府、学校的行政法律关系

教师是履行教育教学职责的重要主体，政府、学校依法对教师实施管理，确保教师职业发挥应有的功能。我国相关法律条款规定了政府、学校对于教师的管理权，由此形成教师与政府、教师与学校的行政法律关系。

（一）教师与政府的行政法律关系

依照我国教育法的相关规定，各级政府主管教师工作，教师的培养培训、考核、薪酬待遇、奖励等都由政府统筹管理。各级人民政府应当采取措施，加强教师的思想政治教育和业务培训，改善教师的工作条件和生活条件，保障教师的合法权益，提高教师的社会地位。

教育行政部门是各级政府专门实施教育管理的职能部门，以政府名义行使教育管理职权。《教育法》第十五条规定，国务院教育行政部门主管全国教育工作，统筹规划、协调管理全国的教育事业。县级以上地方各级人民政府教育行政部门主管本行政区域内的教育工作。县级以上各级人民政府其他有关部门在各自的职责范围内，负责有关的教育工作。

教育行政部门与教师之间是行政管理者与行政相对人之间的教育行政法律关系，二者之间的地位是不对等的。作为法律关系主体一方的教育行政部门是代表着国家并以国家的名义来行使管理职权的，居于主导地位。教育行政机关正是通过依法管理、依法行政来规范教师的教育教学行为，维护教师合法权益。其主要职责是：（1）合理配置教师，制定教师培养、培训规划。（2）认定教师资格，依照国家规定举行教师资格考试。（3）管理、使用教育经费，保证教师的教育教学工作条件。（4）受理教师的申诉。对于教师对学校或者其他教育机构提出的申诉，主管教育行政部门应当在接到申诉后，在对申诉人的资格、申诉条件审查的基础上，分别情况，作出处理。（5）确定教师考核的标准及方法，对教师的考核工作进行指导、监督。（6）对教师进行奖惩。（7）保证学校正常的教育教学秩序，维护学校、教师的合法权益。

教师作为教育行政管理的相对人，应认真执行教育行政机关的决定、命令和指示，并对教育行政机关的工作予以监督。当教师认为当地教育行政部门侵犯其根据《教师法》规定享有的权利时，可以向同级人民政府或者上一级人民政府主管部门提出申诉，并可依法提起行政复议或行政诉讼。

（二）教师与学校的行政法律关系

《教育法》明确规定，学校的权利包括"按照章程自主管理""聘任教师及其他职工，实施奖励或者处分"等，明晰了学校与教师之间管理与被管理的行政管理关系。对于学校而言，有权对符合条件的教师进行聘任；有权组织管理教师的教育教学活动，对教师实施包括奖励、处分在内的管理活动；有权对在聘教师的政治思想、业务水平、工作态度、工作成绩进行考核，为教师受聘任教、晋升工资、实施奖惩等提供依据。学校应为教师的教学、科研、社会服务及进修提高提供相应的条件。对于教师而言，必须认真履行自己的职责，要从学校大局出发，服从学校安排。但基于教师劳动的特殊性，要给予教师一定的自主权，充分发挥其工作主动性和创造性。教师认为学校侵犯其教学科研、职务聘任、民主管理、工作条件、培训进修、考核奖惩等方面合法权益的，或者对于学校或者其他教育机构做出的处理不服的，可以依法提出申诉。

教师、学校都是具有法定权利义务的独立主体，学校接受法律的授权，代表国家实施相关的教师管理行为。公立学校教师聘任合同建立的基础是教育行政法律关系，首要目的是推行国家教育政策、维护教育公益、实现教育目的，因而具有较强的公法色彩。《教师法》为学校的行政优先权提供了必要的法律依据，以维护教育教学秩序，保证国家公共教育目标的实现。一般来讲，学校享有的行政优先权可分为以下三类[①]：

（1）监督和指挥合同履行。即学校对教师聘任合同的履行进行指导和监督，引导教师聘任合同的实施向着有利于教育教学秩序的方向发展，同时对教师行为进行监督，以防止损害教育教学和公共利益的情况发生。教师聘任合同履行的目的是维护教育教学持续、实现国家的教育目标，其履行本身也必须符合公共利益。《教师法》第五条关于"学校和其他教育机构根据国家规定，自主进行教师管理工作"以及第二十二条关于"学校或者其他教育机构应当对教师的政治思想、业务水平、工作态度和工作成绩进行考核。教育行政部门对教师的考核工作进行指导、监督"的

---

① 余雅风：《论教师聘任合同中的行政优先权及其法律控制》，载《北京师范大学学报》，2010（3）。

规定，赋予了学校在履约过程中对教师行为的监督和指挥权。

（2）单方变更或解除合同权。当客观情况发生变化，使教师聘任合同的继续履行有较大的困难，或者教师能力不足以满足正常的教育教学的需要，不能保证合同目的得以实现时，学校依照其权能可对教师聘任合同的内容作出变更或者直接解除合同。《教师法》第三十七条规定了学校、其他教育机构或者教育行政部门可以单方解除合同的三种情况。由于社会条件的变化、教育管理过程的发展，或者为了避免或消除公共利益可能遭受的严重不利，尚未履行或正在履行的教师聘任合同没有必要或不可能再履行时，学校可单方面对合同的内容加以改变或解除合同。

（3）对教师违反合同规定行为的制裁权。教师违反合同义务、实施有损公共利益的行为，学校可给予制裁，以确保教师管理目的全面实现。这种制裁权是单方面的，学校基于职权和公共利益的要求，有权对教师适用特定的行政制裁措施，主要包括警告、记过、记大过、降级、撤职和开除等行政处分。《教师法》第三十七条规定了对教师实施制裁的三种情况：若教师故意不完成教育教学任务给教育教学工作造成损失；体罚学生，经教育不改的；品行不良、侮辱学生，影响恶劣的，学校可给予行政处分或者解聘。

第二节　教师资格与任用

教师资格是国家对准备进入教师队伍、从事学校教育教学工作人员的基本要求。它规定着从事教师工作必须具备的条件。教师资格制度是国家对教师实行的一种特定的职业许可制度。依照法律规定，只有具备教师资格（在形式上是持有国家颁发的教师资格证书的人）才能被聘任（或聘用）从事教师工作。

教师聘任是教师与学校或教育行政部门之间的法律行为，通过聘任确定学校和受聘教师之间的法律关系。教师聘任制，是在符合国家法律制度的情况下，聘任双方在平等自愿的前提下，由学校或者教育行政部门根据教育教学岗位设置，聘请有教师资质或教学经验的人担任相应教师职务的一项教师任用制度。聘任合同中应明确规定各自的权利、义务和职责。聘任双方依法签订的聘任合同具有法律效力，对于双方均具有约束力。

教师职务是指从事教师职业人员的专业技术职务，教师职务制度是关于教师任用的制度，教师职务制度是国家对教师岗位设置及各级岗位任职条件和取得该岗位职务的程序等方面规定的总称。这一制度涉及教师的聘用、职责、待遇、考核等多个环节。

一、教师资格

我国《教育法》和《中华人民共和国教师资格条例》（简称《教师资格条例》）对教师资格的分类、取得教师资格的条件、教师资格认定的机构和程序等一系列问题都进行了具体的规定，以法律的形式确立了我国的教师资格制度。2000 年 9 月 23 日，教育部发布的《〈教师资格条例〉实施办法》，对《教师法》和《教师资格条例》的实施作了具体规定。

（一）取得教师资格的条件

《教师法》第十条第二款规定，中国公民凡遵守宪法和法律，热爱教育事业，具有良好的思想品德，具备本法规定的学历或者经国家教师资格考试合格，有教育教学能力，经认定合格的，可以取得教师资格。取得教师资格的条件包括以下方面。

1. 中国公民

取得教师资格者，必须是中国公民。即不分民族、种族、财产、职业等情况，具有中华人民共和国国籍的公民，凡符合条件均可取得教师资格。这是成为教师的先决条件。另外，随着改革开放的深入和教育对外交流的扩大，我国一些学校与教育机构也正在聘任或将会继续聘任来自不同国度的外籍教师，但并不等于这些外国公民取得了中国教师的资格，他们在中国学校任教须经过一定的审批手续。如《教师法》附则第四十二条提出："外籍教师的聘任办法由国务院教育行政部门规定。"这一规定表明，聘任外籍教师也应按照法律许可的办法与程序进行。

2. 具有良好的思想道德品质

取得教师资格者必须具有良好的政治思想觉悟和职业道德修养，热爱教育事业，努力钻研业务，忠于职守，关心爱护学生，大公无私，勇于奉献，作风正派，团结协作等，对教师的要求在各级教师职业道德规范中有明确要求。

3. 具有规定的学历或者国家教师资格考试合格

学历是一个人受教育的经历，一般表明其具有的教育程度和文化素养，是人们从事某一层次工作所应具备的基本条件。教师专业技术职务是需要具备专门的业务知识和技术水平才能担任的工作岗位。因此，各级教师专业技术职务都对学历有基本要求，《教师法》第十一条规定了取得教师资格应当具备的学历要求。

（1）取得幼儿园教师资格，应当具备幼儿师范学校毕业及其以上学历。（2）取得小学教师资格，应当具备中等师范学校毕业及其以上学历。（3）取得初级中学教师、初级职业学校文化、专业课教师资格，应当具备高等师范专科学校或者其他大学专科毕业及其以上学历。（4）取得高级中学教师资格和中等专业学校、技工学校、职业高中文化课、专业课教师资格，应当具备高等师范院校本科或者其他大学本科毕业及其以上学历；取得中等专业学校、技工学校和职业高中学生实习指导教师资格应当具备的学历，由国务院教育行政部门规定。（5）取得高等学校教师资格，应当具备研究生或者大学本科毕业学历。（6）取得成人教育教师资格，应当按照成人教育的层次、类别，分别具备高等、中等学校毕业及其以上学历。

不具备法律规定的教师资格学历的公民，申请获取教师资格，必须通过国家教师资格考试。国家教师资格考试制度由国务院规定。当前国家正在进行教师资格考试改革，国家统一制定教师资格考试标准和考试大纲，教师资格认证考试不再由地方组织命题，实行国家统一考试。2017年教育部出台了《普通高等学校师范类专业认证实施办法（暂行)》，对全日制师范教育类专业毕业生的教师资格认定做了具体规定。

4. 具有教育教学能力

教育部的《〈教师资格条例〉实施办法》，对教师的教育教学能力做了具体规定。该办法第八条对申请教师资格的教育教学能力作了下列要求。

（1）具备承担教育教学工作所必须的基本素质和能力。具体测试办法和标准由省级教育行政部门制定。（2）普通话水平应当达到国家语言文字工作委员会颁布的《普通话水平测试等级标准》二级乙等以上标准。少数方言复杂地区的普通话水平应当达到三级甲等以上标准；使用汉语和当地民族语言教学的少数民族自治地区的普通话水平，由省级人民政府教育行政部门规定标准。（3）具有良好的身体素质和心理素质，无传染性疾病，无精神病史，适应教育教学工作的需要，在教师资格认定机构指定的县级以上医院体检合格。《〈教师资格条例〉实施办法》第九条规定，高等学校拟聘任副教授以上教师职务或具有博士学位者申请认定高等学校教师资格，只需具备本办法第六条、第七条、第八条第（三）项规定的条件。

（二）教师资格的认定

具备获得教师资格的条件，还必须经过法定认定机构的认定，从而取得教师资格。

1. 法定的认定机构

教师资格的认定机构，是指依法负责认定教师资格的行政机构或依法委托的教育机构。《教师法》第十三条和《教师资格条例》第十三条详细规定了教师资格的认定机构。

幼儿园、小学和初级中学教师资格，由申请人户籍所在地或者申请人任教学校所在地的县级人民政府教育行政部门认定。高级中学教师资格，由申请人户籍所在地或者申请人任教学校所在地的县级人民政府教育行政部门审查后，报上一级教育行政部门认定。中等职业学校教师资格和中等职业学校实习指导教师资格，由申请人户籍所在地或者申请人任教学校所在地的县级人民政府教育行政部门审查后，报上一级教育行政部门认定或者组织有关部门认定。受国务院教育行政部门或者省、自治区、直辖市人民政府教育行政部门委托的高等学校，负责认定在本校任职的人员和拟聘人员的高等学校教师资格，在未受国务院教育行政部门或者省、自治区、直辖市人民政府教育行政部门委托的高等学校任职的人员和拟聘人员的高等学校教师资格，按照学校行政隶属关系，由国务院教育行政部门认定或者由学校所在地的省、自治区、直辖市人民政府教育行政部门认定。

具备《教师法》规定的学历或者经国家教师资格考试合格的公民，要求有关部门认定其教师资格的，有关部门应当依照本法规定的条件予以认定。取得教师资格的人员首次任教时，应当有试用期。不具备本法规定的教师资格学历的公民申请获取教师资格，必须通过国家教师资格考试，考试制度由国务院规定。

2. 认定程序

（1）提出申请。申请人应当在每年春季或者秋季规定的受理期限提出申请并提交教师资格认定申请表和下列证明或材料：身份证明；学历证书或者教师资格合格证明；教育行政部门或者受委托的高等学校指定的医院出具的体格检查证明；户籍所在地的街道办事处、乡人民政府或者工作单位、所毕业的学校对其思想品德、有无犯罪记录等方面情况的鉴定及证明材料。

（2）受理。教育行政部门或者受委托的高等学校在接到公民的教师资格认定申请后，应当对申请人的条件进行审查；对符合认定条件的，应当在受理期限终止之日起30天内颁发相应的教师资格证书；对不符合认定条件的，应当在受理期限终止之日起30天内将认定结论通知本人。对于非师范院校毕业或者教师资格考试合格的公民申请认定幼儿园、小学或者其他教师资格的，应当进行面试和试讲，考察其教育教学能力；根据实际情况和需要，教育行政部门或者受委托的高等学校可以要求申请人补修教育学、心理学等课程。

（3）颁发证书。依照《教师法》《教师资格条例》规定，申请人提出的教师资格认定申请经认定合格后，由教育部门或者受委托的高等学校颁发国务院教育行政部门统一印制的教师资格证书。

（三）教师资格的丧失

《教师法》第十四条规定："受到剥夺政治权利或者故意犯罪受到有期徒刑以上刑事处罚的，不能取得教师资格；已经取得教师资格的，丧失教师资格。"《教师资格条例》进一步规定："依照教师法第十四条的规定丧失教师资格的，不能重新取得教师资格，其教师资格证书由县级以上人民政府教育行政部门收缴。"对于弄虚作假、骗取教师资格的或者品行不良、侮辱学生、影响恶劣的，由县级以上人民政府教育行政部门撤销其教师资格。"被撤销教师资格的，自撤销之日起5年内不得重新申请认定教师资格，其教师资格证书由县级以上人民政府教育行政部门收缴。"对教师资格的丧失的规定，体现了教师教书育人、为人师表的职业特性和对教师的思想品德及道德修养提出的严格要求。

二、教师聘任

《教师法》第十七条规定，学校和其他教育机构应当逐步实行教师聘任制。教师的聘任应当遵循双方地位平等的原则，由学校和教师签订聘任合同，明确规定双方的权利、义务和责任。《民办教育促进法》第二十九条规定："民办学校聘任的教师，应当具有国家规定的任教资格。"我国教师聘任进一步制度化和规范化。

（一）教师聘任的程序

首先是根据工作需要设置专业技术岗位；其次是在定编定岗的基础上确定职务结构；最后是聘任。中小学教师的职务聘任，中学高级、一级教师职务由地市一级教育局聘任；二、三级教师职务，由县级教育局聘任；小学高级教师由地市级教育局聘任；小学一、二、三级教师由县级教育局聘任。聘任证书由聘任机构具体颁发。

取得教师资格的人首次任教应当有试用期。在试用期内，学校或教育行政部门可以对其从事教育教学工作的能力、水平予以考察，决定是否予以聘任或担任某种教师岗位工作。试用期通常为一年。在聘任期间，无特殊理由不能辞聘或解聘，确需变动时，应提前与对方协商，双方达成一致协议后，方可变更或解除合同。

同时，根据《关于加强和改进新时代师德师风建设的意见》的规定，严格规范教师聘用，将思想政治和师德要求纳入教师聘用合同。加强试用期考察，全面评价聘用人员的思想政治和师德表现，对不合格人员取消聘用，及时解除聘用合同。

（二）教师聘任的形式

教师聘任形式依其聘任主体实施行为的不同可分为如下几种形式。

1. 招聘

招聘是指学校通过各种途径公开选拔学校教育教学所需教师并与其签订聘任合同

的过程。招聘应当具有公开、公正、自愿、平等特点。实施教师聘任制的步骤、办法由国务院教育行政部门规定。学校与受聘人签订的聘任合同应当具备以下一些具体的条款：聘任合同期限、岗位及其职责要求、岗位纪律、岗位工作条件、工资待遇、聘任合同变更和终止的条件、违反聘任合同的责任。学校与新任教师的聘任合同可以约定试用期。但试用期不得超过 6 个月。这主要是因为在试用期内，学校随时可以解除聘任合同，因此，为了维护教师的权益，法律规定了试用期的最长期限。教师在与学校签订聘任合同时应仔细审查合同文本，以免自己的合法权益受到侵害。

2. 续聘

续聘是聘任期满后学校与教师之间不中断聘任关系，继续签订聘任合同。续聘需要继续签订聘任合同。聘任合同的内容可与原聘任合同相同，只改变任职期限；也可以在原聘任合同的基础上进行变更。但是，签订续聘合同应当像签订原聘任合同一样，遵循自愿平等的原则，并依法定程序办理，续聘合同一旦生效，即具有法律效力。教师的续聘可以有效地防止教师工作的懈怠情绪，督促教师不断努力。

3. 解聘

解聘是学校根据聘用合同的规定，解除与聘用教师之间的聘用合同。学校在解聘教师时，必须具备正当合法的理由，应当书面通知教师，或者采取法定公告等其他方式告知教师。《教师法》第三十七条规定，教师有下列情形之一的，由所在学校、其他教育机构或者教育行政部门给予行政处分或者解聘：（1）故意不完成教育教学任务给教育教学工作造成损失的；（2）体罚学生，经教育不改的；（3）品行不良、侮辱学生，影响恶劣的。

在下列情况下，学校不得解除与教师的聘任合同：患职业病或者因工负伤并被确认丧失或者部分丧失劳动能力的；患病或者负伤，在规定的医疗期内；女教师在孕期、产期、哺乳期内的。教师解聘应遵循合法原则，在无法律明确程序规定的情况下，不得随意更改程序。

4. 辞聘

辞聘是指受聘教师主动请求学校解除聘任合同。辞聘是受聘教师享有的一项权利，但必须依法或依合同规定行使该权利。在聘任期间学校不遵守聘任合同约定或者对受聘人员无理压制，打击报复，致使受聘人员，无法履行岗位职责或者受聘人员因生病或其他合同约定的情况出现不能继续履行岗位职责时，教师有权提出辞聘。受聘教师无正当理由，单方擅自离职给用人单位造成损失的，依照聘用合同规定承担相应的法律责任。

案例4-2

广东某学校与凡某劳动合同纠纷案

【案例事实】

凡某于 2011 年 8 月 21 日入职广东某学校（以下简称"某学校"），从事信息技术教学工作。2014 年 3 月及 2015 年 5 月，凡某多次值班时缺岗，擅自找他人顶替、不按规定监考、新学期 2 次未按规定时间到校，某学校认定凡某绩效考核不合格，但未对考核结果进行公示或告知凡某。2015 年 7 月，南海学校根据学校学年度考核制度、薪酬管理制度和《教师法》的相关规定解聘凡某，且未支付解除劳动关系的赔偿金。凡某申请劳动仲裁，南海区劳动人事争议调解仲裁委员会裁决南海学校支付申请人凡某赔偿金。南海学校不服上述仲裁裁决，作为原告先后起诉、上诉，请求原告无须支付违法解除劳动合同赔偿金予被告。

【法院判决】

法院依照《中华人民共和国劳动合同法》第八十七条、《中华人民共和国民事诉讼法》第六十四条的规定，本案判决如下：某学校应于本判决发生法律效力之日起十日内支付违法解除劳动合同的赔偿金 57616 元予凡某。

【案例分析】

学校在解聘教师时，必须具备正当合法的理由，应当书面通知教师，或者采取法定公告等其他方式告知教师。某学校认为凡某多次值班时缺岗，擅自找他人顶替、不按规定监考、新学期 2 次未按规定时间到校，已对凡某做出了教育、罚款等处理，某学校当时并没有因上述事由而解除与凡某的劳动关系，故某学校不能对上述行为直接做出辞退处理；某学校认为凡某考核不合格，但是根据《某学校薪酬管理制度》第十一条其他说明中只是规定"经考核，不胜任教学岗位、工作岗位的教职工，转岗或不续聘，薪酬按调整后的岗位薪酬发放或停发薪酬"，并没有对考核不合格的员工直接予以辞退；南海学校的绩效考核结果没有经过凡某确认，也没有直接有效送达予凡某，故凡某绩效考核不合格的认定缺乏法律效力。综上，南海学校对凡某予以辞退，理由不充分，缺乏法律依据。根据《中华人民共和国劳动合同法》第八十七条的规定，学校应支付违法解除劳动关系的赔偿金予被告。

案例来源：北大法宝　引证码 CLI. C. 9481303

三、教师职务

我国《教师法》第十六条规定，国家实行教师职务制度，具体办法由国务院规定。按照学校类别划分，我国教师职务系列主要包括：中小学教师系列职务、中等职业学校教师系列职务、高等学校教师系列职务、幼儿园教师系列职务等，每个系列又分若干职务。

（一）小学教师职务与评定

《小学教师职务试行条例》第八条规定，小学教师应拥护中国共产党的领导，热爱社会主义祖国，努力学习马克思主义和党的路线、方针、政策，有良好的师德，遵守法纪，品德言行堪为学生表率，关心爱护学生，教书育人，使学生在德育、智育、体育等方面得到全面发展，努力做好本职工作，并在做好本职工作的前提下，结合工作需要，努力进修，提高教育和学术水平。小学教师职务设一级教师、二级教师、三级教师、高级教师。小学教师职务评定需要满足一定的要求。

1. 三级教师

小学三级教师任职条件是符合《小学教师职务试行条例》第八条要求的任教一年以上的小学教师，经考核，表明能掌握所教学科的教材、教法，完成所承担的教育教学工作，并能履行三级教师职责。

2. 二级教师

小学二级教师任职条件是符合《小学教师职务试行条例》第八条要求的中等师范学校毕业生，见习一年期满，或者小学三级教师任教三年以上，经考核，表明能履行二级教师职责并具备下列条件：

（1）基本掌握教育学、心理学和教学法的基础知识。

（2）具有从事小学教学工作所必须具备的文化专业知识，胜任小学教学工作。

（3）基本掌握教育小学生的原则和方法，胜任班主任和少先队辅导员工作。

3. 一级教师

依照《小学教师职务试行条例》第十一条规定，小学一级教师任职条件是：符合本条例第八条要求的小学二级教师任教三年以上，或者高等师范学校及其他高等学校专科毕业生见习一年期满，经考核，表明能履行一级教师职责并具备下列条件。

（1）能够独立掌握所教学科的教学大纲、教材、教学原则和教学方法，正确传授知识和技能，教学效果好。

（2）具有正确教育小学生的能力和班主任、少先队辅导员工作经验，教育效果好。

4. 高级教师

小学高级教师任职条件是符合《小学教师职务试行条例》第八条要求的小学一

级教师任教五年以上，或者高等师范学校及其他高等学校本科毕业生见习一年期满，经考核，表明能履行高级教师职责并具备下列条件。

（1）对所教学科具有比较扎实的文化专业知识，教学经验比较丰富，并能结合教学开展课外活动，教学效果显著。

（2）掌握小学教育的比较扎实的理论，善于根据小学生的年龄特征和思想实际，对学生进行思想品德教育，教育效果显著。

（3）具有指导教学研究的能力，并承担一定的教学研究任务，或者指导小学一、二、三级教师的教育教学工作，并在培养提高教师文化业务水平和教育教学能力方面做出成绩。

《小学教师职务试行条例》第十三条规定，符合本条例第八条要求，在小学的教育或教学的某一方面成绩特别突出的教师，其任职条件，可不受学历和任职年限的规定限制。

小学教师职务的评审工作，由省、地、县三级教育行政部门分级领导，并在地、县两级分别设立小学教师职务评审委员会。各级评审委员会，由同级教育主管部门批准。学校或学区设立评审小组，由县级教育行政部门批准。评审小学教师职务时，应由本人提供政治思想、教育教学工作总结和履行职责情况，填写《小学教师职务评审申报表》，经过相应的评审组织评审后，报主管部门审核。小学高级教师的任职条件，由地级评审委员会审定；小学一、二、三级教师的任职条件，由县级评审委员会审定。

（二）中学教师职务与评定

《中学教师职务试行条例》第八条规定，中学教师应拥护中国共产党的领导，热爱社会主义祖国，努力学习马克思主义和党的路线、方针、政策，有良好的师德，遵守法纪，品德言行堪为学生的表率，关心爱护学生，教书育人，使学生在德育、智育、体育等方面得到全面发展，努力做好本职工作，并在完成本职工作前提下，结合工作需要，努力进修，提高教育和学术水平。中学教师职务设一级教师、二级教师、三级教师、高级教师，参与中学教师职务评定需满足一定的要求。

1. 三级教师

中学三级教师任职条件是符合《中学教师职务试行条例》第八条要求的高等师范学校和其他高等学校专科毕业生，见习一年期满，经考核，表明具有教育学、心理学和教学法的基础知识，掌握所教学科的教材教法，能够完成初级中学一门学科的教学工作，并能履行三级教师职责。

2. 二级教师

中学二级教师任职条件是符合《中学教师职务试行条例》第八条要求的高等师范学校和其他高等学校本科毕业生，见习一年期满，以及担任中学三级教师二年以上者，经考核，表明能履行二级教师职责，并具备下列条件：

（1）基本掌握教育学、心理学和教学法的基础理论知识。

（2）具有从事中学一门学科教学所必须具备的基础理论和专业知识，胜任中学教学工作，教学效果较好。

（3）基本掌握教育中学生的原则和方法，胜任班主任工作，教育效果较好。

3. 一级教师

中学一级教师任职条件是符合《中学教师职务试行条例》第八条要求的中学二级教师任教四年以上，或者获得硕士学位者，经考核，表明能履行一级教师职责，并具备下列条件：

（1）对所教学科具有比较扎实的基础理论和专业知识，独立掌握所教学科的教学大纲、教材、教学原则和教学方法，正确传授知识和技能，并结合教学开展课外活动，发展学生的智力和能力，教学效果好。

（2）具有正确教育学生的能力，能根据中学生的年龄特征和思想实际，进行思想政治教育和品德修养教育，教育效果好。

（3）具有组织和指导教学研究的能力并承担一定的教学研究任务。

4. 高级教师

中学高级教师任职条件是符合《中学教师职务试行条例》第八条要求的中学一级教师任教五年以上，或者获得博士学位者，经考核，表明能履行高级教师职责，并具备下列条件：

（1）对所教学科具有系统的、坚实的基础理论和专业知识，教学经验比较丰富，教学效果显著；或者在学生思想政治教育和班主任工作方面有比较突出的专长和丰富的经验，并做出显著的成绩。

（2）从事中学教育、教学某一方面的科学研究，写出理论联系实际、具有一定水平的经验总结、科研报告或论著，或者在培养提高教师的文化业务水平和教育教学能力方面做出显著贡献。

《中学教师职务试行条例》第十三条规定，根据加强和改革基础教育的需要，凡具备中学高级教师任职条件的中学教师，到小学任教并从事基础教育科学研究者，可聘任或任命中学高级教师职务。第十四条规定，符合本条例第八条要求，能胜任两门学科教学工作的中学教师，在其他条件相同的情况下，聘任或任命教师职务和确定工资级别时，可比只胜任一门学科教学的教师从优，其中优秀者可高定一级职务。

《中学教师职务试行条例》第十五条规定，符合本条例第八条要求，在中学的教育、教学和教育科学研究的某一方面成绩特别突出的教师，其任职条件，可不受学历和任职年限的规定限制。

中学教师职务的评审工作，由省、地、县三级教育行政部门领导，并分别设立中学教师职务评审委员会。各级评审委员会由同级教育主管部门批准，学校设立评审小组，由县级教育行政部门批准。评审中学教师职务时，应由本人提供政治思想、教育教学工作总结和履行职责情况，填写《中学教师职务评审申报表》，经过相应的评审组织评审后，报主管部门审核。中学高级教师的任职条件，由省级评审委员会审定；中学一级教师的任职条件，由地级评审委员会审定；中学二、三级教师的任职条件，由县级评审委员会审定。

（三）中等专业学校系列职务与评定

《中等专业学校教师职务试行条例》第八条规定，中等专业学校教师应拥护中国共产党的领导，热爱社会主义祖国，努力学习马克思主义和党的路线、方针、政策，有良好的职业道德，遵守法纪，能为人师表，教书育人，能全面地、熟练地履行现职务职责，积极承担工作任务，学风端正。具有教育科学理论的基础知识。身体健康，能坚持正常工作。中等专业学校教师设教员、助理讲师、讲师、高级讲师。中等专业学校教师职务评定需要满足一定的要求。

1. 教员

教员任职条件是符合《中等专业学校教师职务试行条例》第八条要求，大学专科毕业，在中等专业学校见习一年期满，经考察，表明能胜任和履行教员职责。

2. 助理讲师

助理讲师任职条件是符合《中等专业学校教师职务试行条例》第八条要求，并具备下列条件之一：

（1）获得学士学位，见习期满；或担任教员职务两年以上，有较丰富的教学经验或有较强的业务实践技能，经考察，表明能胜任和履行助理讲师职责。

（2）获得硕士学位或研究生班毕业证书或第二学士学位证书，经考察，表明能胜任和履行助理讲师职责。

3. 讲师

讲师任职条件是符合《中等专业学校教师职务试行条例》第八条要求，并具备下列条件之一：

（1）获得学士学位，已承担四年以上助理讲师职务工作，具有本学科必需的理论知识与实践技能和从事科学技术工作的能力，能顺利地阅读本学科的外文书籍和资料，经考察，表明能胜任和履行讲师职责。

（2）获得研究生班毕业证书或第二学士学位且承担两年或两年以上助理讲师职务工作，具有本学科必需的理论知识与实践技能和从事科学技术工作的能力，经考察，表明能胜任和履行讲师职责。

（3）获得硕士学位且已承担两年左右助理讲师职务工作，或获得博士学位，经考察，表明能胜任和履行讲师职责。

4. 高级讲师

高级讲师任职条件是符合《中等专业学校教师职务试行条例》第八条要求，已承担五年以上讲师职务工作；或获得博士学位且已承担两年以上讲师职务工作，经考察，表明能胜任和履行高级讲师职责，并具备下列条件：

（1）对本门学科具有系统而坚实的理论知识和比较丰富的实践经验，能熟练地担任一门主干基础课或两门以上课程的教学工作，教学经验丰富，教学成绩卓著。

（2）能指导科学研究、技术开发、社会咨询、教材编写、教学研究或其他科学技术工作，造诣较深，成绩显著。

（3）熟练地掌握一门外国语。

《中等专业学校教师职务试行条例》第十三条规定，对在教学工作或其他科学技术工作方面成绩特别突出的教师，其任职条件可不受学历、学位、任职年限等规定限制。

教员、助理讲师职务任职资格由学校教师职务评审组织审定。讲师、高级讲师职务任职资格经学校教师职务评审组织评审通过后，由省、自治区、直辖市或国务院有关部委中等专业学校教师高、中级职务评审委员会审定。少数有条件的中等专业学校，经省、自治区、直辖市教育部门或学校主管部门批准，有权审定教师中级职务。各级教师职务评审组织评审教师任职资格时，应有不少于全体委员会三分之二的成员出席，对被评审人的评议意见，应在充分讨论的基础上，经无记名投票，赞成票数超过全体成员的二分之一方为通过。

（四）高等学校教师职务与评定

《高等学校教师职务试行条例》第八条规定，高等学校教师应拥护中国共产党的领导，热爱社会主义祖国，努力学习马克思主义和党的路线、方针、政策，有良好的职业道德，遵守法纪，能为人师表，教书育人，能全面地、熟练地履行现职务职责，积极承担工作任务，学风端正。身体健康，能坚持正常工作。高等学校教师职务设助教、讲师、副教授、教授。高等学校教师职务评定需要满足一定的要求。

1. 助教

助教任职条件是符合《高等学校教师职务试行条例》第八条要求，并具备下列条件之一：

（1）获得学士学位；或在工作实践中学习提高，经考试或考察，确认达到学士学位水平，经过一年以上见习试用，表明能胜任和履行助教职责。

（2）获得硕士学位或研究生班毕业证书或第二学士学位证书，经考察，表明能胜任和履行助教职责。

2. 讲师

讲师任职条件是符合《高等学校教师职务试行条例》第八条要求，并具备下列条件之一：

（1）在担任四年或四年以上助教职务工作期间，已取得高等学校助教进修班结业证书；或确认已掌握硕士研究生主要课程内容，具有本专业必需的知识与技能和从事科学技术工作的能力，能顺利地阅读本专业的外文书籍，经考察，表明能胜任和履行讲师职责。

（2）获得研究生班毕业证书或第二学士学位证书且已承担两年或两年以上助教职务工作，具有本专业必需的知识与技能和从事科学技术工作的能力，经考察，表明能胜任和履行讲师职责。

（3）获得硕士学位且已承担两年左右助教职务工作，或获得博士学位，经考察，表明能胜任和履行讲师职责。

3. 副教授

副教授任职条件是符合《高等学校教师职务试行条例》第八条要求，承担五年以上讲师职务工作；或获得博士学位且已承担两年以上讲师职务工作，经考察，表明能胜任和履行副教授职责，并具备下列条件：

（1）对本门学科具有系统而坚实的理论基础和比较丰富的实践经验，能及时掌握本门学科发展前沿的状况，并熟练地掌握一门外国语。

（2）教学成绩显著，能较好地对学生进行启发式教学，培养其分析问题或解决问题的能力。

（3）发表过有一定水平的科学论文或出版过有价值的著作、教科书；或在教学研究方面有较高造诣；或在实验及其他科学技术工作方面有较大的贡献。

4. 教授

教授任职条件是符合《高等学校教师职务试行条例》第八条要求，承担五年以上副教授职务工作，经考察，表明能胜任和履行教授职责，并具备下列条件：

（1）教学成绩卓著。

（2）发表、出版过有创见性的科学论文、著作或教科书，或有重大的创造发明。

（3）在教学管理或科学研究管理方面具有组织领导能力。

该条例第十三条同时规定，对在教学工作或科学研究工作及其他科学技术工作等方面成绩特别突出的教师，其任职条件可不受学历、学位、任职年限等规定限制。

省、自治区、直辖市、国务院有关部委和各高等学校应根据本条例，结合实际情况制定实施细则和实施办法。

（五）幼儿园教师系列职务与评定要求

幼儿园教师任职条件由各省、自治区、直辖市依据《教师法》《幼儿园管理条例》的规定，参照《小学教师职务试行条例》自行拟定。

第三节　教师培训

教师培训是加强教师队伍建设、提高学校治理能力的重要环节，也是推进素质教育，促进教育公平，提高教育质量的重要保证。《教师法》列专章对教师的培养和培训做了规定，并将教师在职培训作为教师的一项基本权利和义务。特别是在科技迅猛发展，知识不断更新的今天，在职培训是提高教师思想政治觉悟，提升教育教学水平的重要途径和必然要求。

《教师法》第十八条规定：各级教师进修学校承担培训中小学教师的任务。非师范学校应当承担培养和培训中小学教师的任务。第十九条规定：各级人民政府教育行政部门、学校主管部门和学校应当制定教师培训规划，对教师进行多种形式的思想政治、业务培训。

《高等教育法》第五十一条规定，高等学校应当为教师参加培训、开展科学研究和进行学术交流提供便利条件。

《民办教育促进法》第三十条规定：民办学校应当对教师进行思想品德教育和业务培训。第四十条规定：教育行政部门及有关部门应当对民办学校的教育教学工作、教师培训工作进行指导。

中共中央、国务院、教育部先后制定和出台了《高等学校教师培训工作规程》《中小学教师继续教育规定》《国务院关于加强教师队伍建设的意见》《教育部关于进一步加强中小学校长培训工作的意见》《教育部关于大力推行中小学教师培训学分管理的指导意见》《中共中央、国务院关于全面深化新时代教师队伍建设改革的意见》等一系列规定和文件，不断对教师培训工作进行细化。

省级教育行政部门应根据教育法律法规，将中小学教师培训工作作为教师队伍建设的重要途径，通过制定本省中小学教师发展规划，落实教育部关于教师培训的精神，进一步健全教师培训制度，完善教师培训体系，创新教师培训模式，加强培训能力建设，全面提高培训质量。

一、中小学教师培训

依据分类标准的不同，可以将教师培训分成不同种类。根据教师主体的不同，教师培训包括中小学教师培训、高校教师培训、校长培训等。

中小学教师培训就是对取得教师资格的中小学在职教师为提高思想政治和业务素质进行的培训。教育部根据《教师法》的规定，制定了《中小学教师继续教育规定》，并于 1999 年 9 月 13 日正式发布。该规定就中小学教师培训的原则、内容、类别、管理、考核与奖惩、条件保障等方面作了全面规定。

（一）培训原则

中小学教师培训应坚持"因地制宜、分类指导、按需施教、学用结合"的原则。

（二）培训内容

主要包括：思想政治教育和师德修养；专业知识及更新与扩展；现代教育理论与实践；教育科学研究；教育教学技能训练和现代教育技术；现代科技与人文社会科学知识等。以提高教师实施素质教育的能力和水平为重点。

（三）培训类别

分为非学历教育和学历教育。其中非学历教育包括新任教师培训、教师岗位培训、骨干教师培训、专项能力提升培训和班主任培训五种。学历教育是对具备合格学历的教师进行的提高学历层次的培训。

1. 新任教师岗前培训

对所有新任教师进行岗前适应性培训，帮助新教师尽快适应教育教学工作。培训时间不少于 120 学时。培训内容包括师德教育、教学技能、教师专业发展等方面。

2. 在职教师岗位培训

帮助教师更新教育理念，深入钻研业务，学习新知识，掌握新技能，提高教育教学实际能力。中小学老师每五年至少要有 360 学时培训，否则教师资格证书将不能延续。培训内容包括师德教育、法制教育、信息技术、生命健康教育等。

3. 骨干教师提高培训

帮助骨干教师总结教育教学经验，探索教育教学规律，进一步提升教育教学能力、教研能力、培训和指导青年教师的能力，在推进素质教育和教师全员培训中发挥引领示范作用。

4. 专项能力提升培训

为了帮助教师适应社会变革对教育的需求，教育行政部门会适时组织专题培训，如中小学生心理健康培训、信息技术培训、教育管理能力提升等培训。旨在帮助教师适应新的变化对教师职业的影响。

5. 班主任培训

深入实施中小学班主任教师培训计划，建立健全班主任培训制度，所有班主任教师每五年须接受不少于360学时的专题培训。针对班主任工作中的实际问题，加强班主任工作基本规范、班级管理、未成年人思想道德教育、学生心理健康教育、安全教育等专题培训，不断增强班主任教师的专业素养和教书育人的本领。

（四）组织管理

各级人民政府教育行政部门管理中小学教师培训工作。国务院教育行政部门管理全国中小学教师培训工作；省级人民政府教育行政部门主管本地区中小学教师培训工作。市、县人民政府教育行政部门在省级人民政府教育行政部门指导下，负责管理本地区中小学教师培训工作。各级教师进修院校和普通师范院校在主管教育行政部门领导下，具体实施中小学教师培训的教育教学工作。

（五）条件保障

中小学教师培训经费以政府财政拨款为主，多渠道筹措，在地方教育事业费中专项列支。由县级及以上教育行政部门统一管理。地方各级人民政府教育行政部门应当采取措施，依法保障中小学教师培训工作的实施。

（六）考核与奖惩

地方各级人民政府教育行政部门要建立中小学教师培训考核和成绩登记制度。各级人民政府教育行政部门对中小学教师培训工作成绩优异的单位和个人，要予以表彰和奖励。对中小学教师培训质量达不到规定要求的，教育行政部门应责令其限期改正。对于无正当理由拒不参加培训的中小学教师，所在学校应督促其改正，并给予批评教育。

近年来，国家投入大量资金，实施"国培计划"，加大对中小学教师培训的力度，着力促进中小学教师队伍整体素质的不断提升。此外，《国务院关于加强教师队伍建设的意见》指出，建立教师学习培训制度。实行五年一周期不少于360学时的教师全员培训制度，推行教师培训学分制度。

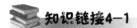 知识链接4—1

教育部关于大力推行中小学教师培训学分
管理的指导意见（以下简称《意见》）（教师〔2016〕12号）

《意见》推行教师培训学分管理，深化培训管理改革。

构建教师培训学分标准体系。《意见》明确提出，各地要以大力推行教师培训学分管理为抓手，着力构建培训学分标准体系。学分标准体系的构建将有助于各地科学制订教师培训周期规划和年度计划，有利于培训机构分层、分类、分科建立教师培训课程体系，有利于推进广大教师按需开展自主选学。

健全学时学分合理转换机制。学时反映了学习的时长，学分则反映了学习的质量。针对当前不少地区存在的学时与学分简单换算，未体现培训层级和学习成效差异，不能对教师参训学习形成激励的问题，要合理制定培训学时与培训学分转换办法，体现培训级别和学员学习成效差异。在学时与学分的转换上，实行培训层级不同、学员学习成效不同、承担培训任务层次不同，差异性认定培训学分的制度，体现了培训学分的"含金量"，将极大地调动教师参训的积极性。

探索建立教师培训学分银行。探索建立教师培训学分银行，记录和存储教师参加培训与自主研修的成果，推动高等学校认可培训学分，建立非学历培训与学历教育的衔接机制，搭建教师专业成长的"立交桥"，拓宽教师终身学习通道。建立培训学分银行将有力推动高等院校、区县研训机构、一线学校的协同，促进教师职前培养和职后培训的一体化。

注重发挥培训学分应用价值。针对当前培训学分管理执行不到位、结果未有效运用、未能发挥激励功能等现象，将培训学分与教师管理、学校考评和教育督导工作相结合；加强教师培训学分监测与通报，分级落实监测责任，及时发布年度和周期监测报告。强化教师培训学分的有效应用，将教师参与培训与自身专业持续发展结合，依托教师信息化管理平台，建立教师培训档案，适时记录教师所学课程、学习成效和学时学分等关键信息，对教师递进式、持续性、终身化成长起到重要的支撑作用。

二、高校教师培训

原国家教委1996年4月8日发布的《高等学校教师培训工作规程》对高校教师培训做了具体规定。

（一）培训的方针和原则

高校教师培训工作应贯彻思想政治素质和业务水平并重，理论与实践统一，按需培训、学用一致、注重实效的方针；坚持立足国内、在职为主、加强实践、多种形式并举的原则。

（二）培训的组织与职责

国务院教育行政部门负责全国高校教师培训工作的宏观管理和政策指导。各省、自治区、直辖市教育行政部门和国务院有关部委教育主管部门负责本地区、本部门的高等学校教师培训的规划、管理和经费投入等工作。

（三）培训形式

我国高校教师培训的形式主要有岗前培训、助教进修班、骨干教师进修班、国内访问学者、国外进修等。

（四）考核与管理

教师培训时间在 3 个月以上的，应进行考核及鉴定，并记入业务档案，作为职务任职资格、奖惩的依据。学校要依法保障教师参加培训的权利，教师应当服从学校安排的培训计划和培训形式。对于无正当理由拒绝接受培训，培训成绩不合格的，培训期间违反校规校纪，影响恶劣的，无正当理由，未认真履行职责的，由教师所在学校和接受培训教师院校分别不同情况，给予必要处理。

（五）培训的保障与有关待遇

教育行政部门和主管部门，要设立教师培训专项经费。各高校的教育事业费中，要有一定比例用于教师培训。根据需要或计划接受培训的教师，学习及差旅费应由学校支付，其工资、津贴、福利、住房分配等待遇原则上应不受影响，培训期间已符合条件的，其职务任职资格评审不应受到影响。对于外出参加培训半年以上的教师，可根据各地不同物价水平和教师的实际困难，由学校给予一定生活补贴。

三、校长培训

《教育部关于进一步加强中小学校长培训工作的意见》规定：各地要有计划地面向全体中小学校长开展任职资格培训、提高培训、高级研修和专题培训。

（一）任职资格培训

《中小学校长培训规定》第五条规定：参加培训是中小学校长的权利和义务。新任校长必须取得"任职资格培训合格证书"，持证上岗。严格执行新任校长持证上岗制度，新任校长或拟任校长必须参加不少于 300 学时的任职资格培训。担任中小学校长者，应取得《任职资格培训合格证书》，或应在任职之日起六个月内，由校长任免机关（或聘任机构）安排，接受任职资格培训，并取得《任职资格培训合格证书》。

（二）提高培训

在职校长每五年必须接受国家规定时数的提高培训，实行 5 年一周期不少于 360 学时的在任校长全员培训制度，并取得"提高培训合格证书"。在职中小学校长没有按计划接受或者没有达到国家规定时数的提高培训，或者考核不合格者，中小学校长任免机关（或聘任机构）应令其在一年内补正。期满仍未能取得"提高培训合格证书"者，不能继续担任校长职务。

（三）高级研修

教育部依托国家教育行政学院、教育部中学校长培训中心、教育部小学校长培训中心等，举办"教育厅长（教委主任）高级研修班""地市级教育局长（教委主任）研修班""县级教育局长培训班""教育部直属高校领导干部专题研修班""高校领导干部进修班""高校中青年干部培训班"。

（四）专题培训

为了适应社会发展，各级教育行政部门组织实施各项专题培训，主要包括教育法律法规、廉政建设规定、学校基本管理、加强和改进未成年人思想道德建设、基础教育课程改革、评价与考试制度改革、学校安全与卫生管理、学校经费管理与使用、中小学人事制度改革、信息技术应用等。

第四节　教师考核

教师考核是学校管理的重要组成部分，教师考核是否合理直接影响学校教育质量和学校管理的水平。教师考核是指各级各类学校及其他教育机构依法对教师进行的评价。《教师法》列专章对教师考核的机构、内容、原则、结果做了具体规定，为教师考核工作提供了重要的法律依据。《教育部关于深化高校教师考核评价制度改革的指导意见》则对高校教师考核进行了细化。《深化新时代教育评价改革总体方案》对教师评价提出新的要求。

一、教师考核的原则

教师考核是学校依据教育法律法规的规定，结合学校实际，对教师的政治思想、业务水平、工作态度和工作成绩等方面进行考核。教师考核由教师所在的学校或其他教育机构组织进行，学校及其他教育机构的主管教育部门负责指导和监督。

教师考核应当客观、公正、准确开展，同时应遵循以下原则。

（一）尊重教育规律

教师是履行教育教学职责的专业人员。教育的对象是学生，教育事业有其独特的规律。教师评价应该尊重教育本身的特殊性、教育效果的迟滞性。同时还要尊重教师主体地位，体现教师教学工作效果的专业性、实践性和长期性的特点。

（二）师德为先

教师考核中，应该将师德放在首要地位，丰富考核内容，确定师德"一票否决制"，划定师德红线，注重教师履行岗位职责的实际表现和贡献。师德主要考核教师遵守《教师职业道德规范》和《新时代教师职业行为十项准则》的规定，特别是为人师表、爱岗敬业、关爱学生的情况。教师不得以任何理由、任何方式有碍完成教育教学任务。

（三）尊重差异性

不同教育阶段教师考核的重点不同。要从不同教育阶段和办学特色出发，探索建立科学合理的考核评价体系。一是要全面考核与突出重点相结合，全面考核教师的师德师风、教育教学、科学研究、社会服务、专业发展等内容，针对当前教师队伍发展的突出问题和薄弱环节，进行重点考察和评价。二是要分类指导与分层次考核评价相结合，根据不同类型教师的岗位职责和工作特点，以及教师所处职业生涯的不同阶段，分类分层次分学科设置考核内容和考核方式，健全教师分类管理和评价办法。三是要发展性评价与奖惩性评价相结合，充分发挥发展性评价对于教师专业发展的导向引领作用，合理发挥奖惩性评价的激励约束作用，形成推动教师和学校共同发展的机制。

二、教师考核的内容与方式

（一）教师考核的内容

《教师法》第二十二条规定："学校或者其他教育机构应当对教师的政治思想、业务水平、工作态度和工作成绩进行考核。"《教育部关于深化高校教师考核评价制度改革的指导意见》等相关文件对不同学段的教师考核进行了细化，结合教育实践，教师考核的内容主要包括以下方面。

1. 师德考核

师德考核处于教师考核的首要位置，包括政治态度和职业道德的考核。思想政治素质是教师选聘考核的基本要求，应贯穿教师管理和职业发展全过程；师德表现则应作为教师绩效考核、职称（职务）评聘、岗位聘用和奖惩的首要内容，师德考核贯穿日常教育教学、科学研究和社会服务的全过程。

2. 教育教学考核

主要关注教师的业务水平和工作成绩，考核教师从事德育、教学、教育教学研究、教师专业发展的情况。德育工作是每个教师应尽的责任，要结合所教学科特点，考核教师在课堂教学中实施德育的情况。教学工作重点考核教学工作量、教学准备、教学实施、教学效果，以及组织课外实践活动和参与教学管理的情况；对教学效果的考核，主要以完成国家规定的教学目标、学生达到基本教育质量要求为依据，不得把升学率作为考核指标。教育教学研究工作重点考核教师参与教学研究活动的情况。教师专业发展重点考核教师拓展专业知识、提高教育教学能力的情况。

3. 一线学生工作与社会服务考核

中小学应落实教师家访制度，将家校联系情况纳入教师考核。高校则应结合教师考核的特殊性，突出社会效益和长远利益，综合评价教师参与学科建设、人才培训、科技推广、专家咨询和承担公共学术事务等方面的工作。鼓励引导教师积极开展科学普及工作，提高公众科学素质和人文素质。鼓励引导教师主动推进文化传播，弘扬中华优秀传统文化，发展先进文化。充分认可教师在政府政策咨询、智库建设、在新闻媒体及网络上发表引领性文章方面的贡献。建立健全对教师及团队参与社会服务工作相关的经费使用和利益分配方面的激励机制。

（二）教师考核的方式

教师考核应当客观、公正、准确，一般由学校按规定的程序与年度考核结合进行，同时充分听取教师本人、其他教师以及学生的意见。教师考核的方式主要包括以下几点。

1. 教师自评

教师自评主要是教师通过自我总结的形式，将师德培养、教育教学、培养学生等基本情况进行梳理。教师自评是同行评议和其他评价的基础。

2. 同行评价

同行评价主要是除了教师以外的教育行政官员、同事、管理者等对教师履职情况进行评价。同行评价能够保障教师评价的客观性与公正性，实践中表现形式为督导评价、学科组评议、年级组评议、专家组评价等。

3. 学生评价

学生评价是学生根据教师授课情况进行评价，学生评价能够直观反映教师履职情况。不同的学生对教师的评价维度不同，有些侧重师德，有些侧重课堂教学，有些侧重学术成就等。每学期结束后，学生评教是学生评价集中表现形式。

三、教师考核的结果

教师考核结果是受聘任教、晋升工资、实施奖惩的依据。根据《事业单位人事管理条例》的规定，教师考核结果分为优秀、合格、基本合格和不合格四个层次。

一是教师受聘任教的重要依据。学校在教师聘任合同期满时，以及职务晋升时决定是否续聘或晋升职务，要以平时考核、年度考核或专门考核结果为依据。对于称职或基本称职的，可续聘；对于不称职的，可以按规定解聘或不再续聘；对于符合相应条件的，可以晋升教师职务。

二是教师晋升工资的重要依据。建立教师晋级增薪制度后，不仅教师的晋级应当以考核结果为依据，而且教师的定期增薪，也应当以考核结果为依据。凡考核结果为优秀或称职的，可以提升工资。

三是教师受奖惩的重要依据。经考核优秀的应当予以奖励；经考核不称职的或表现不良的，可根据情况，做出相应的处理。对教师进行处分时，除要看其违法、违纪情况外，还应参考其以往的考核结果，以便作出公正的处理。

特别需要注意的是，实行师德"一票否决"，师德考核不合格者年度考核应评定为不合格，并取消在教师职称评聘、推优评先、表彰奖励、科研和人才项目申请等方面的资格。

第五节　教师工伤认定

教师工伤保险权利是指教师依据《工伤保险条例》在因工作遭受事故伤害或者患职业病时享有的获得医疗救治和经济补偿的权利。

一、申请认定主体及其时限

《工伤保险条例》第十七条规定："职工发生事故伤害或者按照职业病防治法规定被诊断、鉴定为职业病，所在单位应当自事故伤害发生之日或者被诊断、鉴定为职业病之日起30日内，向统筹地区社会保险行政部门提出工伤认定申请。遇有特殊情况，经报社会保险行政部门同意，申请时限可以适当延长。用人单位未按前款规定提出工伤认定申请的，工伤职工或者其近亲属、工会组织在事故伤害发生之日或者被诊断、鉴定为职业病之日起1年内，可以直接向用人单位所在地统筹地区社会保险行政部门提出工伤认定申请。"因此，教师工伤认定的主体主要包括教师及其亲属、单位、工会等。上述主体在申请工伤认定时的序位是不同的，排在第一顺序的为教师所在学校，只有教师在用人单位在法定期限内没有申请时，教师、直系亲属和工会组织才可以提出申请。

（一）学校

在教师和学校的聘任关系存续期间，学校有及时收集和分析相关证据，及时保护教师合法权益的义务。教师所在学校在工伤事故发生或者职业病被确诊后，有必要首先承担主动申报义务，并且主动申报时间限定在事故发生或者职业病被诊断后的 30 天以内。在特殊情况下，经过社会保险行政部门的同意，才可以将申报时间延长。

（二）教师

工伤教师是工伤事故或者患职业病的具体当事人，了解事故发生时或者患职业病的具体情况，也是与学校存在劳动关系或者事实劳动关系的劳动者。因此，教师发生事故伤害或者患职业病被确诊，申请工伤认定是工伤教师的一项法定权利。当然，申请工伤认定是教师依法享有的权利，但教师必须与学校存在劳动关系或者事实劳动关系，并且不属于未满十六周岁的未成年人才有权提起。

应该注意，只有在学校坚持不提出工伤认定申请时，教师才可以在事故伤害发生之日起或者被确诊为职业病之日起的 1 年内直接向社会保险行政部门提出工伤认定申请。如果超出 1 年的申请时效，就难以保障自己的合法权益。

（三）工伤教师的直系亲属

由于教师因住院治疗，或者教师因工造成事故伤害丧失民事行为能力或者死亡，需要其直系亲属或者监护人代为提起工伤认定申请。

（四）工会

学校的工会组织可以教师名义提起工伤认定申请。

二、教师工伤的认定

教职工有下列情形之一的，应当认定为工伤。

（1）在工作时间和工作场所内，因工作原因受到事故伤害的。

（2）工作时间前后在工作场所内，从事与工作有关的预备性或者收尾性工作受到事故伤害的。

（3）在工作时间和工作场所内，因履行工作职责受到暴力等意外伤害的。

（4）患职业病的。

（5）因工外出期间，由于工作原因受到伤害或者发生事故下落不明的。

（6）在上下班途中，受到非本人主要责任的交通事故或者城市轨道交通、客运轮渡、火车事故伤害的。

（7）法律、行政法规规定应当认定为工伤的其他情形。

教职工有下列情形之一的，视同工伤。

（1）在工作时间和工作岗位，突发疾病死亡或者在 48 小时之内经抢救无效死亡的。

（2）在抢险救灾等维护国家利益、公共利益活动中受到伤害的。

三、工伤认定申请材料

提出工伤认定申请应当提交以下材料。

（1）工伤认定申请表，应当包括事故发生的时间、地点、原因以及职工伤害程度等基本情况。

（2）与用人单位存在劳动关系（包括事实劳动关系）的证明材料。

（3）医疗诊断证明或者职业病诊断证明书（或者职业病诊断鉴定书）。

 案例4-3

老师在家中猝死，最高法院最终认为属工伤！

【案例事实】

冯某系某中学教师，担任该校高中部数学课教学和高中班主任工作。2011 年 11 月 15 日晚，冯某任教的 366、367 两个班级进行测验考试。考试结束后，冯某回到家中。次日早上七点左右，同校老师在冯某家中发现其身体异常状况，立刻拨打海口市 120 急救中心电话，某医院到场进行抢救，冯某因抢救无效死亡。

2011 年 12 月 20 日，某医院出具《居民死亡医学证明书》，证明冯某因突发心梗，于 2011 年 11 月 16 日在家中死亡，发病到死亡的大概时间间隔为"不详"。在《抢救记录》上记载："抢救时间段 2011 年 11 月 16 日 8 时 31 分至 9 时 32 分"，"到达现场时患者已无心跳、呼吸"。2011 年 12 月 15 日，某中学以冯某因长期工作劳累过度，在工作时间、工作岗位中突发心梗死亡为由，向海口市人社局提出申请，要求认定冯某为工伤死亡。2011 年 12 月 13 日，某中学数学组证明："2011 年 11 月 15 日晚，20：30 至 22：30 进行考试，冯某连夜评完两个班学生的数学试卷，并进行试卷分析，因每周三为我校数学教学研究时间。"2012 年 6 月 26 日，某中学教师王某、陈某证明，事发当晚发现冯某行为异常，看见他偶尔用手摁一摁胸口，脸色不好。

2013 年 3 月 11 日，某中学出具书面证明："2011 年 11 月 15 日晚上，20：30 到 22：30 进行考试，为及时了解学生的学习状况，该老师连夜评完两个班学生的数学试卷（107份），并进行试卷分析。每次测试完毕都是当晚批卷，这是常规工作……"

证人黄某、胡某亦证实，冯某在2011年11月15日晚修时间，精神比往常差，脸色苍白。海口市人社局作出认定：这不能认定为工伤！海口市人社局于2012年5月23日作出海人社工伤认字（2012）第223号《工伤认定决定书》（以下简称223号工伤决定），对冯某因病死亡不认定为工伤。冯某妻子俞某不服，申请复议。海南省人社厅作出琼人社复决（2012）2号《行政复议决定书》，维持海口市人社局223号工伤决定。俞某不服，提起行政诉讼；2015年海口市人社局重新作出工伤认定，俞某不服，再次提起行政诉讼，最终由最高法作出裁定。

【法院判决】

最高人民法院经审查认为，《工伤保险条例》第十五条第一款第（一）项规定，职工在工作时间和工作岗位，突发疾病死亡或者在48小时之内经抢救无效死亡的，视同工伤。"工作岗位"可理解为包括在家加班工作，应当认定为工伤。

【案例分析】

《工伤保险条例》规定视同工伤包括两种情形：一是在工作时间、工作岗位上，突发疾病死亡；二是在工作时间、工作岗位上，突发疾病，48小时内经抢救无效死亡。

未经抢救死亡，可能存在两种情形：一是突发疾病，来不及抢救即已经死亡；二是发病时，没有其他人员在场，丧失抢救机会死亡。无论是经抢救无效死亡，还是未经抢救死亡，视为工伤的关键都在于，必须是在"工作时间和工作岗位"上突发疾病死亡。

通常理解，"工作时间和工作岗位"应当是指单位规定的上班时间和上班地点。同时，我们认为，职工为了单位的利益，在家加班工作期间，也应当属于"工作时间和工作岗位"。主要理由如下。

第一，根据《工伤保险条例》第一条规定，制定和实施该条例的目的在于对"因工作遭受事故伤害或者患职业病的职工获得医疗救治和经济补偿"。因此，理解"工作时间和工作岗位"，首先应当看职工是否为了单位的利益从事本职工作。在单位规定的工作时间和地点突发疾病死亡视为工伤，为了单位的利益，将工作带回家，占用个人时间继续工作，其间突发疾病死亡，其权利更应当受到保护，只有这样理解，才符合倾斜保护职工权利的工伤认定立法目的。

第二，《工伤保险条例》第十四条（一）、（二）、（三）项认定工伤时的法定条件是"工作时间和工作场所"，而第十五条视为工伤时使用的是"工作时间和工作岗位"，相对于"工作场所"而言，"工作岗位"强调的不是工作的处所和位置，而是岗位职责、工作任务。职工在家加班工作，就是为了完成岗位职责，当然应当属于第十五条规定的"工作时间和工作岗位"。

第三，视为工伤是法律规范对工伤认定的扩大保护，的确不宜将其范围再做扩大理解。但是，应当注意的是，第十五条将"工作场所"替换为"工作岗位"，本身就是法律规范对工作地点范围的进一步拓展，将"工作岗位"理解为包括在家加班工作，是对法律条文正常理解，不是扩大解释。

本案中，冯某被发现时已经没有呼吸和心跳，属于深夜在家发病，无人发现、未经抢救死亡的情形，不属于经抢救无效48小时内死亡的情形。

虽然冯某在家中死亡，但从本案查明的事实可以看出，冯某在被发现死亡的前一天晚10时许，组织学生晚修测验回家，连夜评完两个班学生的数学试卷，并进行试卷分析。显然是为学校的利益，在回家后利用个人休息时间，加班从事教学岗位职责工作，属于"在家加班工作"的情形。

案例来源：北大法宝　引证码 CLI. C. 10867449

第六节　师德规范

师德即教师职业道德。师德规范是教师在教育职业活动中道德关系和道德行为的普遍规律的一种反映，是一定阶级或社会对教师教育行为的基本要求和概括。教师是教育之本，师德是教师之本。加强师德规范管理，有助于提高教师队伍的素质和质量，有利于新时代教育事业的发展。

《教师法》第八条规定了教师应履行"遵守宪法、法律和职业道德，为人师表"的义务，教育部等出台和修订了《高等学校教师职业道德规范》《中小学教师职业道德规范》和《中等职业学校教师职业道德规范》，对各阶段教师职业道德规范加以规定。近年来，随着落实立德树人根本任务要求的不断提高，教育部又制定和出台了《关于建立健全高校、中小学师德建设长效机制的意见》《中小学、幼儿园教师违反职业道德行为处理办法》《关于高校教师师德失范行为处理的指导意见》《新时代教师职业行为十项准则》《关于加强和改进新时代师德师风建设的意见》等一系列政策文件，进一步明确了新时代师德师风的建设、管理体制机制。加强师德建设，师德要求贯穿教师管理的全过程，特别是在招聘引进、考核评价、督导监督、违规惩处等方面要注意与现行教师管理制度相互衔接。教育既有普遍规律，不同学段的学生又有各自的发展阶段和特点，教师从事教育教学活动时，应遵循各自学段的职业行为规范。

一、中小学教师

坚定政治方向。坚持以习近平新时代中国特色社会主义思想为指导，拥护中国共产党的领导，贯彻党的教育方针；不得在教育教学活动中及其他场合有损害党中央权威、违背党的路线方针政策的言行。

自觉爱国守法。忠于祖国，忠于人民，恪守宪法原则，遵守法律法规，依法履行教师职责；不得损害国家利益、社会公共利益，或违背社会公序良俗。

传播优秀文化。带头践行社会主义核心价值观，弘扬真善美，传递正能量；不得通过课堂、论坛、讲座、信息网络及其他渠道发表、转发错误观点，或编造散布虚假信息、不良信息。

潜心教书育人。落实立德树人根本任务，遵循教育规律和学生成长规律，因材施教，教学相长；不得违反教学纪律，敷衍教学，或擅自从事影响教育教学本职工作的兼职兼薪行为。

关心爱护学生。严慈相济，诲人不倦，真心关爱学生，严格要求学生，做学生良师益友；不得歧视、侮辱学生，严禁虐待、伤害学生。

加强安全防范。增强安全意识，加强安全教育，保护学生安全，防范事故风险；不得在教育教学活动中遇突发事件、面临危险时，不顾学生安危，擅离职守，自行逃离。

坚持言行雅正。为人师表，以身作则，举止文明，作风正派，自重自爱；不得与学生发生任何不正当关系，严禁任何形式的猥亵、性骚扰行为。

秉持公平诚信。坚持原则，处事公道，光明磊落，为人正直；不得在招生、考试、推优、保送及绩效考核、岗位聘用、职称评聘、评优评奖等工作中徇私舞弊、弄虚作假。

坚守廉洁自律。严于律己，清廉从教；不得索要、收受学生及家长财物或参加由学生及家长付费的宴请、旅游、娱乐休闲等活动，不得向学生推销图书报刊、教辅材料、社会保险或利用家长资源谋取私利。

规范从教行为。勤勉敬业，乐于奉献，自觉抵制不良风气；不得组织、参与有偿补课，或为校外培训机构和他人介绍生源、提供相关信息。

二、高校教师

坚定政治方向。坚持以习近平新时代中国特色社会主义思想为指导，拥护中国共产党的领导，贯彻党的教育方针；不得在教育教学活动中及其他场合有损害党中央权威、违背党的路线方针政策的言行。

自觉爱国守法。忠于祖国，忠于人民，恪守宪法原则，遵守法律法规，依法履行教师职责；不得损害国家利益、社会公共利益，或违背社会公序良俗。

传播优秀文化。带头践行社会主义核心价值观，弘扬真善美，传递正能量；不得通过课堂、论坛、讲座、信息网络及其他渠道发表、转发错误观点，或编造散布虚假信息、不良信息。

潜心教书育人。落实立德树人根本任务，遵循教育规律和学生成长规律，因材施教，教学相长；不得违反教学纪律，敷衍教学，或擅自从事影响教育教学本职工作的兼职兼薪行为。

关心爱护学生。严慈相济，诲人不倦，真心关爱学生，严格要求学生，做学生良师益友；不得要求学生从事与教学、科研、社会服务无关的事宜。

坚持言行雅正。为人师表，以身作则，举止文明，作风正派，自重自爱；不得与学生发生任何不正当关系，严禁任何形式的猥亵、性骚扰行为。

遵守学术规范。严谨治学，力戒浮躁，潜心问道，勇于探索，坚守学术良知，反对学术不端；不得抄袭剽窃、篡改侵吞他人学术成果，或滥用学术资源和学术影响。

秉持公平诚信。坚持原则，处事公道，光明磊落，为人正直；不得在招生、考试、推优、保研、就业及绩效考核、岗位聘用、职称评聘、评优评奖等工作中徇私舞弊、弄虚作假。

坚守廉洁自律。严于律己，清廉从教；不得索要、收受学生及家长财物，不得参加由学生及家长付费的宴请、旅游、娱乐休闲等活动，或利用家长资源谋取私利。

积极奉献社会。履行社会责任，贡献聪明才智，树立正确义利观；不得假公济私，擅自利用学校名义或校名、校徽、专利、场所等资源谋取个人利益。

三、幼儿园教师

坚定政治方向。坚持以习近平新时代中国特色社会主义思想为指导，拥护中国共产党的领导，贯彻党的教育方针；不得在保教活动中及其他场合有损害党中央权威和违背党的路线方针政策的言行。

自觉爱国守法。忠于祖国，忠于人民，恪守宪法原则，遵守法律法规，依法履行教师职责；不得损害国家利益、社会公共利益，或违背社会公序良俗。

传播优秀文化。带头践行社会主义核心价值观，弘扬真善美，传递正能量；不得通过保教活动、论坛、讲座、信息网络及其他渠道发表、转发错误观点，或编造散布虚假信息、不良信息。

潜心培幼育人。落实立德树人根本任务，爱岗敬业，细致耐心；不得在工作期间玩忽职守、消极怠工，或空岗、未经批准找人替班，不得利用职务之便兼职兼薪。

加强安全防范。增强安全意识，加强安全教育，保护幼儿安全，防范事故风险；不得在保教活动中遇突发事件、面临危险时，不顾幼儿安危，擅离职守，自行逃离。

关心爱护幼儿。呵护幼儿健康，保障快乐成长；不得体罚和变相体罚幼儿，不得歧视、侮辱幼儿，严禁猥亵、虐待、伤害幼儿。

遵循幼教规律。循序渐进，寓教于乐；不得采用学校教育方式提前教授小学内容，不得组织有碍幼儿身心健康的活动。

秉持公平诚信。坚持原则，处事公道，光明磊落，为人正直；不得在入园招生、绩效考核、岗位聘用、职称评聘、评优评奖等工作中徇私舞弊、弄虚作假。

坚守廉洁自律。严于律己，清廉从教；不得索要、收受幼儿家长财物或参加由家长付费的宴请、旅游、娱乐休闲等活动，不得推销幼儿读物、社会保险或利用家长资源谋取私利。

规范保教行为。尊重幼儿权益，抵制不良风气；不得组织幼儿参加以营利为目的的表演、竞赛等活动，或泄露幼儿与家长的信息。

四、中等职业学校教师

坚持正确方向。学习、宣传马列主义、毛泽东思想和邓小平理论，拥护党的路线、方针、政策，自觉遵守《教育法》《教师法》《职业教育法》等法律法规。全面贯彻党和国家的教育方针，积极实施素质教育，促进学生在德、智、体、美、劳等方面全面主动地发展。

热爱职业教育。忠诚于职业教育事业，爱岗敬业，教书育人。树立正确教育思想，全面履行教师职责。自觉遵守学校规章制度，认真完成教育教学任务，积极参与教育教学改革。

关心爱护学生。热爱全体学生，尊重学生人格，公正对待学生，维护学生合法权益与身心健康。深入了解学生，严格要求学生，实行因材施教，实现教学相长。

刻苦钻研业务。树立优良学风，坚持终身学习。不断更新知识结构，努力增强实践能力。积极开展教育教学研究，努力改进教育教学方法，不断提高教育教学水平。探索职业教育教学规律，掌握现代教育教学手段，积极开拓，勇于创新。

善于团结协作。尊重同志，胸襟开阔，相互学习，相互帮助，正确处理竞争与合作的关系。维护集体荣誉，创建文明校风，优化育人环境。

自觉为人师表。注重言表风范，加强人格修养，维护教师形象，坚持以身作则。廉洁从教，作风正派，严于律己，乐于奉献。

第七节　教师奖惩

教师奖惩，即教师奖励与教师惩处。教师奖励是按照教师的工作成绩、对教育事业的贡献大小而给予的一定精神奖励和物质奖励。教师惩处则是依据法律法规和部门规则等对教师违法违纪等行为进行处理和处分。《教师法》《教师资格条例》及相关规定为教师奖惩提供了法律政策依据，有助于进一步提高教师队伍素质、规范教师行为、加强教师队伍建设。

一、教师奖励

《教师法》第三十三条规定："教师在教育教学、培养人才、科学研究、教学改革、学校建设、社会服务、勤工俭学等方面成绩优异的，由所在学校予以表彰、奖励。国务院和地方各级人民政府及其有关部门对有突出贡献的教师，应当予以表彰、奖励。对有重大贡献的教师，依照国家有关规定授予荣誉称号。"第三十四条规定："国家支持和鼓励社会组织或者个人向依法成立的奖励教师的基金组织捐助资金，对教师进行奖励。"教师奖励制度为鼓励教师积极上进，终身从教，提高教师队伍素质提供了法律保障；同时，也树立了尊师重教的良好社会风尚。这是加强教师队伍建设的重要方面，具有很强的现实意义。

为了鼓励我国广大教师和教育工作者长期从事教育事业，奖励在教育事业中做出突出贡献的教师和教育工作者，依据《教师法》，1998 年国家教委制定了《教师和教育工作者奖励规定》。《教育部关于建立健全中小学师德建设长效机制的意见》和《教育部关于建立健全高校师德建设长效机制的意见》则进一步强调师德激励，要求完善师德表彰奖励制度，把师德表彰奖励纳入教师和教育工作者奖励范围，把师德表现作为评优评先的重要条件。

（一）全国优秀教师和全国优秀教育工作者

1. 基本条件

热爱社会主义祖国，坚持党的基本路线，忠诚人民的教育事业，模范履行职责，具有良好的职业道德，同时具备下列条件之一：（1）全面贯彻教育方针，坚持素质教育思想，热爱学生，关心学生的全面成长，教书育人，为人师表，在培养人才方面成绩显著。（2）认真完成教育教学工作任务，在教学改革、教材建设、实验室建设、提高教育教学质量方面成绩突出。（3）在教育教学研究、科学研究、技术推广等方面有创造性的成果，具有较大的科学价值或者显著的经济效益、社会效益。（4）在学校管理、服务和学校建设方面有突出成绩。

2. 评选方式

评选采取省级推荐制，有比例限制。各省、自治区、直辖市教育行政部门向国务院教育行政部门推荐"全国模范教师""全国教育系统先进工作者"和"全国优秀教师""全国优秀教育工作者"的比例控制在本地区教职工总数的万分之二以内，其中"全国模范教师""全国教育系统先进工作者"的比例不超过本地区教职工总数的十万分之六。解放军、武装警察部队奖励人选的推荐比例另行确定。

3. 评选奖励周期

奖励"全国模范教师""全国教育系统先进工作者"和"全国优秀教师""全国优秀教育工作者"，每三年进行一次，并于当年教师节期间进行表彰。

4. 奖励机关

国务院教育行政部门会同国务院人事部门统一制作和颁发"全国模范教师""全国教育系统先进工作者"的奖章和证书；国务院教育行政部门统一制作并颁发"全国优秀教师""全国优秀教育工作者"的奖章和证书，或者由其委托省、自治区、直辖市人民政府、解放军总政治部颁发，并在评选当年的教师节举行颁奖仪式。

5. 奖励原则和内容

坚持精神奖励与物质奖励相结合的原则。"全国模范教师""全国教育系统先进工作者"和"全国优秀教师""全国优秀教育工作者"享受由国务院教育行政部门会同中国中小学幼儿教师奖励基金会颁发的一次性奖金。尚未实行职务工资制度的民办教师，获得"全国模范教师""全国教育系统先进工作者"荣誉称号时，奖励晋升薪资的具体办法由各省、自治区、直辖市制定。称号应记入本人档案，并作为考核、聘任、职务和薪资晋升的重要依据。

（二）省级和地市级教育系统先进集体、先进工作者和优秀教师

1. 先进集体

教育系统先进集体的评选范围为各级各类学校和其他教育机构。高等学校的参评对象须为内设二级机构，如院（系、所）、处（科）、重点教学科研基地等。曾获得省部级以上先进集体荣誉称号的单位不参加评选。各级教育行政部门不参加评选。不同教育阶段教育系统先进集体评选条件不同，符合教育规律。

2. 先进工作者

教育系统先进工作者的参评对象为学校校长、书记、教育行政部门干部和其他教育机构管理人员。学校、教育行政部门及其他教育机构中担任副厅级（含）以上职务的领导干部不参加评选。

3. 优秀教师

人选推荐必须坚持政治坚定、事迹突出、群众公认、优中选优和公开、公平、公正原则。坚持以政治表现、工作实绩贡献大小作为衡量标准。防止单纯用升学率评价教师和教育工作者工作的倾向。省优秀教师的参评对象为各级各类学校和其他教育机构的专任教师及教研人员。

一般情况下，优秀教师和教育系统先进工作者不重复参评。考虑学前教育、义务教育、普通高中教育、职业中学教育、特殊教育、民办教育等不同类型、不同层次学校和教育机构的特点，均有代表。

此外，国家设立国家荣誉称号，给在教育领域作出重大贡献、享有崇高声誉的杰出人士"人民教育家"荣誉称号。《中华人民共和国国家勋章和国家荣誉称号法》第四条规定，"国家设立国家荣誉称号，授予在经济、社会、国防、外交、教育、科技、文化、卫生、体育等各领域各行业作出重大贡献、享有崇高声誉的杰出人士。国家荣誉称号的名称冠以'人民'，也可以使用其他名称。国家荣誉称号的具体名称由全国人民代表大会常务委员会在决定授予时确定"。

知识链接4—2

国家主席习近平签署主席令，授予42人国家勋章和国家荣誉称号

2019年9月17日，国家主席习近平签署主席令，根据十三届全国人大常委会第十三次会议表决通过的全国人大常委会关于授予国家勋章和国家荣誉称号的决定，授予于漪、卫兴华、高铭暄"人民教育家"国家荣誉称号。

于漪，女，汉族，中共党员，1929年2月生，江苏镇江人，上海市杨浦高级中学名誉校长，曾任全国中学语文教学研究会副会长。她长期躬耕于中学语文教学事业，坚持教文育人，推动"人文性"写入全国《语文课程标准》。主张教育思想和教学实践同步创新，撰写数百万字教育著述，许多重要观点被教育部门采纳，为推动全国基础教育改革发展作出突出贡献。荣获"全国三八红旗手""全国先进工作者""改革先锋"等称号。

卫兴华，男，汉族，中共党员，1925 年 10 月生，山西五台人，中国人民大学经济学系原主任、教授，曾任国务院学位委员会经济学科评议组成员。他是我国著名经济学家和经济学教育家，长期从事《资本论》研究，为马克思主义政治经济学中国化作出重要贡献，主编的《政治经济学原理》教材是全国影响力和发行量最大的教材之一。他提出的商品经济论、生产力多要素论等，在经济学界影响广泛。荣获孙冶方经济科学奖第一、第二届论文奖。

高铭暄，男，汉族，中共党员，1928 年 5 月生，浙江玉环人，中国人民大学法学院教授，中国刑法学研究会名誉会长。他是当代著名法学家和法学教育家，新中国刑法学的主要奠基者和开拓者。作为唯一全程参与中华人民共和国第一部刑法典制定的学者、中华人民共和国第一位刑法学博导、改革开放后第一部法学学术专著的撰写者和第一部统编刑法学教科书的主编者，为我国刑法学的人才培养与科学研究作出重大贡献。

案例来源：摘自《中国教育报》2019 年 09 月 30 日第 1 版

二、教师惩处

《教师法》《教师资格条例》《事业单位工作人员处分暂行规定》等法律法规和部门规章对教师违法违纪等行为的处理和处分进行了规定，《教育部关于高校教师师德失范行为处理的指导意见》《教育部关于建立健全高校师德建设长效机制的意见》，以及《中小学教师违反职业道德行为处理办法》《教育部关于建立健全中小学师德建设长效机制的意见》则进一步明确了教师违反职业道德的处理办法，对教师的主要违法违纪行为、教师惩处的形式、实施惩处的主体、惩处的流程等进行了规定，有助于规范教师行为，保障教师队伍质量。

（一）教师应受惩处的情形

1. 教师法规定的情形

《教师法》第三十七条规定了三种给予教师行政处分或解聘的情形：（1）故意不完成教育教学任务给教育教学工作造成损失的；（2）体罚学生，经教育不改的；（3）品行不良、侮辱学生，影响恶劣的。

2. 违反高校教师职业道德的情形

高校教师有如下违反师德情形的，同样需要受到处理或处分。

（1）损害国家利益，损害学生和学校合法权益的行为。（2）在教育教学活动中有违背党的路线方针政策的言行。（3）在科研工作中弄虚作假、抄袭剽窃、篡改侵吞他人学术成果、违规使用科研经费以及滥用学术资源和学术影响；影响正常教育教学工作的兼职兼薪行为。（4）在招生、考试、学生推优、保研等工作中徇私舞弊。（5）索要或收受学生及家长的礼品、礼金、有价证券、支付凭证等财物。（6）对学生实施性骚扰或与学生发生不正当关系。（7）其他违反高校教师职业道德的行为。

3. 中小学教师违反职业道德的情形

中小学教师违反职业道德的情形包括如下内容。

（1）在教育教学活动中及其他场合有损害党中央权威、违背党的路线方针政策的言行。（2）损害国家利益、社会公共利益，或违背社会公序良俗。（3）通过课堂、论坛、讲座、信息网络及其他渠道发表、转发错误观点，或编造散布虚假信息、不良信息。（4）违反教学纪律，敷衍教学，或擅自从事影响教育教学本职工作的兼职兼薪行为。（5）歧视、侮辱学生，虐待、伤害学生。（6）在教育教学活动中遇突发事件、面临危险时，不顾学生安危，擅离职守，自行逃离。（7）与学生发生不正当关系，有任何形式的猥亵、性骚扰行为。（8）在招生、考试、推优、保送及绩效考核、岗位聘用、职称评聘、评优评奖等工作中徇私舞弊、弄虚作假。（9）索要、收受学生及家长财物或参加由学生及家长付费的宴请、旅游、娱乐休闲等活动，向学生推销图书报刊、教辅材料、社会保险或利用家长资源谋取私利。（10）组织、参与有偿补课，或为校外培训机构和他人介绍生源、提供相关信息。（11）其他违反职业道德的行为。

（二）教师惩处的形式

给予教师处理、处分等决定的主体为学校和主管教育部门。根据教师违法违纪行为的情节轻重，可作出如下形式的处理或处分。

1. 处理

其他处理包括批评教育、诫勉谈话、责令检查、通报批评，以及取消其在评奖评优、职务晋升、职称评定、岗位聘用、工资晋级、干部选任、申报人才计划、申报科研项目等方面的资格（取消相关资格的处理执行期限不得少于 24 个月）。

2. 处分

包括警告（期限为 6 个月），记过（12 个月），降低专业技术职务等级、撤销专业技术职务或者行政职务（不得少于 24 个月）、开除或者解除聘用合同。教师是中共党员的，同时给予党纪处分。

3. 撤销教师资格

对于弄虚作假、骗取教师资格的，或者品行不良、侮辱学生，影响恶劣的，由县级以上人民政府教育行政部门撤销其教师资格。被撤销教师资格的，自撤销之日起 5 年内不得重新申请认定教师资格，其教师资格证书由县级以上人民政府教育行政部门收缴。此外，受到剥夺政治权利或者故意犯罪受到有期徒刑以上刑事处罚的，已经取得教师资格的，丧失教师资格，不得重新申请认定教师资格，其教师资格证书由县级以上人民政府教育行政部门收缴。

教师是中共党员的，同时给予党纪处分。涉嫌违法犯罪的，及时移送司法机关依法处理。

（三）教师惩处的基本程序

学校及学校主管教育部门对于教师的违法违纪行为，应当明确受理、调查、认定、处理、复核、监督等处理程序。在调查过程中和作出处理决定前，应当听取教师的陈述和申辩，听取学生、其他教师、家长委员会或者家长代表意见，并告知教师有要求举行听证的权利。教师对处理决定不服的，按照国家有关规定提出复核、申诉。

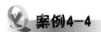

4 名教师有偿补课被罚

【案例事实】

马鞍山市教育局第三次通报教师有偿补课查处典型案例，4 名教师有偿补课被查实，分别受到清退违规所得、扣罚绩效工资、给予记过或警告等严厉处罚。

马鞍山市第二中学教师王××，2018 年 6 月 2 日在家开展有偿补课被查实。马鞍山市报经市教育局批准，责令王××立即停止有偿补课行为、全额清退违规所得，扣发当年奖励性绩效工资，当年年度考核评定为不合格；给予记过处分，在两年内不得申报评审教师专业技术资格、评优评先。该市教育局撤销王××市级骨干教师荣誉称号。

马鞍山市红星中学教师刘×，2018 年 6 月 24 日在家开展有偿补课被查实。马鞍山市红星中学报经市教育局批准，责令刘×立即停止有偿补课行为、全额清退违规所得，扣发当年奖励性绩效工资，当年年度考核评定为不合格；给予记过处分，在两年内不得申报评审教师专业技术资格、评优评先。鉴于刘×为中共党员，该市红星中学党委根据有关规定报马鞍山市教育局党委按照《中国共产党纪律处分条例》给予处理。

马鞍山市二中实验学校教师陈××，2018 年 7 月 20 日在家开展有偿补课被查实。马鞍山市二中实验学校报经市教育局批准，责令陈××立即停止有偿补课行为、全额清退违规所得，扣发当年奖励性工资，当年年度考核评定为不合格；给予记过处分，在两年内不得申报评审教师专业技术资格、评优评先。鉴于陈××为中共党员，二中实验学校党支部根据有关规定报马鞍山市教育局党委按照《中国共产党纪律处分条例》给予处理。

马鞍山市外国语学校教师蒋××，2018年7月27日在家开展有偿补课被查实。马鞍山市外国语学校报经市教育局批准，责令蒋××立即停止有偿补课行为、全额清退违规所得，扣发当年奖励性绩效工资；给予警告处分，当年年度考核评定为不合格。鉴于蒋××为中共党员，该市外国语学校党支部根据有关规定报马鞍山市教育局党委按照《中国共产党纪律处分条例》给予处理。

【案例分析】

有偿家教是指少数教师利用节假日休息时间对有补课或课外辅导需求的学生提供有偿服务的活动或行为。2015年6月29日，教育部以教师〔2015〕5号印发《严禁中小学校和在职中小学教师有偿补课的规定》。规定：严禁中小学校组织、要求学生参加有偿补课；严禁中小学校与校外培训机构联合进行有偿补课；严禁中小学校为校外培训机构有偿补课提供教育教学设施或学生信息；严禁在职中小学教师组织、推荐和诱导学生参加校内外有偿补课；严禁在职中小学教师参加校外培训机构或由其他教师、家长、家长委员会等组织的有偿补课；严禁在职中小学教师为校外培训机构和他人介绍生源、提供相关信息。

对于违反上述规定的中小学校，视情节轻重，相应给予通报批评、取消评奖资格、撤销荣誉称号等处罚，并追究学校领导责任及相关部门的监管责任。对于违反上述规定的在职中小学教师，视情节轻重，分别给予批评教育、诚勉谈话、责令检查、通报批评直至相应的行政处分。

案例来源：www.ahwag.cn/p/1829025.html，2021-12-24

本章小结

教师是学校教育活动中的重要主体之一，教师管理是建设新时代高质量教师队伍的必要途径。教师享有专业权利和义务，与政府、学校之间存在着特有的行政法律关系。具体而言，教师管理涉及从教师资格认定，到教师聘任和职务评定，从教师培训到教师考核，从教师工伤认定到师德管理，再到教师的奖励和惩处的多个方面。对教师管理进行整体性了解和把握，有助于加强对教师群体及其相关内容的理解，在教育教学实践中更加充分地保障教师权益，履行相应义务，促进教师队伍的不断发展和成长。

参考书目

[1] 余雅风. 新编教育法学 [M]. 上海：华东师范大学出版社，2008.

[2] 劳凯声. 中国教育法制评论（第 9 辑）[M]. 北京，教育科学出版社，2010.

拓展阅读书目

[1] 叶澜. 命脉 [M]. 桂林：广西师范大学出版社，2000.

[2] 朱旭东. 教师专业发展理论研究 [M]. 北京：北京师范大学出版社，2011.

[3] 佐藤学. 教师的挑战 [M]. 上海：华东师范大学出版社，2012.

[4] 陈玉琨. 教育评价学 [M]. 北京：人民教育出版社，2019.

[5] 教育部师范教育司组织编写. 教师专业化的理论与实践 [M]. 北京：人民教育出版社，2003.

思考问题

1. 教师拥有哪些专业权利？

2. 小学教师的职务包括什么？评定要求是什么？

3. 怎样认定教师工伤？

4. 新时代教师职业行为准则有哪些？

5. 教师的奖励包括哪些？

6. 教师的惩处有哪些形式？

第五章　课程与教学管理

本章摘要

　　本章第一节首先概要介绍了我国国家、地方与学校三级课程管理体制以及各级课程管理的权限，并分析了我国课程结构的特点以及我国的课程计划和标准。接着在简要介绍我国教材管理体制的基础上，重点介绍了我国中小学、职业院校和高等学校的教材编写、审定、出版、选用等方面的管理规范，并介绍了我国推行义务教育教科书免费和教科书循环使用制度。第二节分析了我国现有的教学基本组织形式——班级授课制，以及新形势下教学组织的变革——走班教学制。然后分析与介绍了我国对学校课程安排、教学内容、教师从事教学行为、对学生进行学业评价以及对教师教学进行评价等方面的规范与要求。

本章关键术语

　　国家课程；地方课程；学校课程；课程结构；课程标准；课程计划；教材编写；教材审定；教材出版；教材选用；教学组织；教学内容；教学行为；教学评价。

学习目标

◆了解我国的课程设置体制

◆把握我国义务教育学校和普通高中的课程标准

◆了解我国教材管理体制以及教材选用规范

◆了解我国的基本教学组织形式及其变化

◆认识我国教学内容安排的规范要求

◆认识教师教学行为规范

◆了解教学评价的原则与要求

第一节　课程管理

　　课程是一种适合学生身心发展的、连接学生直接经验和间接经验的、引导学生个性全面发展的知识体系及其获取的路径。课程的一个前提性假设是知识的教育价值，因而课程理论和课程设计，常常围绕着知识及其获得方式的教育价值的估量、选择和组织而展开。课程管理法律的核心问题是课程发展过程中对教育的目的、手段进行判断和选择，从而决定学生学习怎样的课程的过程。课程权力的分配问题是课程管理的关键所在，也是课程管理活动的基础，一个国家中学校的课程由谁决策，如何决策，这个国家在学校课程决策上形成了一种什么样的模式等。它决定着哪些知识可以进入课程内容、课程教材如何管理等。

一、我国课程设置体制

1996 年，国家教委基础教育司制定的《全日制普通高级中学课程计划（试验）》第一次明确提出在课程管理方面"普通高中课程由中央、地方、学校三级管理"。《全日制普通高级中学课程计划（试验）》规定：学校应该"合理设置本学校的任选课和活动课"，这一部分占周总课时的 20%～25%，改变了以前学校、教师在课程开发中被动、接受的角色，在原则上肯定了学校和教师在课程开发中的权力和地位。1999 年 6 月颁发的《中共中央 国务院关于深化教育改革全面推进素质教育的决定》进一步规定"建立新的基础教育课程体系，试行国家课程、地方课程和学校课程"。2001 年，《基础教育课程改革纲要（试行）》正式提出，"为保障和促进课程对不同地区、学校、学生的适应性，实行国家、地方和学校三级课程管理"，确立了国家、地方和学校三级课程管理体制。2003 年颁布的《普通高中课程方案》，进一步明确了这一点。三级课程管理的基本特点是：国家、地方、学校共同参与课程决策，三级课程决策达到有机统一，又各自具有相对独立性；改变权力高度集中统一的自上而下的决策模式，建立权力分享的自下而上的决策过程模式；通过校本课程的开发，使校长、教师、学生成为课程决策的参与者。①

（一）国家课程

广义上讲，国家课程指国家有关部门制定和颁布的各种课程政策，包括制订基础教育课程计划、规定各类课程的比例和范围、教材编写、审查和选用制度等；从狭义上说，国家课程是指国家委托有关部门或机构制定的基础教育的必修课程或核心课程的课程标准或大纲。总的来说，国家课程集中体现了国家意志，是基础教育课程框架的主体部分，具有一定的统一规定性和强制性。国家课程是对全体公民的基本素质要求，不涉及人才多样化的素质要求，从而保证所有的学生都能享受到均等学习的权利。因此，国家课程的标准不高，也可以说是对学生提出的最低要求。

---

① 方琼萱：《我国课程决策机制演变及发展综述》，载《江苏教育研究》，2009（6A）。

国家课程规定了不同阶段的教学目标，有助于形成一个连续性的课程框架，但是国家课程具有强制性，往往以必修课和国家统一考试的方式出现，同时具有明确的教育质量标准，是不同学生个体、学校和地区用来比较的重要依据。

国家有关部门宏观指导基础教育课程改革，负责制定国家课程政策，对重大课程改革进行决策；根据基础教育的性质与任务，规定课程设置和比例；组织制定、修订、审定、颁布指导性的课程计划和课程标准，以及教材编写、开发、管理指南、课程评价制度；规划、组织编写、审查并向全国推荐教材；制定教科书或教材的开发与管理政策；等等。①

（二）地方课程

国家课程适用于全国范围内的基础教育学校，具有普遍性，但是我国幅员辽阔，各个地区差异很大，国家课程很难满足各个地方的差异，所以需要发展地方课程。广义的地方课程是指在某一地方实施和管理的课程，既包括地方对本地国家课程的管理和实施，也包括地方自主开发的只在本地实施的课程；狭义的地方课程专指地方自主开发、实施的课程。在一般情况下，人们所谈的地方课程都是狭义的地方课程。

地方课程管理的主体是地方教育行政部门，主要指各省（自治区、直辖市）的教育行政部门和一些市县教育行政部门。地方教育行政部门对所管辖的课程进行规划、指导、决策、监督、协调等，其具体的管理对象有课程目标、课程编订、课程实施和课程评价等。根据国家的有关规定和本省（自治区、直辖市）实际，确定本省（自治区、直辖市）执行的课程计划和课程标准；制定本省（自治区、直辖市）课程改革方案，报国家教育部审批；制定学校实施地方课程的指导性意见；审批县以上教育行政部门组织编写的选修课教材、乡土教材；审查省（自治区、直辖市）编教材，指导各地选用教材；指导检查各地实施国家课程的状况以及课程管理工作，等等。②

（三）学校课程

地方课程适用于省级区域内的基础教育学校，但又很难反映区域内学校间和城乡间的差异，所以需要在新的课程体系中发展学校课程。广义的学校课程指学校所实施的全部课程，既包括学校所实施的国家课程、地方课程，也包括学校自己开发的课程。它是基于国家和地方课程标准，根据本校学生的培养目标及学校发展特点，聚焦为学校所制定的课程执行标准以及相应的课程结构和内容体系，是国家课程和地方课程在学校层面的具体体现。

---

① 黄忠敬：《课程政策》，166～167 页，上海，上海教育出版社，2010。

② 同上书，166～167 页。

狭义的学校课程专指校本课程，即学校在实施好国家课程和地方课程的前提下，自己开发的适合本校实际的、具有学校自身特点的课程。校本课程是在国家课程和地方课程基础之上，以学校为基地、以学生发展为目的、由校长领导、教师做主力、课程专家做指导、包括家长和社区人士共同参与开发的课程。"校本"的含义有三方面：一是为了学校，二是在学校中，三是基于学校。为了学校是指改进学校实践、解决学校所面临的问题；在学校中是指学校自身的问题由学校众人来解决；基于学校是从学校的实际出发，所涉及的各门课程都要考虑学校的实际情况。"学校课程""校本课程"属于不同的概念，校本课程是力图使学校和直接利益相关者参与学校课程的开发，而学校课程则更加全面地反映学校和利益相关者的实际需求。

学校根据教育部和本省（自治区、直辖市）课程计划的有关规定，从当地社区、学校的实际出发，对国家课程与地方课程做出具体安排，合理设置本校的课程结构与课程门类；参与本社区学校课程具体实施方案的编制，积极开发校本课程，并报上级教育行政部门审批、备案；确立选择经过权威机构或部门审定的教材的机制；建立学校课程评估机制，保证与国家课程、地方课程在目标上的一致性；及时反映课程实施过程中出现的问题；等等。[1]

三级课程管理体制将学校对课程的管理纳入其中，使学校具有了课程管理的自主权。不管是国家课程、地方课程还是学校课程，其最终落脚点都在学校。三级课程管理体制将课程权力分配到国家、地方和学校，使其各司其职，中央不干涉地方学校的课程事务，地方和学校也不推卸自身的职责。[2]

 知识链接5—1

《基础教育课程改革纲要（试行）》规定的三级课程管理

为保障和促进课程对不同地区、学校、学生的适应性，实行国家、地方和学校三级课程管理。

教育部总体规划基础教育课程，制订基础教育课程管理政策，确定国家课程门类和课时。制订国家课程标准，积极试行新的课程评价制度。

省级教育行政部门依据国家课程管理政策和本地区实际，制订本省（自治区、

---

① 黄忠敬：《课程政策》，166～167页，上海，上海教育出版社，2010。

② 劳凯声、蒋建华：《教育政策与法律概论》，177～181页，北京，北京师范大学出版社，2015。

直辖市）实施国家课程的计划，规划地方课程，报教育部备案并组织实施。经教育部批准，省级教育行政部门可单独制订本省（自治区、直辖市）范围内使用的课程计划和课程标准。

学校在执行国家课程和地方课程的同时，应视当地社会、经济发展的具体情况，结合本校的传统和优势、学生的兴趣和需要，开发或选用适合本校的课程。各级教育行政部门要对课程的实施和开发进行指导和监督，学校有权利和责任反映在实施国家课程和地方课程中所遇到的问题。

二、课程计划

课程计划是指导和规划课程与教学活动的规范性文件，它是根据教育目的和不同层次与类别学校的培养目标、由教育行政部门制定的有关学校教育教学工作的指导性文件。课程计划是对课程的整体规划，主要包含培养目标、课程设置、考试考查、实施要求四个部分的内容。（1）培养目标，即预期的课程学习结果。一般包括各级各类学校的目标以及不同教育阶段的目标。（2）课程设置，主要包括学科设置的基本要求、各学科的基本内容与要求、课时、学周、学年的安排等。（3）考试考查，即学期、学年和毕业的终结性考查、考试，主要包括考试考查的科目、要求、方法等。（4）实施要求，即执行课程计划的具体要求。

针对我国基础教育课程结构存在的问题和新时期教育发展所承担的新任务，我国构建的面向 21 世纪基础教育课程改革方案明确了课程结构调整的三项基本原则，即努力实现基础教育课程结构的综合性、均衡性和选择性。①

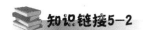
知识链接5—2

义务教育课程设置表

类别	科目	年级
国家课程	道德与法治	一至九年级
	语文	一至九年级
	数学	一至九年级
	外语	三至九年级
	历史、地理	七至九年级
	科学	一至六年级

---

① 黄忠敬：《课程政策》，159～162 页，上海，上海教育出版社，2010。

续表

类别	科目	年级
国家课程	物理、化学、生物（或科学）	七至九年级
	信息技术	三至八年级
	体育与健康	一至九年级
	艺术	一至九年级
	劳动	一至九年级
	综合实践活动	一至九年级
地方课程	由省级教育行政部门规划设置	
校本课程	由学校按规定设置	

说明：本表按"六三"学制安排，"五四"学制可参考确定。

各科目安排及九年总课时比例

	年级									九年总课时（比例）
	一	二	三	四	五	六	七	八	九	
国家课程	道德与法治									6％～8％
	语文									20％～22％
	数学									13％～15％
	外语									6％～8％
							历史、地理			3％～4％
	科学						物理、化学、生物学（或科学）			8％～10％
	信息技术									1％～3％
	体育与健康									10％～11％
	艺术									9％～11％
	劳动									
	综合实践活动									
地方课程	由省级教育行政部门规划设置									14％～18％
校本课程	由学校按规定设置									
周课时	26	26	30	30	30	30	34	34	34	
新授课总课时	910	910	1050	1050	1050	1050	1190	1190	1122	9522

说明：本表按"六三"学制安排，"五四"学制可参考确定。

摘自：教育部《义务教育课程方案和课程标准（2002年版）》。

普通高中课程设置

科目	必修学分	选择性必修学分	选修学分
语文	8	0～6	0～6
数学	8	0～6	0～6
外语	6	0～8	0～6
思想政治	6	0～6	0～4
历史	4	0～6	0～4
地理	4	0～6	0～4
物理	6	0～6	0～4
化学	4	0～6	0～4
生物学	4	0～6	0～4
技术（含信息技术和通用技术）	6	0～18	0～4
艺术（或音乐、美术）	6	0～18	0～4
体育与健康	12	0～18	0～4
综合实践活动	8		
劳动	6		
合计	88	≥42	≥14

说明：校本课程不少于 14 学分。其中，在必修和选择性必修基础上设计的学科拓展、提高类课程之外的课程不少于 8 学分。

摘自：教育部《普通高中课程方案（2017 年版 2020 年修订）》。

中央政府、地方政府与学校课程计划制定中的权限不同。中央政府组织制订或修订、审定基础教育各个阶段的课程计划。包括统一规定国家课程在各个教育阶段中的中观课程结构，如学习领域或科目数、总课时、周课时以及课时分配结构，严格控制学生的活动时间量与基本学业负担。严格审查各省、自治区、直辖市上报的基础教育各个阶段的课程计划。地方政府应按照国家课程计划的要求，制定本省（自治区、直辖市）实施的各个教育阶段的课程计划，并报教育部基础教育司备案。学校则根据教育部和本省（自治区、直辖市）课程计划的有关规定，从当地社区、学校的实际出发，参与本社区学校课程具体实施方案的编制，并把学校课程方案报上级教育主管部门备案。

三、课程标准

课程标准，从字义上来看，是一种标准。所谓的标准，就是人们行事的准绳，也是人们应遵行的规范或是评价时的依据，更是追求的理想与价值。因此课程标准所具有的标准性，也反映出课程标准的强制性、正确性与规范性。课程标准往往以部门规范性文件的方式发布，由官方公布施行，同时也是官方教育机构的施政方针，可见法规性也是课程标准的特质之一。课程标准既是法规，同时也是官方教育机构的施政方针，它代表了国家行政部门尤其是教育部，在基础教育的教学内容和方法上的一些主张，或是要推动的措施。课程标准代表了国家（国家教育行政部门）在基础教育的教学内容和方法上要推行的一种政策。

课程计划是课程标准编制的依据，课程计划随着社会需要、教育变革而变化，课程标准则跟着课程计划的变化而变动。课程标准是各学科的纲领性文件，发挥着教学工作的"组织者"作用，可以确保不同教师有效地、连贯地、目标一致地开展教学工作。《基础教育课程改革纲要（试行）》明确指出，课程标准是教材编写、教学、评估和考试命题的依据，是国家管理和评价课程的基础，应体现国家对不同阶段的学生在知识与技能、过程与方法、情感态度与价值观等方面的基本要求。它规定了各门课程的性质、目标、内容框架，提出了教学和评价建议。

课程标准包括总的课程标准以及各学科的课程标准，主要包含以下四个部分：（1）前言，即说明部分，扼要说明本学科开设的意义、课程性质、课程基本理念以及课程设计思路。（2）课程目标，即课程本身要实现的具体目标和意图。课程目标从知识与能力、过程与方法、情感态度与价值观三个方面设计，在这三个方面对学生需要达到的目标进行说明，三者相互渗透，融为一体。（3）课程内容，即学生在学习该学科时所应掌握的事实、观点、原理以及方法等。（4）实施建议，即对教学、评价、教材编写以及课程资源的开发与利用等提出的实施原则、方法和策略。

2022 年 3 月 25 日，教育部印发了最新版义务教育课程方案和道德与法治、语文、历史、数学、英语、日语、俄语、地理、科学、物理、化学、生物、信息技术、体育与健康、艺术等 16 个学科的课程标准（2022 年版），已于 2022 年秋季学期开始执行。2017 年教育部印发了普通高中课程方案和课程标准，并于 2020 年进行修订，包括语文、数学、英语、思想政治、历史、地理、物理、化学、生物、信息技术、通用技术、艺术、音乐、美术、体育与健康、日语、俄语、德语、法语和西班牙语等 20 个学科的课程标准（2017 年版 2020 年修订）。

四、教材

教材又称教科书，它是依据课程标准编制的、系统反映学科内容的教学用书。教材是课程标准的具体化，通常按学年或学期分册，划分单元或章节。它主要由目录、课文、习题、实验、图表、注释和附录等部分构成。除教材以外，还有各类指导书和补充读物、工具书、挂图、图表和其他教学辅助用具、教学程序软件包、幻灯片、电影片、音像磁盘等。

2016年10月，中办、国办正式印发了《关于加强和改进新形势下大中小学教材建设的意见》，提出要健全国家教材制度，并于2017年成立了国家教材委员会，由教育部教材局承担办公室工作。国家教材委员会负责指导和统筹全国的教材规划、制度建设和保障工作，审核国家课程设置、课程标准和意识形态属性较强的国家课程教材。

2019年12月，教育部印发《中小学教材管理办法》《职业院校教材管理办法》和《普通高等学校教材管理办法》，分别对中小学、职业院校和高等学校的教材管理进行更加系统的规定。

（一）中小学教材管理

中小学教材是指根据国家课程方案编写的、供义务教育学校和普通高中学校使用的教学用书，以及作为教材内容组成部分的教学材料（主要包括教材配套的音视频、图册和活动手册等）。

1. 教材编写与修订

（1）教材编写修订的要求

国家课程教材依据国家课程教材建设规划、中小学课程方案和课程标准编写修订。地方课程教材要依据相应的课程教材建设规划或编写方案，立足区域人才培养需要，充分利用好地方特有经济社会资源编写修订。教材编写修订应符合以下要求：①以马克思列宁主义、毛泽东思想、邓小平理论、"三个代表"重要思想、科学发展观、习近平新时代中国特色社会主义思想为指导，有机融入中华优秀传统文化、革命传统、法治意识和国家安全、民族团结以及生态文明教育，努力构建中国特色、融通中外的概念范畴、理论范式和话语体系，防范错误政治观点和思潮的影响，引导学生树立正确的世界观、人生观和价值观，努力成为德智体美劳全面发展的社会主义建设者和接班人。②体现科学性和先进性，既相对稳定，又与时俱进，准确阐述本学科基本概念、基本知识和基本方法，内容选择科学适当，符合课程标准规定的知识类别、覆盖广度、难易程度等，及时反映经济社会发展新变化、科学技术进步新成果。③着眼于学生全面发展，围绕核心素养，遵循学生成长规律，适应不同年龄阶段学生的认知特征，紧密联系学生思想、学习、生活实际，将知识、能力、情感、价值观的培养有机结合，充分体现教育教学改革的先进理念。④注重教材的系统性，结构设计合理，不同学段内容衔接贯通，各学科内容协调配合。选文篇目内容积极向上、导向正确，选文作者历史评价正面，有良好的社会形象。语言文字规范，插图质量高，图文配合得当，可读性强。⑤符合知识产权保护等国家法律、行政法规，不得有民族、地域、性别、职业、年龄歧视等内容，不得有商业广告或变相商业广告。

（2）教材编写的资格和条件

国家统编教材由国务院教育行政部门组织编写。其他教材须由具备相应条件和资质的单位组织编写。编写单位应当具备以下条件：①在中华人民共和国境内登记注册、具有独立法人资格、与教育相关的单位或组织。单位法定代表人须具有中华人民共和国国籍。②有熟悉相关学科教材编写工作的专业团队。国家课程教材编写单位应具有中小学教材编写经验。③有课程、教材、教学等方面的研究基础，原则上应承担、组织或参与过国家级或省部级教育科学研究课题，研究成果有较大社会影响。④有对教材持续进行使用培训、指导、回访等跟踪服务和研究的专业团队，有常态化质量监控机制，能够为修订完善教材提供持续、有力支持。⑤有保证正常编写工作的经费及其他保障条件。

教材编写人员应经所在单位党组织审核同意，并由编写单位集中向社会公示。编写人员应符合以下条件：①政治立场坚定，拥护中国共产党的领导，认同中国特色社会主义，坚定"四个自信"，自觉践行社会主义核心价值观，具有正确的世界观、人生观、价值观，坚持正确的国家观、民族观、历史观、文化观、宗教观，没有违背党的理论和路线方针政策的言行。②准确理解和把握课程方案、学科课程标准，熟悉中小学教育教学规律和学生身心发展特点，对本学科有比较深入的研究，熟悉教材编写的一般规律和编写业务，文字表达能力强。有丰富的教学或教科研经验。一般应具有高级专业技术职务。③遵纪守法，有良好的思想品德、社会形象和师德师风。④有足够时间和精力从事教材编写修订工作。编写人员不能同时参与同一学科不同版本教材编写。

此外，教材编写实行主编负责制，对于主编也有要求。主编须符合本办法第十一条规定外，还需符合以下条件：①坚持正确的学术导向，政治敏锐性强，能够辨别并抵制各种错误政治观点和思潮，自觉运用中国特色话语体系。②具有高级专业技术职务，在本学科领域有深入研究、较高造诣和学术威望，或是全国知名专家、学术领军人物，在课程教材或相关学科教学方面取得有影响的研究成果，有丰富的教材编写经验。审定后的教材原则上不更换主编，如有特殊情况，须报负责组织教材审核的教育行政部门批准。

2. 教材审核与审定

《中小学教材管理办法》第五条规定，国家实行中小学教材审定制度，未经审定的教材，不得出版、选用。教材编制完成后，需要由相关主体进行审核，再提交教育行政部门加以审定。

根据教材层次不同，教材审核机构也不同。国家教材委员会专家委员会负责审核国家课程教材和其他按规定纳入审核范围的教材，其中意识形态属性较强的教材还须报国家教材委员会审核。各省（区、市）成立省级教材审核机构，负责审核地方课程教材，其中意识形态属性较强的教材还应送省级党委宣传部门牵头进行政治把关。同时，教材出版部门成立专门政治把关机构，建强工作队伍和专家队伍，在所编修教材正式送审前，以外聘专家为主，进行专题自查，把好政治关。

一般来说，新编修订教材需经过初审和复审两个阶段。其中，通过初审后须进行试教试用，并选聘一线优秀教师进行审读，在教学环节对教材进行全面检验。编写单位应根据试教试用情况和一线教师审读意见对教材进行修改完善。复审阶段，应在个人认真审读的基础上，召开审核会议，集体充分讨论形成审核意见。审核结论分"通过""重新送审"和"不予通过"三种。

《出版管理条例》（2020 年修订）规定，"中学小学教科书由国务院教育行政主管部门审定"。审核通过的国家课程教材，由国务院教育行政部门履行行政审定程序。审定通过的教材列入全国中小学教学用书目录。审核通过的地方课程教材，由省级教育行政部门审定后列入本省（区、市）中小学教学用书目录。

3. 教材出版与选用

（1）教材出版

经审定后的教材须由取得国家出版主管部门批准的教材出版、发行资质的出版发行单位出版发行。教材出版单位要严格按照审定通过的出版稿印刷，并向相关教育行政部门备案。同时，教材出版发行不得夹带任何商业广告或变相商业广告，不得搭售教辅材料或其他商品。

（2）教材选用

2014 年，教育部印发了《中小学教科书选用管理暂行办法》，对中小学教科书的选用机构、选用程序等进行了规定。我国严格执行目录选用制度，国务院教育行政部门负责制定全国中小学教科书选用政策，公布《全国中小学教学用书目录》。省级教育行政部门负责本行政区域内中小学教科书选用的统筹管理，领导和监督教科书选用工作。

中小学教材选用单位由省级教育行政部门根据当地实际情况确定。教材选用单位应当组建由多方代表参与的教材选用委员会，具体负责教材的选用工作。教材选用委员会分学科组提出初选意见，提交选用委员会进行充分讨论，决定选用结果。

国家课程教材必须在国务院教育行政部门公布的中小学教学用书目录中选用，地方课程教材必须在省级教育行政部门公布的中小学教学用书目录中选用。教材选用结果须在本级教育行政部门网站上公示。省级教育行政部门应在选用工作完成后 30 个工作日内，将本地区教材选用结果报国务院教育行政部门备案。

4. 义务教育教科书免费制度和循环使用制度

我国义务教育教科书免费制度的发展经历了从向贫困地区家庭经济困难的中小学生免费提供教科书，到向全国农村地区义务教育阶段学生提供免费教科书，再到向城乡义务教育学生免费提供教科书这三个发展阶段。《国务院关于进一步完善城乡义务教育经费保障机制的通知》指出，对城乡义务教育学生免除学杂费、免费提供教科书。其中，免费教科书资金，国家规定课程由中央全额承担（含出版发行少数民族文字教材亏损补贴），地方课程由地方承担。2017 年 5 月，教育部、财政部《关于全面实施城乡义务教育教科书免费提供和做好部分免费教科书循环使用工作的意见》规定，从 2017 年春季学期开始，中央财政对全国城市和农村地区义务教育阶段学生免费提供国家课程的教科书；各地组织编写、选用的地方课程教材一律免费提供给义务教育阶段学生使用，所需资金由地方财政承担。

2007 年《教育部财政部关于全面实施农村义务教育教科书免费提供和做好部分教科书循环使用工作的意见》提出"从 2008 年春季学期开始，建立部分国家课程教科书的循环使用制度。中央财政于 2008 年配齐循环使用的教科书，并从 2008 年春季学期起实行循环使用。纳入循环使用的教科书包括：小学《科学》，《音乐》、《美术》（或《艺术》），《信息技术》；初中《音乐》、《美术》（或《艺术》），《体育与健康》，《信息技术》。循环使用的科目可根据需要进行调整。鼓励各地对地方课程免费教材也实行循环使用，具体办法由各省级教育、财政部门确定"。2015 年《国务院关于进一步完善城乡义务教育经费保障机制的通知》指出，在继续落实好农村学生"两免一补"和城市学生免除学杂费政策的同时，向城市学生免费提供教科书并推行部分教科书循环使用制。2017 年 5 月，教育部、财政部《关于全面实施城乡义务教育教科书免费提供和做好部分免费教科书循环使用工作的意见》进一步规定，义务教育部分国家课程教科书循环使用制度实施范围包括全国所有农村和城市地区。鼓励各地对地方课程免费教材也实行循环使用，具体办法由各省级教育、财政部门确定。

案例5-1

【案例事实】

2002 年 2 月，广西壮族自治区有关部门统一向新华书店购买教科书，调拨给相关县，由县教育局将指标分给各学校。在这次分配中，田阳县坡洪中学可以享受免费提供教科书 475 人，每人享受金额为 60 元，共计 28500 元。按照规定，享受免费提供教科书的学生不应缴纳课本费，对已预收了课本费的要及时退还给学生。2002 年 3 月，坡洪中学向可以享受免费提供教科书的学生预收了书费，但此后一直未退还给这些贫困生，直到调查组调查发现后，才急忙于 2003 年 7 月 27 日退回。另一起发生在 2002 年 8 月，田阳县可以享受免除教科书费用 20 万元，但此款直到 2003 年 7 月还留在县教育局账户上，未兑现给可以享受的贫困生。

问题发现后，田阳县委、县政府采取一系列措施，及时纠正，两笔免费提供教科书的资金已全部清退。县教育局、坡洪中学相关责任人分别受到党纪政纪严肃处理。自治区教育厅专门为此发出情况通报，要求各地教育部门进一步提高认识，切实履行职责，并认真开展自查自纠，把国家免费提供教科书工作做细做实，使贫困生充分享受到国家政策的温暖。①

【案例分析】

自 2001 年开始，我国启动推行义务教育教科书免费制度的试点工作。《国务院关于基础教育的改革与发展的决定》第 15 条指出"抓住西部大开发有利时机，推动贫困地区和少数民族地区义务教育发展……从 2001 年开始，对贫困地区家庭经济困难的中小学生进行免费提供教科书制度的试点"。同年，教育部、财政部根据《国务院办公厅转发体改办等部门关于降低中小学教材价格深化教材管理体制改革意见的通知》精神，制定了《关于对全国部分贫困地区农村中小学生试行免费提供教科书的意见》，免费提供教科书的对象为国家扶贫开发工作重点县中，到 2000 年底未普及初等教育县的全部农村小学生和未通过国家基本普及九年义务教育和基本扫除青壮年文盲验收县农村初中学生中家庭经济困难的学生，以及特殊教育学校（特教班）的学生。

义务教育免费提供教科书制度作为一项国家政策，旨在为贫困地区农村中小学生提供教育资源上的支持，减轻他们的就学压力。本案中田阳县教育局和坡洪中学

---

① 刘昆：《国家免费提供教科书不容挡道　广西田阳县相关责任人受到严肃处理》，载《光明日报》，2003-12-04。

的相关负责人显然没有认真履行自身职责、贯彻落实国家免费教科书制度，侵害了部分贫困生应该享有的权益，理应受到惩处。

（二）职业院校教材管理

职业院校教材是指供中等职业学校和高等职业学校课堂和实习实训使用的教学用书，以及作为教材内容组成部分的教学材料（如教材的配套音视频资源、图册等）。《职业院校教材管理办法》对职业院校的教材管理规划、编写审核、出版发行、选用使用等进行了较为系统、全面的规定。

1. 教材编写与修订

（1）教材编写修订的要求

职业院校教材编写的要求如下：①以马克思列宁主义、毛泽东思想、邓小平理论、"三个代表"重要思想、科学发展观、习近平新时代中国特色社会主义思想为指导，有机融入中华优秀传统文化、革命传统、法治意识和国家安全、民族团结以及生态文明教育，弘扬劳动光荣、技能宝贵、创造伟大的时代风尚，弘扬精益求精的专业精神、职业精神、工匠精神和劳模精神，努力构建中国特色、融通中外的概念范畴、理论范式和话语体系，防范错误政治观点和思潮的影响，引导学生树立正确的世界观、人生观和价值观，努力成为德智体美劳全面发展的社会主义建设者和接班人。②内容科学先进、针对性强，选文篇目内容积极向上、导向正确，选文作者历史评价正面，有良好的社会形象。公共基础课程教材要体现学科特点，突出职业教育特色。专业课程教材要充分反映产业发展最新进展，对接科技发展趋势和市场需求，及时吸收比较成熟的新技术、新工艺、新规范等。③符合技术技能人才成长规律和学生认知特点，对接国际先进职业教育理念，适应人才培养模式创新和优化课程体系的需要，专业课程教材突出理论和实践相统一，强调实践性。适应项目学习、案例学习、模块化学习等不同学习方式要求，注重以真实生产项目、典型工作任务、案例等为载体组织教学单元。④编排科学合理、梯度明晰，图、文、表并茂，生动活泼，形式新颖。名称、名词、术语等符合国家有关技术质量标准和规范。倡导开发活页式、工作手册式新形态教材。⑤符合知识产权保护等国家法律、行政法规，不得有民族、地域、性别、职业、年龄歧视等内容，不得有商业广告或变相商业广告。

（2）教材编写的资格与条件

职业院校教材实行单位编写制。编写单位组织需具备以下条件：①在中华人民共和国境内登记注册、具有独立法人资格、在相关领域有代表性的学校、教科研机构、企业、出版机构等，单位法定代表人须具有中华人民共和国国籍。②有熟悉相关学科专业教材编写工作的专业团队，能组织行业、企业和教育领域高水平专业人才参与教材编写。③有对教材持续进行培训、指导、回访等跟踪服务和研究的专业团队，有常态化质量监控机制，能够为修订完善教材提供稳定支持。④有相应的经费保障条件与其他硬件支持条件，能保证正常的编写工作。⑤牵头承担国家规划教材编写任务的单位，原则上应为省级以上示范性（骨干、高水平）职业院校或重点职业院校、在国家级技能竞赛中成绩突出的职业院校、承担国家重点建设项目的职业院校和普通高校、行业领先企业、教科研机构、出版机构等。编写单位为出版机构的，原则上应为教育、科技类或行业出版机构，具备专业编辑力量和较强的选题组稿能力。同时，中等职业学校思想政治、语文、历史课程教材，高等职业学校思想政治理论课教材，由国务院教育行政部门统一组织编写。

编写单位负责组织编写团队，编写人员应经所在单位党组织审核同意，并由编写单位集中向社会公示。编写人员应符合以下条件：①政治立场坚定，拥护中国共产党的领导，认同中国特色社会主义，坚定"四个自信"，自觉践行社会主义核心价值观，具有正确的世界观、人生观、价值观，坚持正确的国家观、民族观、历史观、文化观、宗教观，没有违背党的理论和路线方针政策的言行。②熟悉职业教育教学规律和学生身心发展特点，对本学科专业有比较深入的研究，熟悉行业企业发展与用人要求。有丰富的教学、教科研或企业工作经验，一般应具有中级及以上专业技术职务（技术资格），新兴行业、行业紧缺技术人才、能工巧匠可适当放宽要求。③遵纪守法，有良好的思想品德、社会形象和师德师风。④有足够时间和精力从事教材编写修订工作。编写人员不能同时作为同一课程不同版本教材主编。

教材编写实行主编负责制。主编须符合本办法第十四条规定外，还需符合以下条件：①坚持正确的学术导向，政治敏锐性强，能够辨别并自觉抵制各种错误政治观点和思潮。②在本学科专业有深入研究、较高的造诣，或是全国知名专家、学术领军人物，有在相关教材或教学方面取得有影响的研究成果，熟悉相关行业发展前沿知识与技术，有丰富的教材编写经验。一般应具有高级专业技术职务，新兴专业、行业紧缺技术人才、能工巧匠可适当放宽要求。③有较高的文字水平，熟悉教材语言风格，能够熟练运用中国特色的话语体系。审核通过后的教材原则上不更换主编，如有特殊情况，编写单位应报相应的主管部门批准。

2. 教材审核

职业院校教材实行分级分类审核，严格执行凡编必审。国家统编教材由国家教材委员会审核。国家规划教材由国务院教育行政部门组建的国家职业院校教材审核机构负责审核；省级规划教材由省级教育行政部门组建的职业院校教材审核机构负责审核，其中意识形态属性较强的教材还应送省级党委宣传部门牵头进行政治把关。其他教材由教材编写单位相关主管部门委托熟悉职业教育和产业人才培养需求的专业机构或专家团队进行审核认定。同时，教材出版部门成立专门政治把关机构，在所编修教材正式送审前，以外聘专家为主，进行专题自查，把好政治关。

公共基础必修课程教材审核一般按照专家个人审读、集体审核环节开展。由集体充分讨论形成审核结论，审核结论分"通过""重新送审"和"不予通过"三种。具体审核程序由负责组织审核的机构制定。其他规划教材审核程序由相应审核机构制定。实用技能类教材可适当简化审核流程。

同时，新编或修订幅度较大的公共基础必修课程教材应选聘一线任课教师进行审读和试用。审读意见和试用情况作为教材审核的重要依据。

国家和省级规划教材通过审核，经教育行政部门批准后，纳入相应规划教材目录，由国务院教育行政部门和省级教育行政部门定期公开发布。国家建立职业院校教材信息库。规划教材自动进入信息库。非规划教材按程序审核通过后，纳入信息库。

3. 教材出版与选用

（1）教材出版

职业院校教材出版单位应符合以下条件：①对应所出版的教材，有不少于3名具有相关学科专业背景和中级以上职业资格的在编专职编辑人员。②具备教材使用培训、回访服务等可持续的专业服务能力。③具有与教材出版相适应的资金和经营规模。④最近5年内未受到出版主管部门的处罚，无其他违法违纪违规行为。

（2）教材选用

教材选用的原则如下：①教材选用单位须组建教材选用委员会，具体负责教材的选用工作。教材选用委员会成员应包括专业教师、行业企业专家、教科研人员、教学管理人员等，成员应在本人所在单位进行公示。②教材选用过程须公开、公平、公正，严格按照程序选用，并对选用结果进行公示。

同时，教材选用应结合区域和学校实际，服务人才培养，遵循以下要求：①中等职业学校思想政治、语文、历史三科，必须使用国家统编教材。高等职业学校必须使用国家统编的思想政治理论课教材、马克思主义理论研究和建设工程重点教材。②中等职业学校公共基础必修课程教材须在国务院教育行政部门发布的国家规划教材目录中选用。职业院校专业核心课程和高等职业学校公共基础课程教材原则上从国家和省级教育行政部门发布的规划教材目录中选用。③国家和省级规划目录中没有的教材，可在职业院校教材信息库选用。④不得以岗位培训教材取代专业课程教材。⑤选用的教材必须是通过审核的版本，擅自更改内容的教材不得选用，未按照规定程序取得审核认定意见的教材不得选用。⑥不得选用盗版、盗印教材。职业院校应严格遵照选用结果使用教材。选用境外教材，按照国家有关政策执行。

（三）高校教材管理

高校教材是指供普通高等学校使用的教学用书，以及作为教材内容组成部分的教学材料（如教材的配套音视频资源、图册等）。《普通高等学校教材管理办法》对高校的教材管理进行了全面规定。

1. 教材编写与修订

（1）教材编写修订的要求

高校教材编写的要求如下：①以马克思列宁主义、毛泽东思想、邓小平理论、"三个代表"重要思想、科学发展观、习近平新时代中国特色社会主义思想为指导，有机融入中华优秀传统文化、革命传统、法治意识和国家安全、民族团结以及生态文明教育，努力构建中国特色、融通中外的概念范畴、理论范式和话语体系，防范错误政治观点和思潮的影响，引导学生树立正确的世界观、人生观和价值观，努力成为德智体美劳全面发展的社会主义建设者和接班人。②坚持理论联系实际，充分反映中国特色社会主义实践，反映相关学科教学和科研最新进展，反映经济社会和科技发展对人才培养提出的新要求，全面准确阐述学科专业的基本理论、基础知识、基本方法和学术体系。选文篇目内容积极向上、导向正确，选文作者历史评价正面，有良好的社会形象。③遵循教育教学规律和人才培养规律，能够满足教学需要。结构严谨、逻辑性强、体系完备，能反映教学内容的内在联系、发展规律及学科专业特有的思维方式。体现创新性和学科特色，富有启发性，有利于激发学习兴趣及创新潜能。④编排科学合理，符合学术规范。遵守知识产权保护等国家法律、行政法规，不得有民族、地域、性别、职业、年龄歧视等内容，不得有商业广告或变相商业广告。

（2）教材编写的资格与条件

教材编写人员应经所在单位党组织审核同意，由所在单位公示。编写人员应符合以下条件：①政治立场坚定，拥护中国共产党的领导，认同中国特色社会主义，坚定"四个自信"，自觉践行社会主义核心价值观，具有正确的世界观、人生观、价值观，坚持正确的国家观、民族观、历史观、文化观、宗教观，没有违背党的理论和路线方针政策的言行。②学术功底扎实，学术水平高，学风严谨，一般应具有高级专业技术职务。熟悉高等教育教学实际，了解人才培养规律。了解教材编写工作，文字表达能力强。有丰富的教学、科研经验，新兴学科、紧缺专业可适当放宽要求。③遵纪守法，有良好的思想品德、社会形象和师德师风。④有足够时间和精力从事教材编写修订工作。

教材编写实行主编负责制。主编须符合本办法第十四条规定外，还需符合以下条件：①坚持正确的学术导向，政治敏锐性强，能够辨别并抵制各种错误政治观点和思潮，自觉运用中国特色话语体系。②具有高级专业技术职务，在本学科有深入研究和较高造诣，或是全国知名专家、学术领军人物，在相关教材或学科教学方面取得有影响的研究成果，熟悉教材编写工作，有丰富的教材编写经验。

2. 教材审核

高校教材实行分级分类审核，坚持凡编必审。国家统编教材由国家教材委员会审核。中央有关部门、省级教育部门审核本部门组织编写的教材。高校审核本校组织编写的教材。专家学者个人编写的教材由出版机构或所在单位组织专家审核。教材出版部门成立专门政治把关机构，在所编修教材正式送审前，以外聘专家为主，进行专题自查，把好政治关。

强调教材审核要严把政治关、学术关，促进教材质量提升。政治把关要重点审核教材的政治方向和价值导向，学术把关要重点审核教材内容的科学性、先进性和适用性。

教材审核采用个人审读与会议审核相结合的方式，经过集体充分讨论，形成书面审核意见，得出审核结论。审核结论分"通过""重新送审"和"不予通过"三种。

3. 教材选用

高校是教材选用工作主体。教材选用遵循以下原则。

（1）凡选必审。选用教材必须经过审核。

（2）质量第一。优先选用国家和省级规划教材、精品教材及获得省部级以上奖励的优秀教材。

（3）适宜教学。符合本校人才培养方案、教学计划和教学大纲要求，符合教学规律和认知规律，便于课堂教学，有利于激发学生学习兴趣。

（4）公平公正。实事求是，客观公正，严肃选用纪律和程序，严禁违规操作。政治立场和价值导向有问题的，内容陈旧、低水平重复、简单拼凑的教材，不得选用。

第二节　教学管理

教学是学校的重要和主要活动，也是学校存在的基础。学校教学质量的好坏在很大程度上影响着教育质量。因此，教学管理是学校管理的重要内容。

一、教学组织形式

教学组织形式指为完成特定的教学任务，教师和学生按一定要求组合起来进行活动的结构。我国的学校教学以班级授课制为基本组织形式，与此同时，在新形势下走班制正在成为新的教学组织形式。

（一）班级授课制

班级授课制是一种集体教学形式，指把一定数量的学生按年龄与知识程度编成固定的班级，根据周课表和作息时间表，安排教师有计划地向全班学生集体上课，同时学习同一课程的教学制度。长期以来，班级授课制形成了一整套严格的制度，具有其他教学形式不具备的优点，在提高教学质量和效率上仍能起主要作用。班级授课制的优势在于：可使教学班计划化、制度化、规范化和科学化；以课为单位进行教学，比较科学；便于系统地传授各科的科学知识，能够充分发挥教师的主导作用；能促进学生的社会化与个性化。[①]

1. 班级规模

1996年国家教委颁布的《小学管理规程》第十一条规定，小学采用班级授课制，班级的组织形式应为单式，不具备条件的也可以采用复式。教学班级学额以不超过45人为宜。

2012年教育部发布的《关于"十二五"期间加强学校基本建设规划的意见》要求合理规划学校的服务半径和办学规模，普通高中原则上不超过3000人，初中和小学原则上不超过2000人，幼儿园原则上不超过360人。

知识链接5—3

城市普通中小学校校舍建设标准（建标［2002］102号）

完全小学：12班、18班、24班、30班，每班45人。

九年制学校：18班、27班、36班、45班，小学阶段每班45人、中学阶段每班50人。

初级中学：12班、18班、24班、30班，每班50人。

完全中学：18班、24班、30班、36班，每班50人。

高级中学：18班、24班、30班、36班，每班50人。

农村普通中小学校建设标准（建标109—2008）

小学：非完全小学为4班，30人/班；完全小学为6班、12班、18班、24班，近期45人/班，远期40人/班。

初级中学为12班、18班、24班，近期50人/班，远期45人/班。

---

① 王道俊、郭文安：《教育学》，253页，北京，人民教育出版社，2009。

2. 班级编制

作为教学的基本组织形式，如何编班成为困扰学校与教师的一个问题。如何进行分班，涉及学生公平的受教育权。教育过程的公平是教育公平理念的核心，它既是起点公平的延续，又是结果公平的必要前提。基础教育是处于社会中的人应该享有的最低限度的、最基本的教育，是每一个人拥有的权利。它是一种公共产品，具有公益性，不具备排他性。根据孩子不同的天性、特点和兴趣取向等进行个别化的教育，是符合教育规律的。但如果不是从孩子的天性、本身的兴趣出发，而是从社会标准，比方说从应试教育标准出发，就损害了社会基本的价值理念，损害了社会公平。

《中华人民共和国义务教育法》第二十二条规定，学校不得分设重点班和非重点班。教育部颁发的《义务教育学校管理标准》（教基〔2017〕9号）（以下简称《义务教育学校管理标准》）规定"实行均衡编班，不分重点班与非重点班。编班过程邀请相关人员参加，接受各方监督"。但高中阶段的教育不属于义务教育，因此形成了一个教育管理的真空地带。学校在学生进入高中后，根据学习成绩将学生分成不同的班级。能否根据学生的学习成绩来进行分班，教育部门目前没有相关的法令和文件进行解释。

（二）走班制教学

走班制是指学科教室和教师固定，学生根据自己的能力水平和兴趣等自主选择上课班级。走班制提供不同层次的班级，教学内容和程度要求不同，作业和考试的难度也不同。实施走班制，是基于新课程改革在课程方面给学生创造了选择性的考虑。可选择课程是新课程改革最本质的特征之一。

新一轮高考改革强调对高考录取机制的改革，要求探索基于统一高考和高中学业水平考试成绩、参考综合素质评价的多元录取机制。录取机制的多元性在一定程度上推进人才培养模式的多样化，考试科目及考试时间都可依据学生自身情况自主选择，单一的班级授课制显然不能满足改革的需要，课程实施方面需要具备多样性、复合性的教学组织形式，以满足学生不同发展层次的需求。教育部在2014年9月发布的《国务院关于深化考试招生制度改革的实施意见》中强调要增加学生选择权，促进科学选才。在2014年12月发布的《关于普通高中学业水平考试的实施意见》中规定了学生的自主选择，同时强调把走班教学落到实处。

"自主选科考试"要求教学组织形式具有灵活性和适切性。传统的班级授课制"固定与统一"的特点难以满足学生自主选择的需要，需要更加灵活和适切的教学组织形式，以满足学生多样化需要。走班制充分联系和运用了分层教学和选课制的优势，是新高考改革背景下较为适切的教学形式，能够真正赋予学生课程选择权，有助于多元录取机制的顺利实现。

在推行选课走班制、落实自主选科考试的同时，还应考虑到高中学生的认知能力发展水平，需要学校建立规范科学的学生走班指导体系。一是开展职业生涯规划指导课，引导学生更好地认识自己，发现自己的特长优势与兴趣爱好，指导学生更好地规划自己在未来的学业、职业和生活。二是学校加大对分层走班的宣传和指导力度。建立课程管理网络和数据库，发布课程设置、课程建议和选课指导；开设学生走班培训，帮助学生作出正确选择。三是强化管理机制，加强教学常规管理，教师要注重备课、教学、练习的分层；加强班级管理，加强班主任行政班管理，建立任课教师"双岗管理制"，建立导师制；加强教师管理，提升教师能力，合理配置管理教师队伍。

二、课程设置与教学内容

学校应该按照国家规定开足开全课程，教育教学内容应该符合法律法规的规定。

（一）课程设置

学校应该按照国家规定开足开全课程。教育部等部门先后出台了多项政策文件，对中小学相关课程设置安排作出了具体规定。《义务教育学校管理标准》规定"落实国家义务教育课程方案和课程标准，严格遵守国家关于教材、教辅管理的相关规定，确保国家课程全面实施……科学规范开设地方课程和校本课程，编制课程纲要，加强课程实施和管理。落实综合实践活动课程要求"。

关于保证中小学音体美课程的开设以及具体的教学时间。《义务教育学校管理标准》规定"按照国家要求开齐开足音乐、美术课，开设书法课。利用当地教育资源，开发具有民族、地域特色的艺术教育选修课程，培养学生艺术爱好，让每个学生至少学习掌握一项艺术特长"。"确保学生每天锻炼1小时，开足并上好体育课，开展大课间体育活动，使每个学生掌握至少两项体育运动技能，养成体育锻炼习惯"。教育部《切实保证中小学生每天一小时校园体育活动的规定》，要求保证中小学生每天一小时校园体育活动。国务院办公厅转发教育部等部门《关于进一步加强学校体育工作若干意见的通知》，要求切实保证中小学生每天一小时校园体育活动，严禁挤占体育课和学生校园体育活动时间。教育部《中小学综合实践活动课程指导纲要》规定综合实践活动课程的课时安排，小学1—2年级，平均每周不少于1课时；小学3—6年级和初中，平均每周不少于2课时；高中执行课程方案相关要求，完成规定学分。

针对中小学教育中还存在着死记硬背书本知识、片面追求升学率、忽视实践的情况，《教育部关于联合相关部委利用社会资源开展中小学社会实践的通知》指出，要将开展社会实践作为不断丰富教育内容的主要途径。

（二）教育教学内容符合法律规定

教育教学内容的选择既是学校的权利又是义务，义务教育阶段的学校和高校在教学内容的选择上应遵循相应法律规定。

《义务教育法》对中小学的教育教学内容提出了明确规定。第三十五条规定，"学校和教师按照确定的教育教学内容和课程设置开展教育教学活动，保证达到国家规定的基本质量要求"。《小学管理规程》进一步对小学德育、智育、体育、美育和劳动教育各项教育教学内容进行了细致规定。

相对而言，《高等教育法》在教育教学内容方面赋予高校更大的自主选择权，第三十四条规定，"高等学校根据教学需要，自主制定教学计划、选编教材、组织实施教学活动"，但也不能超出法律法规的限度。

三、教学行为

《教师法》第七条规定了教师享有"进行教育教学活动，开展教育教学改革和实验"的教育教学权。根据《教师法》规定的这一权利，教师可以"依据所在学校的教学计划、教学工作量等具体要求，结合自身的教学特点自主地组织课堂教学；按照教学大纲的要求确定其教学内容和进度，并不断完善教学内容；针对不同的教育对象，在教育教学的形式、方法、具体内容等方面进行改革、实验和完善"[1]。

（一）教学流程规范

教师的教学活动一般包括备课、上课、课后教导、教学评价等基本环节。[2] 此外，说课、听课和评课是教师开展教学活动、提高自身教学能力和教学质量的重要途径。

1. 备课

备课作为教师开展教学活动的首要环节，是保证教学质量的根本前提。就形式而言，备课分个人备课和集体备课两种形式。与个人备课不同，集体备课是一种在教研组领导下，教师集体有目的、有计划、有组织地聚集起来为上课做准备的教学

---

[1] 郑良信：《教育法学通论》，170页，南宁，广西教育出版社，2001。

[2] 王道俊、郭文安：《教育学》，256～278页，北京，人民教育出版社。2009。

研究活动。集体备课强调教师基于合作探究而实现教育教学的意义，强调优秀教学资源与教师集体智慧的共创与共享，强调课堂教学质量的提升与教师专业发展的促进。尤其是在高中课程改革全面推进的今天，教学中尚无现成经验可循，仅凭教师个人的单兵作战很难触及改革的实质。因此许多学校和教研部门都将集体备课作为教研活动中的"重头戏"。

上课前，教师必须备好课，编制出学期教学进度计划，写好课题计划与课时计划。

学期教学进度计划，应在学期开始前编制出来，其内容包括：学生情况的简要分析，学期教学的总要求，根据学科的课程标准、教科书，列出一学期教学内容的章节或课题、每一课题的教学时数、需要用的主要教具，安排参观、实验等重要的联系实际的活动，提出教学改革的设想等。

课题（单元）计划。一个课题教学开始前，教师必须对这个课题的教学作全面的考虑和准备，并制订出课题计划。它的内容包括：课题名称、课题教学目的、课时划分、每一课时的教学任务与内容、课的类型及其采用的主要方法。

课时计划，即教案。上课前，教师一定要写好并熟悉教案。教案是在课题备课基础上，对每节课进行的深入细致的准备。教案的内容包括以下项目：班级、学科名称、授课时间、教学内容、教学目的、课的类型、主要教学方法、教具、教学进程等。其中教学进程是教案的基本部分，它包含教学纲要和教学活动安排、方法的具体应用和各组成部分的实践分配。①

知识链接5—4

学期教学进度计划

科目		班级		任课教师	
课本名称		编辑者		出版社	
本科要达到的目的					
周次	起讫年月日	教学时数	教材纲要	作业及其他	备注
	XX—XX				
XX—XX					
XX—XX					

---

① 王道俊、郭文安：《教育学》，257 页，北京，人民教育出版社，2009。

课时计划（教案）

班级		科目		教师		日期	
教材分析	重点						
	难点						
	关键						
教学目的							
教法							
教具							
教学过程							
教学后记							

2. 上课

要想上好每一堂课，必须遵循教学规律，科学、灵活地运用各种教学方法，特别要注意明确教学目的，保证教学的科学性与思想性，调动学生的学习积极性，解决学生的疑难、促进他们的发展，组织好教学活动，布置好课外作业。

3. 课后教导

教学活动不仅按照课程计划通过课上进行，在课后的时间，师生的教学活动通过新的形式继续存在，即学生转入以独立作业和自学为主的各种学习活动，教师则围绕学生的独立作业和自学进行各种课后的辅导。教师的课后教导工作需要做好学生的思想教育工作和对学生学习的辅导和帮助工作。

4. 听课、说课与评课

听课是一种对课堂进行仔细观察的活动，它对于了解和认识课堂有着极其重要的作用，它是提高教师素质，提升教学质量的重要方式。

说课就是教师口头表述具体课题的教学设想及其理论依据，也就是授课教师在备课的基础上，面对同行或教研人员，讲述自己的教学设计，然后由听者评说，达到互相交流，共同提高的目的的一种教学研究和师资培训的活动。

评课是指对课堂教学成败得失及其原因做中肯的分析和评估，并且能够从教育理论的高度对课堂上的教育行为作出正确的解释。具体来说，指评者对照课堂教学目标，对教师和学生在课堂教学中的活动以及由此所引起的变化进行价值的判断。评课是教学、教研工作过程中一项经常开展的活动。评课的类型很多，有同事之间互相学习、共同研讨评课；有学校领导诊断、检查的评课；有上级专家鉴定或评判的评课等。

（二）教学方法

教师的教学行为表现为采取一定的教育措施、手段和方法开展教育教学活动。教学方法是为完成教学任务而采用的方法，包括教师教的方法和学生学的方法，是教师引导学生掌握知识技能、获得身心发展而共同活动的方法。《义务教育学校管理标准》提出，采取启发式、讨论式、合作式、探究式等多种教学方式，提高学生参与课堂学习的主动性和积极性。要有成效地调动教师与学生双方在教学中的主动性、积极性，优质地完成教学任务，必须正确选择和运用教学方法。

教师在选择和运用教学方法时，应综合考虑以下方面：（1）教学目的、学科内容的教学法特点；（2）教学过程、教学原则和班级上课的特点；（3）学生的兴趣、可接受水平，智能的发展状况，学习态度、学风与习惯；（4）教师本身的条件；（5）教师与学生活动的配合、互动；（6）讲与练，学与用，班级、小组与个人活动等方面的结合；（7）教学过程中的交往、沟通、合作与竞争；（8）学校与地方可能提供的条件；（9）教学实现；（10）对可能取得的效果的慎重预计与考量等。

（三）教学的其他规范

《义务教育学校管理标准》要求"实施以学生发展为本的教学，定期开展教学质量分析，建立基于过程的学校教学质量保障机制，统筹课程、教材、教学、评价等环节，主动收集学生反馈意见，及时改进教学。创新作业方式，避免布置重复机械的练习，多布置科学探究式作业。可根据学生掌握情况布置分层作业。不得布置超越学生能力的作业，不得以增加作业量的方式惩罚学生"。同时，还规定科学合理安排学校作息时间，确保学生课间和必要的课后自由活动时间，整体规划并控制各学科课后作业量。家校配合保证每天小学生 10 小时、初中生 9 小时睡眠时间。

教育部办公厅、民政部办公厅、人力资源社会保障部办公厅、工商总局办公厅于 2018 年 2 月 13 日发布的《教育部办公厅等四部门关于切实减轻中小学生课外负担开展校外培训机构专项治理行动的通知》规定，坚持依法从严治教，坚决查处一些中小学校不遵守教学计划、"非零起点教学"等行为，严厉追究校长和有关教师的责任；坚决查处中小学教师课上不讲课后到校外培训机构讲，并诱导或逼迫学生参加校外培训机构培训等行为，一经查实，依法依规严肃处理，直至取消教师资格。

教育部《综合防控儿童青少年近视实施方案》规定，制定科学规范的学生在校作息制度。严格按照规定的课程计划，安排每周课程和作息时间。依据学生学习和生活规律，按照静动结合、视近与视远交替的原则安排每天课程与活动。保证小学生每天睡眠 10 小时，初中生 9 小时，高中生 8 小时。切实减轻学生课业负担。

改进教学方法，提高课堂教学的质量和效率，切实做到不拖堂。严格控制考试的科目与次数，限制课外作业量。不随意增加学科教学学时，不占用节假日、双休日和寒暑假组织学生上课。学校要统筹学生的家庭作业时间，小学一、二年级不留书面家庭作业，小学其他年级书面家庭作业控制在 60 分钟以内；初中各年级不超过 90 分钟。切实保证学生每天参加一小时体育活动。

（四）教师教学中的表达自由及其限制

教师具有普通公民和教育专业人员双重身份。作为普通的公民，教师享有宪法规定的言论自由。同时，教师作为一种专门培养人的职业，代表国家和社会来培养教育年青一代。这就意味着，教师必须能够按照国家和社会对年青一代所提出的指导思想和教育目的的要求来组织自己的教育教学工作。教育方针是国家和社会对教育提出的要求的最高形式。教师在教育教学工作中应当能够全面贯彻教育方针，以教育必须为社会主义建设服务为指导思想，走教育必须与生产劳动相结合的道路，把年青一代培养成为德智体美劳全面发展的建设者和接班人。作为教育者，应该履行专业的教师义务。教师的表达自由作为一种权利，其行使必须在法律允许的范围内，即不得损害国家和社会的公共利益，不得损害他人的合法权益。

四、教学评价

教学评价是对教学工作质量所做的测量、分析和评定。它以参与教学活动的教师、学生、教学目标、内容、方法、教学设备、场地和时间等因素的有机组合的过程和结果为评价对象，是对教学活动的整体功能所做的评价。教学评价是实现教学目的的一个重要手段，它是为了解、诊断、评定、调整与促进教学服务的。教学目的的实现需要通过一系列的教学活动，也就需要为教学服务而进行的一系列教学评价活动。它主要包括：对学生学业成绩的评价，对教师教学质量的评价。

《教育部关于积极推进中小学评价与考试制度改革的通知》和《义务教育学校管理标准》等文件对学生学业评价和教师教学评价进行了规定，2020 年 10 月中共中央、国务院印发《深化新时代教育评价改革总体方案》，对新时代的教育评价改革进行总体规定，包括学生评价和教师评价在内的整体评价体系正在顺应时代与教育的发展趋势，发生深刻变化。

（一）学生学业评价

1. 学生评价标准

《教育部关于积极推进中小学评价与考试制度改革的通知》指出，以促进学生发展为目标的评价体系，其评价标准主要包括基础性发展目标和学科学习目标两个方面。

（1）基础性发展目标。

道德品质。爱祖国、爱人民、爱劳动、爱科学、爱社会主义；遵纪守法、诚实守信、维护公德、关心集体、保护环境。

公共素养。自信、自尊、自强、自律、勤奋；对个人的行为负责；积极参加公益活动；具有社会责任感。

学习能力。有学习的愿望与兴趣，能运用各种学习方式来提高学习水平，有对自己的学习过程和学习结果进行反思的习惯；能够结合所学不同学科的知识，运用已有的经验和技能，独立分析并解决问题；具有初步的研究与创新能力。

交流与合作能力。能与他人一起确立目标并努力去实现目标，尊重并理解他人的观点与处境，能评价和约束自己的行为；能综合地运用各种交流和沟通的方法进行合作。

运动与健康。热爱体育运动，养成体育锻炼的习惯，具备锻炼健身的能力、一定的运动技能和强健的体魄，形成健康的生活方式。

审美与表现。能感受并欣赏生活、自然、艺术和科学中的美，具有健康的审美情趣；积极参加艺术活动，用多种方式进行艺术表现。

（2）学科学习目标。

各学科课程标准已经列出本学科学习的目标和各个学段学生应达到的目标，并对评价方式提出建议。

《义务教育学校管理标准》明确对学生应实施综合素质评价，重点考察学生的思想品德、学业水平、身心健康、艺术素养、社会实践等方面的发展情况。

《深化新时代教育评价改革总体方案》对学生评价做出进一步规定，要求树立科学成才观念，完善德育评价，强化体育评价，改进美育评价，加强劳动教育评价，严格学业标准，深化考试招生制度改革。

2. 学生评价方式

教师要在教育教学的全过程中采用多样的、开放的评价方式（如行为观察、情景测验、学生成长记录等）了解每个学生的优点、潜能、不足以及发展的需要。

实施综合素质评价，建立学生综合素质档案，建立每个学生的成长记录。成长记录应收集能够反映学生学习过程和结果的资料，包括学生的自我评价、最佳作品（成绩记录及各种作品）、社会实践和社会公益活动记录、体育与文艺活动记录，教师、同学的观察和评价，来自家长的信息，考试和测验的信息等。

考试是评价的主要方式之一，考试应与其他评价方式相结合，根据考试的目的、性质、内容和对象，选择相应的考试方法。

探索实施等级加评语的评价方式，每学期、学年结束时要对每个学生进行阶段性评价。评价内容应包括各学科的学业状况和教师的评语。评语应在教师对搜集到的学生资料进行分析，并与同学、家长交流、沟通的基础上产生。评语应多采用激励性的语言，客观描述学生的进步、潜能及不足。同时要制定明确、简要的促进学生发展的改进计划，帮助学生认识自我、树立自信。

3. 学生评价结果的使用

小学生的学习成绩评定采用等级制，不得将学生的成绩排名、公布。不以分数作为评价学生的唯一标准。

(二) 教师教学评价

教师教学工作的评价，亦称"评教"，是对教师教学工作质量所做的测量、分析和评定。通过评教，可以使教师更清楚地了解自己教学的长处与不足，可以增进教师之间的相互了解、相互切磋与学习，可以使学校领导深入一线，了解教学的情况、经验与问题，有助于提高教师的水平和改进教学。

1. 教师评价体系

中小学教师评价制度要有利于加强教师职业道德建设，促进教师业务水平的提高，形成有利于实施素质教育，发挥教师创造性的多元的、新型的中小学教师评价体系。《深化新时代教育评价改革总体方案》进一步明确，要求坚持把师德师风作为第一标准，突出教育教学实绩，强化一线学生工作，改进高校教师科研评价，推进人才称号回归学术性、荣誉性等。

评价的内容主要包括：(1) 职业道德。志存高远，爱国敬业；为人师表，教书育人；严谨笃学，与时俱进；热爱教育事业，热爱学生；积极上进，乐于奉献；公正、诚恳，具有健康心态和团结合作的团队精神。强化师德师风的第一评价标准。(2) 了解和尊重学生。能全面了解、研究、评价学生。尊重学生，关注个体差异，鼓励全体学生充分参与学习；形成互相激励、教学相长的师生关系，赢得学生的信任和尊敬。将家校联系情况纳入教师考核。(3) 教学方案的设计和实施。能依据课程标准的基本要求，确定教学目标，积极利用现代教育技术，选择利用校内外学习资源，设计教学方案，使之适合于学生的经验、兴趣、知识水平、理解能力和其他能力，善于与学生共同创造学习环境，为学生提供讨论、质疑、探究、合作、交流的机会，引导学生创新与实践。(4) 交流与反思。积极主动与学生、家长、同事、学校领导进行交流和沟通，能对自己的教育观念、教学行为进行反思，并制订改进计划。求真务实，勇于创新，严谨自律，热爱学习。

2. 教师评价方式

建立以教师自评为主，学校领导、同事、家长、学生共同参与的教师评价制度。

建立以校为本、以教研为基础的教师教学个案分析、研讨制度，引导教师对自己或同事的教学行为进行分析、反思与评价，提高全体教师的专业水平。

3. 教师评价结果的使用

不得以学生考试成绩作为评价教师的唯一标准。未经教育行政部门批准，任何社会团体、民间学术机构组织的教学评比结果不得作为教师晋升、提级、评优等的依据。

本章小结

我国实行国家、地方与学校三级课程管理体制，三级课程管理体制使学校具有了课程管理的自主权。课程方案和标准体现了国家对课程的基本规范和质量要求，是教材编写、教师教、学生学、考试与评价的直接依据。我国中小学、职业院校、高等学校的教材制度建设日益规范，特别是为推进义务教育均衡发展，推行义务教育教科书免费制度和教科书循环使用制度。我国学校的教学以班级授课制为基本组织形式。为保障学生公平的受教育权，对班级规模做了限制，同时规定学校不得分设重点班和非重点班。新一轮高考改革强调对高考录取机制的改革，要求实行走课制，以满足学生多样化需要。学校应该按照国家法律法规的规定开设讲授相关内容。教师应该在国家相关教学规范内行使教育教学权。对学生的学业评价和对教师的教学评价，需要建立健全评价体系、评价方式、评价结果的使用制度。

参考书目

[1] 劳凯声，蒋建华. 教育政策与法律概论 [M]. 北京：北京师范大学出版社，2015.

[2] 李晓燕. 我国教师的权利与义务及其实现保障机制研究 [M]. 广州：广东教育出版社，2001.

[3] 王道俊，郭文安. 教育学 [M]. 北京：人民教育出版社，2009.

[4] 黄忠敬. 课程政策 [M]. 上海：上海教育出版社，2010.

拓展阅读书目

[1] 吴刚平. 学校课程管理实务 [M]. 北京：高等教育出版社，2007.

［2］孙雪亮．高校教材管理实务［M］．上海：复旦大学出版社，2010．

［3］关文信．中小学教学管理基准［M］．长春：吉林大学出版社，2000．

 思考问题

1. 我国课程管理体制是什么？不同层级课程管理主体的权限是什么？

2. 我国教科书管理体制是什么？其编写、审定、出版与选用有什么要求？

3. 走班制教学与学生自主选择权的关系是什么？学校应该怎样保障学生这一权利的实现？

4. 教师上课教授的内容范围与限度是什么？

5. 教学评价有什么规范与要求？

第六章　学校的财务、会计与税收

 本章摘要

　　本章第一节首先对学校财务管理的基本原则、主要任务、管理体制和基本内容等进行了介绍，同时补充说明了对营利性民办学校财务资产的特殊规定。本章第二节依据《中华人民共和国会计法》（以下简称《会计法》）《政府会计制度——行政事业单位会计科目和报表》，详细介绍了中小学校和高等学校的会计制度，包括会计科目、财务报表和预算会计表的编制、会计监督等内容。本章第三节依据《中华人民共和国税收征收管理法》（以下简称《税收征收管理法》）和《财政部、国家税务总局关于教育税收政策的通知》，对学校税收管理、税款征收以及税务检查进行了详细介绍。

本章关键术语

　　学校；法律；财务制度；会计制度；税收制度。

学习目标

◆了解学校财务管理的基本原则和主要任务
◆掌握学校财务管理体制和基本内容
◆了解学校的会计科目
◆学会编制财务报表和预算会计表
◆了解学校的相关税收政策
◆学会进行学校财务管理

第一节　学校财务制度

　　学校财务制度就是根据党的路线、方针、政策和国家的经济法令、制度，按照客观经济规律和教育事业发展规律要求，对学校资金运用进行计划、组织、协调、控制、监督，正确地、合理地、有效地处理资金运用所体现出来的各方面的经济关系。对中小学校和高等学校进行财务管理，目的在于进一步规范学校财务行为，加强财务管理和监督，提高资金使用效益，促进教育事业健康发展。

一、学校财务管理的基本原则和主要任务

学校财务管理是学校预算资金的管理工作，又称学校经费与资产管理，目的是根据各级各类学校的不同特点，妥善而科学地筹集、管理和使用学校各种资金，加强经济核算，讲求经济效益，提高管理水平，为发展教育事业服务。[①]

（一）学校财务管理的基本原则

学校财务管理需遵循三项基本原则：一是贯彻执行国家有关法律、法规和财务规章制度，包括《会计法》《中华人民共和国审计法》以及教育立法的相关规定和要求；二是坚持勤俭办学的方针；三是正确处理事业发展需要和资金供给的关系，社会效益和经济效益的关系，国家、学校和个人三者利益的关系。

（二）学校财务管理的主要任务

中小学校和高等学校开展财务管理的主要任务包括：一是合理编制学校预算，中小学校严格预算执行，高等学校有效控制预算执行，完整、准确编制学校决算，真实反映学校财务状况。二是中小学校要依法筹集教育经费，努力节约支出；高等学校要依法多渠道筹集资金，努力节约支出。三是建立健全（学校）财务制度，加强经济核算，全面实施绩效管理，提高资金使用效益。四是加强资产管理，合理配置和有效利用资产，防止资产流失，其中，高等学校尤其需要真实完整地反映资产使用状况。五是加强对学校经济活动的财务控制和监督，防范财务风险。

二、学校财务管理体制

财务管理体制是指划分企业财务管理方面的权责利关系的一种制度，是财务关系的具体表现形式，是明确各财务层级财务权限、责任和利益的制度，其核心问题是如何配置财务管理权限。

（一）中小学校的财务管理体制

《中小学校财务制度》（2022修订）第二章对财务管理体制作出了明确规定。中小学校财务管理实行党组织领导的校长负责制。校长在学校党组织领导下，依法依规管理财务工作，对财务资料的真实性、完整性负责。中小学校应当指定专人主管财务工作，配备财务、会计人员，并根据需要合理设置财务部门，对学校的各类经济活动实施管理、核算和监督。财务主管人员应当依法依规履行职责，参与学校

---

① 顾明远：《教育大辞典》，上海，上海教育出版社，1998。

重大建设项目、重要办学资源配置、重要资产处置、大额资金使用等重大事项的决策。中小学校财务、会计人员的任职条件、工作职责、任免奖罚、业务培训和专业技术职务岗位设置，应当严格按照国家会计法律制度执行。财务、会计人员应当熟悉国家财经法律、法规、规章和方针、政策，掌握财会和教育教学业务管理的有关知识。

中小学校应当以校为单位进行会计核算。实行"集中记账，分校核算"的，不改变学校财务管理权。即在一定区域内，由县级财政和教育部门确定的会计核算机构统一办理区域内中小学校的会计核算。中小学校应当提升财务信息化管理水平，积极利用现代信息技术，管理学校财务活动。

中小学校食堂应当坚持公益性和非营利性原则。学校自主经营食堂为学生提供就餐服务的，财务活动纳入学校财务部门统一管理，可在学校现有账户下分账核算，真实反映收支状况，并定期公开账务。如有结余，应当转入下一会计年度继续使用。学校采用委托方式经营食堂为学生提供就餐服务的，应当加强监督管理，不得向被委托方转嫁建设、修缮等费用。学校采用配餐或托餐方式为学生提供就餐服务的，餐费可由学校统一收取并按照代收费管理。

非独立核算的勤工俭学、社会服务和经营等项目的财务活动，由学校财务部门统一管理。义务教育阶段学校按照国家有关规定不得从事经营活动。

（二）高等学校的财务管理体制

《高等学校财务制度》（2022 修订）第二章对财务管理体制作出了明确规定，高等学校实行"统一领导、集中管理"的财务管理体制；规模较大的学校可以实行"统一领导、分级管理"的财务管理体制。高等学校财务工作实行党委领导下的校（院）长负责制。高等学校应当在校级行政领导班子设置总会计师岗位或配备具有财务管理背景的副校级行政领导成员，协助校（院）长管理学校财务工作。

高等学校应当单独设置一级财务机构，配备专业化一级财务机构负责人，在校（院）长和分管领导的领导下，统一管理学校财务工作。高等学校校内非独立法人单位因工作需要设置的财务机构，应当作为学校的二级财务机构。二级财务机构应当遵守和执行学校统一制定的财务规章制度，并接受学校一级财务机构的统一领导、监督和检查。

高等学校财务机构应当配备专职财务、会计人员。财务、会计人员应当具备与其工作岗位相适应的专业能力。财务、会计人员的调入、调出、专业技术职务评聘，应当由学校一级财务机构会同有关部门办理。校内二级财务机构负责人的任免、调动或者撤换，应当征求学校一级财务机构意见。

三、学校财务管理的基本内容

中小学校和高等学校财务管理主要包括预算管理、收入管理、支出管理、结转和结余管理、专用基金管理、资产管理、负债管理等内容。此外，高等学校财务管理还包括成本费用管理。

（一）预算管理

学校预算是指学校根据事业发展目标和计划编制的年度财务收支计划，通常由收入预算和支出预算组成。

我国对中小学校和高等学校实行核定收支、定额或者定项补助、超支不补、结转和结余按规定使用的预算管理办法。其中，定额或者定项补助根据国家有关政策和财力可能，中小学校结合教育改革要求、中小学校特点、事业发展目标和计划、学校收支及资产状况等确定；高等学校结合学校改革要求、事业特点、事业发展目标和计划、学校收支及资产状况等确定。

（二）收入管理

收入是指学校为开展教育教学、科研及其他活动依法取得的非偿还性资金，通常包括财政补助收入、事业收入、上级补助收入、附属单位上缴收入、经营收入和其他收入。

《中小学校财务制度》（2022 修订）第二十六条至二十八条规定，中小学校应当将各项收入全部纳入学校预算，统一核算，统一管理，未纳入预算的收入不得安排支出。中小学校严禁设立"小金库"，严禁账外设账，严禁公款私存。中小学校组织收入应当合法合规，各项收费应当严格执行国家规定的收费范围、收费项目和收费标准，不得擅自扩大收费范围、增加收费项目、提高收费标准。中小学校对按照规定上缴国库或者财政专户的资金，应当按照国库集中收缴的有关规定及时足额上缴，不得隐瞒、滞留、截留、占用、挪用、拖欠或坐支。中小学校应当加强票据管理。行政事业性收费和代收费应当按照财务隶属关系使用财政部门监（印）制的财政票据。服务性收费应当使用税务发票。

《高等学校财务制度》（2022 修订）第二十三条和第二十四条规定，高等学校组织收入应当合法合规。各项收费应当严格执行国家规定的收费范围和标准，并使用合法票据；各项收入应当全部纳入学校预算，统一核算，统一管理，未纳入预算的收入不得安排支出。高等学校对按照规定上缴国库或者财政专户的资金，应当按照国库集中收缴的有关规定及时足额上缴，不得隐瞒、滞留、截留、占用、挪用、拖欠或坐支。

（三）支出管理

支出是指学校开展教育教学、科研及其他活动发生的各项资金耗费和损失，通常包括事业支出、经营支出、对附属单位补助支出，上缴上级支出以及其他支出。

中小学校、高等学校应当将各项支出全部纳入学校预算，实行项目库管理，建立健全支出管理制度，未纳入预算项目库的项目一律不得安排预算。

中小学校支出应当坚持厉行节约，严格执行国家有关财务规章制度规定的开支范围及开支标准；国家有关财务规章制度没有统一规定的，由学校结合本校情况规定，报主管部门和财政部门备案。学校规定违反法律制度和国家政策的，主管部门和财政部门应当责令改正。中小学校应当加强支出管理，基本支出、项目支出不得混用，公用经费、人员经费不得混用。项目支出应当按照规定专款专用，不得挤占和挪用。非义务教育阶段学校开展非独立核算经营活动，应当以不影响正常教育教学活动为前提。在开展非独立核算经营活动中，应当加强经济核算，正确归集实际发生的各项费用；不能直接归集的，应当按照规定的比例合理分摊。经营支出应当与经营收入配比。

高等学校应当加强支出管理，厉行节约，不得虚列虚报。高等学校的支出应当严格执行国家有关财务规章制度规定的开支范围及开支标准，国家有关财务规章制度没有统一规定的，由学校结合本校情况规定，报主管部门和财政部门备案。高等学校的规定违反法律制度和国家政策的，主管部门和财政部门应当责令改正。

中小学校、高等学校从财政部门和主管部门取得的有指定项目和用途的专项资金，应当专款专用、单独核算，并按照规定报送专项资金使用情况报告，接受财政部门或者主管部门的检查、验收。应当加强经济核算，中小学校可以根据开展业务活动及其他活动的实际需要，实行成本核算；高等学校可以根据开展教学、科研业务活动及其他活动的实际需要，实行成本核算。成本核算的具体办法按照国务院财政部门相关规定执行。中小学校各项支出应当按照实际发生数列支，不得虚列虚报，不得以计划数和预算数代替。中小学校、高等学校应当严格执行国库集中支付制度和政府采购制度等有关规定；应当依法加强各类票据管理，确保票据来源合法、内容真实、使用正确，不得使用虚假票据。

（四）结转和结余管理

结转和结余是指年度收入与支出相抵后的余额。其中，结转资金是指当年预算已执行但未完成，或者因故未执行，下一年度需要按照原用途继续使用的资金；结余资金是指当年预算工作目标已完成，或者因故终止，当年剩余的资金。经营收支结转和结余应当单独反映。

学校财政拨款结转和结余的管理，应当按照国家有关规定执行。非财政拨款结转按照规定结转下一年度继续使用。非财政拨款结余可以按照国家有关规定提取职工福利基金，剩余部分用于弥补以后年度单位收支差额；国家另有规定的，从其规定。学校应当加强非财政拨款结余的管理，盘活存量，统筹安排、合理使用，支出不得超出非财政拨款结余规模。

（五）专用基金管理

专用基金是指学校按照规定提取或者设置的有专门用途的资金。专用基金管理应当遵循先提后用、专款专用的原则，支出不得超出基金规模。

专用基金通常包括：（1）职工福利基金，即按照非财政拨款结余的一定比例提取以及按照其他规定提取转入，用于单位职工集体福利设施、集体福利待遇等的资金。（2）奖助学基金或学生奖助基金。中小学校奖助学基金是指接受社会捐赠和按照规定从事业收入中提取转入，用于奖励、资助学生的资金；高等学校学生奖助基金是指按照国家有关规定，按照事业收入的一定比例提取，在事业支出的相关科目中列支，用于学费减免、国家助学贷款风险补偿、勤工助学、校内无息借款、校内奖助学金和特殊困难补助等的资金。（3）其他专用基金，即按照其他有关规定，根据事业发展需要提取或者设置的（其他）专用资金。学校应当将专用基金纳入预算管理，结合实际需要按照规定提取，保持合理规模，提高使用效益。中小学校除奖助学基金外，专用基金余额较多的，应当降低提取比例或者暂停提取；确需调整用途的，由主管部门会同本级财政部门确定。高等学校专用基金余额较多的，应当降低提取比例或者暂停提取；确需调整用途的，由主管部门会同本级财政部门确定。

各项基金的提取比例和管理办法，国家有统一规定的，按照统一规定执行；没有统一规定的，由主管部门会同同级财政部门确定。

（六）资产管理

资产是指学校依法直接支配的各类经济资源，通常包括流动资产、固定资产、在建工程、无形资产、对外投资、文物文化资产等，高等学校资产还额外包括公共基础设施、政府储备物资、保障性住房等。

中小学校应当建立健全（单位）资产管理制度，明确资产使用人和管理人的岗位责任，按照国家规定设置国有资产台账，加强和规范资产配置、使用和处置管理，维护资产安全完整，提高资产使用效率。涉及资产评估的，按照国家有关规定执行。

学校应当汇总编制学校行政事业性国有资产管理情况报告；定期或者不定期对资产进行盘点、对账。出现资产盘盈盘亏的，应当按照财务、会计和资产管理制度有关规定处理，做到账实相符和账账相符；对需要办理权属登记的资产应当依法及时办理。

（七）负债管理

负债是指学校所承担的能以货币计量，需要以资产或劳务偿还的债务。中小学校的负债包括借入款项、应付款项、应缴款项、代管款项等；高等学校的负债包括借入款项、应付款项、暂存款项、应缴款项等。

中小学校和高等学校应当对不同性质的负债分类管理，及时清理并按照规定办理结算，保证各项负债在规定期限内偿还；应当建立健全财务风险控制机制，规范和加强借入款项管理，严格执行审批程序。严禁义务教育阶段学校举借债务，非义务教育阶段学校不得违反规定举借债务。中小学校不得提供担保，不得替地方政府及其部门举债融资。高等学校不得违反规定融资或者提供担保，不得以任何方式直接或间接替地方政府及其部门融资或者提供担保，严禁新增地方政府隐性债务。具体审批办法由主管部门会同本级财政部门制定。

四、学校财务监督

财务监督是运用单一或系统的财务指标对学校的生产经营活动或业务活动进行的观察、判断、建议和督促，通常具有较明确的目的性，能督促学校各方面的活动合乎程序和要求，促进学校各项活动的合法化和管理行为的科学化。财务监督是公共组织财务管理工作的重要组成部分，也是国家财政监督的基础，对于规范公共组织的财务活动，严格财务制度及财经纪律，改善公共组织财务管理工作，保证收支预算的实现具有重要意义。

（一）财务监督的内容

中小学校财务监督的主要内容包括：（1）预、决算编制的科学性、真实性、完整性和预算执行的时效性、均衡性；（2）各项收入、支出的合法性、合规性；（3）结转和结余资金以及专用基金管理的合规性；（4）资产管理的安全性、完整性合规性、有效性；（5）负债的合规性和风险性；（6）学生人数、教职工人数等基础数据的真实性、准确性和完整性。

高等学校财务监督的主要内容包括：（1）预算编制、执行的规范性、合理性、有效性；报告的真实性、完整性、准确性；（2）各项收入和支出的合法性、合规性；（3）结转和结余的管理情况；（4）专用基金的管理情况；（5）资产管理的安全性、规范性、有效性；（6）负债的合规性和风险程度；（7）其他重要事项，包括对附属单位财务管理情况进行监督等。

（二）学校进行财务监督的基本要求

学校财务监督应当实行事前监督、事中监督、事后监督相结合，日常监督和专项监督相结合。中小学校应当建立健全内部控制制度、经济责任制度、财务信息披露制度等监督制度，按规定编制和报送内部控制报告，规范学校各项经济活动，依法公开财务信息；高等学校应当建立健全内部控制制度、经济责任制度、财务信息披露制度等监督制度，依法公开财务信息，按规定编制和报送内部控制报告。中小学校、高等学校应当遵守财经纪律和财务制度，依法接受主管部门和财政、审计部门的监督。学校及其工作人员存在违反本制度规定的行为，以及其他滥用职权、玩忽职守、徇私舞弊等违法违规行为的，依法追究相应责任。

 案例6-1

幼儿园会计挪用公款刑事犯罪案

【案例事实】

为了归还信用卡透支、炒作现货交易，安徽省合肥市某幼儿园出纳会计利用收取保教费、伙食费的职务便利，两年间挪用公款达2359780元。

据悉，被告人童某1986年大学毕业后就分配到幼儿园工作，1996年起一直担任幼儿园出纳会计，负责幼儿园现金收缴和现金日记账工作。自2016年年初起，童某利用自己经手收取幼儿保教费、伙食费的职务便利，采取收入现金不如数上交的方式，陆续截留公款累计达2359780元，用于个人归还借款及进行营利活动。2017年8月，幼儿园在清理账目时，发现账目有问题。随即被告人童某主动向单位负责人承认自己挪用公款的犯罪事实，并归还挪用公款36000元。

【法院判决】

法院经审理认为，被告人童某利用职务之便挪用公款的行为情节严重，已构成挪用公款罪。鉴于被告人主动向所在单位有关负责人投案，应当视为自动投案，归案后能如实供述自己的犯罪事实，应认定为自首，可以对其从轻处罚。已退还部分挪用公款36000元，可酌情从宽处罚。故合肥市庐阳区法院一审以挪用公款罪判处其有期徒刑五年零六个月。

案例来源：中国法院网

五、营利性民办学校财务资产的特殊规定

根据《营利性民办学校监督管理实施细则》第二十六条，营利性民办学校执行《中华人民共和国公司法》及有关法律规定的财务会计制度。学校应当独立设

置财务管理机构，统一学校财务核算，不得账外核算。具体而言，应当遵守以下规定。

一是建立健全财务内部控制制度，按实际发生数列支，不得虚列虚报，不得以计划数或者预算数代替实际支出数。

二是按学期或者学年收费，收费项目及标准应当向社会公示 30 天后执行。不得在公示的项目和标准外收取其他费用，不得以任何名义向学生摊派费用或者强行集资。

三是收入应当全部纳入学校财务专户，出具税务部门规定的合法票据，由学校财务部门统一核算、统一管理，保障学校的教育教学、学生资助、教职工待遇以及学校的建设和发展。学校应当将党建工作、思想政治工作和群团组织工作经费纳入学校经费预算。

四是营利性民办学校拥有法人财产权，存续期间，学校所有资产由学校依法管理和使用，任何组织和个人不得侵占、挪用、抽逃。营利性民办学校举办者不得抽逃注册资本，不得用教育教学设施抵押贷款、进行担保，办学结余分配应当在年度财务结算后进行。

五是应当建立健全学校风险防范、安全管理制度和应急预警处理机制，保障学校师生权益、生命财产安全，维护学校安全稳定。学校法定代表人是学校安全稳定工作的第一责任人。

第二节　学校会计制度

会计制度是指政府部门、企业单位通过一定的程序制定的具有一定强制性的会计行为准则和规范。为了适应权责发生制政府综合财务报告制度改革需要，规范行政事业单位会计核算，提高会计信息质量，2017 年，财政部印发《政府会计制度——行政事业单位会计科目和报表》，对会计科目名称和编号、会计科目使用说明、报表格式、报表编制说明等作出了基本规定。各级各类中小学校和高等学校应当根据政府会计准则（包括基本准则和具体准则）规定的原则和《政府会计制度——行政事业单位会计科目和报表》的要求，对其发生的各项经济业务或事项进行会计核算。

会计核算具备财务会计与预算会计双重功能，能够实现财务会计与预算会计适度分离并相互衔接，全面、清晰反映单位财务信息和预算执行信息。学校财务会计核算实行权责发生制；单位预算会计核算实行收付实现制，国务院另有规定的，依照其规定。对于纳入部门预算管理的现金收支业务，在采用财务会计核算的同时应当进行预算会计核算；对于其他业务，仅需进行财务会计核算。学校会计要素包括财务会计要素和预算会计要素。其中，财务会计要素包括资产、负债、净资产、收入和费用；预算会计要素包括预算收入、预算支出和预算结余。

一、会计科目

会计科目是指对会计要素构成内容按其性质的差别及管理上的要求进行归类，分为若干项目，并按每一具体项目的性质标准加以命名的一种专门方法。每一个会计科目都要规定一定的名称、编号和核算内容（详见表6-1），它是设置账户和归集、核算各项经济业务的依据。学校应当按照下列规定运用会计科目：

（1）学校应当按照《政府会计制度——行政事业单位会计科目和报表》的规定设置和使用会计科目。在不影响会计处理和编制报表的前提下，学校可以根据实际情况自行增设或减少某些会计科目。

（2）学校应当执行《政府会计制度——行政事业单位会计科目和报表》统一规定的会计科目编号，以便于填制会计凭证、登记账簿、查阅账目，实行会计信息化管理。

（3）学校在填制会计凭证、登记会计账簿时，应当填列会计科目的名称，或者同时填列会计科目的名称和编号，不得只填列会计科目编号、不填列会计科目名称。

（4）学校设置明细科目或进行明细核算，除遵循《政府会计制度——行政事业单位会计科目和报表》规定外，还应当满足权责发生制政府部门财务报告和政府综合财务报告编制的其他需要。

表6-1　会计科目名称

序号	科目编号	科目名称
一、财务会计科目		
（一）资产类		
1	1001	库存现金
2	1002	银行存款
3	1011	零余额账户用款额度
4	1021	其他货币资金
5	1101	短期投资
6	1201	财政应返还额度

续表

序号	科目编号	科目名称
7	1211	应收票据
8	1212	应收账款
9	1214	预付账款
10	1215	应收股利
11	1216	应收利息
12	1218	其他应收款
13	1219	坏账准备
14	1301	在途物品
15	1302	库存物品
16	1303	加工物品
17	1401	待摊费用
18	1501	长期股权投资
19	1502	长期债券投资
20	1601	固定资产
21	1602	固定资产累计折旧
22	1611	工程物资
23	1613	在建工程
24	1701	无形资产
25	1702	无形资产累计摊销
26	1703	研发支出
27	1801	公共基础设施
28	1802	公共基础设施累计折旧（摊销）
29	1811	政府储备物资
30	1821	文物文化资产
31	1831	保障性住房
32	1832	保障性住房累计折旧
33	1891	受托代理资产
34	1901	长期待摊费用
35	1902	待处理财产损溢
（二）负债类		
36	2001	短期借款
37	2101	应交增值税

续表

序号	科目编号	科目名称
38	2102	其他应交税费
39	2103	应缴财政款
40	2201	应付职工薪酬
41	2301	应付票据
42	2302	应付账款
43	2303	应付政府补贴款
44	2304	应付利息
45	2305	预收账款
46	2307	其他应付款
47	2401	预提费用
48	2501	长期借款
49	2502	长期应付款
50	2601	预计负债
51	2901	受托代理负债
（三）净资产类		
52	3001	累计盈余
53	3101	专用基金
54	3201	权益法调整
55	3301	本期盈余
56	3302	本年盈余分配
57	3401	无偿调拨净资产
58	3501	以前年度盈余调整
（四）收入类		
59	4001	财政拨款收入
60	4101	事业收入
61	4201	上级补助收入
62	4301	附属单位上缴收入
63	4401	经营收入
64	4601	非同级财政拨款收入
65	4602	投资收益
66	4603	捐赠收入
67	4604	利息收入

续表

序号	科目编号	科目名称
68	4605	租金收入
69	4609	其他收入
（五）费用类		
70	5001	业务活动费用
71	5101	单位管理费用
72	5201	经营费用
73	5301	资产处置费用
74	5401	上缴上级费用
75	5501	对附属单位补助费用
76	5801	所得税费用
77	5901	其他费用
二、预算会计科目		
（一）预算收入类		
1	6001	财政拨款预算收入
2	6101	事业预算收入
3	6201	上级补助预算收入
4	6301	附属单位上缴预算收入
5	6401	经营预算收入
6	6501	债务预算收入
7	6601	非同级财政拨款预算收入
8	6602	投资预算收益
9	6609	其他预算收入
（二）预算支出类		
10	7101	行政支出
11	7201	事业支出
12	7301	经营支出
13	7401	上缴上级支出
14	7501	对附属单位补助支出
15	7601	投资支出
16	7701	债务还本支出
17	7901	其他支出
（三）预算结余类		
18	8001	资金结存

续表

序号	科目编号	科目名称
19	8101	财政拨款结转
20	8102	财政拨款结余
21	8201	非财政拨款结转
22	8202	非财政拨款结余
23	8301	专用结余
24	8401	经营结余
25	8501	其他结余
26	8701	非财政拨款结余分配

二、财务报表和预算会计报表的编制

(一) 编制要求

学校应当按照下列规定编制财务报表和预算会计报表。

(1) 财务报表的编制主要以权责发生制为基础,以学校财务会计核算生成的数据为准;预算会计报表的编制主要以收付实现制为基础,以学校预算会计核算生成的数据为准。

(2) 财务报表由会计报表及其附注构成。会计报表一般包括资产负债表、收入费用表和净资产变动表。学校可根据实际情况自行选择编制现金流量表。

(3) 预算会计报表至少包括预算收入支出表、预算结转结余变动表和财政拨款预算收入支出表。

(4) 学校应当至少按照年度编制财务报表和预算会计报表。

(5) 学校应当根据《政府会计制度——行政事业单位会计科目和报表》规定编制真实、完整的财务报表和预算会计报表,不得违反《政府会计制度——行政事业单位会计科目和报表》规定随意改变财务报表和预算会计报表的编制基础、编制依据、编制原则和方法,不得随意改变《政府会计制度——行政事业单位会计科目和报表》规定的财务报表和预算会计报表有关数据的会计口径。

(6) 财务报表和预算会计报表应当根据登记完整、核对无误的账簿记录和其他有关资料编制,做到数字真实、计算准确、内容完整、编报及时。

(7) 财务报表和预算会计报表应当由学校负责人和主管会计工作的负责人、会计机构负责人(会计主管人员)签名并盖章。

（二）财务报表

财务报表是反映企业或预算单位一定时期资金、利润状况的会计报表。我国财务报表的种类、格式、编报要求，均由统一的会计制度做出规定，要求企业定期编报。财务报表由会计报表及其附注构成。其中，会计报表一般包括资产负债表、收入费用表和净资产变动表（详见表 6-2）。学校可根据实际情况自行选择编制现金流量表。

表 6-2　财务报表格式

编号	报表名称	编制期
会政财 01 表	资产负债表	月度、年度
会政财 02 表	收入费用表	月度、年度
会政财 03 表	净资产变动表	年度
会政财 04 表	现金流量表	年度
	附注	年度

（三）预算会计报表

预算会计报表指总括反映一定时期内单位预算执行情况的书面报表，是以日常的会计核算资料为依据，经整理汇总后，按规定的格式、内容和编制方法编制的。[1] 预算会计报表至少包括预算收入支出表、预算结转结余变动表和财政拨款预算收入支出表（详见表 6-3）。

表 6-3　预算会计报表格式

编号	报表名称	编制期
会政预 01 表	预算收入支出表	年度
会政预 02 表	预算结转结余变动表	年度
会政预 03 表	财政拨款预算收入支出表	年度

三、会计监督

会计监督，是指单位内部的会计机构和会计人员、依法享有经济监督检查职权的政府有关部门、依法批准成立的社会审计中介组织，对国家机关、社会团体、企业事业单位经济活动的合法性、合理性和会计资料的真实性、完善性以及本单位内部预算执行情况所进行的监督。[2] 会计监督是会计的基本职能之一，是我国经济监督体系的重要组成部分。有效发挥会计监督职能，不仅可以维护财经

---

[1]　夏伯忠主编：《新会计大辞典》，582 页，北京，中国商业出版社，1993。

[2]　黄双蓉：《财经法规与会计职业道德》，序言，北京，经济科学出版社，2014。

纪律和社会经济秩序，对健全会计基础工作、建立规范的会计工作秩序也起到重要作用。

（一）内部监督

根据《会计法》第二十七条，学校应当建立、健全本单位内部会计监督制度。单位内部会计监督制度应当符合下列要求：

（1）记帐人员与经济业务事项和会计事项的审批人员、经办人员、财物保管人员的职责权限应当明确，并相互分离、相互制约。

（2）重大对外投资、资产处置、资金调度和其他重要经济业务事项的决策和执行的相互监督、相互制约程序应当明确。

（3）财产清查的范围、期限和组织程序应当明确。

（4）对会计资料定期进行内部审计的办法和程序应当明确。

（二）国家监督

根据《会计法》第三十二条，财政部门对各学校的下列情况实施监督：

（1）是否依法设置会计帐簿。

（2）会计凭证、会计帐簿、财务会计报告和其他会计资料是否真实、完整。

（3）会计核算是否符合本法和国家统一的会计制度的规定。

（4）从事会计工作的人员是否具备专业能力、遵守职业道德。

在对前款第2项所列事项实施监督，发现重大违法嫌疑时，国务院财政部门及其派出机构可以向与被监督单位有经济业务往来的单位和被监督单位开立账户的金融机构查询有关情况，有关单位和金融机构应当给予支持。

（三）社会监督

任何单位和个人对违反《会计法》和国家统一的会计制度规定的行为，有权检举。收到检举的部门有权处理的，应当依法按照职责分工及时处理；无权处理的，应当及时移送有权处理的部门处理。收到检举的部门、负责处理的部门应当为检举人保密，不得将检举人姓名和检举材料转给被检举单位和被检举人个人。

 **案例6—2**

学校会计贪污巨款刑事犯罪案

【案例事实】

2004年1月至2007年7月，被告人黄某利用担任南宁市西乡塘区坛洛镇中心校会计的职务之便，先后多次擅自增加自己的工资，侵吞公款人民币125832.41元。2007年年初至8月份，被告人黄某从学校账户内领取人民币102300元，并虚构已向坛洛中心校所属的上中、上正等小学拨款后涂改收据日期、套用存款回单予以报账，随后将该款私吞。此外，黄某还将坛洛中心校的网上银行存款账户内的58109.22元转到自己的个人账户。2007年8月24日，黄某还将与学校无关人员列入校教职工并编制了工资表，从中心校基本账户往该人员账户内转入89454.20元，后从该账户将75000元转入自己的个人银行卡，剩余的14454.20元则由黄某提取现金后私吞。案发后，黄某将375695.83元退还给坛洛镇中心校，并于2008年1月7日向公安机关投案。

【法院判决】

广西壮族自治区南宁市西乡塘区法院审理后认为，被告人黄某身为国家工作人员，利用职务之便，以直接侵占、伪造单据、涂改账目等手段非法侵占375695.83元公共财产，其行为符合贪污罪的犯罪特征，已构成贪污罪。被告人黄某犯罪后主动投案，并如实供述自己的罪行，是自首，且其在侦查机关立案前已主动退赔赃款，显见其有悔罪表现，依法予以减轻处罚。因此，西乡塘区法院一审以贪污罪判处被告人黄某有期徒刑9年。

案例来源：北大法宝　引证码CLI. CR. 83876

第三节　学校税收制度

税收制度是指国家（政府）以法律或法规的形式确定的各种课税方法的总称。它属于上层建筑范畴，是政府税务机关向纳税人征税的法律依据，也是纳税人履行纳税义务的法律规范。从一般意义上说，税收制度是由税收主体、税收客体、税率和违章处置等要素构成的。[1]

一、税务管理

税务管理是指税收征收管理机关为了贯彻、执行国家税收法律制度，加强税收工作，协调征税关系而开展的一项有目的的活动。税务管理是税收征收管理的重要内容，是税款征收的前提和基础性工作。税务管理主要包括税务登记、账簿和凭证管理、纳税申报等方面的管理。[2]

（一）税务登记

税务登记是税务机关依据税法规定，对纳税人的生产、经营活动进行登记管理

---

[1]　岳松：《财政与税收》，北京，清华大学出版社，2008。

[2]　同上书。

的一项法定制度，也是纳税人依法履行纳税义务的法定手续。税务登记是整个税收征收管理的起点，包括开业登记，变更登记，停业、复业登记，注销登记，外出经营报验登记，纳税人税种登记，扣缴税款登记等。[1] 据《税收征收管理法》第十五条至十八条规定，以下情况需要进行税务登记。

一是企业在外地设立的分支机构和从事生产、经营的场所，个体工商户和从事生产、经营的事业单位（以下统称从事生产、经营的纳税人）自领取营业执照之日起三十日内，持有关证件，向税务机关申报办理税务登记。税务机关应当于收到申报的当日办理登记并发给税务登记证件。

二是从事生产、经营的纳税人，税务登记内容发生变化的，自工商行政管理机关办理变更登记之日起三十日内或者在向工商行政管理机关申请办理注销登记之前，持有关证件向税务机关申报办理变更或者注销税务登记。

从事生产、经营的纳税人应当按照国家有关规定，持税务登记证件，在银行或者其他金融机构开立基本存款账户和其他存款账户，并将其全部账号向税务机关报告。

纳税人按照国务院税务主管部门的规定使用税务登记证件。税务登记证件不得转借、涂改、损毁、买卖或者伪造。

（二）账簿、凭证管理

账簿是纳税人、扣缴义务人连续地记录其各种经济业务的账册或簿籍。凭证是纳税人用来记录经济业务，明确经济责任，并据以登记账簿的书面证明。账簿、凭证管理是继税务登记之后税收征管的又一重要环节，在税收征管中占有十分重要的地位。《税收征收管理法》第十九条、第二十四条规定，纳税人、扣缴义务人按照有关法律、行政法规和国务院财政、税务主管部门的规定设置账簿，根据合法、有效凭证记账，进行核算。同时，必须按照国务院财政、税务主管部门规定的保管期限保管账簿、记账凭证、完税凭证及其他有关资料。账簿、记账凭证、完税凭证及其他有关资料不得伪造、变造或者擅自损毁。

（三）纳税申报

纳税申报是指纳税人按照税法规定的期限和内容向税务机关提交有关纳税事项书面报告的法律行为，是纳税人履行纳税义务、承担法律责任的主要依据，是税务机关税收管理信息的主要来源和税务管理的一项重要制度。《税收征收管理法》对纳税申报作了如下规定。

一是纳税人必须依照法律、行政法规规定或者税务机关依照法律、行政法规的

---

① 黄双蓉：《财经法规与会计职业道德》，北京，经济科学出版社，2014。

规定确定的申报期限、申报内容如实办理纳税申报，报送纳税申报表、财务会计报表以及税务机关根据实际需要要求纳税人报送的其他纳税资料。扣缴义务人必须依照法律、行政法规规定或者税务机关依照法律、行政法规的规定确定的申报期限、申报内容如实报送代扣代缴、代收代缴税款报告表以及税务机关根据实际需要要求扣缴义务人报送的其他有关资料。

二是纳税人、扣缴义务人可以直接到税务机关办理纳税申报或者报送代扣代缴、代收代缴税款报告表，也可以按照规定采取邮寄、数据电文或者其他方式办理上述申报、报送事项。

三是纳税人、扣缴义务人不能按期办理纳税申报或者报送代扣代缴、代收代缴税款报告表的，经税务机关核准，可以延期申报。经核准延期办理所规定的申报、报送事项的，应当在纳税期内按照上期实际缴纳的税额或者税务机关核定的税额预缴税款，并在核准的延期内办理税款结算。

二、税款征收

税款征收是指税务机关依照税收法律、法规的规定将纳税人应当缴纳的税款组织入库的一系列活动的总称，是税收征收管理工作的中心环节，在整个税收征收管理工作中占有极其重要的地位。《税收征收管理法》规定，纳税人、扣缴义务人按照法律、行政法规规定或者税务机关依照法律、行政法规的规定确定的期限，缴纳或者解缴税款。纳税人因有特殊困难，不能按期缴纳税款的，经省、自治区、直辖市国家税务局、地方税务局批准，可以延期缴纳税款，但是最长不得超过三个月。根据《财政部、国家税务总局关于教育税收政策的通知》，学校可以享受以下税收减免或优惠。

(一) 关于营业税、增值税、所得税

(1) 对从事学历教育的学校提供教育劳务取得的收入，免征营业税。

(2) 对学生勤工俭学提供劳务取得的收入，免征营业税。

(3) 对学校从事技术开发、技术转让业务和与之相关的技术咨询、技术服务业务取得的收入，免征营业税。

(4) 对托儿所、幼儿园提供养育服务取得的收入，免征营业税。

(5) 对政府举办的高等、中等和初等学校（不含下属单位）举办进修班、培训班取得的收入，收入全部归学校所有的，免征营业税和企业所得税。

(6) 对政府举办的职业学校设立的主要为在校学生提供实习场所、并由学校出资自办、由学校负责经营管理、经营收入归学校所有的企业，对其从事营业税暂行条例"服务业"税目规定的服务项目（广告业、桑拿、按摩、氧吧等除外）取得的收入，免征营业税和企业所得税。

（7）对特殊教育学校举办的企业可以比照福利企业标准，享受国家对福利企业实行的增值税和企业所得税优惠政策。

（8）纳税人通过中国境内非营利的社会团体、国家机关向教育事业的捐赠，准予在企业所得税和个人所得税前全额扣除。

（9）对高等学校、各类职业学校服务于各业的技术转让、技术培训、技术咨询、技术服务、技术承包所取得的技术性服务收入，暂免征收企业所得税。

（10）对学校经批准收取并纳入财政预算管理的或财政预算外资金专户管理的收费不征收企业所得税；对学校取得的财政拨款，从主管部门和上级单位取得的用于事业发展的专项补助收入，不征收企业所得税。

（11）对个人取得的教育储蓄存款利息所得，免征个人所得税；对省级人民政府、国务院各部委和中国人民解放军军以上单位，以及外国组织、国际组织颁布的教育方面的奖学金，免征个人所得税；高等学校转化职务科技成果以股份或出资比例等股权形式给予个人奖励，获奖人在取得股份、出资比例时，暂不缴纳个人所得税；取得按股份、出资比例分红或转让股权、出资比例所得时，依法缴纳个人所得税。

案例6-3

丰都县哆来咪音乐学校与丰都县地方税务局三合税务所税务行政征收纠纷上诉案

【案例事实】

上诉人丰都县哆来咪音乐学校（以下简称哆来咪学校）于2004年12月由游咏梅出资，经丰都县教育委员会批准登记注册为民办非学历教育培训机构，从事非学历的具有收益的教育劳务，但未到工商行政管理机关登记注册，也未到税务机关进行纳税申报。2006年10月25日，丰都县地方税务局三合税务所（以下简称三合税务所）向哆来咪学校送达了《关于纳税申报有关问题的通知》和《关于加强教育劳务和养育服务税收征收管理政策的通知》。哆来咪学校未按该通知要求申报纳税。2006年11月17日，三合税务所向哆来咪学校做出了丰地税限改〔2006〕13号《责令限期改正通知书》。哆来咪学校未按该通知要求办理税务登记事宜。2006年12月12日，三合税务所向哆来咪学校做出了丰地税限改〔2006〕23号《责令限期改正通知书》。2006年12月18日，三合税务所向哆来咪学校做出了丰地税三合欠告字（2006）49号《追缴欠税（滞纳金）事项告知书》。2007年1月19日，哆来咪音乐学校交清了应纳税费和滞纳金计1332.19元。哆来咪学校不服，以三合税务所没有按照《中华人民共和国民办教育促进法》的规定使哆来咪学校与其他民办教育机构享有同等优惠政策待遇为由，诉至丰都县人民法院，请求确认三合税务所税务行政征收行为违法。

一审判决后，哆来咪学校不服，于 2007 年 6 月 28 日向重庆市第三中级人民法院提起上诉，请求撤销原判，确认三合税务所的税务行政征收行为违法。其理由是：（1）一审判决认定事实不清，适用法律不当。比照新疆维吾尔自治区地方税务局《关于进一步明确教育劳务征免营业税问题的通知》（新地税一字〔1998〕067号）和浙江省宁波市地方税务局《关于各类学校提供教育劳务征免税问题的通知》（甬地税二〔2000〕277 号）精神，哆来咪学校所从事的教育，不是一审判决认定的劳务培训，而是基础性文化教育，应免征营业税。《中华人民共和国营业税暂行条例》和《中华人民共和国营业税暂行条例实施细则》的规定与《民办教育促进法》的规定，存在明显冲突，应当优先适用《民办教育促进法》和《中华人民共和国民办教育促进法实施条例》。《民办教育促进法》第五条规定"民办学校与公办学校具有同等的法律地位"。该法第四十七条规定"民办学校享受国家规定的税收优惠政策"。《中华人民共和国民办教育促进法实施条例》第三十八条第 1 款规定"出资人不要求取得合理回报的民办学校，依法享受与公办学校同等的税收及其他优惠政策"。哆来咪学校从成立至今一直负债经营，就应当与公办学校一样享受税收优惠政策，免征营业税。（2）三合税务所对哆来咪学校征收营业税的其他依据，不但与法律相抵触，而且也与相应政策相违背。（3）三合税务所对民办教育机构征收营业税，不利于民办教育事业的发展。

被上诉人三合税务所答辩主张驳回上诉，维持原判。其理由是：（1）三合税务所对哆来咪学校取得的教育劳务收入作出征税决定，其征税主体和执法程序都合法。（2）哆来咪学校不属于免征营业税的对象，其取得的非学历教育劳务收入不属于免征营业税的范围。（3）三合税务所向哆来咪学校征收税款是合法的，对税款的计算也是正确的。

重庆市第三中级人民法院根据确认的合法有效的证据，认定事实如下：1999年 1 月 12 日，重庆市地方税务局做出渝地税函〔1999〕6 号文件《关于税务机构设置的批复》，批复丰都县地方税务局：同意设立三合税务所。2006 年 12 月 18 日，三合税务所做出的丰地税三合欠告字（2006）49 号《追缴欠税（滞纳金）事项告知书》，告知哆来咪学校：你单位未按照规定期限缴纳或者解缴税款，违反了《中华人民共和国税收征收管理法》第三十一条第一款的规定；你单位应于收到本告知书之日起 15 日内将欠缴税款 1104.08 元、滞纳金 21.60 元自行缴纳入库或提供纳税担保。2006年12月14日，哆来咪学校到三合税务所办理了税务登记，报送了2006年9月至2006年11月的《纳税申报表》，共计申报税款1135.62元（其中：营业税1051.50元，城建税52.58元，教育费附加31.54元）。2006年12月19日，哆来咪学校到三合税务所缴纳了税款1157.23元（其中：营业税1051.50元，城建税52.58元，教育费附加31.55元，滞纳金21.60元）。2007年1月19日，哆来咪学校主动向三合税务所报送了2006年12月的《纳税申报表》，共计申报税款175.05元（其中：营业税162.00元，城建税8.10元，教育费附加4.95元）。同日，哆来咪学校主动向三合税务所缴纳了税款174.96元（其中：营业税162.00元，城建税8.10元，教育费附加4.86元）。哆来咪学校不服三合税务所于2006年12月18日做出的追缴欠税和滞纳金的决定，向丰都县地方税务局申请行政复议。2007年3月8日，丰都县地方税务局做出丰地税复决字（2007）1号《税务行政复议决定书》，决定维持三合税务所做出的丰地税三合欠告字（2006）49号《追缴欠税（滞纳金）事项告知书》。其他部分与一审认定的事实相同。

【法院判决】

一审法院经审理认为：三合税务所是法律授权的本辖区的税务机关，其依法进行税收征管是正确的。哆来咪学校虽然是民办的教育培训机构，但其从事的是非学历的有收益的教育劳务培训。依照《中华人民共和国营业税暂行条例》第六条第一款第四项的规定，参照《中华人民共和国营业税暂行条例实施细则》第二十六条第一款第四项的规定，哆来咪学校所提供的教育劳务，不属于免征营业税的项目，而属于国家税务总局《营业税税目注释（试行）》中的"其他文化业"税目。哆来咪学校不属于《中华人民共和国民办教育促进法》所规定的享有优惠待遇的国家承认其学历的民办教育机构。三合税务所向哆来咪学校征收营业税，事实清楚，证据充分，程序合法，适用法律、法规准确，所收取的税费金额符合标准，无超越职权和滥用职权。哆来咪学校的起诉请求无事实根据和法律依据，不予支持。依照《最高人民法院关于执行〈中华人民共和国行政诉讼法〉若干问题的解释》第五十七条第一款的规定，判决确认三合税务所于2007年1月19日对哆来咪学校的税收征管行为合法。

二审法院经审理认为：《中华人民共和国税收征收管理法》第十四条规定"本法所称税务机关是指各级税务局、税务分局、税务所和按照国务院规定设立的并向社会公告的税务机构"。三合税务所有权依法对其辖区的税收征收进行征收管理。新疆维吾尔自治区地方税务局和浙江省宁波市地方税务局的规范性文件，在重庆市没有法律效力，在本案中既不能适用，也不能参照。哆来咪学校是一个民办培训机构，其从事的业务是声乐表演、舞蹈表演、钢琴演奏等艺术培训活动，而非学历教育劳务。民办学校与公办学校具有同等的法律地位，享受国家规定的税收优惠政策，但不等于免税或者不征税。我国现行的有关营业税方面的明确、具体的税收优惠政策，是由国务院颁布的《中华人民共和国营业税暂行条例》、财政部发布的《中华人民共和国营业税暂行条例实施细则》以及财政部、国家税务总局制定的其他规章规定的。民办学校是否享受国家规定的税收优惠政策，税务机关应当依据该行政法规和规章执行。该行政法规和规章的规定与《中华人民共和国民办教育促进法》第五条、第四十六条的规定并不抵触，而是法律、法规和规章之间的衔接和完善，对税收优惠政策的具体化。《中华人民共和国营业税暂行条例》第八条第一款第四项规定"学校和其他教育机构提供的教育劳务，学生勤工俭学提供的劳务，免征营业税"。《中华人民共和国营业税暂行条例实施细则》第二十二条第一款第二项对前述规定进行了具体解释，即免征营业税的学校及其他教育机构，是指普通学校以及经地、市级以上人民政府或者同级政府的教育行政部门批准成立、国家承认其学员学历的各类学校。哆来咪学校既不是普通学校，也不是经地、市级以上人民政府或者同级政府的教育行政部门批准成立的学校，而是经丰都县教育委员会批准成立的、国家又不承认其学员学历的学校。因此，哆来咪学校不属于免征营业税的对象。《财政部国家税务总局关于教育税收政策的通知》第一条第一款对教育劳务免征营业税的范围作了明确规定，即对从事学历教育的学校提供教育劳务取得的收入，免征营业税。哆来咪学校不是从事学历教育的学校，而是从事艺术培训的学校，其取得的培训收入，不属于免税范围。《中华人民共和国民办教育促进法实施条例》第三十八条第一款规定"捐资举办的民办学校和出资人不要求取得合理回报的民办学校，依法享受与公办学校同等的税收及其他优惠政策"。首先，哆来咪学校不是捐资举办的民办学校；其次，哆来咪学校在向三合税务所办理税务登记和纳税申报时，既未提交其享受税收优惠政策的书面申请，也未提供证明其为出资人不要求取得合理回报的任何证据。三合税务所无法认定其是出资人不要求取得合理回报的民办学校。《中华人民共和国营业税暂行条例》第五条规定"纳税人的营业额为纳税人提供应税劳务、转让无形资产或者销售不动产收取的全部价款和价外费用"。由此可见，营业税的计算依据是向对方收取的全部价款和价外费用，而不是利润。哆来咪学校即使亏损了，仍应按照其从事非学历教育劳务活动收取的全部应税收入计算缴纳营业税。三合税务所在作出征税决定过程中，首先向哆来咪学校宣传税收法律、法规知识，然后依法告知应纳税款和滞纳金，在哆来咪学校拒不履行法定义务的情况下，依法责令限期改正，最后依法进行追缴，符合法定程序。三合税务所按照《中华人民共和国营业税暂行条例》规定的"文化体育业"税目向哆来咪学校征收税款是合法的。哆来咪学校上诉的理由不能成立,其上诉请求不能支持。一审判决认定的基本事实清楚,适用法律、法规正确,但判决主文表述不当,应予以准确、完整的表述。据此,依照《中华人民共和国行政诉讼法》第六十一条第(一)项和《最高人民法院关于执行〈中华人民共和国行政诉讼法〉若干问题的解释》第五十七条第一款之规定,判决如下:

驳回上诉,维持原判,即确认丰都县地方税务局三合税务所做出丰地税三合欠告字(2006)49号《丰都县地方税务局追缴欠税(滞纳金)事项告知书》以及丰都县地方税务局三合税务所向丰都县哆来咪音乐学校征收税款、滞纳金共计人民币1332.19元的行为合法。

本案二审案件受理费人民币50元,由丰都县哆来咪音乐学校负担。

案例来源:北大法宝　引证码CLI.C.84918

(二)关于房产税、城镇土地使用税

对国家拨付事业经费和企业办的各类学校、托儿所、幼儿园自用的房产、土地,免征房产税、城镇土地使用税。

(三)关于耕地占用税

对学校、幼儿园经批准征用的耕地,免征耕地占用税。享受免税的学校用地的具体范围是:全日制大、中、小学校(包括部门、企业办的学校)的教学用房、实验室、操场、图书馆、办公室及师生员工食堂宿舍用地。学校从事非农业生产经营占用的耕地,不予免税。职工夜校、学习班、培训中心、函授学校等不在免税之列。

(四)关于关税

(1)对境外捐赠人无偿捐赠的直接用于各类职业学校、高中、初中、小学、幼儿园教育的教学仪器、图书、资料和一般学习用品,免征进口关税和进口环节增值税。上述捐赠用品不包括国家明令不予减免进口税的20种商品。其他相关事宜按照国务院批准的《扶贫、慈善性捐赠物资免征进口税收暂行办法》办理。

(2)对教育部承认学历的大专以上全日制高等院校以及财政部会同国务院有关部门批准的其他学校,不以营利为目的,在合理数量范围内进口国内不能生产的科学研究和教学用品,直接用于科学研究或教学的,免征进口关税和进口环节增值税、消费税(不包括国家明令不予减免进口税的20种商品)。科学研究和教学用品的范围等有关具体规定,按照国务院批准的《科学研究和教学用品免征进口税收暂行规定》执行。

（五）民办学校税收的特殊规定

根据《中华人民共和国民办教育促进法》第四十七条、第四十八条，民办学校享受国家规定的税收优惠政策；其中，非营利性民办学校享受与公办学校同等的税收优惠政策。同时，国家对向民办学校捐赠财产的公民、法人或者其他组织按照有关规定给予税收优惠，并予以表彰。

三、税务检查

税务检查是税务机关对内和对外检查监督的统称。对内检查是指各级税务机关根据国家的税收政策法规、税收管理体制和税务人员管理制度，对下级税务机关及税务人员贯彻执行税收政策、法规、体制情况进行检查监督的一种方式。其中各级税务机关对税务人员的检查，通常称为"税务监察"。对外检查是指税务机关根据国家税收政策、法规及财务会计制度，对纳税人履行纳税义务情况进行检查监督的一种方式，一般称"纳税检查"或"税收检查"。税务机关对内检查和对外检查各有不同的目的、任务和作用。① 纳税人、扣缴义务人必须接受税务机关依法进行的税务检查，如实反映情况，提供有关资料，不得拒绝、隐瞒。根据《中华人民共和国税收征收管理法》第五十四条，税务机关有权进行下列税务检查。

（一）检查纳税人的账簿、记账凭证、报表和有关资料，检查扣缴义务人代扣代缴、代收代缴税款账簿、记账凭证和有关资料；

（二）到纳税人的生产、经营场所和货物存放地检查纳税人应纳税的商品、货物或者其他财产，检查扣缴义务人与代扣代缴、代收代缴税款有关的经营情况；

（三）责成纳税人、扣缴义务人提供与纳税或者代扣代缴、代收代缴税款有关的文件、证明材料和有关资料；

（四）询问纳税人、扣缴义务人与纳税或者代扣代缴、代收代缴税款有关的问题和情况；

（五）到车站、码头、机场、邮政企业及其分支机构检查纳税人托运、邮寄应纳税商品、货物或者其他财产的有关单据、凭证和有关资料；

（六）经县以上税务局（分局）局长批准，凭全国统一格式的检查存款帐户许可证明，查询从事生产、经营的纳税人、扣缴义务人在银行或者其他金融机构的存款帐户。税务机关在调查税收违法案件时，经设区的市、自治州以上税务局（分

---

① 王美涵：《税收大辞典》，沈阳，辽宁人民出版社，1991。

局）局长批准，可以查询案件涉嫌人员的储蓄存款。税务机关查询所获得的资料，不得用于税收以外的用途。

 参考书目

[1] 黄双蓉. 财经法规与会计职业道德 [M]. 北京：经济科学出版社，2014.

[2] 岳松. 财政与税收 [M]. 北京：清华大学出版社，2008.

拓展阅读书目

[1] 邵俊波. 高等学校应用型规划教材高级财务会计理论与实务会计学专业 [M]. 上海：复旦大学出版社，2016.

[2] 浙江省教育会计学会. 高等学校财务管理与会计核算 [M]. 杭州：浙江大学出版社，2014.

[3] 赵国忠，李添龙. 学校财务与财产的规范化管理 [M]. 合肥：安徽人民出版社，2012.

[4] 刘建民，曹燕萍，宋建军，等. 高等学校税收政策研究 [M]. 长沙：湖南大学出版社，2010.

[5] 杨定忠等. 民办学校财务管理与监控 [M]. 长沙：湖南师范大学出版社，2010.

思考问题

1. 学校财务管理需要遵循哪些原则？

2. 学校财务管理主要包括哪些内容？

3. 学校运用会计科目时，应当遵循哪些规定？

4. 学校在编制财务报表和预算会计报表时，应当遵循哪些要求？

5. 如果你是一名学校管理者，你会从哪些方面开展税务管理？

6. 学校可以享受哪些税收减免或税收优惠政策？

第七章　学校安全

 **本章摘要**

　　本章首先概要介绍了学校安全概念及其主要内容，包括食品与卫生安全、校车安全、校园建筑与设施及学生安全，其中学生安全又包括宿舍安全管理、踩踏事故及第三方伤害事故，通过《未成年人保护法》和《中小学幼儿园安全管理办法》针对性地提出创建安全学校的系统措施。本章第二节、第三节、第四节围绕食品与卫生安全、校车安全、校园建筑与设施安全的内容、存在问题，透过专门法规、条例的解读，介绍了一些治理办法。本章第五节就学校安全事故中侵权的情况，提出相应的归责办法和免责条件。

本章关键术语

　　学校安全；食品安全；卫生安全；校车安全；校园踩踏；校园建筑与设施；归责原则；免责条款。

学习目标

◆认识学校安全管理的主要内容
◆了解学校食品与卫生安全管理的法律规定
◆了解校车安全管理的法律
◆了解校园建筑与设施安全管理的主要法律规定
◆把握学生人身伤害事故的归责原则
◆把握学校安全管理制度制定的相关要求

第一节　概　述

　　安全是人类生存发展活动中永恒的主题，也是当今乃至未来人类社会重点关注的问题之一。"无危则安，无缺则全"，安全即意味着没有危险。

一、学校安全与管理

随着对安全问题研究的逐步深入，人类对安全的概念也有了更深的认识，从不同的角度有不同的定义：第一，安全是指客观事物的危险程度能够为人们普遍接受的状态，即当系统的危险性降低至某种程度时，该系统是安全的，而且这种程度是为人们所普遍接受的状态。第二，安全是指没有引起死亡、伤害、职业病或财产、设备的损坏或损失或环境危害的一种客观条件。第三，安全是指不因人、机、媒介的相互作用而导致系统损失、人员伤害、任务受影响或造成时间上的浪费。这一概念已包含了间接损失的内容。

事故是安全问题最主要的表现形式，一旦发生安全事故，往往会带来巨大的经济损失、严重的社会负面影响，而且这些影响都是长期的，因此在社会的不断发展中，安全问题也越来越显得重要。

校园安全管理是以保护学校财产和师生安全为目的，进行有关决策、计划、组织和控制方面的活动。校园安全管理是学校管理的一项重要内容，它是通过管理的手段，实现控制事故、消除隐患、减少损失的目的，使学校达到最佳的安全水平，为师生创造一个安全的学习、生活环境。学校是学生求知的场所，但随着社会经济的发展和体制改革的深入，各类矛盾不断产生，安全隐患和安全问题也以不同形式呈现在校园中，一旦发生安全事故，不但影响学校的正常教育教学秩序，而且严重损害学生及家长的利益，危及社会的稳定。失去了"安全"这一前提，更谈不上教育目标的实现和人才培养任务的完成，因此校园安全管理非常重要。加强学校安全工作，做好未成年人保护工作是落实依法办学的重要体现，是提升学校依法办学水平的必然要求。

二、校园安全管理的主要内容

(一) 食品与卫生安全管理

随着市场经济的发展，不少人看中了在校学生这一庞大的消费群体，校园周边的小吃铺、小摊点、流动摊位应运而生，而这些饮食摊位，食品卫生条件往往不过关，正值发育年龄的孩子们抵抗力又差，食物中毒事故屡屡发生，而且动辄十几人，重则几十、上百人，严重影响学生的身心健康。以中小学为例，中小学生在校期间的饮食主要集中在午餐上，学生的午餐一般靠食堂、营养午餐和校外小饭店解决。据卫生监督机构突击检查公布的黑名单来看，不少学校依然存在"卫生不合格""食品过期"等问题。

（二）校车安全管理

校车是指学校安排接送学生上学、放学的车辆，包括学校自行购置的校车和社会租赁提供的校车。近年来学生上下学期间的接送安全问题成为社会和家庭关注的重点。就目前来看，我国在大部分城市还未形成一套成熟的校车接送体制，很多地方的管理混乱，许多校车事故就是由于这种混乱引起的。所以，学校作为主要的负责方，对学生的接送管理应当给予重视。由于政策和经济原因，大部分学校都不曾拥有独立的校车，这就使校车问题不单单是学校单方面的问题，更是社会问题，需要社会的各个层面共同努力。但是，这并不意味着学校就能摆脱责任。学校理应加强校车的管理，杜绝隐患。不管是基础设施较好、拥有自己校车的学校，还是雇用社会车辆的学校，都应关注校车的安全管理。

（三）校园建筑与设施安全管理

校园建筑与设施、设备安全对学校的安全管理来说也是关键的一环。设施设备是指学校范围内的地上物，体育设施、校舍、教育教学与实验设备等。

校舍、设施安全是指校舍或教育教学设施设备没有倒塌或者引发人身伤害事故的危险、隐患等，良好的教学设施是维护教学活动顺利开展的必要条件，因此教学设施安全问题是设施设备安全的重要方面。体育设施是体育课上的重要教学工具，由于体育课以学生身体作为基本的教学手段，要求在体育课开展的过程中重视学生的人身安全，课前检查教学设备在学生开展练习时十分重要。

（四）宿舍安全管理

寄宿制学校的学生宿舍是人群密集的空间，存在大量的安全隐患。学生宿舍安全主要存在以下问题：（1）遵纪守法问题。常见如违反学校规定，违规使用大功率电器、劣质电器造成火灾。（2）环境治安问题。学生被骗、被劫、被群殴、食物中毒事件时有发生，给学生的身心健康造成了危害。（3）学生安全意识不足。警惕性不足，逗留他人房间，贵重物品、钱财随意乱放，不锁门窗等现象普遍，给不法分子造成可乘之机。（4）宿舍建筑、设施、消防等不合理，新型材料对学生有辐射，建筑质量不达标等。

加强学生宿舍的安全管理，做好学生的宿舍安全管理与教育，是学校管理工作进入规范化、制度化、常规化、科学化的重要前提。学校在宿舍安全管理中应做到：（1）加强领导，形成宿舍安全管理网络。校长总负责，设立安全副校长直接负责学生安全，设立总务处、后勤处、保卫处具体负责学生安全管理。成立安全巡逻队，配备教师及专职人员，对宿舍进行24小时值班巡逻，监管重点场所。学生宿舍安装闭合回路电视监控网络、防盗门窗，确保宿舍内外治安的稳定。（2）消除隐患，形成安全管理常规制度。落实安全制度，提高安全隐患检查报告的时效性。每月组织一次学生宿舍全面安全隐患大检查，寝室管理人员每日一次安全检查，值班室、门卫填写安全隐患登记表，后勤及时查看隐患登记表，并及时整修设施、设备安全隐患，如更换损坏的、松动的床板、玻璃、下水道板、电风扇、灯泡、应急灯、老化电线和电源开关、水龙头等。对进出学生宿舍区域和楼道人员分时段进行身份确认，对非住校生、外来人员进行登记，对所有进出入的大件物品进行检查登记。（3）加强教育，制定学生宿舍安全守则。对学生进行安全教育主要包括：爱国主义教育，普法守法教育，安全常识教育，进行案例分析，了解社会复杂性，提高安全防范和法律、法规意识。

（五）学生安全管理

踩踏事故。中小学校园踩踏事故频频发生，从发生的地点看，校园踩踏事件多发生在学校教学楼的楼梯上，而且大多时候发生在楼梯的拐角处。从时间、场合上看，踩踏事故多发生在学生下晚自习、参加升旗仪式、做操、集会、下课、放学或就餐等群体性活动的往返途中。学校应针对踩踏事故的特点和发生的原因，建立起相关制度，保护在校学生的安全。

第三人伤害事故。校外第三方人身伤害是学生安全威胁因素中的一个重要因素。第三人涉及仇视社会的人，与学校教师、学生产生矛盾的人，也可能是因为矛盾冲突而报复伤害其他学生的学生家长。

三、学校的安全管理义务

（一）建立日常安全管理制度

建立健全中小学校的安全管理制度是为了保障全校师生员工健康地学习、工作、生活，促进学校各项工作顺利开展，防范安全事故发生，切实有效降低和控制校园安全事故的发生，因此每个学校都应依照上级有关要求及相关法律法规，从本校实际出发，制定符合本学校情况的各种安全管理制度。

此外，学校应建立中小学校安全管理的领导机构，建立责任追究制度，制定校园安全制度，建立校园安全预警机制，明确安全制度中各项目的责任人。根据学校自身的规模、周边的安全环境等具体情况，研究对应本学校的安全管理机构和安全人员的配置以及安全管理细则的制定。

（二）建立校园周边整治协调工作机制

《中小学幼儿园安全管理办法》中提出，建立校园周边整治协调工作机制，维护校园及周边环境安全。各级教育、公安、司法行政、建设、交通、文化、卫生、工商、质检、新闻出版等部门在本级人民政府的领导下，依法履行学校周边治理和学校安全的监督与管理职责。要建立大环境内学校安全的管理机制，学校需要加强与本地政府、公安、交通等部门及社区、家庭之间的联系，主动出击，让安全工作走出校园，面向社会。其一，积极参与社区服务，获得社区和家庭对学生安全的支持和帮助；其二，协调各相关部门联合行动，治理学校周围的文化环境，整治学校周边的交通秩序；其三，依靠各有关单位向学生传授安全基本知识、进行学生安全教育，树立大环境中学生安全意识，普及应急处理、救护的相关知识，以便使对学生的伤害降到最低限度。

（三）健全校园安全预警机制及事故处理机制

健全学校安全预警机制，制定突发事件应急预案，完善事故预防措施，及时排除安全隐患，不断提高学校安全工作管理水平。事前预防胜于事后救济，有效的安全预警机制是防范学校安全事故发生的重要前提，也是学校安全管理中的主要思路。学校加强安保队伍的建设，严格安全保卫人员的选拔机制和培训过程，根据学校安全管理工作的不同结构有重点地对保安人员进行分配，落实不同部门之间的职责；重视新科技手段的应用，在图书馆、食堂、走道等重点领域开展摄像监控，实现事故自动报警服务；增强部门联动，实现学校职能部门之间信息共享，尤其在日常安保工作中，应当及时沟通各部门所掌握的信息，了解学校实时情况。

事故发生后启动应急预案、对伤亡人员实施救治和责任追究等。建立暴雪、地震、泥石流等自然灾害及雾霾等极端天气状况的应急处理预案；传染病、食物中毒等公共卫生安全事件的应急处理预案；建筑物、消防、踩踏等人为的伤害性事故的应急处理预案；学生人身安全事件的应急处理预案等。学校应积极准备各种校园突发事件的应急预案，提高保障公共安全和化解危机的能力。

第二节　食品与卫生安全

一、食品安全

校园食品安全是事关国家、社会未来发展的重要问题。一般校园就餐者为未成年学生，而未成年学生身心智力发展不成熟，一方面不能够认识到潜在的危险，如在食堂就餐时，对食堂的饭菜质量不能作出判断，有从业者以烂充好，以较低的价格购入快变质、劣质的食材，不能提供给学生足够的营养甚至给学生造成身心伤害。另一方面，青少年时期是身体发育的关键期，一旦机体受到损害，将是终身的遗憾。因而，校园食品安全是学校经营管理中重要的一环。

由于学校食堂就餐人数多、就餐时间较集中，一旦食品卫生安全失控，往往会直接酿成重大食物中毒事故，造成恶劣的社会影响，给学校在政治、舆论、经济等方面均造成较大的损失，相关单位、有关责任人还将承担相关法律责任。学校食品安全事件除了具有一般食品安全事件的特点之外，还具有特殊性：

第一，涉及范围广，监管难度高。每年媒体披露的学校食物中毒事件以及相关食品卫生监测报告显示，我国校园食品安全风险依然存在。

第二，资源不足，发展进程缓慢。这几年来全国性的食物中毒事件仍旧时有发生，校园食品安全的监管仍然存在着许多不完善和缺失，部分学校存在思想不够重视、食堂设施条件较为简陋、炊管人员素质不高、学校管理责任不到位等情况。由于多方面的原因，达不到或不能完全达到国家规定的卫生标准要求，存在发生食物中毒的隐患。随着国家对教育的投入加大，以及办学与教学条件的改善，资源不足的状况已有缓解。

为保障学生和教职工在校集中用餐的食品安全与营养健康、加强监督管理，教育部、国家市场监督管理总局、国家卫生健康委员会于 2019 年发布《学校食品安全与营养健康管理规定》，要求"学校应当按照食品安全法律法规规定和健康中国战略要求，建立健全相关制度，落实校园食品安全责任，开展食品安全与营养健康的宣传教育"。

（一）食堂管理

学校食堂采购食品及原料应当遵循安全、健康、符合营养需要的原则。有条件的地方或者学校应当实行大宗食品公开招标、集中定点采购制度，签订采购合同时应当明确供货者食品安全责任和义务，保证食品安全。

学校食堂采购食品及原料，应当按照要求查验许可相关文件，并留存加盖公章（或者签字）的复印件或者其他凭证。学校食堂禁止采购、使用下列食品、食品添加剂、食品相关产品：（1）超过保质期的食品、食品添加剂。（2）腐败变质、油脂酸败、霉变生虫、污秽不洁、混有异物、掺假掺杂或者感官性状异常的食品、食品添加剂。（3）未按规定进行检疫或者检疫不合格的肉类，或者未经检验或者检验不合格的肉类制品。（4）不符合食品安全标准的食品原料、食品添加剂以及消毒剂、洗涤剂等食品相关产品。（5）法律、法规、规章规定的其他禁止生产经营或者不符合食品安全标准的食品、食品添加剂、食品相关产品。学校食堂在加工前应当检查待加工的食品及原料，发现有前款规定情形的，不得加工或者使用。

学校食堂提供蔬菜、水果以及按照国际惯例或者民族习惯需要提供的食品应当符合食品安全要求。学校食堂不得采购、贮存、使用亚硝酸盐（包括亚硝酸钠、亚硝酸钾）。中小学、幼儿园食堂不得制售冷荤类食品、生食类食品、裱花蛋糕，不得加工制作四季豆、鲜黄花菜、野生蘑菇、发芽土豆等高风险食品。

（二）外购食品管理

学校从供餐单位订餐的，应选择具有资质、产品达标的供货商。否则，依照我国法律规定，出现学生食物中毒等问题，学校需承担无过错赔偿责任。应当建立健全校外供餐管理制度，选择取得食品经营许可、能承担食品安全责任、社会信誉良好的供餐单位。同时，应当与供餐单位签订供餐合同（或者协议），明确双方食品安全与营养健康的权利和义务，存档备查。

学校应当对供餐单位提供的食品随机进行外观查验和必要检验，并在供餐合同（或者协议）中明确约定不合格食品的处理方式。学校需要现场分餐的，应当建立分餐管理制度。在教室分餐的，应当保障分餐环境卫生整洁。学校外购食品的，应当索取相关凭证，查验产品包装标签，查看生产日期、保质期和保存条件。不能即时分发的，应当按照保证食品安全的要求贮存。

（三）食品安全事故调查与应急处置

学校应当建立集中用餐食品安全应急管理和突发事故报告制度，制定食品安全事故处置方案。发生集中用餐食品安全事故或者疑似食品安全事故时，应当立即采取下列措施：（1）积极协助医疗机构进行救治。（2）停止供餐，并按照规定向所在地教育、食品安全监督管理、卫生健康等部门报告。（3）封存导致或者可能导致食品安全事故的食品及其原料、工具、用具、设备设施和现场，并按照食品安全监督管理部门要求采取控制措施。（4）配合食品安全监管部门进行现场调查处理。（5）配合相关部门对用餐师生进行调查，加强与师生家长联系，通报情况，做好沟通引导工作。

二、卫生安全

学校卫生工作的主要任务是：监测学生健康状况；对学生进行健康教育，培养学生良好的卫生习惯；改善学校卫生环境和教学卫生条件；加强对传染病、学生常见病的预防和治疗。

学校应对师生的身心健康状况进行监测，对教室、课桌椅、采光照明、食堂、饮用水、盥洗设施及厕所、体育活动器材与设施等卫生安全状况进行监督检查。校医和教师要承担学生晨检和午检任务，及时发现有病症、不适和身体伤害的学生；每日统计学生因病缺课情况及其原因，特别是对传染病流行季节学生因病缺课和学生高比例出现相关病症加以重视，及时发现传染病在学校的流行可能。①

为加强学校卫生工作，提高学生的健康水平，国家教育委员会发布《学校卫生工作条例》，对学校卫生安全工作的开展作出了专门规定。

（一）学校卫生技术人员

《学校卫生工作条例》第十八条规定："各级教育行政部门应当把学校卫生工作纳入学校工作计划，作为考评学校工作的一项内容。"普通高等学校、中等专业学校、技工学校和规模较大的农业中学、职业中学、普通中小学，可以设立卫生管理机构，管理学校的卫生工作。普通高等学校设校医院或者卫生科。校医院应当设保健科（室），负责师生的卫生保健工作。城市普通中小学、农村中心小学和普通中学设卫生室，按学生人数六百比一的比例配备专职卫生技术人员。中等专业学校、技工学校、农业中学、职业中学，可以根据需要，配备专职卫生技术人员。学生人数不足六百人的学校，可以配备专职或者兼职保健教师，开展学校卫生工作。

学校卫生技术人员的专业技术职称考核、评定，按照卫生、教育行政部门制定的考核标准和办法，由教育行政部门组织实施。学校卫生技术人员按照国家有关规定，享受卫生保健津贴。

各级卫生防疫部门对学校卫生工作承担以下任务：实施学校卫生监测，掌握本地区学生生长发育和健康状况，掌握学生常见病、传染病、地方病动态；制定学生常见病、传染病、地方病的防治计划；对本地区学校卫生工作进行技术指导；开展学校卫生服务。

（二）健康教育

学校应当把健康教育纳入教学计划。《学校卫生工作条例》第十三条要求，普通中小学必须开设健康教育课，普通高等学校、中等专业学校、技工学校、农业中学、职业中学应当开设健康教育选修课或者讲座。

学校在安排体育课以及劳动等体力活动时，应当注意女学生的生理特点，给予必要的照顾。学校应当开展学生健康咨询活动。

同时，第十一条规定：学校应当根据学生的年龄，组织学生参加适当的劳动，并对参加劳动的学生，进行安全教育，提供必要的安全和卫生防护措施。

（三）提高学生身心健康水平

对于学生学习时间，《学校卫生工作条例》第五条提出，学校应当合理安排学

---

① 陶芳标：《厘清学校卫生职能，深化学校卫生服务》，载《中国学校卫生》，2015（1）。

生的学习时间。学生每日学习时间（包括自习），小学不超过六小时，中学不超过八小时，大学不超过十小时。学校或者教师不得以任何理由和方式，增加授课时间和作业量，加重学生学习负担。

关于学校建筑卫生条件，《学校卫生工作条例》第六条、第七条、第十条和第十六条规定，学校教学建筑、环境噪声、室内微小气候、采光、照明等环境质量以及黑板、课桌椅的设置应当符合国家有关标准。新建、改建、扩建校舍，其选址、设计应当符合国家的卫生标准，并取得当地卫生行政部门的许可。竣工验收应当有当地卫生行政部门参加。学校应当按照有关规定为学生设置厕所和洗手设施。寄宿制学校应当为学生提供相应的洗漱、洗澡等卫生设施。学校应当为学生提供充足的符合卫生标准的饮用水。学校体育场地和器材应当符合卫生和安全要求。运动项目和运动强度应当适合学生的生理承受能力和体质健康状况，防止发生伤害事故。同时，学校应当积极做好近视眼、弱视、沙眼、龋齿、寄生虫、营养不良、贫血、脊柱弯曲、神经衰弱等学生常见疾病的群体预防和矫治工作。

（四）建立学校卫生工作机制

学校应当建立卫生制度，加强对学生个人卫生、环境卫生以及教室、宿舍卫生的管理。同时，学校应当配备可以处理一般伤病事故的医疗用品。

同时，学校应当建立学生健康管理制度。根据条件定期对学生进行体格检查，建立学生体质健康卡片，纳入学生档案。学校在体格检查中发现学生有器质性疾病的，应当配合学生家长做好转诊治疗。学校对残疾、体弱学生，应当加强医学照顾和心理卫生工作。

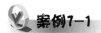 **案例7—1**

苏某某等重大责任事故案

【案例事实】

2014年10月24日，河南省西平县文成中学发生了集体食物中毒事件，造成该中学师生221人食物中毒，经济损失达70多万元，并被多家媒体报道的严重后果。经审理查明：被告人苏某某在担任西平县食品药品监督管理局食品安全监督管理大队一中队队长期间，未严格按照法律法规的规定，未认真履行其对文成中学食堂食品安全的监管职责，对该中学食堂存在的食品安全问题，虽多次提出整改意见，却未有效督促该食堂改正。被告人刘某某在负责管理西平县文成中学食堂期间，违反有关食品安全管理的规定，致使该食堂食品安全隐患长期存在，并于2014年10月23日指使食堂工作人员将中午所剩米饭加工后供学生晚餐食用。驻马店市医学专家针对部分患者进行会诊，认为属食物中毒，并制定相应治疗方案。西平县人民政府组织相关部门和人员对文成中学疑似食物中毒事故进行分析论证，认为该事故为细菌性食物中毒。中毒人员后经治疗全部康复。

【法院判决】

法院认为，被告人苏某某作为负有食品安全监督管理职责的国家工作人员，不认真履行职责，致使文成中学发生较大学校食物中毒事故，其行为已构成食品监管渎职罪。被告人刘某某作为文成中学食堂直接管理人员，在食品生产、加工过程中，违反有关食品安全管理规定，造成较大学校食物中毒事故，其行为已构成重大责任事故罪。根据被告人苏某某、刘某某犯罪的事实、性质、情节和对于社会的危害程度，依照《中华人民共和国刑法》第四百零八条之一第一款、第一百三十四条第一款、第六十七条第一款、第三十七条之规定，判决如下：

一、被告人苏某某犯食品监管渎职罪，免予刑事处罚。

二、被告人刘某某犯重大责任事故罪，判处有期徒刑六个月。

（刑期从判决执行之日起计算。判决执行以前先行羁押的，羁押一日折抵刑期一日，即自2015年6月5日起至2015年11月18日止。）

如不服本判决，可在接到判决书的第二日起十日内，通过本院或者直接向河南省驻马店市中级人民法院提出上诉。书面上诉的，应当提交上诉状正本一份，副本二份。

【案例分析】

案中食品中毒事件的责任主体有食品监管部门及学校食堂经营直接负责人，前者违反食品安全监督的职责，应承担相应的行政责任。后者作为学校食品直接负责人，违反食品安全管理条例的内容，未满足食品加工的卫生要求，并疏忽对其员工的卫生健康状况检查和从业资质培训，致使发生此次食物中毒事件。

该校建立食物中毒应急处理机制，在处理突发事件中上报上级教育行政部门和卫生行政部门，在保留食物及其原料的情况下，及时发现问题的根源，从而有效避免事件的恶化，没有造成更大损失。

学校要采取有效措施，加强学校食品卫生工作。教育行政部门和学校领导要以对学生健康高度负责的精神，牢固树立"健康第一"的指导思想，切实加强对学校食品卫生安全工作的领导，完善并落实学校食品卫生安全工作责任。例如，肠道传染病防控工作作为开学初的重点工作，要按照食品卫生有关法规文件要求，层层落实责任目标，强化管理，特别要落实学校食品卫生安全校长责任制、食物中毒责任追究等各项制度。

总之，学校食品安全问题牵动着千万个家庭的心，学校一旦发生食品卫生问题往往涉及一个大群体，会影响学生的学习，影响社会的稳定。同时发生食品卫生问题也影响到学校的正常教学秩序和声誉。因此，保障学生的身体健康是学校义不容辞的责任和义务，理应引起学校及教育行政部门的高度重视。

案例来源：北大法宝　引证码 CLI. C. 23287003

第三节　校车安全

一、校车安全与管理

2012 年出台的《校车安全管理条例》规定，校车是指"依照本条例取得使用许可，用于接送接受义务教育的学生上下学的 7 座以上的载客汽车"，同时，"接送小学生的校车应当是按照专用校车国家标准设计和制造的小学生专用校车"，也即用于接送幼儿园、小学、中学等从事学前教育、义务教育的教育机构（以下统称学校）的幼儿或者学生（以下统称学生）上下学的 7 座以上的载客汽车。新标准按乘坐对象将校车分为幼儿校车、小学生校车和其他校车，按车辆属性将校车分为专用校车和非专用校车。

随着我国城镇化进程和教育体制改革的推进，运送学生上下学的服务需求逐渐凸显。在这样的需求情况下，学校和市场主动供应校车服务，为大部分学生和家长提供了便利。尤其是在农村义务教育实施"以县为主"管理体制以来，由于县级教育部门管理范围太大，学校网点过多，学校布局调整直接造成了农村学生上学远问题。从 20 世纪 90 年代开始，校车在我国就已经初露端倪。经过 10 多年的发展，许多地方初步构建了自己的校车运营体系。校车的出现一方面缓和了乡镇学生上学路程远的问题，另一方面，也改善了城区部分街道的交通拥堵现象。但是，校车的安全事故时发，产生了很多不良影响，民众对校车的监管、校车的运营都产生怀疑。实施校车安全管理，消除不安全因素，维护社会公众情绪，有利于和谐社会的构建。

校车安全管理是一个系统工程，包括校车安全管理法规、校车安全管理具体内容、校车安全管理体制等方面。就管理法规而言，国家发布专业校车标准，规定实施部门的责任，公安部门及其相关部门的执法法规，督导地方政府和教育、执法等行政部门。校车安全的阶段性治理和专门的整治行动由相关行政部门执行。地方政府除了针对本地区的实际情况制定规章，根据需要起草详细的法律文件比如扶持校车发展，给予政府补贴和政策的优惠，还要规定教育行政部门和公安部门的具体职能，对下级政府和教育行政部门、公安部门等进行督导。

二、校车安全事故产生的原因

（一）车体不达标和超载现象存在

目前学校校车大致分四种形式：学校自备车、学校租用客运公司的车、家长自行组合的车、私人或社会车辆和校办企业联合社会企业一起运营的车。绝大多数公立学校的校车是后面三种方式，大多数农民子弟的学校则采用社会运营的车辆。学校普遍采用普通客车承载儿童，甚至在一些农村地区，三轮车、拖拉机和报废车辆都成为营运学生上下学的主要交通工具。同时，我国校车存在数量严重不足的问题，尤其是在农村地区，超载现象颇多。以陕西省铜川市红土镇为例，该镇只有一所中学，学生周末回家，1 辆只能乘坐 7 人的昌河面包车竟然拉了 17 名学生。这在我国不是个案，甚至有 19 个座位的客车搭载 79 名小学生和学前儿童的报道。

（二）学校对校车安全重视不足

校车有其特殊的性质，但是某些校车运营者完全忽视了校车安全的重要性，会严重威胁学生的生命安全。某些学校对生命重视程度不够，未能理解以人为本的教育理念，没有落实依法办学的理念。没有按照规定投入足够的精力和时间成本，节省必要的开支，会使学生处于校车事故的危险之下。此外，在部分地区，某些学校的管理者为了少承担责任或者不承担责任，一般采取租赁社会车辆服务的形式，将接送学生的任务承包给运输公司或者个人，这些公司或个人为了争取最大的利润，超载和抢道现象严重，并且忽略对校车司机的资质管理，缺少规范化的程序，对校车安全造成威胁。

（三）对学生的安全教育有待加强

中小学生尤其是幼儿的生理及心理安全意识低，极易导致校车发生事故，增加不安全因素。家长由于安全意识差未能关注学校的校车安全工作，学校对存在的安全隐患不能及时察觉，无法对校车进行全面的排查。学生的安全意识来自于教师的安全教育，教师的职业素质是影响安全教育成效的关键要素，同时，家长的安全意识也是起关键作用的一环，二者缺一不可。

（四）校车安全管理制度尚需完善

校车安全管理的制度不健全，主要是学校缺少对校车的市场交易、车体检验、保养和利用等全面的管理，缺乏专门制度规范校车更换、过期报废等程序。政府部门对校车和驾驶员的准入缺乏严格的审核程序和专业的负责机构。各地方政府部门应该按照各自地区的道路状况和学校分布情况进行不同规格校车的审核和准入。

（五）司机安全素养有待提高

目前大量校车是社会车辆，私人拥有，某些司机为争取利益最大化，在运营中往往不顾孩子的安全，违章驾驶。司机的安全责任意识有待提高。

三、学校的职责

《校车安全管理条例》对学校的校车安全管理职责做了规定。[①]

（一）保证校车符合校车标准

《校车安全管理条例》第三章共计九条规定了校车标准，对校车使用条件作出要求。有三点需要引起学校的重视。

一是关于校车责任保险。《校车安全管理条例》第十四条第五项规定，校车必须已经投保机动车承运人责任保险。同时，机动车交通事故责任强制保险是《中华人民共和国道路交通安全法》对所有机动车辆的基本要求，属于强制保险范畴，投保人没有选择权，因此校车仍然要投保机动车强制责任保险。另外，学校要尽可能选择较高保险额的承运人责任险，一旦发生校车交通事故，乘车学生可以得到保险公司的充分赔偿，减少学校的损失。

二是商业第三者责任险投保。第三者责任险属于商业保险，是投保人自由选择的险种，由于校车发生交通事故不一定属于无责任情形，这就存在学校对第三者赔偿问题，因此学校可以在《校车安全管理条例》规定的保险之外积极投保校车商业第三者险，化解学校赔偿责任。

三是校车安全设备配备。《校车安全管理条例》第二十一条规定："校车应当配备逃生锤、干粉灭火器、急救箱等安全设备。安全设备应当放置在便于取用的位置，并确保性能良好、有效适用。"首先，校车安全设备配备是强制性规定，如果学校未按要求为校车配备安全设备，根据《校车安全管理条例》的规定，由公安机关交通管理部门责令改正，处 1000 元以上 3000 元以下的罚款。其次，要确保其安全设备性能良好、有效适用。学校必须定期检查安全设备，对于干粉灭火器应按照要求定期更换，且不能配备其他类型的灭火器，对于急救箱中的药品和器材也应按照要求定期更新。最后，由于安全设备属于紧急情况下使用的设备，要特别注意教育学生不得随便动用校车内的安全设备，避免引发不必要的事故。

（二）建立校车安全管理制度

《校车安全管理条例》第二章第十条、第十一条、第十二条和第六章第三十八

---

① 　肖宝华、张新风：《从〈校车安全管理条例〉看学校管理职责》，载《人民教育》，2012（18）。

条对校车安全维护、校车驾驶人安全教育、与校车服务提供者签订安全管理责任书、教师与学生及其监护人的安全教育和乘坐校车知识要求、随车照管人员安全教育做了规定。学校应据此加以细化和规范，重视以下几个问题。

第一，对校车驾驶人进行安全教育。无论是学校自己配备校车，还是利用校车服务者提供的校车，学校都应对校车驾驶人进行安全教育，不应因学校使用校车服务提供者的校车而忽视对校车驾驶人的安全教育。按照《校车安全管理条例》的规定，要定期对校车驾驶人进行安全教育，主要包括道路交通安全法律法规以及安全防范、应急处置和应急救援知识。

第二，签订校车服务协议。如果校车是由校车服务者提供，按照《校车安全管理条例》规定，学校应当与校车服务提供者签订校车安全管理责任书，明确各自的安全管理责任，落实校车运行安全管理措施。协议应明确校车服务提供者的校车投保责任险种和责任限额的保险费承担或分摊问题，以及校车驾驶人必须服从学校管理的规定。

第三，乘坐校车协议的签订。《校车安全管理条例》规定学校应当对教师、学生及其监护人进行交通安全教育。在实际实施中，学校应和学生监护人签订校车乘坐协议，协议应特别明确学生监护人接送学生的时间与地点，指定接送人及联系方式，监护人未按规定的时间、地点接送学生应承担的责任等问题。对于不乘坐校车的学生，学校也要取得学生监护人不乘坐校车的声明，避免可能的法律纠纷。

（三）明确随车照管人员的职责

《校车安全管理条例》第六章的核心是随车照管人员的职责问题，学校应特别注意加强对校车随车照管人员的教育和管理，使校车随车照管人员能明确义务，正确履行职责。首先学校要加强随车照管人员的教育和管理。为校车指派随车照管人员是学校的法定义务，学校应定期对随车照管人员进行安全教育，组织他们学习交通安全法律法规、安全防范和急救知识等。如果学校有条件，应设专职随车照管人员，如不能设专职随车照管人员，而由学校教职员工轮流担当的，学校应当对全体教职员工进行安全教育。同时学校安全教育的时间和内容应记录在案，并由受教育人员签字后存档备查。其次是明确随车照管人员的职责，《校车安全管理条例》第三十九条对随车照管人员的职责做了明确的规定，需引起学校的重视。

一是学生下车后需要横穿道路时，随车照管人员要带领学生通过。这样可以有效保障学生的人身安全，避免发生交通事故。同时随车照管人员带领学生横穿道路时，必须走人行横道，不能随便带领学生横穿道路；没有人行横道的，必须在确保学生安全时，才可以横穿道路。

二是避免学生遗留在车辆上，防止造成学生人身伤害。在随车照管人员清点乘车学生人数时，如果发现有学生声明乘坐校车而未乘坐校车，必须及时核实确认学生情况，避免学生不乘坐校车自行回家引发伤害事故。

三是在停靠点交接学生。如果学生监护人未按时接学生，随车照管人员不得将学生遗留在停靠点，必须与其监护人取得联系，应在停靠点等待。如果学生监护人委托他人接学生，随车照管人必须与其监护人取得联系，确认后方可交接学生，否则不能交接学生。

四是遇有校车故障或者其他问题，需要校车驾驶人下车处理时，随车照管人员不得离开校车参与问题处理，避免出现乘车学生照管的真空，防止由于乘车学生无人照管而引发伤害事故。

（四）明确校车驾驶人的职责

《校车安全管理条例》第四章规定了校车驾驶人的条件和一般要求，对校车驾驶人的具体职责规定则体现在第二章、第五章和第六章的部分条款中。这不仅是校车驾驶人的职责，也是学校对校车驾驶人进行安全教育的主要内容，具体包括以下几个方面。

一是安全保护和急救职责。校车驾驶人不仅仅承担驾驶校车的职责，还应承担安全保护和急救职责，在校车使用过程中，出现安全和伤害问题，校车驾驶人应进行积极的安全保护和急救。

二是交通安全职责。《校车安全管理条例》第二十七条规定："校车驾驶人应当遵守道路交通安全法律法规，严格按照机动车道路通行规则和驾驶操作规范安全驾驶、文明驾驶。"要求校车驾驶人认真学习道路交通安全法律法规，做到驾驶规范，实现安全驾驶和文明驾驶，尤其要做好校车上道行驶前的安全检查工作。《校车安全管理条例》对校车时速作了限制，规定校车在高速公路上行驶的最高时速不得超过 80 公里，其他道路上行驶的最高时速不得超过 60 公里，在特殊道路上和不利气象条件下最高时速不得超过 20 公里。

三是定点停靠职责。该项职责是校车驾驶人的最重要职责。校车应当在校车停靠站点停靠，应当靠道路右侧停靠，停靠时应开启危险报警闪光灯，出示停车示意牌。方便与学生监护人交接学生，保障学生上下车安全，同时提示后方车辆等待和避让。

四是遵守禁止性规定职责。校车的副驾驶座位不得安排学生乘坐，目的在于避免校车紧急刹车或者与前方车辆发生碰撞时伤害学生；校车在载有学生时不得加油，避免发生火灾而伤害学生；不得在校车熄火前离开驾驶座位，避免车辆意外启动或者学生擅自操作车辆引发伤害事故。校车驾驶人熄灭车辆离开座位时，须拔下钥匙，以避免学生操作车辆而引发事故；在校车行驶途中，除依法执行职务的交通警察外，不得允许与乘车学生无关的人员上车，避免外来人员对学生的伤害。

第四节　建筑与设施安全管理

学校的建筑与设施是教育科学化、大众化的象征，是有序开展教育教学、提高教育水平的基础，为学生及教师提供安全、稳定、舒适的校园环境是学校管理的一部分。保障学校建筑与设施安全，是建校的法定内容。

一、学校建筑与设施常见安全问题

《学生伤害事故处理办法》第九条规定，"因下列情形之一造成的学生伤害事故，学校应当依法承担相应的责任：（一）学校的校舍、场地、其他公共设施，以及学校提供给学生使用的学具、教育教学和生活设施、设备不符合国家规定的标准，或者有明显不安全因素的；（二）学校的安全保卫、消防、设施设备管理等安全管理制度有明显疏漏，或者管理混乱，存在重大安全隐患，而未及时采取措施的。……"

依据相关法律以及学校实际发生的校园建筑与设施的事故，常见的校园建筑与设施安全问题有以下几类。

（一）教学楼建筑设施要求

教学楼外廊宽度及栏杆。教学楼外廊是学生日常活动的场所，依据《中小学校设计规范》（GB 50099-2011）的有关规定，中小学教学楼外廊的净宽度不应小于1.80 m。教学楼外廊栏杆是防止学生坠楼、保证学生（尤其是心智尚未成熟的小学生）安全的重要设施，楼外廊栏杆高度不应低于1.10 m，防护栏杆最薄弱处承受的最小水平推力应不小于1.5 kN/m。楼外廊栏杆的设计应无易于攀爬的花格，在幼儿园及其他学前机构，还应考虑外廊的封闭性。①

教学楼楼梯。依据《城市普通中小学校校舍建设标准》（建标〔2002〕102号）和《农村普通中小学校建设标准》（建标〔1996〕640号）规定，学校教学楼楼梯的数量宽度、位置和形式应满足使用要求，符合交通疏散和防火规范的规定，教学楼的耐火等级不低于二级。按照国家标准《建筑设计防火规范》的规定，符合二级标

---

① 杨汴生、何健、钟娅等：《河南省中小学校教学建筑设施安全状况调查》，载《中国学校卫生》，2008（11）。

准的学校教学楼至少应设 2 个安全疏散楼梯，否则在火灾、地震及意外事故发生时，难以满足迅速疏散学生的需要。教学楼室外楼梯应注意安置防护网，在教学楼梯段之间无阻挡视线的隔墙，防止因慌乱情况下导致的踩踏等意外事故。中小学校设有晚自习，应设有照明设备，且对其进行例行检查与维修，确保正常使用。

教室窗台高度。教室窗台保证高于 800 mm。有的学校设置窗台过高，虽然满足了安全的要求，但对教室的采光会产生一定影响。

楼层教学楼班级数。按照卫生学的标准，中小学校教学楼每层班级数一般以 2～4 个为宜。但是城市学校及农村学校用地面积有限，受客观条件制约，在目前的情况下尚不能完全符合标准。学校教学楼设计中应考虑相应的补偿措施，可以加宽楼梯宽度，并增加楼梯数量。

（二）校园消防设施要求

学校消防安全工作关系着学生安危、家庭幸福、社会稳定。但是，目前中小学校将所有精力和财力都放在教学上，对消防设施投入不足，消防宣传不到位，留下许多消防安全的隐患。学校消防事故时有发生。

按照《建筑设计防火规范》等相关要求，学校应对未进行消防审核验收的建筑物进行改造，使其符合标准。对防火间距不足的应提高建筑物的耐火等级，防火区过大的，应在适当位置增加防火卷帘。学校礼堂等需大量装修装饰材料的，严格按照《建筑内部装修设计防火规范》执行，对于建筑物内应设置的疏散指示标志、应急照明、灭火器等器材必须遵循相关的设计要求，并按时维修检查。[①]

（三）实验室设施要求

实验室是教学活动的重要场所，因此，实验室的设施安全应引起校园管理者足够的重视，重视不够可能会给师生的生命和财产安全带来灾难。

实验室事故的发生往往与学校的客观条件和管理者的主观因素有关。从客观硬件上看，目前学校实验室往往缺乏必要的硬件设施，例如高级实验室未配备气体检测器，不能及时检测出异常浓度并报警。应该关注实验室的安全系数，尤其是重点实验室，努力提高整体的安全装备水平。从主观因素上看，大部分实验室没有建立起严格的安全防范措施，很多属于人为操作事故。学校应该进行实验相关人员的安全教育，使其了解相关化学品的安全特性及应急处理办法；检查正在使用的安全设施是否正常工作，建立和完善与危险品相关操作的安全防范操作规程等。

---

① 逯琳琳：《校园消防安全现状分析及对策》，载《科技风》，2013（11）。

(四) 体育设施要求

学校体育教学内容众多，对应的体育器材设施也较多，常用的设施、场地、器材包括足球场及门架、篮球场及篮球架、单双杠、跳马体操垫、长短绳、球拍等，这些器材易损害，常见如不稳固、老化、生锈、脱落，都可能对学生造成不同程度的伤害。根据《小学体育器材设施配备标准》和《初中体育器材设施配备标准》，凡是进入学校的体育器材设施，需取得通过资质认定的专业质量检验机构出具的合格证书或符合相关标准的检测报告；体育器材所用的材料、外形和结构设计、主要零部件静负荷能力、稳定性、安全警示要求应符合相应产品标准；体育器材的安全使用寿命及疲劳性能、环保要求、表面质量、管理与维护应分别符合相应标准。①

某些学校操场质地问题目前比较严重。有关毒塑胶操场、假草坪、毒跑道等事件时有曝光。中小学生处于发育期，很容易受到有害化学物质的伤害。亟待学校采取措施予以解决。

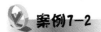

"毒跑道"环境公益诉讼案

【案件事实】

2016 年 3 月 26 日至 4 月 1 日，北京市朝阳区刘诗昆万象新天幼儿园铺设塑胶跑道。同年 4 月该塑胶跑道投入使用。塑胶跑道使用后向外散发刺激性气味，并出现多例儿童流鼻血症状。中国生物多样性保护与绿色发展基金会在获知该情况后，向该幼儿园发函，要求其采取措施，拆除塑胶跑道，消除对大气和土壤环境的污染。随后，以北京市朝阳区刘诗昆万象新天幼儿园破坏大气和土壤环境，对社会公共利益造成侵害为由向北京市第四中级人民法院起诉，请求该幼儿园承担拆除园内的塑胶跑道，承担对污染的土壤和大气环境采取修复或替代性修复措施等责任。

2016 年 7 月 21 日，北京市第四中级人民法院正式受理该案，7 月 22 日分别向北京市环境保护局、北京市教育委员会、北京市朝阳区环境保护局及北京市朝阳区教育委员会就案件受理情况发送告知书，并于 7 月 27 日在《人民法院报》上就该案情况向社会公众发出公告，公告期 30 日。

在案件审理过程中，幼儿园认可确实铺设了塑胶跑道，并在出现问题后于 2016 年 6 月动工拆除，表示愿意承担相应的责任，弥补造成的损害。中国生物多样性保

---

① 教育部：教育部关于发布《小学体育器材设施配备标准》《初中体育器材设施配备标准》的通知，http://www.moe.gov.cn/srcsite/A17/s7059/201609/t20160928 _ 282532.html，最后浏览 2016-07-25.

护与绿色发展基金会与幼儿园均有通过调解方式解决纠纷的意愿。调解过程中，幼儿园主动拆除塑胶跑道，并铺上草坪，双方共同推动该幼儿园集团公司下属其他幼儿园拆除塑胶跑道，并已实际执行。

【法院判决】

经过法院调解，中国生物多样性保护与绿色发展基金会与北京市朝阳区刘诗昆万象新天幼儿园于 2017 年 2 月 24 日达成调解协议，内容为：（1）被告拆除在该幼儿园内铺设的塑胶跑道（操场），并铺上草坪。（2）被告以保护生态环境为目的向中华社会救助基金会捐助 10 万元。依据《最高人民法院关于审理环境民事公益诉讼案件适用法律若干问题的解释》第二十五条第一款之规定，法院于 2017 年 3 月 2 日将调解协议的内容在《人民法院报》上进行了公告，公告期 30 日。

【案例分析】

本案所涉工程是学校塑胶跑道铺设，属于合成材料面层跑道（含运动场地）的范畴，故工程的环保问题应符合教育部关于发布《小学体育器材设施配备标准》和《初中体育器材设施配备标准》的相关规定。根据该规定，承担运动场地合成材料面层铺装的单位应具备相应的生产、铺装经验和相应的铺装业绩，具有完善的安全生产管理体系及质量检验制度；运动场地合成材料面层选择的材料应根据设计、铺装等要求确定，并符合环境保护要求，不应对人体、生物及环境造成有害影响；应对运动场地合成材料面层原料有害物质限量技术指标进行见证检测，运动场地铺装完成后，要进行检验，并按照运动场地合成材料面层中有害物质限量指标对运动场地合成材料面层的物理性能、有害物质含量进行见证检测，符合要求后方可投入使用；运动场地合成材料面层的质保期应不低于 5 年。教育部为了杜绝学校"毒跑道（运动场地）"对学生身体健康造成的危害，对于学校运动场地合成材料面层的环保问题，已经下发了专项整治的相关文件、通知。作为工程的铺装（施工）单位应对工程的环保问题负责。工程铺装完成后，幼儿园应对工程进行环保检测合格。

案例来源：北大法宝　引证码 CLI.CR.45928469

二、学校建筑与设施的安全管理义务

（一）增强预防性监督，杜绝安全隐患

对新建、改建、扩建校舍实施预防性监督，是各级卫生行政部门保证学校建筑设施安全、卫生质量的一项重要工作。《学校卫生工作条例》第六条规定，"新建、改建、扩建校舍，其选址、设计应当符合国家的卫生标准，并取得当地卫生行政部门的许可"；第二十八条规定，县以上卫生行政部门对新建、改建、扩建校舍的选

址、设计实行卫生监督。上述规定必须得到全面、有效的贯彻落实，对选址、设计引进外部监管，保证校舍的安全、卫生质量。

（二）全面排查安全隐患，建立安全定期检查制度

学校建筑设施的质量不仅关系到师生的正常学习和生活，还直接关系到每个师生的生命权利，确保校园安全是落实科学发展观、构建和谐社会、保证教育事业可持续发展的需要。学校应切实提高对安全工作重要性的认识，完善相关标准，全面开展检查，对学校建筑设施安全性能进行全面排查，消除存在的安全隐患，为学生营造安全的学习环境。

（三）检查体育设施安全，加强对学生的安全教育

在课程开始之前，教师要对课程所涉及的体育设施进行必要细致的检查。田径场教师要注意操场是否存在硬石块、坚硬物等，观察跑道是否有凸起或者低洼地带；对于体操类项目所涉及的单双杠，检查是否有螺丝松动、生锈等问题，日常生活中也要做到精心维护，有问题及时处理，为体育活动的开展奠定良好的基础。学生的安全是学校的重中之重。中小学阶段的学生生理、心理水平尚未成熟，处于身心发展的最重要时期，自我防范能力差，容易受到安全事故的伤害。加强学生的安全教育是避免事故的基础，在学校中体育教师更应加大安全教育的宣传力度，使学生的安全意识越来越强，不断提高。

第五节　学生伤害事故的法律责任

学生伤害事故是指在学校实施的教育教学活动或者学校组织的校外活动中，以及在学校负有管理责任的校舍、场地、其他教育教学设施、生活设施内发生的，造成在校学生人身损害后果的事故。从主体上看，学生伤害事故伤害的对象仅局限于学生，侵害的权利是学生的人身权；从时空范畴来看，学生伤害事故既可能发生在学校内，也可能发生在学校组织的校外活动中，以及在学校负有管理责任的校舍、场地、其他教育教学设施、生活设施内。学习学生伤害事故知识的目的，在于明晰各方责任，在促进学校和教师积极履行职责的基础上，创建安全的学校。

一、学生伤害事故责任承担的法律规定

处理学生伤害事故实际上要做到一种法律上权利与义务的平衡，一方面要保护学生的身心健康发展；另一方面又要保护学校工作的积极性，让学校工作能够有效和顺利地进行。了解《民法典》和《学生伤害事故处理办法》中有关责任承担的法

律规定，有助于公正、客观处理学生伤害事故，保障学校工作顺利开展和学生身心健康发展。

（一）学生伤害事故的归责原则

侵权人以自己的行为或物件致使他人受损害后，就应依据一定的根据使其负责，这就是通常所说的归责。归责原则即归责的根据和标准，是确定行为人的侵权民事责任的基本准则，也是司法机关处理侵权纠纷所应遵循的基本原则。民事案件纷繁复杂，侵权纠纷千差万别，大量的案件很难援引现行的具体规定来处理。因此需要借助于直接体现侵权立法政策和方针的抽象归责原则，来正确处理各种侵权纠纷。根据《民法典》等，学校安全事故的归责原则主要包括：

1. 过错责任原则

过错责任原则也称过失责任原则，是以行为人主观上的过错为承担侵权责任的基本条件的认定责任的准则。《民法典》第一千一百六十五条第一款规定，行为人因过错侵害他人民事权益造成损害的，应当承担侵权责任。按过错责任原则，行为人仅在有过错的情况下，才承担侵权责任。没有过错，就不承担侵权责任。

案例7-3

小学生伍某升诉宿迁某学校因其从上铺掉落摔伤人身损害赔偿纠纷案

【案例事实】

2012年5月29日凌晨，原告伍某升（12周岁）在被告宿迁某学校安排的宿舍睡觉时，从高低床上铺摔下，导致眼睛受伤。伤后原告至宿迁市钟吾医院救治，主诉高处坠落后头痛四小时。经诊断为脑震荡、左眼挫伤伴神经损伤、肝挫伤。医生当日建议转上级医院继续治疗，并于当天办理了出院手续。6月30日，原告转至江苏省人民医院继续住院治疗，诊断为左眼钝挫伤，左侧视神经管骨折。住院8天，于6月7日好转出院。后原告又至北京同仁医院和宿迁市钟吾医院进行了门诊治疗和复查。在此期间共住院9天。后因赔偿问题，双方未能达成一致意见，因而成讼。照片显示，原告摔伤时使用的高低床护栏长度不足整张床的一半，护栏高度不足20厘米。另查明：原告在被告处全托就读，受伤当晚其睡觉时头朝没有护栏的一头，对此，被告学校安排的宿管人员未予制止。

【法院判决】

法院认为，结合原被告双方的过错程度，一审法院酌情确定被告承担80%的赔偿责任。原告主张的医疗费、住宿费、交通费、住院伙食补助费、营养费、残疾赔偿金、鉴定费符合法律规定，且有相关证据予以证实，依法予以认定。判决如下：

被告宿迁某学校于本判决生效之日起十日内赔偿原告伍某升各项损失合计180233.52元。宣判后，双方当事人未提出上诉，本案已发生法律效力。

【案例分析】

学校有对学生进行教育、管理和保护的职责，对学生的伤害事故如存在过错，则应承担相应责任。学校为学生宿舍提供的双层床安全栏板高度和长度应符合国家规定标准，并根据学生年龄、身体、心智等具体因素，排除安全隐患，防止住上铺的学生掉落摔伤。对于作为未成年人的中、小学生，因其对居住上铺可能存在的安全隐患认识能力和控制能力不足，即使床铺符合安全标准，学校因使用了双层床仍应当承担相应的管理责任，盖因国家安全标准系工业产品的门槛性标准，也不是小学生卧具的选择标准，且其法律的位阶层级亦不可与民法等量齐观。

案例来源：北大法宝　引证码 CLI. C. 4104536

2. 过错推定责任原则

过错推定原则也称过失推定原则，指当事人实施了加害行为，尽管其主观上无过错，但根据法律规定仍应承担责任的归责原则。《民法典》第一千一百六十五条第二款规定，依照法律规定推定行为人有过错，其不能证明自己没有过错的，应当承担侵权责任。在适用过错推定原则的情况下，受害人可以不必举证证明加害人的主观过错，而是在已经证明损害事实中推定加害人的过错。这样，受害人就免除了证明加害人过错的举证责任，转而由加害人承担举证证明自己无过错的责任。

3. 补充责任原则

在学校安全事故中，第三人侵权可能导致学校及其他教育机构承担补充责任。《民法典》第一千二百零一条规定，无民事行为能力人或者限制民事行为能力人在幼儿园、学校或者其他教育机构学习、生活期间，受到幼儿园、学校或者其他教育机构以外的第三人人身损害的，由第三人承担侵权责任；幼儿园、学校或者其他教育机构未尽到管理职责的，承担相应的补充责任。即，学生在校学习、生活期间所遭受的损害是由学校之外的第三人引起的，则此学生的损害由第三人进行赔偿。由于学校是学生的直接管理主体，倘若学校没有履行对学生的保护职责，进而发生事故就意味着学校应当承担补充责任。

4. 无过错责任原则

无过错责任原则指在法律有特别规定的情况下，以已经发生的损害结果为价值判断标准，与该损害有因果关系的行为人，不问其有无过错，都要承担侵权赔偿责任的归责原则。《民法典》第一千一百六十六条规定，行为人造成他人民事权益损害，不论行为人有无过错，法律规定应当承担侵权责任的，依照其规定。法律确认无过错责任原则，是说明主观过错不是责任构成要件，行为人无论有无过错，都应当承担赔偿责任。这样，就将行为人置于严格的侵权损害赔偿的监督之下，把受害人置于更为妥善的保护之中。

5. 公平责任原则

《民法典》第一千一百八十六条规定，受害人和行为人对损害的发生都没有过错的，依照法律的规定由双方分担损失。相较于以往《中华人民共和国民法通则》（1986）和《中华人民共和国侵权责任法》（2009）中"可以根据实际情况，由当事人分担民事责任""可以根据实际情况，由双方分担损失"的规定，《民法典》对公平责任原则的适用情形进行了严格限定，法官对于公平责任原则的适用不再拥有过大的自由裁量权，仅能根据全国人大及其常务委员会制定的法律文件作为公平责任原则的适用依据。

（二）学校承担责任的要件

侵权民事责任是整个民事责任的一部分，因此其适用要受民事责任的一般规定的制约，同时它又是与其他民事责任相区别的一种独立的责任，有着自己的特征。受害人须证明的事实主要包括构成民事侵权行为的四个基本要件。

1. 损害事实

应证明损害事实发生的时间、地点、损害的客体、损害的对象、损害的结果、损害的性质和损失的范围。侵害物质性人格权的，要证明身体伤害的程度，是否丧失劳动能力，是否造成死亡结果；证明由此造成的财产损失数额。

2. 被告的违法行为

应证明行为人的民事行为能力，认定其是否具有责任能力；行为人行为的性质，作为还是不作为；行为的具体方式，实施行为的前后经过；行为人的行为是否违法，违反什么法律规定，等等。行为与损害因果关系证明的方法主要有：对客观事实的证明，证人、证言；采用科学技术进行鉴定；进行合乎常理的推论。证明行为人的过错，应证明行为人在实施违法行为时对行为后果的主观态度。如证明故意，当证明行为人的行为动机、目的，或者证明行为人对行为后果已经预见并希望或听任这种结果发生的主观心理活动。如证明过失，证明行为人是否对受害人权利的损害有注意义务，有何种程度的义务，注意义务没有尽到的客观事实等。

3. 违法行为和损害事实之间的因果关系

指违法行为作为原因，损害事实作为结果，在它们之间存在的前者引起后者的客观关系。在侵权构成多因一果的情况下，多种原因对于损害事实的发生为共同原因。共同原因中的各个原因对损害事实的发生发挥不同的作用，因而存在原因力大小的问题。

4. 主观过错

主观过错包括故意和过失两种形式。故意是指行为人明知自己的行为会发生损害他人民事权利的结果，并且希望或放任该结果发生。行为人应当预见自己的行为可能损害他人的民事权利但因疏忽大意而没有预见，或者虽然已经预见但轻信能够避免，结果导致他人的民事权利遭受损害，为过失。衡量行为人是否有过失，应根据具体的时间、地点和条件等多种因素综合进行确定。

违法行为有两种形式：一种是作为的违法行为，另一种是不作为的违法行为。作为和不作为都能够构成产生侵权损害赔偿的违法行为。对于法律所禁止的行为而作为时，便是作为的违法行为。不作为违法行为的前提是行为人负有某种特定的作为义务。这种特定的义务不是一般的道德义务，而是法律所要求的具体义务。如教师组织学生游泳，学生被淹，教师能救而不救，这就是不作为违法行为，因教师具有保护学生的法律义务。

作为幼儿园、学校等教育机构，由于学生这一群体具有特殊性，法律对幼儿园、学校赋予的教育、照顾和安全保障等责任，大多需要积极作为，否则就可能因为不作为而承担损害赔偿责任。

（三）学生伤害事故的免责条件

免责条件，也称法律责任的减轻和免除，是指法律责任由于出现法定条件被部分或全部地免除。根据《民法典》和《学生伤害事故处理办法》，学校对下列情况造成的学校安全事故不承担法律责任：

第一，由学生自己的过错造成的伤害，由学生自己承担责任。包括学生的自杀、自伤行为；学生有特异体质或特定疾病，未告知学校；学生违反法律法规及社会公共行为准则、学校的规章制度和纪律所造成的伤害等事故。

第二，由不可抗力、意外事件造成的意外伤害或其他意外事故，学校已经履行了相关义务，没有主观上的过错，则可以免责。

第三，第三人加害致使学生发生人身伤害的情况中，如果学校能证明自己无主观过错，也可免责，由加害人承担相应的法律责任。

第四，教师或者其他员工实施的与其职务无关的个人行为或故意实施的违法犯罪行为，造成学生人身损害的，学校不承担法律责任，由加害人依法承担相应的侵权责任。

二、学生伤害事故的类型

根据学校的责任主体以及学校教育、管理行为的特点，对学生伤害事故按责任人的不同，可分为以下几类。

（一）因学校办学行为导致的学生伤害事故

（1）学校实施的教育教学活动或者学校组织的校外活动中发生的学生伤害事故，即学校在其实施的教育和管理活动中发生的，由于学校采取的教育和管理措施不当或者未尽到教育和管理职责所致的学生伤害事故。

①学校组织实施的实验教学、劳动、军训中发生的事故。如果学校未尽到相应的安全教育和保护职责，或没有向学生说明安全操作规程，或没有在可预见范围内提供必要的防护措施，或安排了超出学生年龄和生理承受能力的活动的，学校应对由此造成的学生伤害承担相应责任。

②在学校组织的具有对抗性或风险性的体育教学或竞赛活动中引起的事故。对于存在一定风险的体育活动如篮球、足球、铅球、跳马、单杠等运动，参加者与旁观者在其能够认识的范围内承担相应的风险，学校在组织这类课程和活动时，如果没有尽到教育、保护与管理职责，需承担相应责任。常见情况如：没有安排正确适宜的、符合大纲要求的体育或竞赛活动；未告知学生活动要领、规则、禁忌；未正确、适当摆放与使用体育器材；对相关活动未采取必要的保护措施；对有特异体质、特殊疾病的学生没有进行特别注意和照顾；教师未按规定坚守岗位、全程监督保护学生；发生学生伤害事故后未及时、有效地进行救助等。

③学校组织的学生校外活动中发生的事故。如学校组织学生在校外公共道路或场地上进行晨跑或晚锻炼；组织学生集体过马路；组织学生户外郊游、拓展训练、前往电影院看电影、参加校外大型集会等。在这些活动中，学校负有安全保护、照料、教育和管理的义务，如果没有尽到相应的义务，导致学生人身受到损害，学校应当承担责任。如果学校将活动委托给其他承办人的，则由承办人承担相应责任；学校有过错的，如学校委托不具有相应资质的承办人、租赁的交通工具超载运输等，要对自己的过错承担责任。

④因学校教师或其他员工所采取的教育方法不当而发生的事故。学校教师或其他员工在履行教育和管理的职务行为中发生的侵权：谩骂、侮辱学生，侵害学生人格尊严；侵犯学生隐私权；恐吓学生导致学生严重心理和精神压力，及其他侵害学生人格权的行为，对学生造成人身损害的，学校应当承担相应责任。

⑤学校知道或应当知道教师或其他员工患有不适宜担任教育教学工作的疾病，未采取必要措施，致使学生人身受到损害的，学校应当承担相应责任。

⑥因学校管理疏漏造成的事故。如学校未能考虑学生人数因素或其他相关因素，集中下课或会后集中散场发生拥挤导致的踩踏事故；不考虑特殊的天气情况或

其他因素关闭学校大门导致的人身伤害事故;学校教学楼或宿舍楼虽设有紧急通道、安全出口,被占用或者没有打开而发生拥挤导致的踩踏事故;学校提前放学但未及时通知监护人,使学生在无人监护、保护情况下人身受到的损害。

(2)在学校负有管理责任的校舍、场地、其他教育教学设施、生活设施内发生的,或者由于学校提供的产品不合格引起的学生伤害事故,即学校对其所有或者管理的教学场地、教学设施、教学管理环节等具有安全保障上的疏忽等过错所引起的对在校学生的伤害事故。

①因学校提供的产品如食品、饮用水或者其他物品不合格引起的事故,学校应当承担相应责任。

②因学校的教学和生活设施、设备引起的事故。校园内的窨井等地下设施造成学生损害,学校作为管理人不能证明尽到管理职责的,应当承担相应责任;建筑物、构筑物或者其他设施及其搁置物、悬挂物发生脱落坠落造成学生损害,学校不能证明自己没有过错的,应当承担相应责任。学校赔偿后,有其他责任人的,可以向第三人行使追偿权。

③校园内的堆放物倒塌造成学生损害,学校作为堆放人不能证明自己没有过错的,应当承担相应责任。

④校园内的林木折断造成学生损害,学校不能证明自己没有过错的,应当承担相应责任。

⑤在校园内挖坑、修缮安装地下设施等,没有设置明显标志和采取安全措施造成学生损害的,工人应当承担相应责任。学校没有尽到保护职责的,应承担相应的补充责任。

(3)教师或其他员工的故意加害行为造成的学生伤害事故。如果学校教师或其他员工并非因教学和管理活动而对学生实施故意加害行为,体罚与变相体罚、身体伤害、性侵害、性骚扰、监禁等,由此造成的学生损害应当由加害人(教师或其他员工)承担责任,学校应当承担连带责任。

(二)学生之间的行为造成的学生伤害事故

此类伤害事故包括学生之间因玩耍嬉戏、追逐打闹等导致的人身伤害事故,及因学生之间的故意加害行为而导致的人身伤害事故。比如校园内的学生之间的暴力行为,学生之间在校园内或学校组织的校外活动中发生的故意侵害事故等。这两类事故,首先应当由造成损害的学生的监护人承担责任。学校未尽到教育、管理责任的,如平时未进行宣传教育,发现危险而未及时制止,学生中出现暴力行为的苗头而未引起教师足够注意并加以制止,学校也要就自己的过错承担责任。

（三）校外第三人在校园内造成的学生伤害事故

校外第三人是指学校教职员工和在校学生以外的人员。"第三人"是学生的监护人、其他学校的学生、已经毕业的本校学生和已经离职的原教职工，或除此以外的社会上的任何人。这类学生伤害事故的发生可能是校外第三人的故意侵权行为，可能属于校外第三人的过失（如校园停车时剐蹭、撞伤、碾压学生等）。对此，当由该第三人承担相应责任，学校未尽到管理、保护义务的，根据其过错承担补充责任，学校安全管理制度不严、管理混乱、门卫管理松懈、校园围墙存在安全隐患、学校部分场地提供给校外人员使用而缺乏有效监管的，由于学校管理有疏漏，学校应当承担补充责任。

（四）因受害学生自身原因造成的学生伤害事故

《民法典》第一千一百七十三条规定，被侵权人对同一损害的发生或者扩大有过错的，可以减轻侵权人的责任。因此，由于受害学生自身的原因所致的学生伤害事故，可以减轻学校的责任。但是，若学校没有尽到教育和管理义务，则应当承担相应责任。

（1）学生自己在校园内或校园外自杀、自伤，学校在教育、管理、安全保护上存在过错的，应承担相应责任。

（2）学生擅自离开学校导致事故发生的，学校若未及时发现并通知学生监护人的，由于未尽到注意和通知义务，应承担相应责任。

（3）学生在非教育教学活动时间内，独自在校逗留导致的学生伤害事故，学校未尽到管理、教育责任的，应当承担相应责任。

三、学校安全制度的建立与完善

《中小学幼儿园安全管理办法》（以下简称《管理办法》）第十五条规定，学校应当遵守有关安全工作的法律、法规和规章，建立健全校内各项安全管理制度和安全应急机制，及时消除隐患，预防发生事故。杜绝或减少学生伤害事故的发生，一方面需要进一步完善国家的教育政策法规，严格执行教育政策法规；另一方面学校自身也需要建章立制，明确学校教职工和管理人员各自的职责，做细做精学校的各项工作，将学生伤害事故的发生率降至最低。

（一）安全教育制度

《义务教育法》第二十四条第一款明确规定，学校应当建立、健全安全制度和应急机制，对学生进行安全教育，加强管理，及时消除隐患，预防发生事故。根据《管理办法》第三十九和四十五条，学校应当在开学初、放假前，有针对性地对学生集中开展安全教育。新生入校后，学校应当帮助学生及时了解相关的学校安全制度和安全规定。学校应当制定教职工安全教育培训计划，通过多种途径和方法，使教职工熟悉安全规章制度、掌握安全救护常识，学会指导学生预防事故、自救、逃生、紧急避险的方法和手段。具体而言，学校应该组织教职工和学生学习卫生常识、避险、紧急情况自救和救护他人、交通、防火、防盗、日常行为习惯等知识，可以形成文字，乃至装订成安全手册，增强学生和教职工的防护能力。

（二）安全管理制度

安全管理既包括对学校设施设备、实验室及车辆等的管理，也涉及对于学生的安全管理。根据《管理办法》，学校应当建立以下安全管理制度：一是用水、用电、用气等相关设施设备的安全管理制度。学校应当定期进行检查或者按照规定接受有关主管部门的定期检查，发现老化或者损毁的，及时进行维修或者更换。二是实验室安全管理制度和危险化学品、放射物质的购买、保管、使用、登记、注销等制度。学校应当将安全管理制度和操作规程置于实验室显著位置，保证将危险化学品、放射物质存放在安全地点。三是有寄宿生的学校应当建立住宿学生安全管理制度，配备专人负责住宿学生的生活管理和安全保卫工作。对学生宿舍实行夜间巡查、值班制度，并针对女生宿舍安全工作的特点，加强对女生宿舍的安全管理。学校应当采取有效措施，保证学生宿舍的消防安全。四是学校购买或者租用机动车专门用于接送学生的，应当建立车辆管理制度，并及时到公安机关交通管理部门备案。接送学生的车辆必须检验合格，并定期维护和检测。五是小学、幼儿园应当建立低年级学生、幼儿上下学时接送的交接制度，不得将晚离学校的低年级学生、幼儿交与无关人员。

（三）安全定期检查制度和危房报告制度

安全检查主要强调学校和政府有关部门要定期对学校的设施设备以及校舍进行检查，消除安全隐患。根据《管理办法》第十八条，学校应当建立校内安全定期检查制度和危房报告制度，按照国家有关规定安排对学校建筑物、构筑物、设备、设施进行安全检查、检验；发现存在安全隐患的，应当停止使用，及时维修或者更换；维修、更换前应当采取必要的防护措施或者设置警示标志。学校无力解决或者无法排除的重大安全隐患，应当及时书面报告主管部门和其他相关部门。学校应当在校内高地、水池、楼梯等易发生危险的地方设置警示标志或者采取防护设施。

（四）安全保卫制度和值班制度

根据《管理办法》第十七条，学校应当健全门卫制度，建立校外人员入校的登记或者验证制度，禁止无关人员和校外机动车入内，禁止将非教学用易燃易爆物品、有毒物品、动物和管制器具等危险物品带入校园。学校门卫应当由专职保安或者其他能够切实履行职责的人员担任。同时，学校还应该设立巡视制度。小学生的身心正处于发展阶段，他们缺乏对一些事情的基本判断能力和认识能力，同时小学生生性好动，喜欢追逐打闹，容易出事。学校应该在操场、走廊、教室和学生活动比较集中的地方安排值日教师，特别是对课间活动的学生和在运动场的学生应该多加防范。

（五）学生安全信息通报制度

根据《管理办法》第二十四条，学校应当建立学生安全信息通报制度，将学校规定的学生到校和放学时间、学生非正常缺席或者擅自离校情况，以及学生身体和心理的异常状况等关系学生安全的信息，及时告知其监护人。对有特异体质、特定疾病或者其他生理、心理状况异常以及有吸毒行为的学生，学校应当做好安全信息记录，妥善保管学生的健康与安全信息资料，依法保护学生的个人隐私。

本章小结

校园安全问题常谈常新，食品与卫生、校车、建筑与设施等是极易发生安全事故的领域。学校管理者和教职工要正确理解学校安全事故的概念，了解学校安全事故的类型，掌握学校安全事故的归责原则、学校承担事故责任的要件、学校安全事故的免责等，及时建立健全学校安全制度，有效处理和预防学校安全事故。

参考书目

［1］国务院办公厅关于转发教育部中小学公共安全教育指导纲要的通知（国办发〔2007〕9 号）.

［2］陈国珍. 学校安全管理［M］. 上海：复旦大学出版社，2008.

［3］宋雁慧，田国秀. 校园安全［M］. 南京：江苏教育出版社，2013.

拓展阅读书目

［1］彼德·D·布劳维特. 学校安全工作指南［M］. 重庆：重庆大学出版社，2006.

［2］王鹰. 创建安全的学校：学校安全管理与法律研究［M］. 北京：北京师范大学出版社，2010.

［3］学校管理工作指导小组. 校长学校安全与质量的管理［M］. 沈阳：辽海出版社，2011.

［4］高山，冯周卓，张桂蓉. 校园安全事件风险分析［M］. 北京：中国社会科学出版社，2019.

［5］［美］艾克斯，拉索．学校纪律与安全［M］．Suzanne Eckes，Charles Russo，王智超译．北京：北京师范大学出版社，2017.

［6］石连海．校园安全事故分析与预防教师读本［M］．北京：中国法制出版社，2016.

思考问题

1. 简述校园安全管理的主要内容。

2. 学校食品与卫生工作应当从哪些方面开展？

3. 请结合《校车安全管理条例》，谈一谈学校在校车安全管理中的职责。

4. 学校建筑与设施中常见的安全问题有什么？学校需要履行哪些义务？

5. 什么是学校安全事故？学校安全事故主要包括哪些类型？

6. 学校在哪些情形下需要承担安全事故的法律责任？在哪些情形下，学校可以请求免除或减轻学校安全事故的赔偿责任？

第八章　中小学校园欺凌防治

📣 本章摘要

本章首先对校园欺凌的概念进行了梳理，简述了校园欺凌的内涵、特征与类型；之后介绍了与之相关的法律责任问题，包括欺凌行为的法律责任主体、法律责任类型两部分。在此基础之上，从制度性防治、教育性防治等不同角度，提出了中小学校园欺凌防治措施。

📣 本章关键术语

校园欺凌；欺凌防治；肢体欺凌；言语欺凌；关系欺凌；性欺凌；网络欺凌。

📣 学习目标

◆了解校园欺凌的认定与特征

◆了解校园欺凌的常见类型及各类型的特点

◆认识校园欺凌的法律性质

◆认识校园欺凌事件中的法律责任主体和法律责任类型

◆把握校园欺凌的成因和现状

◆从多个角度了解防治校园欺凌的可行措施

校园欺凌是当前教育领域面临的焦点问题之一。要对校园欺凌进行有效预防和治理，必须对校园欺凌的特征、成因、现状和与之相关的法律问题有所把握。在对校园欺凌进行预防和治理的过程中，必须明确相关的法律责任和制度规定，并在此基础之上多角度切入，建立和完善制度与机制，重视对学生的心理、道德及法治教育，并鼓励各方资源的介入。

第一节　校园欺凌概述

一、校园欺凌的认定与特征

（一）校园欺凌的内涵

总的来看，校园欺凌的认定主要涉及涉事主体、损害形式、物理空间、行为频率等几个方面。

涉事主体：以在校学生为涉事主体。当前人们高度瞩目的校园欺凌事件，主要指发生于在校学生之间的攻击行为，欺凌者为学生，被欺凌者也为学生。尽管有观点认为，校园欺凌不应仅限于学生之间，也可发生在教师和学生之间以及社会人员与学生之间。但总的来看，在校生仍然是校园欺凌事件的主要涉及对象，将"校园欺凌"限定于在校学生之间，更符合教育实践的要求；而涉及教师、社会成员的校园攻击事件，可归于"校园暴力"的范畴，在此不进行讨论。另外，涉事主体可能是学生个人，也可能是学生群体。

损害形式：以精神损害为核心，有时涉及生理的、财产的损害。受害者受凌辱的心理体验，是构成欺凌的核心要素。[1] 若受害者没有精神层面的受侮辱感，即使有身体上的损伤，攻击行为也只能称为"暴力"而不是"欺凌"[2]；从这个角度来说，精神损害是构成欺凌的必要条件。研究显示，校园欺凌往往给被欺凌的学生造成较大的精神损害，导致其表现出更低的自我价值感、更低的自尊水平和更低的自我效能感。[3] 然而由于精神损害往往是不可见的，因此难以受到教师和家长的重视，这也成为校园欺凌的重要原因。而除了精神损害之外，校园欺凌有时也涉及身体的、财产的损害，这些类型的损害往往更易引起教育工作者的注意。

物理空间：以校园内部为主要物理空间，但对校园欺凌的认定可延伸至校外。毋庸置疑，校园内部是校园欺凌发生的主要场所；然而，从当前的实际情况来看，由于校园内部的管理往往较为严格，因此很多欺凌者将欺凌行为移至校外。为了最大限度地将实质性的欺凌行为纳入管理范围之中，保护受欺凌学生的合法权益，有必要将部分发生在校外的欺凌纳入认定范围。由此，除了校园内部，校园欺凌的物理空间还包括"合理辐射区域"，指与学生学习、生活具有密切关系的区域。[4]

行为频率：以反复性、持续性行为为主，但包括偶发行为。一般而言，对校园欺凌的界定包含了行为的反复性这一要素，只有持续发生的攻击行为才被认定为欺凌；然而，根据目前的实际状况来看，很多校园欺凌都是双方当事人的偶发事件，

---

① 王静：《校园欺凌和校园暴力治理法治化探析》，载《河北工业大学学报（社会科学版）》，2016（4）。

② 叶徐生：《再谈"欺凌"概念》，载《教育科学研究》，2016（9）。

③ 教育部青少年法治教育协同创新中心（华东师范大学）：《校园欺凌治理的跨学科对话》，载《华东师范大学学报（教育科学版）》，2017（2）。

④ 任海涛：《"校园欺凌"的概念界定及其法律责任》，载《华东师范大学学报（教育科学版）》，2017（2）。

若将重复发生作为认定的必要条件，必然导致认定范围的大幅度缩小①，不利于受害者权益的维护；同时，某一攻击行为是否具有反复性和持续性，在实际中往往难以作出准确判断。由此，在行为频率方面，虽然行为的反复性、持续性可被看作校园欺凌的重要特征，但偶发性的事件也可被认定为校园欺凌。

2017年12月，教育部等十一部门印发了《加强中小学生欺凌综合治理方案》（以下简称《方案》），将校园欺凌界定为"发生在校园（包括中小学校和中等职业学校）内外、学生之间，一方（个体或群体）单次或多次蓄意或恶意通过肢体、语言及网络等手段实施欺负、侮辱，造成另一方（个体或群体）身体伤害、财产损失或精神损害等的事件"。这一界定明确指出了校园欺凌发生于学生之间、不限于校内、包括可见与不可见形式、持续性与偶然性并存的特征。

对于学校管理者来说，校园欺凌的以上内涵意味着以下几点。第一，在校园欺凌问题上，将学生之间的相互侵害作为重点关注的对象。教师对学生的伤害也应引起重视，但出于理解和判断的便利性和清晰性，可将这类事件归于其他视角下进行考察。同时，欺凌者可能是个体或者群体。第二，不仅关注肢体可见的欺凌，还应关注在精神层面、经济层面发生的欺凌，后两种欺凌形式也可能造成严重后果。第三，治理校园欺凌不能仅仅将关注范围局限在校园之内，还应关注校园周边。第四，不能等待欺凌行为反复、持续出现才采取行动，偶然发生的伤害行为也应当进行严格、规范的处理。

《方案》指出，在实际工作中，必须对学生欺凌与学生间打闹嬉戏做出严格区分，正确、合理处理问题。

（二）校园欺凌行为的特征

1. 力量的不平衡性

欺凌的重要特点之一，在于双方力量的不平衡性。在校园欺凌中，欺凌一方往往在某一方面具有优势，而被欺凌的一方处于弱势状态。双方力量的不平衡既是欺凌行为发生的前提条件，同时也对欺凌行为起到强化作用：欺凌者通过对被欺凌者的压制和贬损，自身获得优越感和满足感，从而有意愿再次行动。另外，力量的不平衡性可以表现为多种形式：可以是生理、年龄特征上的（如以大欺小），也可以是人员数目或人际关系上的（如以众欺寡）。

2. 行为的蓄意性

欺凌作为强势者对弱势者的攻击，其发生绝不是无意的、偶然的，而是有意图

---

① 参见马雷军：《让每个学生都安全：校园欺凌相关问题及对策研究》，载《中小学管理》，2016（8）。

的。在校园欺凌中，实施欺凌行为的学生也许因年龄原因而无法预知行为的全部后果，但必定对受欺凌者的痛苦有所察觉；受欺凌者的挫败与沮丧，正是欺凌者的乐趣所在。① 实际上，在我国政府 2016 年颁发的《关于开展校园欺凌专项治理的通知》中，"蓄意或恶意"成为对校园欺凌行为的重要限定。

3. 隐蔽性和难以察觉性

校园欺凌具有相当程度的隐蔽性，难以被教育管理者察觉。这种隐蔽性由多种原因造成：其一，校园欺凌有时以言语攻击、社会孤立的形式表现，并不给被欺凌者造成任何可见的、有形的伤害，导致教师、家长难以发现和辨别；其二，欺凌作为一种蓄意的、有规划的行为，其实施者常常谨慎地选择较为隐秘的地点进行欺凌，这也加剧了觉察的难度；其三，被欺凌者出于自尊、恐惧等各种心理原因，往往不愿意将自身受欺凌的经历告知教师和家长②，而这进一步致使欺凌行为逍遥于监管之外。

4. 不可忽视的危害性

校园欺凌的危害性不可小视。其危害性主要表现在两个方面：其一，在微观个体层面上，校园欺凌对被欺凌的学生而言具有巨大的负面影响，有学者综合国内外各项研究后指出，校园欺凌会影响儿童的身心健康、生理发育和学业成绩，且其造成的负面伤害可能持续至成年③；其二，从宏观层面上来说，校园欺凌不仅对学校的日常教学秩序造成威胁，增加了学校管理的难度，而且会造成不良的社会影响，败坏社会风气。

二、校园欺凌的主要类型

(一) 肢体欺凌

肢体欺凌（physical bullying）指在肢体层面上实施的欺凌，欺凌者以殴打、推搡等涉及两方肢体接触的方式对被欺凌者实施攻击。这种欺凌常常给被欺凌的学生造成生理上的损伤，严重时可能导致伤残和死亡。由于肢体接触处所造成的伤害具有较强的可见性，因此这种形式的欺凌最易被教育者察觉和辨认，也因此受到了社会各方高度的关注。需要指出的是，肢体欺凌虽然以生理攻击为表征，但其影响绝不仅限于肢体层面，而是延伸于心理层面；同时，尽管涉及肢体间的接触，但肢体

---

① 胡春光：《校园欺凌行为：意涵、成因及其防治策略》，载《教育研究与实验》，2017 (1)。

② 陆丽：《校园欺凌行为的特点及法律规制》，载《法制与社会》，2017 (7)。

③ 刘文利、魏重政：《面对校园欺凌，我们怎么做》，载《人民教育》，2016 (11)。

欺凌并不一定造成有形的生理损伤。除一般的肢体欺凌行为外，肢体欺凌还包含偷窃、损害他人物品的相关行为。[①]

（二）言语欺凌

言语欺凌（verbal bullying）指的是欺凌的实施者以语言来刺激或伤害被欺凌者的欺凌形式，具体包括恐吓、侮辱、嘲笑等方式。[②] 这种欺凌形式虽然不造成任何生理上的伤害，但可能给被欺凌者造成巨大的负面心理体验和精神创伤。在教育实践中，虽然诸如侮辱、嘲笑等不当言辞较容易被教育工作者察觉，但却常常只是被当作开玩笑，而难以被看作是需要被严肃对待的欺凌行为。有学者指出，在校园中言语欺凌是最常发生的欺凌行为，然而却最少得到教师的回应。[③]

（三）关系欺凌

关系欺凌（relational bullying）指欺凌者以操弄人际关系为手段对被欺凌者进行心理伤害的欺凌，包括散布谣言、鼓动他人对被欺凌者进行孤立等形式。关系欺凌往往导致被欺凌学生的人际关系受到影响，难以正常地与同学交流互动。与言语欺凌一样，关系欺凌在教育实践中较难识别，但同样可能给被欺凌者造成巨大的心理伤害。关系欺凌是女生较为常用的欺凌方式；它往往发生在欺凌行为的早期，并通常与言语欺凌相伴随。[④]

（四）性欺凌

性欺凌（sexual bullying）指欺凌实施者通过语言、肢体或者其他形式对被欺凌者实施基于性别的欺凌行为，轻则表现为性骚扰，重则表现为性侵犯。具体包括针对性或身体部位的不雅玩笑或评论、对性取向或性行为的嘲笑、对与性有关的谣言的传播以及侵犯身体的动作等。[⑤] 近几年来，随着对性侵犯事件关注度的升温，公众愈加意识到性欺凌这种欺凌形式。相比于言语欺凌和关系欺凌，性欺凌更易识别，也更易受到教育工作者的关注。

[①] 参见余雅风、王祈然：《科学界定校园欺凌行为：对校园欺凌定义的再反思》，载《教育科学研究》，2020（2）。

[②] 参见马雷军：《让每个学生都安全：校园欺凌相关问题及对策研究》，载《中小学管理》，2016（8）。

[③] 参见林进材：《校园欺凌行为的类型与形成及因应策略之探析》，载《湖南师范大学教育科学学报》，2017（1）。

[④] 参见林进材：《校园欺凌行为的类型与形成及因应策略之探析》，载《湖南师范大学教育科学学报》，2017（1）。

[⑤] 参见林进材：《校园欺凌行为的类型与形成及因应策略之探析》，载《湖南师范大学教育科学学报》，2017（1）。

（五）网络欺凌

网络欺凌（cyber bullying）是利用互联网等数字技术进行的欺凌，是现实世界中欺凌行为在网络空间中的延伸。由于通过网络进行的欺凌行为不涉及肢体上的暴力，因而网络欺凌多表现为言语的恶意攻击。作为近些年随着互联网使用而出现的一种校园欺凌形式，网络欺凌可能比传统欺凌更具威胁性：首先，互联网匿名使用的特点，使得欺凌者更加无所顾忌；其次，网络欺凌的后果反馈不及时，欺凌者难以直观地看到自己行为造成的负面影响，这也加剧了欺凌行为的发生。①

三、校园欺凌的法律责任

（一）欺凌行为的法律责任主体

1. 欺凌实施者

毋庸置疑，欺凌行为的实施者是重要的法律责任主体。欺凌的实施者若为成年人，则由其自身承担法律责任和法律后果；欺凌的实施者若为未成年人，法律责任依然存在，但承担者全部或部分地转移至其监护人。在我国中小学校中，欺凌往往是一种集体实施的行为，欺凌过程中不同行为的参与者（如直接欺凌者、协助者、旁观者等）应根据具体情况分别对待。一般情况下，欺凌者（发动欺凌行为并带领其他同学参与其中的人）、协助者（跟随带领者直接参与欺凌行动的人）是欺凌行为的共同行为人，旁观者（冷眼旁观、嬉笑的人）一般不构成共同行为人，但明知欺凌行为而在旁观中呐喊助威、出谋划策者则可能被判定为共同行为人。②

2. 监护人

由于中小学欺凌的行为主体多为未成年人，而未成年人往往由于其年龄特点而无法承担法律责任，因此法律责任多转移至欺凌者的监护人。若监护人未妥善履行监护责任，则监护人承担替代法律责任；若监护人尽到了监护责任，其法律责任不能免除（责任的转移承担），但可酌情减轻。涉及赔偿时，若未成年的欺凌者有财产，则应当由其先支付赔偿费用，不足部分由其监护人承担。

3. 学校

在欺凌事件中，学校也可能成为承担法律责任的主体。学校对学生有管理、教育的职责，而欺凌事件发生可能与学校的疏于管理和教育有关。在责任判定中，若遭受欺凌的是无民事行为能力人（年龄不满 8 周岁），则学校承担过错推定责任，

---

① 李醒东、郝艳霞：《网络欺负：青少年群体面临的新困境》，载《外国中小学教育》，2010（2）。
② 杨立新、陶盈：《校园欺凌行为的侵权责任研究》，载《福建论坛（人文社会科学版）》，2013（8）。

也即学校必须主动提供证据，证明自己没有过错，否则就必须承担责任。若遭受欺凌的学生是限制民事行为能力人（一般指 8 周岁以上 18 周岁以下的未成年人，年满 16 周岁未满 18 周岁以自己的劳动作为主要收入来源的除外），学校则承担过错责任，即遭受欺凌的学生应主动证明学校有未尽管理和教育职责的过失，否则学校不承担责任。另外，由于学校承担着对学生进行管理和教育的职责，因此除遭受欺凌的学生之外，实施欺凌的学生也可看作是欺凌行为的受害者，学校在这一意义上也成为欺凌事件的潜在责任主体。①

（二）欺凌行为的法律责任类型

1. 刑事责任

若欺凌行为触犯刑法，则欺凌者需承担刑事责任。《刑法》第二百三十四条规定，"故意伤害他人身体的，处三年以下有期徒刑、拘役或者管制"。第二百三十五条规定，"过失伤害他人致人重伤的，处三年以下有期徒刑或者拘役"。第二百三十三条规定，"过失致人死亡的，处三年以上七年以下有期徒刑；情节较轻的，处三年以下有期徒刑"。若欺凌行为导致被欺凌者重伤或死亡，则欺凌者需承担刑事责任。就刑事责任年龄而言，若欺凌者已满 12 周岁不满 14 周岁，犯故意杀人、故意伤害罪，致人死亡或者以特别残忍手段致人重伤造成严重残疾，情节恶劣，经最高人民检察院核准追诉的，应当负刑事责任。若欺凌者已满 14 周岁而未满 16 周岁，犯故意杀人、故意伤害致人重伤或者死亡、强奸、抢劫、放火、爆炸、投放危险物质罪的，应当负刑事责任。欺凌者已满 16 周岁的，犯罪应当负刑事责任。以上追究刑事责任的不满 18 周岁的欺凌者，应当从轻或减轻处罚。因不满 16 周岁不予刑事处罚的，通常责令其父母或其他监护人加以管教；在必要的时候，依法进行专门矫治教育。

2. 民事责任

若欺凌行为未构成犯罪但造成了被欺凌者人身或财产损害，则欺凌实施者应承担民事责任，同时，若欺凌实施者的欺凌行为已构成犯罪但欺凌者因未达到法定年龄而无法承担刑事责任，则也承担民事责任。具体来说，承担民事责任在欺凌事件中意味着欺凌者停止欺凌行为、赔偿被欺凌者损失、向被欺凌者赔礼道歉等。当欺凌者是无民事行为能力人或限制民事行为能力人时，由其监护人替代承担法律后果。在当前我国中小学的学校欺凌事件中，欺凌者多数承担的是民事责任。

学校依法负有对未成年人的教育、管理和保护义务。在校园欺凌事件中，学校是否需要承担民事责任主要依据有无"尽到管理职责"而判定。《民法典》第一千

---

① 江水长：《建立惩治校园欺凌的法律机制》，载《中国德育》，2016（6）。

二百零一条规定，"无民事行为能力人或者限制民事行为能力人在幼儿园、学校或者其他教育机构学习、生活期间，受到幼儿园、学校或者其他教育机构以外的第三人人身损害的，由第三人承担侵权责任；幼儿园、学校或者其他教育机构未尽到管理职责的，承担相应的补充责任"。所谓"相应的补充责任"，"相应"指学校承担的责任与其过错程度和行为的原因力相适应，"补充责任"指先由欺凌行为人或者其监护人承担赔偿责任，其无法承担的剩余部分交由学校承担。此外，幼儿园、学校或者其他教育机构承担补充责任后，可以向第三人追偿。

3. 行政责任

学校作为行政主体，若在日常管理及教学活动中未尽其责任，对校园欺凌未做到妥善预防、及时发现及干预，则应承担相应的行政责任。《未成年人保护法》第三十五条规定，"学校、幼儿园应当建立安全管理制度，对未成年人进行安全教育"。《教师法》第八条规定，"教师有制止有害于学生的行为或者其他侵犯学生合法权益的行为，批评和抵制有害于学生健康成长的现象的义务"。以上都为学校承担欺凌行为的行政责任提供了依据。

 案例8-1

朱某（女）、赵某（女）、李某（女）、霍某（女）、高某（女）涉嫌犯寻衅滋事罪案

【案例事实】

被告人朱某（女）、赵某（女）、李某（女）、霍某（女）、高某（女）涉嫌犯寻衅滋事罪被提起公诉。2017年2月28日15时至22时，被告人朱某伙同另外四名被告人在本市西城区某职业学院女生宿舍楼内，采取恶劣手段，无故殴打、辱骂两名被害人。经鉴定两名被害人均构成轻微伤，并造成其中一名被害人无法正常生活、学习的严重后果。

【法院判决】

2018年11月2日上午，北京市西城区人民法院依法对本案公开宣判。法院认为，被告人朱某伙同另外四名被告人无故随意殴打他人，造成二人轻微伤，辱骂他人情节恶劣，侵犯了公民的人身权利，严重影响公民的正常生活，破坏了社会秩序，已构成寻衅滋事罪，且系共同犯罪，依法应予惩处。最终，法院依法判决被告人朱某犯寻衅滋事罪，判处有期徒刑一年。被告人赵某、李某、霍某、高某犯寻衅滋事罪，分别判处有期徒刑十一个月。五名被告人及代理人当庭未表示上诉。

案例来源：《法制晚报》，2017-11-03.

【案例分析】

在此案例中，欺凌者的行为致使被欺凌者受轻伤，对其构成人身损害，因此应负刑事责任。虽然欺凌者未成年，但已年满 16 周岁，达到了可承担刑事责任的年龄。另外，在本案中，欺凌者不仅对欺凌对象造成损害，而且扰乱了社会秩序，因此被判处寻衅滋事罪。

此案的判决应引起我国教育管理者对欺凌行为的重视。当前，校园欺凌常常被看作学生间的玩闹，但实际上，欺凌行为可能引发严重后果，逾越法律的边界，必须引起学校管理者的警惕。

第二节 校园欺凌的现状与成因

一、我国校园欺凌的现状

近几年来，我国中小学校园欺凌现象日趋严重。根据中国青少年研究中心的一项调查，中小学生中遭受校园欺凌的比例高达 40％以上[1]；同时，校园欺凌日益呈现出低龄化、暴力性发展倾向，给青少年的成长带来极大的消极影响。[2] 严峻的现实情况，使校园欺凌成为学校、社会等各方关注的焦点议题。

（一）主要表现

1. 校园欺凌具有多发性

中国青少年研究中心针对 10 个省市的 5864 名中小学生的调查显示，超过三成（32.5％）的人有被欺负的经历[3]；另一项由教育部政策法规司委托的"学校安全风险防控研究"项目调查显示，我国中小学生校园欺凌发生率为 33.36％。[4] 这两项调查表明，约三分之一的中小学生正遭受着校园欺凌的侵害。考虑到很多学生把受欺凌的经历看作不便吐露的经历，中小学校园中真实的受欺凌比重可能会高于调查所示的数据。

2. 某些欺凌性质恶劣

部分校园欺凌的性质恶劣、手段残忍。有学者通过对 2015 年媒体公开报道的

---

[1] 杜园春：《近五成初中学生遭受校园欺凌后选择沉默》，载《中国青年报》，2016-05-27。

[2] 杨岭、毕宪顺：《中小学校园欺凌的社会防治策略》，载《中国教育学刊》，2016（11）。

[3] 转引自陈晓英：《校园欺凌谁来解围》，载《法制日报》，2015-07-13。

[4] 颜湘颖、姚建龙：《"宽容而不纵容"的校园欺凌治理机制研究——中小学校园欺凌现象的法学思考》，载《中国教育学刊》，2017（1）。

案例进行分析，发现肢体暴力在校园欺凌事件中层出不穷，言语暴力等也较为常见。① 残忍的欺凌手段不仅引发了学生恐惧，也使得校园欺凌的防治成为了当前刻不容缓的任务。

3. 欺凌者低龄化

法治网舆情监测中心以 2015 年 1 月至 5 月媒体曝光的 40 起校园欺凌事件为例进行分析，发现 75％的欺凌发生在中学生之间，而其中初中生的比例高达 42.5％。② 有学者指出，校园欺凌事件正不断向小学年龄段的学生蔓延。③ 欺凌行为的低龄化态势，应引起各界注意和警觉。

4. 具有较高的公众关注度

近几年来，我国社会对校园欺凌的关注度呈不断升高的趋势。这一方面与大众传媒的引导有关，另一方面也与公众的法律意识、未成年人保护意识的提高有关。同时，当前校园欺凌的实施者手段恶劣，且往往通过网络等方式将欺凌过程大张旗鼓地公之于众，肆无忌惮地炫耀自己的暴力行为，这也是激发公众愤怒、引发广泛关注的重要原因。总的来说，公众关注度的提高，有利于学校、家长等各方加强对校园欺凌的认知，对校园欺凌的预防和治理具有积极作用。

（二）治理困境

1. 公众认识误区

当前，学校、家庭等各方对校园欺凌的认识不到位，存在多种认识上的偏差。这些偏差表现如下。

其一，将欺凌看作一种无害的游戏。当欺凌行为尚未引发严重后果（或后果未显露）的时候，教师、家长往往将其看作一种孩子间的游戏或玩笑，因而不会进行及时而严厉的干预。实际上，玩笑与欺凌之间的确没有严格的界限，很多校园欺凌行为正是由无害的游戏心理而起源，最终因不断重复、升级而失去控制。而一旦游戏转化为欺凌，危害则已造成，局势将难以挽回。只有对欺凌报以警觉并及时干预，才能将欺凌灭杀于萌芽之中。教师、家长必须纠正"无害游戏"这种认知偏差，及时、有效地对潜在的欺凌行为进行干预，以遏制欺凌的苗头，避免情势失控。

其二，将一定程度的欺凌看作是"必然"的。在实践中，很多教育者认为，欺

---

① 陈银银、管华：《2015 年中小学生欺凌行为年度分析报告》，载《现代教育论丛》，2017（1）。
② 参见郑明达、艾福梅、袁汝婷：《校园欺凌已成社会问题》，载《小康》，2015（16）。
③ 李爱：《解析当前初中生校园欺凌行为》，载《边疆经济与文化》，2016（8）。

凌行为是孩子自控力弱、攻击欲强、社会化不成熟的表现，是某一发展阶段的"必然"，因而无法也不应进行过多干预。这种认知偏差既从侧面反映了当前校园欺凌行为普遍、频发的状况，也进一步纵容了欺凌者的行为，使情况更为恶化。另外，当今社会公众的刻板印象之中，一定的侵犯性和武力倾向被看作积极的男性特质，因而男孩的欺凌行为常常被看作合理的，甚至是值得鼓励的。

其三，认为校园欺凌行为是无法追责的。当前，在很多人的认知中，校园欺凌行为是无法追究责任的。一方面，一些家长、教师认为，由于学生年龄尚小，未到法律追责的年龄，因此无须承担法律责任；然而，即使行为人因不到法定年龄而无法承担法律责任，这一法律责任依然存在，往往转移至监护人代为承担。另一方面，很多人认为，由于校园欺凌大多是由集体实施的，因此"法不责众"，个人很容易被免责，或仅仅分担微不足道的责任。这种认知偏差无疑增强了欺凌者的侥幸心理，加剧了欺凌行为的发生。

其四，认为受害者仅仅是被欺凌的学生。在校园欺凌中，实施欺凌行为的学生往往把自己看作胜利者，把受欺凌的人看作是受害、吃亏的人；而教师、家长等校园欺凌的治理者也潜在地抱有相似的看法，以致所有的干预措施都致力于对欺凌者进行"压制""惩罚"和"震慑"，而很少将欺凌者作为需要救助的对象来看待。然而实际上，实施欺凌的学生也是欺凌行为的受害者，其心智往往深受其自身欺凌行为的影响，并在未来面临着更大的走向犯罪道路的风险。[①] 另外，需要看到的是，个人的行为反映出的不仅仅是私人意志，更大的环境因素往往起到隐形却关键的作用。从这一角度来说，实施欺凌的学生自身是不良社会风气、畸形家庭结构等因素的产物，因而应当被看作需要帮助的受害者，而非仅仅是加害者。

2. 现行法律需完善

在法律制度层面，对校园欺凌的治理存在诸多尚需完善处。

首先是法律在解决欺凌问题上存在固有弊端。法律就其性质而言，是对人进行的刚性的、明确的、强制性的约束；这种性质决定了法律与制度只能划清一条一般性的界限，而难以深入具体的细节，不能良好地解决现实中复杂的、模糊的问题。而在校园欺凌这一问题上，由于校园欺凌的成因、表现和危害都是极其多面而复杂的，加之公众和学界对其缺乏深入的了解，因此法律和制度自然无法完美地对校园欺凌问题进行规制，而只能止步于对其中较为明确、较有典型性的事件进行干预。同时，在校园欺凌的各种欺凌中，只有肢体欺凌和部分网络欺凌较易留下可见证

---

① 参见江水长：《建立惩治校园欺凌的法律机制》，载《中国德育》，2016（6）。

据，而遭受关系欺凌、言语欺凌的人则往往难以提供有力证据，因此难以得到法律的约束。

其次是现行法律的不完善。目前，我国在处理校园欺凌事件时，只有为数不多的法律（《刑法》《未成年人保护法》《预防未成年人犯罪法》）可参考。① 然而，《刑法》受到责任年龄制度的限制，对于刑事能力最低年龄以下的欺凌者无法施以直接的处罚，只能由其监护人代负其责，这大大降低了法律对低龄校园欺凌者的威慑；《未成年人保护法》和《预防未成年人犯罪法》两部法律则着重强调未成年人的保护和对其犯罪的预防，其中的惩戒性规定仍不够明确，这也使得法律对未成年欺凌者的遏制力较弱。同时，在校园欺凌法治问题上，法律除了要直接对未成年人的行为进行限制外，也应通过赋予学校惩戒权来实现治理目的。然而，在我国现行的立法下，学校的教育惩戒权并不明确，学校只有"处分"学生的权力；这种立法模式导致了学校的管理困境，教师在面对学生的违纪、违法行为时无可奈何。②

最后是法律在实施过程中的弊端。在校园欺凌问题上，法律施行存在着"一罚了之"和"一放了之"的困境。③ "一罚了之"表现在，惩罚的时候"用力过猛"，武断地给尚具有挽救性的欺凌者打上罪人的标签，然而惩罚之后却又没有适当的跟进措施，极大地限制了对欺凌者的改造效果。"一放了之"表现在，由于很多欺凌者未至刑事责任年龄，因此只能采取法律规定的非刑罚性措施——责令父母管教、收容教养和工读教育。然而，责令父母管教在实践中往往缺乏实际效果，收容教养因合法性遭到质疑而陷入名存实亡的境地④，而处于改革中的工读教育制度的有效性仍有待检验。法律实施过程中的弊端，也是当前校园欺凌屡禁不止未能有效遏制的重要原因。

二、校园欺凌行为的成因

（一）家庭因素

家庭作为儿童成长的最初领地，对儿童的发展具有极关键性的影响。少年法庭法官尚秀云曾说："我判处的失足少年到现在有 1190 多个人了，发现家庭环境不良

---

① 参见方芳：《造成校园欺凌有四大原因》，载《中国德育》，2016（6）。

② 参见余雅风：《防治校园欺凌和暴力，要抓住哪些关键点》，载《人民论坛》，2017（2）。

③ 参见颜湘颖、姚建龙：《"宽容而不纵容"的校园欺凌治理机制研究——中小学校园欺凌现象的法学思考》，载《中国教育学刊》，2017（1）。

④ 参见颜湘颖、姚建龙：《"宽容而不纵容"的校园欺凌治理机制研究——中小学校园欺凌现象的法学思考》，载《中国教育学刊》，2017（1）。

和教育的失当是孩子失足的重要原因，这些孩子要么来自失和、溺爱、打骂或放任型的家庭，要么就是父母品行不好。"① 在校园欺凌问题上，当前家庭因素已然成为校园欺凌频发的重要因素。

首先是家庭教育方式与教育观念的影响。其一，在功利思维影响下，对孩子的教育成为某些家长自身追求更高层次生活、缓解社会地位焦虑的工具，家庭教育一味地向"学业成就"这一目标倾斜，而忽略了情感的投入。在这样的教育模式下，孩子不仅学业压力过大，且其情感需求也难以得到满足，进而容易行为偏激、个性扭曲。其二，受既往独生子女政策的影响，我国多数家庭为独子家庭，而在独子家庭中，家长们往往难以避免地对孩子施以无限的关注和宠溺。不难想象，这种家庭教育模式易导致孩子以自我为中心，不考虑他人感受，共情能力低。其三，由于当前各行各业都面临较大生存压力，家长们工作繁忙，往往将孩子的教育交付给学校，自身对孩子进行"放养型""忽略式"的家庭教育，这也给儿童的心理健康造成了不利的影响，致使其出现多种行为问题。

其次是家庭结构变迁的影响。其一，当前我国离婚率、再婚率攀升，越来越多的孩子成长于结构不完整的家庭。不可忽视的是，"非传统型"家庭结构会对儿童的成长造成不良影响。父母一方的缺失导致儿童缺乏必要的情感支持，一方面促使儿童以欺凌的方式释放内心的不满和压力，另一方面易导致儿童因封闭、不自信而更易成为受欺凌者。家长和教育工作者们普遍认为，"家庭结构不完整"的学生更易成为被欺凌的对象。② 其二，随着人口流动的增速，很多家长外出务工，导致孩子成为"留守儿童"。留守儿童不仅因缺乏父母的指导和管教而易成为欺凌的实施者，而且在同伴面前缺乏倚靠，因而也面临着被欺凌的威胁。

（二）学校因素

学校是中小学生成长、生活的重要场所，也是影响和塑造中小学生思维观念、行为模式的重要机构。当前校园欺凌的频繁发生，与一系列的学校因素紧密相关。

校园欺凌问题与当前我国乡村、县城等欠发达地区教育资源的欠缺有关。在资源不充足的情况下，学校难以对较为隐蔽的校园欺凌问题给予额外的关注；而教师、相关管理人员的欠缺，也直接导致学校对欺凌问题的监控难以有效进行。同时，在乡村、县城等欠发达地区，教师、学生、学生家长多受到思维观念的限制，

① 苏春景、徐淑慧、杨虎民：《家庭教育视角下中小学校园欺凌成因及对策分析》，载《中国教育学刊》，2016（11）。
② 参见苏春景、徐淑慧、杨虎民：《家庭教育视角下中小学校园欺凌成因及对策分析》，载《中国教育学刊》，2016（11）。

对校园欺凌问题的严重性认识不足，这也使得欺凌行为在这些地区不断发生。

校园欺凌问题与当前存在的部分学校教育失衡紧密相关。我国现行的学校教育往往过于重视学生的学业成绩，却忽视了学生人格的健全发展①；与此相匹配的教育实践则重智育、轻德育，没有很好地对学生进行品德、法律、心理层面的教育，以致没有形成抵制校园欺凌的良好氛围和教育基础。有学者指出，由于学校教育的欠缺，实施欺凌行为的学生和旁观者有时并没有意识到自己行为的错误性，而遭受欺凌的学生也不懂得寻求帮助。② 这无疑进一步为校园欺凌事件的发生提供了土壤。

学校管理不到位也是导致校园欺凌的重要因素。一方面，一些中小学校的校园治安、安全保卫环节较为薄弱，如部分学校没有建立完善的事发报告机制或有效处理制度，对学生的管理监控不严格③；另一方面，我国中小学校普遍存在对校园欺凌认识不足的问题，教师和校园管理人员没有充分认识到欺凌的严重性，往往以"闹着玩"等理由疏于管理，从而进一步促进了校园欺凌行为的发生。

（三）社会因素

宏观的社会性因素也对校园欺凌产生负有一定的责任。

首先是不良社会风气的影响。在一系列因素的作用下，我国社会中的个人主义、功利主义、享乐主义等不良风气盛行，这些不良社会风气表现在教育领域，则滋生学生间相互攀比、沟通不畅的问题，从而为校园欺凌问题的产生提供了土壤。④

其次是大众传媒的负面示范作用。出于经济效益的考量，当代某些大众传媒倾向于传播并渲染暴力行为，这给青少年做出了负面的示范作用。而除了对暴力行为的直接示范，当今的某些媒体还热衷于强调支配、征服等因素，在这种影响之下，有些辨别能力尚弱的青少年崇尚不计成本、无视后果的竞争。

最后是不良校园周边环境对校园欺凌的催生效应。当前，随着教育事业的不断发展，学校后勤化改革不断推进，导致校园与社会之间的界限趋于模糊，校园周边的环境越来越复杂。⑤

① 参见储朝晖：《校园欺凌的中国问题与求解》，载《中国教育学刊》，2017（12）。
② 参见裴秀芳：《校园欺凌现象成因及应对策略》，载《生活教育》，2017（9）。
③ 参见阚荣发：《小学"校园欺凌"现象的成因及对策》，载《教师》，2017（30）。
④ 参见李汉学：《校园欺凌问题检视》，载《当代教育论坛》，2016（5）。
⑤ 参见刘天娥、龚伦军：《当前校园欺凌行为的特征、成因与对策》，载《山东省青年管理干部学院学报》，2009（4）。

（四）中小学生自身因素

中小学生自身的特点也是造成校园欺凌不可忽视的因素。从中小学生自身的特点入手探察校园欺凌的成因，有利于我们从微观角度上了解校园欺凌的机理，从而更有针对性地寻找防治对策。

首先，就欺凌者来说，其青春期阶段的身心发展特点是促使产生欺凌行为的重要原因。其一，虽然青少年的身体发育已经类似成人，但其头脑对自身行为的控制性仍远远滞后；同时，抽象思维发展不完善，以及生活阅历的缺失，都导致青少年对自身行为的目的性和计划性较低。这些都意味着，青少年难以充分觉察自身欺凌行为的后果，往往因冲动、盲目而酿成错误。其二，在青春期阶段，人的心理呈现"半成熟、半幼稚"的状态，一方面极度渴求证明自身能力，另一方面又不具备正确展示自己的成熟度的能力。这种心理上的矛盾，往往导致青少年把对他人的压迫作为展现力量和权力的方式，以此形成校园欺凌。其三，青春期阶段的一大特点就是重视同伴评价。青少年时期的人往往高度重视自身在同伴中的地位，不间断地将自己与同伴进行对比。在这种对比中，极易滋生挫败、嫉妒等心态，由此促使报复、打击行为的发生。

其次，就被欺凌者来说，内向、忍让、不善言辞等特点是招致欺凌的重要原因。同伴关系与遭受欺凌的可能性之间有着相关性，不善于建立同伴关系的学生因缺少社会支持，往往成为同伴们释放恶意的靶子；同时，边缘化的地位又进一步维持和强化着欺凌行为的发生，受欺凌者消极的人际关系可能既是受欺凌的原因，又是受欺凌的结果。除此之外，具有内向、忍让倾向的学生在受到欺凌时往往选择忍耐，而不是向教师或家长寻求帮助，这就进一步纵容了欺凌者的欺凌行为，恶化了自身的处境。

最后，当欺凌行为发生时，旁观者的漠视或"鼓励"也助长了欺凌行为的发生。中小学生理性能力尚处在发展过程之中，遇到欺凌行为时倾向于被行为本身所吸引，因而往往不加阻止，甚至从旁助威。另外，中小学生因年龄较小，解决问题的能力相对缺乏，可能因不知如何干预而选择沉默。

第三节 中小学校园欺凌防治措施

一、建立完善的校园欺凌防治机制

根据《未成年人保护法》第三十九条，学校应当建立学生欺凌防控工作制度，对教职员工、学生等开展防治学生欺凌的教育和培训。要建立完善的校园欺凌防治机制，要从事前预防、事发应对、事后处理三个方面进行。

(一) 事前预防

事前预防是治理校园欺凌最根本的步骤，学校必须建立完备的欺凌事前预防机制。学校应当成立由校内相关人员、法治副校长、法律顾问、有关专家、家长代表、学生代表等参与的学生欺凌治理组织，负责学生欺凌行为的预防和宣传教育、组织认定、实施矫治、提供援助等。

其一，学校应着重提高学生、教职工的反欺凌意识。在学生的层面上，应集中开展校园欺凌专项教育，提高学生对校园欺凌的辨别能力，保证学生对欺凌的危害性有正确认识，并在此基础上培养学生的自我保护意识和能力。在教职工的层面上，举行对教职工的校园欺凌专题培训，明确教职工在校园欺凌防治方面的责任，提高教职工识别、干预校园欺凌的能力水平。

其二，学校应严格制定并施行教职工值班、巡查制度。教职工应在课间休息、放学离校等时段在走廊、操场等场所进行巡查，并重点注意校园中的隐蔽角落，确保校园中的学生时刻处于监管范围之内；一旦发现欺凌的苗头，必须迅速反应、认真核实，对早期发现的欺凌事件进行有效干预。另外，对学生入校时携带的随身物品进行严格排查，严禁学生携带管制刀具等危险物品进入学校。

其三，在校规校纪等制度层面上严格约束学生的行为。学生必须在制度层面上明确知晓，以大欺小、以强凌弱等行为是不被允许的；同时，学校必须明确规定对违纪行为的处罚方式，使校规校纪起到实质性的威慑作用。

其四，定期实施全校性的欺凌行为评估工作。学校应当定期针对全体学生开展防治欺凌专项调查，对学校是否存在欺凌等情形进行评估。学校可定期举行欺凌专题会议，或将关于校园欺凌的讨论作为其他会议的一个议题，了解现阶段校园欺凌问题的状况，并听取教职工、学生代表对这一问题的意见，以达到有针对性预防的效果。

其五，加强硬件设施的配备，为校园欺凌预防提供充足的物质基础。学校可在欺凌多发地点以及校园隐蔽角落安装摄像头、照明设备等硬件，还可建造相关的网络、微信等宣传平台。

其六，对潜在的欺凌学生进行早期介入。一旦察觉某些学生有潜在的欺凌倾向，学校应当及时对其进行干预。具体的干预策略包括酬赏或强化正确的社会性行为、培育怜悯心、鼓励其参与团体活动等等。

(二) 事发应对

事发时的应对是校园欺凌治理的关键环节。完善的事发应对机制，有利于将欺凌造成的伤害和不良影响降到最低。

其一，学校要为学生提供完善的求助或举报渠道。学校应当教育、支持学生主动、及时报告所发现的欺凌情形，保护自身和他人的合法权益。遭受欺凌或处于欺凌威胁中的学生必须有机会向学校求助，而目睹欺凌行为的学生也应有机会第一时间将欺凌上报给教职工。这要求学校加强日常监控和巡视，确保有教职工在校园各个区域走动；同时，求助电话的设置、举报平台的建设也应当受到重视。教职工发现学生有明显的情绪反常、身体损伤等情形，应当及时沟通了解情况，可能存在被欺凌情形的，应当及时向学校报告。

其二，学校应当确立完善的校园欺凌应急预案。应急预案必须详细、全面、有操作性，使得校园欺凌发生时，处理人员有完备的参照依据，能够根据具体事件的类型和严重程度进行恰当的、有针对性地对待。

其三，学校应具备校园欺凌事件应急机制，遇到事件快速反应，第一时间制止学生欺凌行为。学校接到关于学生欺凌报告的，应当立即开展调查，认为可能构成欺凌的，应当及时提交学生欺凌治理组织认定和处置，并通知相关学生的家长参与欺凌行为的认定和处理。认定构成欺凌的，应当对实施或者参与欺凌行为的学生作出教育惩戒或者纪律处分，并对其家长提出加强管教的要求，必要时，可以由法治副校长、辅导员对学生及其家长进行训导、教育。

其四，学校应建立完备、合理的校园欺凌报告制度。对违反治安管理或者涉嫌犯罪等严重欺凌行为，学校不得隐瞒，应当及时向公安机关、教育行政部门报告，并配合相关部门依法处理。不同学校学生之间发生的学生欺凌事件，应当在主管教育行政部门的指导下建立联合调查机制，进行认定和处理。除此之外，学校也应防止事件通过媒体、网络等途径大肆传播，避免因事态蔓延而给当事人、当事人家庭造成伤害。

（三）事后处理

校园欺凌的事后处理，对于校园欺凌的妥善解决以及日后的预防而言极其重要。建立完善的事后处理机制，最核心的是对与欺凌事件有关的学生进行科学有效的追踪辅导。

对于实施欺凌的未成年学生，学校应当根据欺凌行为的性质和程度，依法加强管教，必须充分了解其欺凌背后的深层次原因，针对深层次原因展开针对性的教育，必要时进行心理辅导和救助；另外，对于欺凌者，学校也不应忽视对其保护，避免其被同伴差别对待，给其提供一个良好的改过空间。若欺凌者过失重大，确实不适合回归本校就读，学校应妥善配合其进行转学工作。

对于受到欺凌的学生，学校应对其进行安抚，必要时提供心理咨询等资源，帮助其尽快走出被欺凌的阴影，恢复正常的学习状态；同时，也应为被欺凌的学生提供更多的自我保护知识，帮助其避免再次受到伤害。对因欺凌造成身体或者心理伤害，无法在原班级就读的学生，学生家长提出调整班级请求，学校经评估认为有必要的，应当予以支持。

除了有效的追踪辅导之外，学校还应做好校园欺凌的通报工作。通报应充分发挥对其他学生的教育、警示作用，同时又必须最大限度保护当事人的隐私，避免侵权和二次伤害。

此外，欺凌事件的事后处理不仅包括学校对当事人的处置，还包括对相关未成年学生父母的家庭教育指导，以及学校自身从事件中吸取经验和教训。欺凌事件发生之后，学校应对相关未成年学生的父母或者其他监护人给予必要的家庭教育指导，并组织相关人员对事件进行充分的分析，寻找其发生的直接及间接原因，反思自身在预防、处理中的经验和不足，以便为未来的校园欺凌防治提供借鉴和参考。

二、将欺凌防治融入日常学校教育

根据《未成年人保护法》第三十九条，学校应当开展防治学生欺凌的教育和培训。具体而言，可以通过法治教育、道德教育、心理教育等将对欺凌的防治融入学校的日常教育教学之中。

（一）加强法治教育

学校中法治教育的缺失，是造成当前校园欺凌频发的重要原因之一。加强法治教育，有利于加强学生的规则意识、法律意识，从而减少欺凌的发生。通过法治教育防治校园欺凌，主要分为三个方面。首先，法治教育意味着培养基本的规则意识。由于学生的年龄特点和家庭教育的不足，很多学生不具备规则意识，无视学校纪律，甚至以违反规定为荣。在这种情况下，欺凌可能并非出于恶意，而只是因为规则意识的缺乏。法治教育应在学生身上培养起基本的规则意识，引导学生认识到侵犯、侮辱等行为的不当性，以此控制欺凌行为的发生。其次，法治教育意味着培养学生的权利意识。当前，相当一部分受欺凌的学生选择忍受而非报告老师，在很大程度上源于权利意识的缺失。通过法治教育，使学生明晰自己不可动摇的权利所在，有利于受欺凌的学生积极自我保护，主动寻求帮助，从而有利于家长、教师对欺凌事件进行干预。同时，权利意识教育还有利于使欺凌者认识到他人的权利所在，促进他们改变自身的行为。最后，法治教育还意味着将具体的法律条文向学生普及。通过普法教育，学生得以清晰而具体地知晓欺凌的违法性，这既给欺凌者形成了一种威慑，也增加了被欺凌学生反对欺凌、维护自身权益的勇气。

（二）推行友善教育

面对校园欺凌事件，有学者提出，杜绝校园欺凌的根本在于推行友善教育。[①] 若要成功防治校园欺凌，仅靠制度、处罚等刚性的约束是不够的，学生自身必须具备友善待人的动机。通过友善教育防治欺凌，主要表现在两个方面。首先，推行友善教育，意味着着力培养学生宽容、友爱等品质。当前，我国学校教育在一定程度上忽视了学生品格的培养。很多学生之所以陷入欺凌的旋涡，是因为宽容、友爱等品质没有得到发育，单纯地以竞争的态度去看待世界、处理问题。重视学生积极品质的培养，教会学生和善、友好地面对校园生活，有利于学生心理状态的安宁和稳定，减少其敌意和攻击性，从而减少欺凌行为的发生。其次，推行友善教育，意味着重视人际交往能力的培养。很多学生之所以对他人充满敌意和攻击性，是因为缺乏建立正常人际关系的能力，难以在人际交往中收获情谊；很多学生之所以屡受欺凌而不懂反抗，也与其不知如何表达自身的感受有关。推行友善教育，教会学生如何正常、友好地进行人际交往，有利于学生以正确、合理的方式与他人交流，从而避免欺凌等不当行为的发生。

（三）重视心理健康教育

重视心理健康教育，也是防治校园欺凌的重要教育手段。心理健康教育对于校园欺凌防治的意义表现为两个层面。在第一个层面上，广泛的、面向全体的心理健康教育有利于校园欺凌的预防。学校通过恰当的心理健康教育，向学生传授排解压力的正确方式，有利于学生心态平和，减少敌意和攻击性。同时，心理健康教育还涉及人际交往技能的培养，这也有利于学生之间的友好交往。而在第二个层面上，个别的、有针对性的心理健康教育在校园欺凌防治中发挥着独特的作用。一方面，对于欺凌者来说，恰当的心理健康教育是帮助其减少敌意和攻击性、学会正确交往的重要手段；另一方面，对于受欺凌者来说，心理健康教育有利于其走出受欺凌的阴影，回归正常的学习生活之中。另外，广义的心理健康教育除包括一系列的课程之外，还包括心理咨询、行为矫正等，这些心理健康教育形式在校园欺凌的预防与治理中起到更为直接的作用。

（四）营造良好的校园氛围

从整体上为学生营造良好的校园氛围，对于校园欺凌的防治而言至关重要。营造良好的校园氛围，首先意味着缔造和维系友好、和谐的人际关系。教职工应平等、和善地对待每一位学生，不因成绩差异而歧视学生，同时应引导学生之间团结互助、友好相处。很多情况下，学生的欺凌行为，正是其自身不安全感的表达；在

---

① 参见王翠华：《杜绝校园欺凌的根本在于推进友善教育》，载《中国德育》，2016（10）。

和谐的人际关系之中，学生安全、归属、尊重的需要得到充分满足，从而不必诉诸欺凌来赢得自身的地位。同时，良好的校园氛围对学生而言是一种温和的、软性的约束力，学生会因维持和谐关系的动机而自觉约束自身的行为。营造良好的校园氛围，还意味着培育遵规守纪、积极向上的校园风气。相比于教师显性地传授规范，隐性的校园风气对学生行为有着更为重要的影响。良好校园风气，引导学生在日常校园生活中学习正确的价值观念，形成良好的行为习惯，从而自觉抵制欺凌行为。

三、整合各方力量，加强防治效果

（一）加强与学生家庭的合作

家庭作为学生成长的原生之地，对学生的观念和行为具有直接而深刻的影响。这也就意味着，学校在预防和治理欺凌的过程中，必须全力争取学生家庭的支持，与学生家庭形成有效合作。在校园欺凌问题上，有学者提出与学生家庭合作的三种方式。① 其一，开设家长学校，加强家长教育。学校可以通过开设家长学校，提高家长的素质，改变家长"分数唯上"等错误的教育观念，以促进学生健康成长；同时，对家长进行教育的过程，也是增加家长对学校教育理念的认同度的过程，开办家长学校，有利于家长对学校的反欺凌行动全力配合。另外，考虑到当前治理校园欺凌的紧迫性，学校可通过开展专题讲座、分发宣传手册等方式，直接加强家长对校园欺凌的认知。其二，建立家长委员会，使家长参与到学校治理和发展之中。家长委员会是家长参与学校治理的良好制度设计，在校园欺凌问题上，家长委员会可以为问题的解决提供更丰富的视角，同时可以为协商、调节提供时间和精力上的支持。其三，创新家校沟通机制，及时交流分享信息。学校和家庭之间及时交流信息，一方面有利于及早发现欺凌事件的苗头，预防欺凌行为的发生；另一方面有利于欺凌事件的后续追踪辅导，对校园欺凌的治理起到积极的作用。

（二）争取校外资源

预防和治理校园欺凌是社会各方共同的责任。学校在防治校园欺凌过程中，应尽力争取校外资源的支持。校外资源的来源包括政府、媒体、社会组织、专业机构等。校外资源在校园欺凌治理中的作用主要表现在以下几个方面：首先，校外资源能够弥补学校人力、物力、财力的不足。欺凌的有效防治需要充足的资源，而中小学自身的资源有限，需要借助校外资源的支持。中小学可以与第三方机构达成互惠

---

① 参见王牧华、宋莉：《学校欺凌问题的预防和干预：家校合作的视角》，载《教育科学研究》，2017（3）。

的合作协议，为学生争取充足而优质的欺凌防治资源。其次，社会资源能够弥补学校在专业性方面的不足。校园欺凌的有效防治，需要法学、心理学等专业性资源作为支持。此时社会组织、高等院校等机构可以弥补学校专业性资源的不足，以自身的专业优势为校园欺凌问题的解决作出贡献。

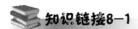 **知识链接8—1**

国外反欺凌经验

挪威防校园欺凌经验借鉴——以校园欺凌防治计划为例

挪威作为较早开始关注校园欺凌的国家，在反校园欺凌方面颇有建树。早在1983年，挪威教育部就委托高等教育机构设计了奥维斯校园欺凌预防计划（反欺凌三级干预计划），对校园欺凌进行专项、综合治理，取得了显著的效果。之后，挪威又推行了反欺凌"零容忍方案"，进一步整治校园欺凌问题。

1. 奥维斯校园欺凌预防计划

1983年，挪威3名青少年因不堪校园欺凌困扰而自杀，这引起了挪威社会对校园欺凌问题的广泛关注。在这一背景之下，挪威教育部委托高等教育机构制定校园欺凌防治方案，形成奥维斯校园欺凌预防计划。

该计划从学校、班级、个人三个层面采取欺凌预防措施。学校层面的措施有：（1）广泛、全面对校园中的欺凌现象进行调查，以无记名的方式对学生施测《欺凌自评问卷》。（2）建立预防校园欺凌的委员会，委员会由校长、教师、家长、学生代表和受委托的专业人员组成，定期对校园中的欺凌情况进行汇总和讨论，并制定新一阶段防治校园欺凌措施。（3）在全校范围内公布学校的反欺凌规则。（4）督促老师严格关注学生的活动，安排教师与学生共度课堂间隔和午休时间。班级层面的措施有：（1）在班级范围内执行学校的反欺凌规则。（2）定期举办与校园欺凌有关的班级会议。（3）在班级中通过共建班级制度、设立共同学习小组等方式培养规则意识、公约意识和团结友爱情感，间接减少校园欺凌的发生。个人层面的措施有：（1）教师与欺凌实施者进行交流，尽量改变其态度，若效果不佳，则教师与校长、学生家长等共同商策。（2）教师与欺凌受害者进行交流，与欺凌受害者建立起信赖关系，对其进行安抚，以及指导其面对欺凌时的自我保护措施。（3）与学生家长进行交流，通过争取家长的支持来减少校园欺凌的发生。

为了保证预防效果，奥维斯校园欺凌预防计划还包含了一系列配套资源。在人员方面，该计划注重对参与者的培训，引入专业人士对教师等委员会人员进行指导；在测评方面，该项目使用具有良好信效度的《欺凌自评问卷》对学生进行施测；在信息方面，该项目提供《教师手册》《校园欺凌：我们知道什么，我们怎么做》两本书对参与计划的教育者们进行有效指导。

奥维斯校园欺凌预防计划起到了良好的效果。实施该计划的学校两年内的欺凌现象减少了一半，直接欺凌和间接欺凌行为都有所减少，且效果随着计划的实施时间的加长而继续提高。①

2. 零容忍欺凌防治计划

零容忍欺凌防治计划是由挪威斯塔万格大学开发的计划。计划自诞生以来，已有超过百所中小学引入该项目。该计划的特点是重视教师的权威和班级凝聚力，通过加强教师对班级的整体控制来减少欺凌行为的发生。

概括而言，零容忍计划包括预警和干预两个方面。其中预警机制包括：（1）建立一套"筛选标准"，以便教师对欺凌行为进行敏锐识别。（2）建立欺凌匿名报告制度，鼓励学生上报欺凌行为，学校对上报进行记录。（3）增加校园内摄像头的数量，加强校园内学生活动的可视化、可监测化。（4）设立反欺凌巡查制度，课间休息时值班教师或其他工作人员佩戴"零欺凌"标志在校园中巡视。（5）教师开展与欺凌有关的主题班会，为学生提供欺凌及反欺凌的相关知识。干预措施包括：（1）当欺凌事件发生后，相关人员立即召开1～3次会议，对此次事件进行讨论。（2）安排专门的心理教师对受欺凌的学生进行跟进，帮助其进行心理调节，并传授应对欺凌的自我保护措施。（3）教师或校长与实施欺凌的学生进行单独会谈，视事件的严重情况进行处罚，必要时与欺凌者的家长取得联系。（4）教师在欺凌者和被欺凌者之间进行调解，使双方共同达成终止欺凌协议。而除了以上的干预措施之外，零容忍计划还形成了较为完善的欺凌干预机制。机制包括：（1）全员参与机制。在校园欺凌防治中，校长、教师、学生和家长等各方都进行实质性参与。（2）团队学习机制。所有参与该计划的学校会被编入由3～5所学校组成的项目团队，每个团队定期开展研讨会，进行信息反馈及困难问题商讨。（3）方案指导机制。为保证干预效果，提高反欺凌人员的专业素养，反欺凌计划组织编写了《方案指导书》，其中简洁、系统、通俗地介绍了有关欺凌防治的知识；同时除了文本材料之外，该计划还提供了视频等非文本材料供参与者使用。

零容忍计划在实施中获得了良好的反馈效果。半数学生认为这一计划是行之有效的。无论是计划所使用的具体防欺凌措施，还是计划所体现的防欺凌理念，都值

---

① 参见陶建国、王冰：《挪威中小学校园欺凌预防项目研究》，载《比较教育研究》，2016（11）。

得教育实践者学习和借鉴。[1]

美国防校园欺凌经验借鉴——以《新泽西州反欺凌法》中的学校责任为例

美国作为校园欺凌发生较为频繁的国家,近年来在欺凌防治方面不遗余力。2010年,新泽西州出台《新泽西州反欺凌法》,明确而详尽地规定了学校在防欺凌方面的职责。

(1)任命专门的欺凌防治人员。《新泽西州反欺凌法》规定,每所学校必须配备一名专门性工作人员,负责校内的欺凌防治事宜。专门的欺凌防治人员应从心理教师、学生辅导员或具有其他类似经历的教职工中选任,职责包括对欺凌事件组织调查、在欺凌事件中作为校方代表与他方交涉等。选任人员的姓名和联系方式必须通过学校网站等平台公示,以便学生、家长以及其他相关人员与之取得联络。

(2)成立校园安全小组。根据《新泽西州反欺凌法》,学校必须成立专门的校园安全小组,用以保障校园安全,并对欺凌等恶性事件及时、妥善处理。校园安全小组的成员包括校长(或其他学校高级别管理人员)、教师、学生家长及反欺凌专业人员。安全小组的职责包括:对本校被报告的所有欺凌事件进行受理;对欺凌事件进行识别和判断;对学生、教师、学校其他工作人员进行与校园欺凌有关知识的培训;对学校的风气进行评估,并进一步改善学校氛围和安全秩序,以此对校园欺凌进行预防;与学区中的反欺凌协调员进行合作。

(3)及时上报。《新泽西州反欺凌法》规定,教师等校内工作人员若目睹欺凌事件,或得知欺凌事件的可靠消息,应当当天向校长进行口头汇报,并在2个工作日内提交书面报告;在向校长提供书面报告的同时,应一并将报告副本上交至学区督学;校长也应将欺凌处理的进展向学区督学进行汇报。

(4)开展反校园欺凌专题教育及培训。该法规定,教师等校内人员应每年接受关于校园欺凌识别、预防和治理的培训,培训由反欺凌专业人员进行。该法同时规定,从2012至2013学年开始,所有申报教师资格的人员,都必须完成一项有关校园欺凌预防的培训;所有学校的教师在每次工作调整后都要完成至少2小时的预防自杀和反欺凌培训。[2]

本章小结

要对校园欺凌问题进行有效治理,必须对校园欺凌的特征有清晰的把握,并对

---

① 参见李锋、史东芳:《挪威反校园欺凌"零容忍方案"研究述评》,载《教育导刊》,2015(2)。

② 参见刘礼兰、肖登辉、孟凡磊:《美国校园欺凌的法律规制》,载《教育科学研究》,2017(7)。

它的法律性质有充分的理解。应多角度看待校园欺凌的治理，一方面完善事前、事发、事后的制度机制；另一方面将反欺凌理念贯穿于日常教育之中。另外，可借鉴国外经验对校园欺凌进行防治。

参考书目

[1] 余雅风. 防治校园欺凌和暴力，要抓住哪些关键点 [J]. 人民论坛，2017 (02)：98-9.

[2] 江水长. 建立惩治校园欺凌的法律机制 [J]. 中国德育，2016 (06)：32-35.

[3] 储朝晖. 校园欺凌的中国问题与求解 [J]. 中国教育学刊，2017 (12)：42-48.

[4] 任海涛. "校园欺凌" 的概念界定及其法律责任 [J]. 华东师范大学学报（教育科学版），2017 (02)：43-50＋118.

[5] 马雷军. 让每个学生都安全：校园欺凌相关问题及对策研究 [J]. 中小学管理，2016 (08)：4-8.

[6] 颜湘颖，姚建龙. "宽容而不纵容" 的校园欺凌治理机制研究——中小学校园欺凌现象的法学思考 [J]. 中国教育学刊，2017 (01)：10-14.

拓展阅读书目

詹姆斯·E. 狄龙. 反欺侮：让学生远离恐惧 [M]. 张禾，高连兴，译. 哈尔滨：黑龙江教育出版社，2016.

思考问题

1. 什么是校园欺凌？有何类型和特征？

2. 校园欺凌发生，学校可以承担的法律责任是什么？

3. 中小学校如何防治校园欺凌？

第九章　校园性侵害防治

 **本章摘要**

　　本章第一节简要介绍了儿童性侵的概念、特征、诱发因素及种类。第二节就校园性侵害发生前的预防及其发生后的治理措施分别作了介绍。

本章关键术语

　　我国性侵害；师源性侵害；同伴性侵害；校外人员性侵害；性教育；家校沟通；危机处理。

学习目标

◆认识儿童性侵的概念
◆了解校园性侵害的诱发因素，认识法律介入的必要性
◆了解校园性侵害的种类
◆把握校园性侵害的学校防治措施

第一节　概　述

　　校园里多未成年人，由于自身不够成熟、防范意识较弱等，比较容易受到侵害，因此校园性侵害的防治不容小视。本章我们主要探讨发生在中小学、幼儿园里的性侵害。

一、儿童性侵的学理界定

　　联合国《儿童权利公约》界定的儿童系指 18 岁以下的任何人。我国《未成年人保护法》第五十四条规定，禁止对未成年人实施性侵害、性骚扰。但目前为止，我国法律对什么是性侵害，一直没有给出明确定义。[①] 2013 年最高人民法院、最高人民检察院、公安部、司法部发布《关于依法惩治性侵害未成年人犯罪的意见》规

[①]　刘慧：《我国性侵害未成年人犯罪实证研究》，3～5 页，吉林，吉林大学，2016。

定，性侵害未成年人犯罪是指包括刑法第二百三十六条、第二百三十七条、第三百五十八条、第三百五十九条、第三百六十条第二款规定的针对未成年人实施的强奸罪，强制猥亵、侮辱妇女罪，猥亵儿童罪，组织卖淫罪，强迫卖淫罪，引诱、容留、介绍卖淫罪，引诱幼女卖淫罪，嫖宿幼女罪等。2015 年 8 月 29 日《刑法修正案（九）》将第二百三十七条第一款修改为"以暴力、胁迫或者其他方法强制猥亵他人或者侮辱妇女的，处五年以下有期徒刑或者拘役。"强制猥亵违法行为的对象不仅为女性，还包括男性。

相比于法律层面的儿童性侵犯罪，学理上儿童性侵的界定范畴更大一些，因为轻微的儿童性侵行为可能并未达到犯罪标准。对于什么是儿童性侵，我国有研究者认为：儿童性侵是指侵犯者以满足其性欲为目的，通过暴力、诱骗、物质引诱等方式，诱引儿童进行性接触的行为。[1] 还有研究者认为，儿童性侵，是指加害者以权威、暴力、金钱或甜言蜜语，引诱、胁迫 18 岁以下的儿童及少年，与其发生性活动，这些性活动包括：猥亵、乱伦、强暴、性交易、媒介卖淫等。[2] 美国有研究者认为，除了法律上定义的直接性行为之外，儿童性侵行为还应包括违背儿童意愿的抓、捏、拉衣服动作，以及带有性骚扰语言。[3] 还有国外研究者认为广义的儿童性侵不但包括直接身体接触行为，同时还包括偷窥、偷拍等侵犯隐私的非接触行为。[4]

关于儿童性侵的界定，世界卫生组织规定"儿童性侵犯指的是儿童卷入自己不能完全理解的性活动，或因不具备相关知识而统一的性活动，或因发育程度限制而无法知情同意的性活动，或破坏法律或社会禁忌的性活动，侵犯者因年龄或身心发育程度相对处于强势地位。"[5] 在国际上，英国、美国、加拿大、日本等国都对儿童性侵进行了官方界定，美国教育部认定儿童性侵是一种以异性接触为目的，通过不同形式侵害儿童的犯罪行为，性侵者和受害者可以是同性也可以是异性。[6] 英国联邦政府对于儿童性侵的界定最为具体："儿童性侵指的是涉及强迫或诱骗儿童或

① 朱眉华、刘茂香：《中小学校园性侵害探析》，载《华东理工大学学报（社会科学版）》，2005（2）。

② 熊伟：《儿童被害及其立法预防》，载《青少年犯罪问题》，2015（4）。

③ Chiodo D Wolfe, D. A Crooks, C, Hughes, R, & Jaffe, P. Impact of sexual harassment victimization by peers on subsequent adolescent victimizationand adjustment: A longitudinal study [J]. Journal of Adolescent Health, 2009, (45)：246-252.

④ Godbout, N, Sabourin, S. &Lussier, Y. Child sexual abuse and adult romantic adjustment: Comparison of single-and multiple-indicator measures [J]. Journal of Interpersonal Violence, 2009 (4)：693-705.

⑤ 王文生：《强奸罪判解研究》，北京，人民法院出版社，2005。

⑥ Stephanie, Monroe. Sexual Harassment [M]. Washington D.C：U. S. Darpartment of Education, 2008. 2-3.

青少年参与性活动，不管孩子是否意识到发生了什么。这些活动可能包括身体接触和非身体接触活动，鼓励儿童以不恰当的方式进行性行为，或培养孩子准备进一步接受性虐待行为。性侵不仅仅是由成年男性犯下的，女性也可以成为实施性侵者。"[1]

结合以上研究，学理上儿童性侵应指的是任何男、女行为人采用强迫或非强迫措施，与不满 18 周岁儿童发生不恰当直接或间接性行为的不当行为。直接性侵涉及与儿童发生接触性行为，即儿童进行身体接触。间接性侵包括不接触的性活动，如煽动、说服儿童在互联网上表演性行为，性侵者可能会威胁要向少年儿童的朋友和家人发送图片、视频或副本，除非他们同意参与其他性活动。在性侵事件停止后，图像或视频可能会继续被保存与分享。对于直接性侵儿童和间接性侵儿童具体包括哪些行为，在此采用英国政府的公文进行举例，如表 9-1 所示：

表 9-1　儿童性侵行为

直接性侵包含行为：
1. 身体任何部位的性接触，不管儿童是否穿衣服
2. 将一个物体或身体部位放入一个儿童的嘴里、阴道或肛门里
3. 强迫或鼓励儿童参加性活动
4. 让儿童脱下衣服，触摸别人的生殖器或手淫
间接性侵包含行为：
1. 鼓励儿童观看或听到性行为
2. 不采取适当措施防止儿童接触他人的性行为
3. 让孩子在他人注视下自慰，意图虐待他们
4. 在网上制作、查看或散布儿童性侵、性虐待图片或视频
5. 允许或怂恿他人制作、查看或散布儿童性侵图片
6. 向儿童展示色情内容
7. 发送或张贴自己的色情图片
8. 通过网络摄像头或智能手机参与性活动或通过短信或网络进行性对话

资料来源：HM, government. Working together to safeguard children [EB/OL]. https：//www. nspcc. org. uk/ preventing-abuse/child-abuse-and-neglect/child-sexual-abuse/legislation-policy-guidance/. 2018-01-01.

二、儿童性侵相关方的特征分析

(一) 遭受性侵的儿童群体特征

遭受性侵的儿童，往往属于这 4 种群体：(1) 留守儿童。近年来，关于留守儿

---

① HM government. Sexual abuse Legislation, policy and guidance [EB/OL]. https：//www. nspcc. org. uk/preventing-abuse/child-abuse-and-neglect/child-sexual-abuse/legislation-policy-guidance/2018-01-01.

童性侵事件的报道持续攀升。由于农村地区留守儿童群体巨大，家庭监护缺失的情况广泛存在，学校及社区的自我保护教育及基础生理教育与城市存在较大差距，很多孩子不了解如何分辨什么是性侵害，发生了也不知如何应对。（2）残疾儿童。Jones 教授在《柳叶刀》上发表的一篇研究发现：残疾儿童被性侵的可能性是非残疾儿童的三倍。① 7 岁及 7 岁以下的儿童不具备判断他人做事动机的能力，残障儿童则更为困难，很多残疾儿童不明白他们所遭受的事情是性侵。而那些负责看护或照顾残疾儿童的老师和工作人员人可能不会被训练去发现性侵和虐待的迹象。② 那些残疾儿童和有残疾儿童的家庭由于有限的社会关系或他人的歧视感到孤立或不支持，不知道该求助于谁。（3）被看护的儿童。被看护的儿童指的是因为父母或家人没有时间照顾，委托他人或相关机构照看的儿童，其中幼儿园儿童是被看护儿童的主要构成。被看护的儿童一般都年龄较小，如果他们被一个经常照顾他们的人或他们所依赖的人性侵，往往很难开口说话或进行自我保护。国外有调查发现近 20％的性侵都是儿童看护人所为。③（4）经历过其他形式欺凌或虐待的儿童。研究表明遭受儿童性侵的学生往往也是在校园里遭受过欺凌的学生，其中有不小比例遭受过校园性欺凌。有过被虐待历史的儿童比没有被虐待或被忽视的儿童更有可能遭受更多的性侵④，这就是所谓的"二次受害者"。被虐待和性侵的儿童也有可能同时遭受另一种形式的性侵⑤，被称为"连锁反应"。

（二）儿童性侵的实施群体特征

儿童性侵的实施群体来源包括成年男人、成年女人、青少年和其他儿童。儿童性侵具有较强的隐蔽性，性侵者来自社会各阶层，背景各异。与传统观念中的犯罪形象相反，虐待者通常对其他人来说是很正常的。在很多情况下，朋友、亲戚和同事很难相信他们认识的人曾虐待过一个孩子。一个孩子被他们认识的人性虐待，比

---

① Jones L. Prevalence and risk of violence against children with disabilities: a systematic review and meta-analysis of observational studies [J]. Lancet, 2012, (38): 899-907.

② Ivonne, Mansbach. Child sexual abuse as reported by Israeli adolescents: Social and health related correlates [J]. Child Abuse & Neglect, 2015, (4): 68-80.

③ Finkelhor, D. Ormrod, R. K. and Turner, H. A. Re—victimization patterns in a national longitudinal sample of children and youth. [J]. Child abuse and neglect, 2007, (5): 479-502.

④ Finkelhor, D. Childhood victimization: violence, crime, and abuse in the lives of young people [M]. Oxford: Oxford University Press, 2008.

⑤ Janine, M, Swingle, Mischa, Tursich, Jonathan, M, Cleveland, Steven, N, Gold, Sue, Fields, Tolliver, Landon, Michaels, Laura, N, kupperman Caron, Maria, GarciaLarrie, Nicole, A, Sciarrino. Childhood disclosure of sexual abuse: Necessary but not necessarily sufficient [J]. Child Abuse & Neglect, 2016, (10): 10-18.

如亲戚、同龄人、家庭朋友或信任的人，而不是陌生人。联合国儿童基金会报告显示，在 28 个有相关数据统计的国家，以平均计，90％曾遭受强迫性行为的青春期女童表示，其遭遇的首次侵犯是熟人作案。来自 6 个国家的数据显示，朋友、同学和同伴是青春期男童遭受性暴力的最常见施暴者。① 根据"女童保护"统计，在 2016 年公开报道的 433 起性侵儿童案件中，熟人作案的有 300 起，占总案件的 69.28％；陌生人作案的为 127 起，占比 29.33％。其中，有明确表述的熟人关系的 300 起案件中，占比从高到低依次为师生（含辅导班等）27.33％、邻里 24.33％、亲戚（含父母朋友）12％、家庭成员 10％。犯罪嫌疑人利用熟人身份，更容易接近受害者并取得受害者信任，再加上自身力量及身份地位等优势，使得性侵案件更易发生。

（三）遭受性侵儿童的家庭群体特征

（1）父母家庭暴力或有不良嗜好。家庭在儿童成长中起着至关重要的作用，目睹和承受家庭暴力的影响对一个孩子来说是非常痛苦的，会导致情感或心理上的不健全②。有研究表明在家庭暴力问题较为突出的家庭中，儿童受性侵的几率是父母关系和睦家庭的数倍，而且很多性侵事件都是儿童的父亲所犯下的③。而具有酗酒、赌博等不良生活习性的父母往往会更容易忽视孩子的成长，并给他们带来负面影响，不能提供儿童成长所需要的正当情感支持。（2）父母有心理健康问题。大多数有心理健康问题的父母都希望给予他孩子们需要的爱、关心和支持。但是，当父母生病或有缺陷时，这可能导致孩子被忽视和不得不承担额外的家庭责任，比如照顾其他家庭成员和承担大部分家务工作。研究表明一些有严重心理健康问题（如自杀或自残行为、精神变态或焦虑）的父母可能会使儿童面临被虐待或性侵的危险。④（3）偏远地区、经济条件较差的家庭。儿童性侵和其所在家庭的居住区域、周边环境有较强相关性。"女童保护"统计，2021 年媒体报道的 223 起性侵儿童案例中，有 188 起表明了城乡地域分布。在 188 起案例中，发生在城市的

① Howard, Dubowitz. Child sexual abuse and exploitation-A global glimpse [J]. Child Abuse & Neglect, 2017, (66): 2-8.

② Cleaver, H., Unell, I. and Aldgate, J. Children's needs: parenting capacity: child abuse: parental mental illness, learning disability, substance misuse, and domestic violence (PDF). [R]. London: The Stationery Office (TSO), 2011.

③ Hester, M. et al. [M]. Making an impact: children and domestic violence: a reader. London: Jessica Kingsley, 2007.

④ Berelowitz, S, et, al. "I thought I was the only one. The only one in the world." The Office of the Children's Commissioner's inquiry in to child sexual exploitation in gangs and groups: interim report (PDF). [R]. London: Office of the Children's Commissioner, 2012.

110 起，占比 58.51%；发生在县城的 56 起，占比 29.79%；发生在农村的 22 起，占比 11.70%。这与往年数据趋势基本一致。可以看出，并不是"只有农村儿童才有遭遇性侵的危险"，无论是城市儿童还是农村儿童，均有被性侵的风险。[①] 研究发现，在严重性虐待儿童的案件中，住房条件差和周边人口成分复杂是最为常见的受害者家庭居住环境特征。[②]

（四）遭受性侵儿童的行为特征

遭受过或最近正在遭受性侵的儿童往往会表现出一些反常的特征。英国防止儿童性侵组织（NSPCC）总结了遭受性侵的儿童可能有如下表现：（1）远离某些人：那些遭受性侵的儿童可能会避免与家人或朋友独处；他们看起来似乎害怕某一个人，或者不愿意与他们交往。（2）表现出不适合自己年龄的性行为：少年儿童在年轻时可能就会有性行为，甚至是滥交；他们可以使用性语言，或者试图知道父母、老师不希望他们知道有关性方面的信息。（3）身体症状：遭受性侵的儿童会肛门或阴道疼痛，女生会生理期混乱；遭受性传播感染疾病（STI）或怀孕。[③] 父母和老师如果担心孩子被性侵，则需要注意儿童任何不寻常的行为，比如开始喝酒和抽烟；突然在一段时间内表现反常，显得焦虑、自闭甚至抑郁，有自残行为或产生自杀的想法；睡眠时间变得混乱，突然改变饮食习惯。同时，也要注意到儿童的不正常交往关系，例如刻意隐藏他们的社交媒体登录信息；有年长很多的"男朋友"或"女朋友"；有他们不愿解释来历的新东西，例如新衣服或新电子产品等。

三、儿童性侵的诱发因素

导致儿童性侵发生的因素十分复杂，涉及很多方面，本部分主要从性侵者和被性侵者、家庭、学校、社会几个层面进行探讨：

（一）被性侵儿童自我保护意识薄弱

被性侵者往往年龄较小，自我保护意识薄弱，在身体和社会关系上处于弱势一

---

① 女童保护 NGO."女童保护"2021 年性侵儿童案例统计及儿童防性侵教育调查报告 ［EB/OL］. https：//mp. weixin. qq. com/s？__biz＝MzA5NTAxNzIzMw＝＝&mid＝2648976773&idx＝1&sn＝2c4f2829aa37589a2f0eb085c692e8c7&chksm＝88554dfbbf22c4edc321b4430ffbf3b8849d212603482f72897bb91a41597ef3beea2697751c&scene＝27. 2022－03－02.

② NSPCC. Child sexual exploitation Signs, indicators and effects ［EB/OL］. https：//www. nspcc. org. uk/p reventing-abuse/child-abuse-and-neglect/child-sexual-exploitation/signs-symptoms-and-effects/, 2013-09-01.

③ Jones L. Prevalence and risk of violence against children with disabilities: a systematic review and meta-analysis of observational studies ［J］. Lancet, 2012,（38）：899-907.

方，容易受性侵者的恐吓和威胁，在被性侵后往往不敢发声。2017 年 11 月联合国儿童基金会发布的最新研究报告指出，"在全球，约有 1500 万 15 岁到 19 岁的青春期女童曾被强迫性交或发生其他形式的性行为。遭受过性暴力的女童中，只有 1％的人表示她们曾寻求专业帮助。"同时，由于很多性侵者和被性侵者都是熟人，甚至长期处于"照顾"和"被照顾"的角色关系内，性侵者甚至利用一些物质奖励作为性侵回馈让受害儿童选择默不作声，也增强了儿童性侵事件的"隐蔽性"。很多性侵者都具有正当职业，平时行为与常人无异，性侵行为方式和行为地点都较不易被发现，犯罪成本较低。

（二）学校性教育不足，教育内容不完善

学校性教育缺失也是儿童性侵事件频发的重要原因。我国有关性教育的课程开设时间较晚，相关内容很不完善。虽然我国在 10 年前就开设了青春期教育课，但有关性的知识却过于简单、模糊、笼统，老师很少能主动、清楚地讲述有关知识，让孩子对于"性"的探索，只是停留在对性器官的了解上，虽然这是儿童性教育的第一课，但孩子对于"性"的探索，远不只了解性器官那么简单，目前国内还缺乏较为完备可靠的中小学生性教育课程与教材体系。同时，根据《2016 年性侵儿童案件统计及儿童防性侵教育调查报告》，熟人作案占总案件的 69.28％，其中明确表述的熟人关系的案件中占比最高的就是教师（含辅导班等）（27.33％），可见当前我国教师队伍素质良莠不齐，部分教师存在严重的师德问题，很多教师甚至利用手中权力满足个人病态私欲。

（三）家庭性教育缺位，家校沟通不畅

受固有传统观念的影响，我国家庭性教育存在普遍缺失的现象。根据中国教育科学研究院课题组 2016 年在北京、山东、广东、江西等六省一市进行的初中生家庭教育现状调查发现，46％的家长"从未提过"性教育的相关内容，表明有近半数家长对子女从未进行过此方面的沟通和指导。从学生获取性知识的来源看，选择比例高低依次为：老师（52.02％）、同学（37.11％）、家长（31.42％）、性科普书籍或视频（18.87％）、成人片或成人小说（6.36％），"家长"排序仅为第三位且比例远低于老师，家庭在子女的性教育中未能与学校形成互补，担负起应有的教育责任。① 由于我国开展性教育时间较晚，很多儿童家长较少接受正式系统的性教育，大部分是在"无师自通"的状态下成长，对青春期性教育缺乏健康、科学的认识，从而使得他们既缺乏相关的性知识和教育方法，也羞于主动与子女开诚布公地谈论

---

① 张敬培：《关注全国初中生家庭教育状况调查》，载《中国教育报》，2016-03-04（3）。

此话题。很多家长甚至认为过分强调"性教育"会让儿童早熟，在青春期产生不适当性行为和激发性冲动心理，影响正常的学习生活。同时，一些家长知道自己孩子遭受性侵，怕受到周围邻居和朋友非议，则选择忍气吞声或私下处理。

（四）社会不良文化传播，法律惩戒力度较弱

随着改革开放的不断深入，社会文化更加多元，一些不良文化在青少年中间被传播散布，让青少年对于"性"产生了错误的认识，让他们降低了对被性侵的警惕，甚至因为短期利益和性侵者保持较为隐蔽的不正当性关系。同时，网络监管不力导致许多儿童性侵的视频与图片长期在网络上传播，让一些有性侵儿童犯罪想法的人产生了进一步的犯罪冲动。从法律层面上来讲，性侵未成年人犯罪成本较小。我国《刑法》二百三十六条规定犯强奸罪量刑为 3 年以上 10 年以下，奸淫幼女的从重处罚；猥亵妇女罪的量刑是 5 年以下有期徒刑，猥亵儿童的从重处罚。很多性侵儿童行为不能构成"强奸"，而猥亵儿童罪的刑罚幅度则大大低于强奸罪。同时，因为性侵害未成年人犯罪案件具有发现晚、取证难、被害人不情愿报告、报告不及时等特征，对于性侵者法律责任的追踪也较为困难，致使很多性侵者并没有走入正当司法程序被严格处理。

四、校园性侵害的种类

校园性侵害可以按照两种方式进行划分：按照行为主体来看，可以分为师源性侵害、同伴性侵害、校外人员性侵害；按照犯罪性质来看，可以分为猥亵、强奸、强迫卖淫。

（一）按照行为主体划分

1. 师源性侵害

师源性侵害，是指教师或校园内的相关工作人员对在校学生所进行的一系列的性侵害。这类案件的加害主体特殊，是在校园中执教的教师或相关工作人员，而受害者多为学生。加害者与受害者在日常生活中经常接触，受害者一般不会对加害者有所防备，而是对加害者有一种尊敬和崇拜感，故加害主体利用自己与受害主体之间的不对等关系，采取诱骗、威胁、恐吓等方式实施不法侵害。

2. 同伴性侵害

同伴性侵害，是指在校学生的同伴对其所进行的一系列的性侵害。

3. 校外人员性侵害

校外人员性侵害，是指学校以外人员对在校学生所进行的一系列的性侵害。

（二）按照犯罪性质划分

按照犯罪性质来划分，校园性侵害包括猥亵、强奸、强迫卖淫。

1. 猥亵罪

《刑法》第二百三十七条第三款"猥亵儿童罪"规定，"猥亵儿童的，处五年以下有期徒刑；有下列情形之一的，处五年以上有期徒刑：（一）猥亵儿童多人或者多次的；（二）聚众猥亵儿童的，或者在公共场所当众猥亵儿童，情节恶劣的；（三）造成儿童伤害或者其他严重后果的；（四）猥亵手段恶劣或者有其他恶劣情节的。"《治安管理处罚法》第四十四条规定："猥亵他人的，或者在公共场所故意裸露身体，情节恶劣的，处五日以上十日以下拘留；猥亵智力残疾人、精神病人、不满十四周岁的人或者有其他严重情节的，处十日以上十五日以下拘留。"

2. 强奸罪

强奸罪，是指行为人违反我国刑法的相关规定，违背被害人意愿，采用暴力、胁迫、伤害或者其他手段，强行与被害人进行性行为，从而构成的犯罪。

3. 强迫卖淫罪

强迫卖淫罪是指以暴力、胁迫或者其他方法，迫使他人卖淫从而构成的犯罪。为了达到强迫被害人卖淫的目的，行为人往往先亲自或安排他人采取诱骗、挟持的手段将被害人带至卖淫场所，然后再迫使被害人卖淫。根据《刑法》第三百五十八条规定，"组织、强迫他人卖淫的，处五年以上十年以下有期徒刑，并处罚金；情节严重的，处十年以上有期徒刑或者无期徒刑，并处罚金或者没收财产。组织、强迫未成年人卖淫的，依照前款的规定从重处罚。犯前两款罪，并有杀害、伤害、强奸、绑架等犯罪行为的，依照数罪并罚的规定处罚。"

第二节　校园性侵害的学校防治措施

学校是小学生学习和生活的主要场所，是儿童性侵事件的高发地点，因此学校肩负着校园性侵害防治的主要责任。

一、事前防范

（一）制定学校防性侵制度

根据《未成年人学校保护规定》第二十四条，学校应当建立健全教职工与学生交往行为准则、学生宿舍安全管理规定、视频监控管理规定等制度，建立预防、报告、处置性侵害、性骚扰工作机制。在此制度中，学校首先要表明对性侵害行为的严厉谴责与强烈反对。通过声明，对有该倾向的教师、学生产生一种震慑。其次，学校需要在该制度中具体说明什么是校园性侵害，并且将抽象的校园性侵害概念加以细化与分解，明确列举出哪些具体的行为会构成性侵害。例如，当教师或者同学、校外人员以各种理由威胁、利诱相关主体答应其性要求、要求触摸敏感部位时，这些行为就构成了性侵害。最后，学校在制度中需要阐明，一旦施害者进行了性侵害，施害者及学校的相关责任人会受到哪些惩罚与制裁。

（二）编织学校防性侵管理的网络

为了有效地杜绝校园性侵害的发生，学校应该加强管理，为学生创造一个安全、祥和的学习、生活环境。学校应当采取必要措施预防并制止教职工以及其他进入校园的人员实施以下行为：（1）与学生发生恋爱关系、性关系；（2）抚摸、故意触碰学生身体特定部位等猥亵行为；（3）对学生作出调戏、挑逗或者具有性暗示的言行；（4）向学生展示传播包含色情、淫秽内容的信息、书刊、影片、音像、图片或者其他淫秽物品；（5）持有包含淫秽、色情内容的视听、图文资料；（6）其他构成性骚扰、性侵害的违法犯罪行为。具体而言：首先，在教师管理上，既要严格教师选聘条件，也要加强在职教师综合素质考核，定期开展教职工法治教育。其次，成立专门的机构为预防校园性侵害的发生及事件发生后的危机处理服务。最后，学校应该加强对学校保卫部门的管理，使其真正履行保卫学校安全的职责。

（三）加强学校性教育

根据《未成年人学校保护规定》第四十二条，学校要有针对性地开展青春期教育、性教育，使学生了解生理健康知识，提高防范性侵害、性骚扰的自我保护意识和能力。在性教育课程的设置上，应在课堂之外，增加主题班会、模拟课堂等形式，或聘请校外专家为学生进行专题讲座。具体到防范校园性侵害方面，应该告诉学生何谓性侵害，惩治性侵害施害人的相关规定等；本校在防治校园性侵害方面有哪些举措，如向学生详细讲解校园性侵害防治的处理流程与处理原则等。同时，还可以通过设计活动教育学生基础的应对措施，例如，大声说：失火了、有强盗、不可以、不喜欢、我讨厌，告诉学校其他老师或者校领导；拿手边的物品反击，立即告诉老师、家长或学校预防校园性侵害机构等。

二、事后处理

学校发生校园性侵害事件，需先由学校预防校园性侵害专门机构的辅导老师确定受害学生是否已经处于不会再被加害者继续侵害的安全状态，并遵循保密原则，评估受害学生情绪，了解与搜集侵犯事件证据。一方面主动询问受害学生需要得到哪些帮助；另一方面，应积极联系校外医疗、心理咨询等机构，为有效帮助受害学生做好准备。辅导老师在帮助受害学生的过程中，应该亲近、和善、耐心地倾听受害学生的倾诉，不得以责备、批评的态度对待受害的学生。

学校在采取积极措施保护受害学生的同时，必须整合事件的相关资料，及时呈交给学校领导及相关负责人。校领导在获得信息后，需立即向上级教育行政部门报告事件的相关情况，并在上级教育行政部门的协助下，积极处理校园性侵害事件，确定对加害者的惩处。

本章小结

本章通过介绍性侵害的概念、特征、诱发因素及种类、校园性侵害的学校防治措施，以期让读者认识到校园性侵害的严重性，从而能够对校园性侵害问题进行法律分析和相应的防治。

参考书目

[1] 谢婧. 论我国刑法对师源性侵害的惩罚与规制 [D]. 上海：华东政法大学，2013.

[2] 穆琳. 初中校园性侵犯的防治问题研究 [D]. 北京：北京师范大学，2005.

[3] 刘慧. 我国性侵害未成年人犯罪实证研究 [D]. 长春：吉林大学，2016.

[4] 连莲. 校园性侵害犯罪案件的特点、发生原因及防治 [D]. 昆明：云南大学，2015.

[5] 黄尔梅. 性侵害未成年人犯罪司法政策案例指导与理解适用 [M]. 北京：人民法院出版社，2014.

拓展阅读书目

[1] 胡志强. 性侵害犯罪公诉办案证据适用指南 [M]. 北京：中国检察出版社，2015.

[2] 黄尔梅. 性侵害未成年人犯罪司法政策案例指导与理解适用 [M]. 北京：人民法院出版社，2014.

[3] 王运华，张鸿巍. 儿童性侵预防教育读本 [M]. 北京：中国民主法制出版社，2016.

[4] 李春漫. 怎样预防儿童性侵害 [M]. 北京：中国青年出版社，2014.

［5］岳慧青. 性侵害未成年人案件证据的运用［M］. 北京：法律出版社，2018.

［6］廖怀高. 校园安全与农村中小学性侵害防治教育［M］. 成都：西南交通大学出版社，2017.

 思考问题

1. 你身边发生过哪些类型的校园性侵害？你认为发生的主要原因是什么？

2. 请尝试对你身边的校园性侵害案例进行法律分析。

3. 请尝试分析你所在学校关于校园性侵害的防治措施，并提出改进建议。

第十章　学校与其他社会组织的合同关系

本章摘要

学校还会与其他社会组织，形成一定法律关系。本章首先介绍学校与其他社会组织的民事法律关系，介绍了学校与其他社会组织签订合同时所应遵循的原则，并对合同订立的相应知识做了介绍。第二节介绍了学校与其他社会组织签订的主要合同类型，包括买卖合同、担保合同、租赁合同、承揽合同、建设工程合同等。第三节就学校与其他社会组织订立与实施合同的主要注意事项与解决办法做了介绍。

本章关键术语

民事合同；合同主体；合同文本；合同内容；违约责任；买卖合同、担保合同、租赁合同、承揽合同、建设工程合同；合同管理。

学习目标

◆了解学校与其他社会组织的民事法律关系及特点
◆了解学校与其他社会组织签订民事合同应遵循的原则
◆了解学校与其他社会组织签订民事合同的形式与条款要求
◆了解学校与其他社会组织签订的主要合同类型
◆认识学校与其他社会组织签订合同的注意事项与风险防范

第一节　概　述

20世纪80年代以来，随着改革开放的进一步深入，教育领域也开展了一系列变革。1985年《中共中央关于教育体制改革的决定》颁布，标志着我国的教育改革与发展进入了一个新的高速发展时期。随着1993年出台的《中国教育改革和发展纲要》、1999年的《面向21世纪教育振兴行动计划》和《中共中央关于深化教育改革全面推进素质教育的决定》等一系列政策颁布，政府简政放权，扩大学校办学自主权，构建政府宏观管理、社会参与、学校自主发展的运行机制。学校和其他社会主体之间的关系也从计划经济时代依靠行政手段和指令性计划来维持，逐渐过渡到市场经济体制下的由民事法律调整的平等主体关系。学校与其他社会组织之间的民事法律关系主要通过《民法典》，特别是其中的合同编、侵权责任编等规定进行调整，其中基于合同编法律规定而形成的学校与其他社会组织之间的民事合同关系最为常见。

一、学校与其他社会组织的民事法律关系

计划经济时期，我国的学校是政府的下属单位，无须独立与社会其他组织发生关系，学校仅仅执行政府指令、完成政府规定的任务，进行的民事活动有限。随着市场经济体制的建立，政府职能不断调整和改变，政府与学校的关系发生了变化。在政府下放权力的同时，学校拥有了更多的办学自主权，与其他社会主体之间的民事活动大大增加，同时，出现的问题也日益突出，需要引起关注。

学校与其他社会组织的关系主要表现为学校与不具有隶属关系的国家机关、企业事业单位、集体经济组织、社会团体、个人之间的关系，其中既有互相协作、互相支援的关系，又存在复杂的民事主体（基于利益）参与其中。在这些关系中，学校是以独立的民事主体参与其中的，与其他社会组织之间形成民事法律关系。

根据《民法典》总则第二条的规定，民法是调整平等主体的自然人、法人和非法人组织之间的人身关系和财产关系的法律。民事法律关系的标志性特征主要有两个：一是调整平等主体之间的关系，即调整的主体具有平等性；二是民事法律关系调整的是平等主体之间的私益，即调整的内容是财产关系和人身利益关系。

公立学校是事业单位法人，国家是其财产的所有人。但是国家各级行政机关对其管辖范围内的学校财产，一般不直接进行运营，而是根据国家资产管理的需要，将所管辖的资产交由各个学校进行运营管理。国家通过计划和经济的、行政的、法律的手段对学校进行宏观管理、检查、指导和调节，学校则在国家授权范围内行使权利。因此，学校对国家财产的相关权利是从属于国家所有权的一种相对独立的权利。《教育法》第三十二条规定："学校及其他教育机构在民事活动中依法享有民事权利，承担民事责任。"学校与其他社会组织在民事法律关系中是平等的，公立学校也并不因其是事业单位法人而享有特权。

尽管国家可以基于公益性的要求对民办学校的举办者、管理者和教育教学人员的组成及其资格做出限制性规定，但就民办学校而言，政府并非民办学校的举办者，只能以教育管理者的身份对民办学校依法进行检查和监督，而不能以所有者或举办者的身份介入民办学校的经营管理活动，这与公立学校明显不同。民办学校财产的私人性，也决定了民办学校与公立学校的区别。民办学校是一个法人实体，对

其所属财产享有支配、使用及处分的权利，同时还依法独立享有内部管理及对外进行民事活动的权利，独立承担民事责任。

学校与其他社会组织的民事法律关系主要是财产关系。财产关系是人们在生产、分配、交换和消费社会财富时形成的具有经济内容的关系，是地位平等、各自独立的主体在自愿的基础上确立的、遵循价值规律的、等价有偿的财产关系。

二、学校与其他社会组织的民事合同

随着市场经济的发展，各个社会部门的分工日益复杂和细化，个人与组织要想在市场经济社会中生存下来，就不得不与他人或组织以合同的形式相互信任，进行交易。虽然学校并不必然具有法人资格，但是学校作为一种团体或社会组织，可以与其他民事主体发生相邻权的关系。随着教育体制改革的深入，政府对学校的管理从原来的全包全管逐渐演变为政府主要运用立法、拨款、规划、评估、信息服务、政策指导、执法监督和必要的行政手段对教育进行宏观管理。学校为了维持正常运行与良性发展，越来越多地作为民事主体参与市场行为，与其他社会组织的合作与交易日益广泛和深入。合同作为联系学校与其他社会组织的桥梁和纽带，发挥着不可替代的作用。

《民法典》合同编第四百六十四条指出，"合同是民事主体之间设立、变更、终止民事法律关系的协议"。为优化学校资源配置，改善办学条件，提高办学质量，增强学校综合实力，各级各类学校的基础设施建设、仪器图书资料购买与后勤保障等，都需通过与其他社会组织合作方能满足。在教育领域常见的是学校以民事主体身份与其他社会组织签订民事合同，通过合同确定双方的民事法律权利与义务，实现经济活动的目标。

三、学校与其他社会组织订立合同的原则

为了促进合同高效、快捷地订立，保障合同履行，就必须遵行相关的法律规范原则，调整交易关系，维护交易秩序，实现各方利益。学校与其他社会组织的合同关系依法成立后即受到《民法典》的保护。学校与其他组织都应当遵守合同原则，严格依法办事。

（一）当事人平等、自愿原则

在民事法律关系中，签订合同的双方当事人的法律地位一律平等，任何一方只能根据法律的规定或是当事人之间的约定行使权利，不得将自己的意志强加给对方。无论双方的社会地位、财产状况等有多大差异，双方的法律地位是平等的。自

愿原则主要是指当事人在进行民事法律行为时，可以在法律规范的范围内，根据自己的意思设立、变更、终止民事法律关系，他人无权干涉。学校和其他社会组织之间不仅要基于法律的角度看待自身的法律地位——是基于民事法律关系的平等的合同关系主体，又必须是在自己真实意思表示之下自愿地实施法律行为，建立合同关系的。合同的实质是主体之间协商一致达成的协议，只有主体地位平等才可平等交流、平等沟通。

（二）公平、合法、等价有偿原则

公平是一种有赖于社会一般观念的主观评价。公平原则要求合同的内容应当公平，对于不公平的合同内容法律应给予否定性评价，显失公平的民事行为属于可变更、可撤销的民事行为；同时，合同订立过程中，内容应合乎法律关于民事权利与义务的设定，合同主体既享有法律法规赋予的权利，又必须履行相应的法定义务及双方的约定义务；等价有偿是市场经济的应有之义，是价值规律的客观要求，双方在通过合同进行交易与合作时，需要遵循等价有偿原则。

（三）诚实、信用原则

诚实信用原则是指合同双方的当事人应当公平地考虑对方的正当利益和社会公共利益，善意地行使权利、履行义务。双方可以在不损害他人权利的前提下追求自己的利益，因故意或过失造成他人损失的应当承担民事责任。学校与其他社会组织之间的合同关系依法成立后，在履行合同的过程中应当诚实守信，非因法律规定，都需要如约履行合同，否则应当承担不履行或不完全履行合同而产生的法律后果。

（四）保护公民、法人的合法权益，禁止权力滥用原则

公民、法人合法取得的各种合法权益，如各种物权、债权、知识产权等合法权益，都受到法律保护，如果合同缔约方非法侵害他人的合法权益，应当承担民事责任，权利人可以通过各种救济途径实现自己的权利。同时，相关管理机构在对合同关系进行管理、协调的过程中，应尊重、保护合同双方合法权益，不得滥用管理权，违法行使权力。

四、民事合同的形式与条款

（一）合同的形式

合同的形式是当事人合意的外在表现形式，是合同内容的载体。《民法典》第四百六十九条规定："当事人订立合同，可以采用书面形式、口头形式或者其他形式。"学校与其他社会组织不同的事项订立合同，可以采取不同的形式。

口头形式是指当事人通过语言方式达成合意的合同形式，有利于交易的便捷、

快速达成，有利于双方权利义务的及时履行，一般适用于即时清结的合同，如学校购买办公用品或是后勤保障用品等行为。口头形式利于交易，但是一旦发生纠纷则可能发生互相推诿，举证困难。因此，在口头形式交易的情况下，应当索要并保留相关的交易凭证，如购物清单、发票、收据、质量保修单等。虽然此类凭证不是合同，但是可以作为合同关系存在的证据。

书面形式是当事人通过文字方式达成合意的合同形式。《民法典》第四百六十九条第二、三款规定："书面形式是合同书、信件、电报、电传、传真等可以有形地表现所载内容的形式。以电子数据交换、电子邮件等方式能够有形地表现所载内容，并可以随时调取查用的数据电文，视为书面形式。"书面形式的实质是文字的记录性，不能将书面形式与纸面形式等同。书面形式对合同当事人而言，不是必需的，不是合同成立的必备条件。学校与其他社会组织关于工程施工、大型设备采购或是房屋租赁等交易，通常都应以书面形式签订合同。

此外，法院还可以认定"其他形式"的合同。其他形式的合同分为积极的推定形式和消极的推定形式。如房屋租赁合同租期届满后承租人继续交付租金、出租人继续收取租金的，可以推定租赁合同关系存在；被代理人明知代理人以自己的名义做出行为而未作否认表示的，推定为代理关系存在。

（二）合同的条款

合同条款是合同的基本、核心要素。《民法典》第四百七十条规定了合同内容的一般条款，包括：（1）当事人的姓名或者名称和住所。（2）标的。（3）数量。（4）质量。（5）价款或者报酬。（6）履行期限、地点和方式。（7）违约责任。（8）解决争议的方法。实践中，学校与其他社会组织可以参照各类合同的示范文本订立合同，也可以根据双方的约定具体确定合同的内容。

合同一旦生效，合同条款内容即对当事人产生法律约束力，一旦违反，未能按约定履行义务，应承担违约责任。

（三）格式条款

格式条款，又称为格式合同、定式合同、标准合同等，是当事人为了重复使用而预先拟定的，并在订立合同时未与对方协商的条款。格式条款一般存在于特定行业和领域，格式条款拟定方具有行业、专业方面的优势。《民法典》第四百九十六条规定，提供格式条款一方应当遵循公平原则确定当事人之间的权利和义务，并采取合理的方式提示对方注意免除或者减轻其责任等与对方有重大利害关系的条款。

如发生下述情况，格式条款无效。

《民法典》第一编第六章第三节规定了无效的民事法律行为。主要包括行为人与相对人以虚假的意思表示实施的民事法律行为；违反法律、行政法规的强制性规定的民事法律行为；违背公序良俗的民事法律行为；行为人与相对人恶意串通，损害他人合法权益的民事法律行为。

《民法典》第五百零六条规定免责条款无效的情形：（1）造成对方人身损害的。（2）因故意或者重大过失造成对方财产损失的。

《民法典》第四百九十七条规定，提供格式条款一方不合理地免除或者减轻其责任、加重对方责任、限制对方主要权利的，以及排除对方主要权利的，该格式条款无效。

（四）缔约过失责任

缔约过失责任是指当事人在订立合同过程中，因过错违反诚实信用原则，导致合同不成立，或者合同虽然成立，但不符合法定的生效条件而被确认无效、被变更或被撤销，给对方造成损失时所应承担的民事责任。《民法典》第五百条规定了缔约过失责任的三种情形。

（1）假借订立合同，恶意进行磋商。这是在订立合同中的扰乱行为，当事人没有订立合同的真实意思，但是为了损害对方当事人的利益，而假意进行谈判。

（2）故意隐瞒与订立合同有关的重要事实或者提供虚假情况。主要是指缔约过程中的欺诈行为，即采取虚构事实或者隐瞒真相的方法欺骗对方，诱使对方订立合同。

（3）有其他违背诚信原则的行为。主要指除上述情形之外的其他行为，如一方当事人未尽到通知、协助、告知、照顾和保护等义务而造成对方当事人人身或财产损失的。

缔约过失责任不同于合同责任或是侵权责任，缔约过失责任发生在缔约阶段，合同尚未成立或生效，其赔偿范围是相对人的依赖利益损失，包括直接和间接损失。直接损失指缔约过程中支出的交通食宿费用、人身损害费用、相关费用利息等；间接损失如丧失交易机会的损失、利润损失、误工费等。通常是受害方对各项损害赔偿及因果关系承担举证责任。

（五）保守商业秘密

商业秘密是指不为公众所知悉、能为权利人带来经济利益、具有实用性并经权利人采取保密措施的技术信息和经营信息。侵犯商业秘密的行为表现为非法获取、披露、使用或允许第三人使用他人商业秘密等。《民法典》第五百零一条规定，"当事人在订立合同过程中知悉的商业秘密或者其他应当保密的信息，无论合同是否成立，不得泄露或者不正当地使用；泄露、不正当地使用该商业秘密或者信息，造成对方损失的，应当承担赔偿责任。"

《全面推进依法治校实施纲要》

当前，随着社会主义民主法治和政治文明建设的推进，教育改革的不断深化，各级各类学校的发展环境、发展理念、发展方式正在发生深刻变化，迫切需要全面推进依法治校、加快建设现代学校制度。推进依法治校，是学校适应加快建设社会主义法治国家要求，发挥法治在学校管理中的重要作用，提高学校治理法治化、科学化水平的客观需要；是深化教育体制改革，推进政校分开、管办分离，构建政府、学校、社会之间新型关系，建设现代学校制度的内在要求；是适应教育发展新形势，提高管理水平与效益，维护学校、教师、学生各方合法权益，全面提高人才培养质量，实现教育现代化的重要保障。全面推进依法治校的总体要求：学校要牢固树立依法办事、尊重章程、法律规则面前人人平等的理念，建立公正合法、系统完善的制度与程序，保证学校的办学宗旨、教育活动与制度规范符合民主法治、自由平等、公平正义的社会主义法治理念要求；要以建设现代学校制度为目标，落实和规范学校办学自主权，形成政府依法管理学校，学校依法办学、自主管理，教师依法执教，社会依法支持和参与学校管理的格局。

案例来源：中华人民共和国教育部网站

第二节   主要合同类型

随着教育改革的深入与市场经济的发育成熟，通过市场对教育的有限介入来向学校提供专业的服务，已成为一种重要的教育运行机制。学校与其他社会组织之间在民事活动中的职责权限、责任承担等内容都需要通过合同加以确定。学校与其他组织的民事合同已渗透到学校管理的许多领域，如采购、担保、租赁、承揽和建设工程等。不同类型的民事合同中，学校作为签约方的具体目的不同，履行合同过程中的权利与义务也有所区别。在学校与其他社会组织签订的各类合同中，学校一方面要坚守教育公益性；另一方面还要在交易中权衡利益，确保学校有序运行。

一、买卖合同

买卖合同是出卖人转移标的物的所有权于买受人、买受人支付价款的合同。买卖合同是双务有偿合同，调整买卖合同的法律主要有《民法典》《最高人民法院关于审理买卖合同纠纷案件适用法律问题的解释》（2021 年修正）等。

学校采购是指学校为了满足教学、科研、日常运营等工作的需要以合同方式有偿获得货物、工程和服务的行为，具体主要涉及基础设施建设、设备及图书购买等。① 我国公立学校经费主要来源于财政拨款，因此其采购的大部分内容可以归入政府采购的范围。政府采购范围内的学校采购就是学校使用财政性资金采购依法制定的集中采购目录以内或者采购限额标准以下的货物、工程和服务的行为。

　　高校与其他社会组织之间不仅具备合同关系的法律要素，也具有合同订立的法律特征。

　　为了排除学校采购中可能出现的权力的腐败、寻租等现象，保障学校公共利益的最大化，公立学校的采购合同与一般的民事合同有所区别，它通过具体的规范，将采购合同的缔约过程、合同主要内容、合同的履行和监管及相关主体的权利规范、义务和责任等予以明确、公开。学校的采购活动是在相关法律的规范下组织进行的，而买卖合同则是采购活动的载体。

　　以学校的图书采购为例，在合同签订和实施过程中，需要注意以下问题。

　　对供应商的资格预审。在学校采购活动中，对供应商进行资格预审主要分为一般性资格预审和项目资格预审。一般性资格预审的主要目的是保证供应商的主体合法性和良好的诚实信用记录。项目资格预审则基于不同采购项目的特性，存在不同的要求。政府采购法规定了供应商参加政府采购活动应当具备的条件及采购人可以根据采购项目的特殊要求，规定供应商的特定条件。对供应商的资格审查制度是学校基于其事实上的主导地位，从效率的角度对参加学校采购合同的潜在相对方的最初选择。

　　学校图书馆采购图书时，对供应商的资格审查应当包括：图书馆应通过审查供应商的投标书和相关的文件证明，保证该供应商具备向图书馆供应图书的能力和信用。例如是否具有独立承担民事责任的能力；是否具有良好的商业信誉和健全的财务会计制度；是否具有履行合同所必需的设备和专业技术能力；是否具有依法缴纳税金和社会保障资金的良好记录；在经营活动中是否有重大违法记录；近两年内跟其他学校图书馆合作的证明资料等。

　　合同内容应当具体、全面。合同内容应当包括标的及数量、图书质量要求、价款或者报酬、履行期限、地点和方式以及履约与违约责任等。

　　在标的的划分上应当有更详细的规定，是"资格标"的代理资格（不分标段，

---

　　① 王全兴、管斌：《政府采购制度研究（一）》，民商法律网，http：// www.Civillaw.com.cn/article/default.aspid＝9179，2021-04-14。

但设定采购总金额，并注明是实洋或码洋），还是分标段采购（如按中图法的类别或图书出版机构的划分）。

图书质量要求不仅要求供应商所提供的图书必须是图书馆预订的、由正规出版社出版的合法出版物，不能提供任何盗版图书，而且图书必须是完整的，没有破损、印刷及装订上的错误。此外，图书订单质量、数据编目质量以及加工服务质量的要求也是图书馆签订合同中非常重要的组成部分。

关于价款，合同上应体现出供应商给予图书馆图书多少的折扣，并注明是以实洋结算书款。供应商开出的发票应为实洋发票，供应商、收款单位、购货票证开票单位三者应一致。在图书馆验收图书完毕后，双方应约定好付款时间，并以银行汇款方式结算。

合同上应注明合同的有效期限，供应商应负责免费安全、完好地将图书运达并搬运至图书馆指定的地点；在图书到达指定地点之前发生的遗失、破损等所造成的损失则由供应商负责。图书馆按照订单和图书到货单验收图书。

签订合同前，为防止供应商不能严格履行合同要求及投标承诺，图书馆有权要求供应商以汇款方式向图书馆或者学校账户缴纳中标总金额的百分之多少作为履约及质量保证金。该保证金在供应商供应的图书全部验收合格后且合同期满无质量及售后服务问题时无息退还。供应商如果出现违约行为，则图书馆有权要求对方支付一定金额的违约赔偿金，同时可保留终止本合同并没收对方的履约保证金。

在约定付款上，图书馆应按期付款给供应商，如果无正当理由拖延时间，供应商也有权追缴图书馆所欠书款，并可保留终止本合同及追究图书馆违约责任的权利。

二、担保合同

合同的担保是指为了保证合同的履行、保障债权人利益的实现，根据法律规定或当事人约定采取的相应法律措施。通过设定担保，可增强债权的保障力，促使债务人更为积极地履行债务，有利于维护良性的合同秩序。

相对于合同法律关系，担保关系属于从属法律关系，具有从属性和补充性。担保的从属性是指担保关系受主合同关系效力的影响，主合同无效担保合同亦无效，主合同变更或解除对担保关系也产生相应的影响。担保的补充性体现在担保权利属于救济性权利、二次权利，只有主合同债务人不履行债务时，担保权才发生效力。

法律规定的合同担保方式有五种：保证、抵押、质押、留置和定金。其中，保证、抵押、质押和定金担保是根据当事人的约定发生的，属于约定担保；留置担保是根据法律的规定发生的，是法定担保。保证是以保证人的财产和信用为担保的基础，是人的担保，抵押、质押、留置以财产为基础担保，是物的担保，定金以金钱进行担保，属于金钱担保。

《民法典》第六百八十三条规定："机关法人不得为保证人，但是经国务院批准为使用外国政府或者国际经济组织贷款进行转贷的除外。以公益为目的的非营利法人、非法人组织不得为保证人。"公立学校的办学经费来源于国家财政，经费来源的国家性、社会性决定了公办学校资金的使用必须以实现社会公益为目的。对于非营利性民办学校来说，其接受国家财政资助、税赋减定、土地优先使用，等等，承担教育功能，也具有一定公益性。如果允许公办学校、非营利性民办学校为非公益性债务提供担保，极有可能减损其用于公益目的的财产，将有违公益法人的宗旨。据此，我国法律规定公立学校、非营利民办学校不得为保证人，签订的担保合同无效。

《最高人民法院关于适用〈中华人民共和国民法典〉有关担保问题的解释》（以下简称《解释》）第六条规定："以公益为目的的非营利性学校、幼儿园、医疗机构、养老机构等提供担保的，人民法院应当认定担保合同无效，但是有下列情形之一的除外：（1）在购入或者以融资租赁方式承租教育设施、医疗卫生设施、养老服务设施和其他公益设施时，出卖人、出租人为担保价款或者租金实现而在该公益设施上保留所有权；（2）以教育设施、医疗卫生设施、养老服务设施和其他公益设施以外的不动产、动产或者财产权利设立担保物权。登记为营利法人的学校、幼儿园、医疗机构、养老机构等提供担保，当事人以其不具有担保资格为由主张担保合同无效的，人民法院不予支持。"根据此项规定，非营利性学校、幼儿园可在上述两种情形下成为担保人。营利性学校、幼儿园可成为担保人，具有签订担保合同的资格。

三、租赁合同

《民法典》第七百零三条规定，租赁合同是出租人将租赁物交付承租人使用、收益，承租人支付租金的合同。租赁合同的当事人是出租方和承租方，租赁财产为租赁物。租赁合同是转移财产使用权的合同，在租赁合同中出租方按照合同约定将租赁物交给承租方，承租方可以占有、使用和收益，但不得任意转让、处分租赁物，租赁期满后，承租方需将租赁物返还出租方，租赁物所有权或处分权依然属于出租方。

（一）租赁合同的分类

根据不同的标准，可以对租赁合同作不同的分类。

一是以租赁物的种类、性质为区分标准，租赁合同可以分为动产租赁合同、不动产租赁合同与权利租赁合同。以动产作为租赁物的合同，称为动产租赁合同或者简称为动产租赁；以不动产为租赁物的合同，称为不动产租赁合同或者简称为不动产租赁。在我国，不动产通常指房屋、土地（包括国有土地与集体土地）以及其他不动产。以权利作为租赁物的租赁合同，称为权利租赁合同或者简称为权利租赁，如建设用地使用权租赁合同、土地承包经营权租赁合同等。

二是以是否约定固定期限为标准，租赁合同可以分为定期租赁合同与不定期租赁合同。当事人在合同中没有约定明确的租赁期限的合同称为不定期租赁合同，约定了明确的租赁期限的合同称为定期租赁合同。当事人虽然约定了明确的租赁期限但未采用书面形式，若期限在 6 个月以上的租赁合同，仍为不定期租赁合同；租赁期限届满，承租人继续使用租赁物，出租人未表示异议的，原租赁合同继续有效，但转变为不定期租赁合同。

（二）租赁合同的内容、期限和形式

《民法典》第七百零四条和第七百零七条，对租赁合同的内容、期限和形式做了规定。

从内容上看，租赁合同一般包括租赁物的名称、数量、用途、租赁期限、租金及其支付期限和方式、租赁物维修等条款。

从期限上看，租赁期限不得超过二十年。超过二十年的，超过部分无效。租赁期限届满，当事人可以续订租赁合同；但是，约定的租赁期限自续订之日起不得超过二十年。

从形式上看，租赁期限六个月以上的，应当采用书面形式。当事人未采用书面形式，无法确定租赁期限的，视为不定期租赁。

（三）出租人的义务及责任

根据《民法典》相关规定，出租人需要履行交付租赁物义务、适租义务、维修义务和通知义务等。未履行前述义务的，需要承担相应的法律后果。

（1）交付租赁物义务和适租义务。出租人应当按照约定将租赁物交付承租人，并在租赁期限内保持租赁物符合约定的用途。

（2）维修义务。出租人应当履行租赁物的维修义务，但是当事人另有约定的除外。承租人在租赁物需要维修时可以请求出租人在合理期限内维修。出租人未履行维修义务的，承租人可以自行维修，维修费用由出租人负担。因维修租赁物影响承租人使用的，应当相应减少租金或者延长租期。因承租人的过错致使租赁物需要维修的，出租人不承担前款规定的维修义务。

（3）通知义务。一是出租人出卖租赁房屋的，应当在出卖之前的合理期限内通知承租人，承租人享有以同等条件优先购买的权利；但是，房屋按份共有人行使优先购买权或者出租人将房屋出卖给近亲属的除外。出租人履行通知义务后，承租人在十五日内未明确表示购买的，视为承租人放弃优先购买权。二是出租人委托拍卖人拍卖租赁房屋的，应当在拍卖五日前通知承租人。承租人未参加拍卖的，视为放弃优先购买权。出租人未通知承租人或者有其他妨害承租人行使优先购买权情形的，承租人可以请求出租人承担赔偿责任。但是，出租人与第三人订立的房屋买卖合同的效力不受影响。

（四）承租人的义务及责任

根据《民法典》相关规定，承租人需要履行按约定使用租赁物的义务、妥善保管租赁物义务、支付租金义务等。未履行前述义务的，需要承担相应的法律责任。

（1）按约定使用租赁物的义务。承租人应当按照约定的方法使用租赁物。对租赁物的使用方法没有约定或者约定不明确，依据《民法典》第五百一十条的规定仍不能确定的，应当根据租赁物的性质使用。承租人按照约定的方法或者根据租赁物的性质使用租赁物，致使租赁物受到损耗的，不承担赔偿责任。承租人未按照约定的方法或者未根据租赁物的性质使用租赁物，致使租赁物受到损失的，出租人可以解除合同并请求赔偿损失。

（2）妥善保管租赁物义务。承租人应当妥善保管租赁物，因保管不善造成租赁物毁损、灭失的，应当承担赔偿责任。

（3）支付租金义务。承租人应当按照约定的期限支付租金。对支付租金的期限没有约定或者约定不明确，依据《民法典》第五百一十条的规定仍不能确定，租赁期限不满一年的，应当在租赁期限届满时支付；租赁期限一年以上的，应当在每届满一年时支付，剩余期限不满一年的，应当在租赁期限届满时支付。承租人无正当理由未支付或者迟延支付租金的，出租人可以请求承租人在合理期限内支付；承租人逾期不支付的，出租人可以解除合同。

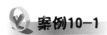 **案例10-1**

公司 S 与学院 C 的租赁合同纠纷案

【案例事实】

2014 年 12 月 16 日，学院 C（甲方）与游泳馆（乙方）签订《学院 C 游泳馆承包租赁合同》，合同主要内容为：甲方将坐落在 J 市 Y 区 W 街 111 号，甲方具有完全产权的校内游泳馆承包租赁给乙方，租赁期限为 10 年，租期从 2015 年 1 月 1 日起至 2025 年 1 月 1 日。承包租赁期间租金 51.9 万元/年，第一年租金于本合同签订后 3 日内以转账方式支付给甲方。之后于每年 1 月 1 日之前以转账方式一次性支付给甲方。甲方将泳池及所属设备提供给乙方使用，并确保游泳池及附属用房及设备水、电、暖正常运作，由于甲方原因造成停电、停水或者无法正常供暖等造成乙方无法正常运营，甲方应按照 1422 元/天的标准减免租金（年租金额/365 天）。前期改造费用由乙方支付，乙方负担游泳池加热设备等购置和安装。运营费用（包括水、暖、电和人工费）由乙方支付，水、电、暖费用标准按照 J 市相应水、暖、电费用标准执行。游泳课作为甲方学校学生选修课程开设，每个学生大学期间有一次游泳课程选课机会，选修课程不收费。馆内救护人员由乙方免费提供，选修课教师由甲方提供。乙方承担本合同生效后所产生的一切经济、法律和安全责任。甲方无故干扰乙方正常营业，造成乙方较大损失的，视为甲方违约，乙方有权终止本合同，并可按照合同法追究甲方的经济责任。乙方不支付租金或者延期支付租金达三十天以上的，擅自改变游泳池及附属用房的用途或房屋结构的，视为乙方违约，乙方应承担相应的违约责任，甲方有权终止本合同。双方均在合同上签字、盖章。

2016 年 12 月 20 日，公司 S 向学院 C 出具《关于游泳馆 Y 更名为公司 S 的情况说明》一份，内容为："我公司于 2014 年 12 月与学院签订游泳馆租赁合同，合同期为十年。由于游泳馆 Y 注册资金少，限制公司继续发展。为能更好地运营学院 C 游泳馆，由游泳馆 Y 法人代表 A 发起增资扩股事宜，于 2015 年 1 月成立公司 S，股东为 A、B、C，并由 A 任总经理。公司成立后，原游泳馆 Y 在与贵院签订的《学院 C 游泳馆承包租赁合同》中的相关法律责任及义务全部由公司 S 承担。"

2017 年 8 月 8 日下午，游泳馆发生少量臭氧泄漏事件导致在游泳馆内的学生和消费者出现中毒情况，公司 S 及时拨打 120，安置身体不适的人员。根据公安机关于 2017 年 8 月 9 日对有关人员进行询问的调查情况，2017 年 8 月 8 日下午，游泳馆区域两次停电，一次发生在下午 3 点左右，一次发生在下午 5 点左右，游泳馆内臭氧泄漏的情况发生在停电之后。当日的两次停电，学院 C 均未提前告知公司 S。

2017 年 8 月 11 日，公司 S 向学院 C 出具《关于游泳馆事件处理情况说明及提请学校帮助办理开关手续的请示》，表明 8 日下午发生的臭氧泄漏事件导致人员不适情况，当天晚上 11 时左右大部分家长及儿童的不适症状消失陆续出院，另有四名儿童在家长要求下转院至 S 省儿童医院急诊科观察治疗，2017 年 8 月 11 日上午 9 时，四名儿童全部康复出院。特将情况向学校领导汇报，希望学校提请相关部门帮助游泳馆尽快办理开馆的相关手续，公司 S 在闭馆停止营业 10 天后重新开始营业。同日，公司 S 与张三等 20 人签订赔偿协议，向在臭氧泄漏事件中受到影响的人员赔偿款项共计 76500 元，支付医药费共计 39679.5 元。

2017 年 12 月 12 日，公司 S 与案外人商行 K 签订《学院 C 泳池设备购销合同》一份，向商行 K 购买总价为 425000 元的泳池投药泵、除湿机，并由该商行安装、调试、售后。

2017 年 12 月 23 日，公司 S 向学院 C 提交《关于游泳馆闭馆维修的请示》，说明游泳馆运营近三年，馆内潮湿导致设备老化、锈蚀严重，游泳馆为消除隐患拟于 2018 年 1 月 25 日闭馆维修。

2019 年 7 月 11 日，学院 C 委托律师事务所 D 向公司 S 发送律师函一份，要求公司 S 于 2019 年 7 月 19 日前，向学院 C 一次性支付租金并拆除擅自搭建的建筑物，恢复原状。并告知公司 S，如逾期仍未履行将向管辖地人民法院提起诉讼。

2019 年 8 月 13 日，公司 S 委托律师事务所 Z 向学院 C 发送律师函一份，表明对学院 C 认可公司 S 按照《租赁合同》享有相关权利义务无异议，其已在学院 C 律师函要求的时间之前全部拆除超出租赁范围由其私自搭建的建筑物，对于催交租金问题提出未交理由，希望与学院 C 本着友好、协商、客观公平的原则妥善处理租金问题。

学院 C 向一审法院起诉请求：（1）判令公司 S 向学院 C 支付 2017 年和 2018 年两年租金合计 1038000 元及利息损失暂计 105927.27 元。并支付自 2019 年 8 月 16 日始至实际清偿之日止的利息损失。（2）判令公司 S 拆除超出租赁范围擅自搭建的建筑物；并承担本案全部诉讼费用。公司 S 向一审法院反诉请求：判令学院 C 赔偿其因泄漏事件等造成公司 S 的各项经济损失 861071.5 元并承担本案诉讼费用。J 市 Y 区人民法院依法审理了本案，并作出一审判决。

公司 S 因与被上诉人学院 C 租赁合同纠纷一案，不服 J 市 Y 区人民法院（2019）晋 0702 民初 5140 号民事判决，向 S 省 J 市中级人民法院提起上诉。S 省 J 市中级人民法院于 2020 年 5 月 6 日立案后，依法组成合议庭审理了本案。现已审理终结。

【法院判决】

一审 S 省 J 市 Y 区人民法院判决：（1）学院 C 与公司 S 签订的《学院 C 游泳馆承包租赁合同》于判决生效之日起解除。（2）公司 S 在判决生效后十日内支付学院 C 2017 年和 2018 年两年租金共计 1038000 元及利息损失 105927.27 元（按照中国人民银行同期贷款利率计算），以及自 2019 年 8 月 16 日始至实际清偿之日止的利息。（3）公司 S 在判决生效后十日内拆除超出租赁范围擅自搭建的建筑物。（4）学院 C 在判决生效后十日内支付公司 S 因泄漏事件造成的经济损失 136179.5 元。（5）驳回公司 S 的其他反诉请求。

二审查明事实与一审查明事实基本一致，S 省 J 市中级人民法院认为公司 S 的上诉请求不能成立，依法不予支持；一审判决认定事实清楚，适用法律正确，依法予以维持。判决如下：（1）驳回上诉，维持原判。（2）二审案件受理费 12410.72 元，由公司 S 负担。

【案例分析】

本案的争议焦点有二：一是涉案的租赁合同应否解除；二是公司 S 的一审反诉请求应否支持。关于涉案的租赁合同应否解除，根据《民法典》第七百二十二条的规定，承租人无正当理由未支付或者迟延支付租金的，出租人可以请求承租人在合理期限内支付，承租人逾期不支付的，出租人可以解除合同。公司 S 未按时支付 2017 年、2018 年租金，学院 C 在 2019 年 7 月 11 日向公司 S 发律师函，要求公司 S 于 2019 年 7 月 19 日前支付欠付的租金，但公司 S 逾期未支付欠付的租金，现学院 C 主张解除涉案的租赁合同应予支持。合同解除后，公司 S 应支付 2017 年、2018 年租金，并从合同约定的租金最后支付之日起支付未付租金产生的利息损失。公司 S 在一审审理中反诉主张学院 C 应支付购买除湿机、自动投药泵的费用，但双方对改善除湿设备、增设投药泵的义务方未明确约定，租赁合同解除后，双方可就增设的设备另行协商解决。关于游泳馆臭氧泄漏所致的赔偿损失，因学院 C 未通知公司 S 自行关闭电源，致使游泳馆设备房停电，虽然无直接证据证明臭氧泄漏与停电有关，但停电导致臭氧消毒机非正常停止工作，臭氧消毒机故障与学院 C 擅自断电有因果关系，一审法院酌定学院 C 赔偿公司 S 损失 136179.5 元并无不妥。

案例来源：北大法宝   引证码 CLI. C. 108699754

四、承揽合同

根据《民法典》第七百七十条规定，承揽合同是承揽人按照定作人的要求完成工作，交付工作成果，定作人支付报酬的合同。承揽合同的主体是承揽人和定作人。承揽人是指承揽合同中完成特定工作，交付工作成果并收取相应报酬的人。定作人是指承揽合同中提出工作要求，接受工作成果并支付相应报酬的人。定作人在承揽人完成工作前解除合同，造成承揽人损失的，应当赔偿损失。随着科技的进步和发展，社会分工的进一步细化，承揽合同在人们的生产、生活和经济活动中也发挥着越来越重要的作用。

（一）承揽合同的种类和内容

承揽合同在现实经济生活中的适用极为广泛，印刷、洗染、打字、翻译、拍照、冲卷扩印、广告制作、测绘、鉴定等都应归于承揽合同范畴。依据承揽工作具体内容的不同，承揽合同可以分为以下六种。

（1）加工合同，即承揽人按照定作人的具体要求，将定作人提供的原材料或半成品，以自己的技能、设备、劳力等，加工制作出成品，定作人接受该成品并支付报酬的合同。加工是承揽的典型形态，是很常见的一种，也称来料加工。

（2）定作合同，即承揽人按照定作人的具体要求，使用自己的原材料，以自己的技能、设备、劳力等，制作出特定成品，定作人接受该成品并支付报酬的合同，俗称包工包料。

（3）修理合同，即承揽人按照定作人的要求，将定作人损坏或者发生故障的物品，以自己的技能、设备、劳力等，予以修复并归还给定作人，定作人接受该工作成果并支付报酬的合同。

（4）复制合同，即承揽人按照定作人的要求，将定作人提供的样品，以自己的技能、设备、劳力等，重新依样制作成一份或若干份，定作人接受该复制品并支付报酬的合同。复制的方式有多种，可以是翻印、翻拍、翻录，也可以是某种物品的复制，如对文稿的复印、对画稿的临摹、对雕像的模仿塑造等。

（5）测试合同，即承揽人按照定作人的要求，以自己的技能、设备、劳力等，对定作人指定项目进行测试，并将测试结果交付定作人，定作人接受该工作成果并支付报酬的合同。例如，对房屋抗震性能的测试等。

（6）检验合同，即承揽人按照定作人的要求，以自己的技能、设备、劳力等，对定作人指定项目进行检验，并将检验结论交付定作人，定作人接受该工作成果并支付报酬的合同。例如，检验某种食品是否符合食品安全标准、检验某种机器设备的运行是否达到一定的技术指标等。

承揽合同的内容一般包括承揽的标的、数量、质量、报酬，承揽方式，材料的提供，履行期限，验收标准和方法等条款。

（二）定作人的义务

根据《民法典》相关规定，定作人具有按照约定提供材料、及时答复、要求一致、协助、支付报酬以及解除合同应当赔偿损失等义务。

一是按照约定提供材料的义务。定作人提供材料的，应当按照约定提供材料。

二是及时答复的义务。因定作人怠于答复等原因造成承揽人损失的，应当赔偿损失。

三是要求一致的义务。定作人中途变更承揽工作的要求，造成承揽人损失的，应当赔偿损失。

四是协助义务。承揽工作需要定作人协助的，定作人有协助的义务。定作人不履行协助义务致使承揽工作不能完成的，承揽人可以催告定作人在合理期限内履行义务，并可以顺延履行期限；定作人逾期不履行的，承揽人可以解除合同。

五是支付报酬的义务。定作人应当按照约定的期限支付报酬。对支付报酬的期限没有约定或者约定不明确，依据法律规定仍不能确定的，定作人应当在承揽人交付工作成果时支付；工作成果部分交付的，定作人应当相应支付。定作人未向承揽人支付报酬或者材料费等价款的，承揽人对完成的工作成果享有留置权或者有权拒绝交付，但是当事人另有约定的除外。

六是解除合同应当赔偿损失的义务。定作人在承揽人完成工作前解除合同，造成承揽人损失的，应当赔偿损失。

（三）承揽人的义务

根据《民法典》相关规定，承揽人具有完成工作、交由第三人应经定作人同意、按照约定选用材料、及时检验并通知定作人、接受监督检验、保管和保密等义务。

一是完成工作的义务。承揽人应当以自己的设备、技术和劳力，完成主要工作，但是当事人另有约定的除外。承揽人完成工作的，应当向定作人交付工作成果，并提交必要的技术资料和有关质量证明。承揽人交付的工作成果不符合质量要求的，定作人可以合理选择请求承揽人承担修理、重作、减少报酬、赔偿损失等违约责任。

二是交由第三人应经定作人同意的义务。承揽人将其承揽的主要工作交由第三人完成的，应当就该第三人完成的工作成果向定作人负责，并经过定作人同意。

三是按照约定选用材料的义务。承揽人提供材料的，应当按照约定选用材料，并接受定作人检验。

四是及时检验并通知定作人的义务。承揽人对定作人提供的材料应当及时检验，发现不符合约定时，应当及时通知定作人更换、补齐或者采取其他补救措施。承揽人不得擅自更换定作人提供的材料，不得更换不需要修理的零部件。承揽人发现定作人提供的图纸或者技术要求不合理的，应当及时通知定作人。

五是接受监督检验的义务。承揽人在工作期间，应当接受定作人必要的监督检验。

六是保管义务。承揽人应当妥善保管定作人提供的材料以及完成的工作成果，因保管不善造成毁损、灭失的，应当承担赔偿责任。

七是保密义务。承揽人应当按照定作人的要求保守秘密，未经定作人许可，不得留存复制品或者技术资料。

五、建设工程合同

根据《民法典》第七百八十八条规定，建设工程合同是承包人进行工程建设，发包人支付价款的合同。在学校建设工程合同中，发包人通常为学校，承包人包括总承包人或者勘察、设计、施工承包人等。学校建设工程的招标投标活动，应当依照有关法律的规定公开、公平、公正进行，建设工程合同应当采用书面形式。

（一）建设工程合同的种类和内容

《民法典》第七百八十八条规定，建设工程合同包括工程勘察、设计和施工合同。其中，勘察、设计合同是指勘察人、设计人完成工程勘察设计任务，发包人支付勘察设计费用，明确发包人与勘察、设计人之间权利义务关系的协议。其内容一般包括提交有关基础资料和概预算等文件的期限、质量要求、费用以及其他协作条件等条款；施工合同主要是指施工人完成工程的建筑、安装工作，发包人验收后，接收该工程并支付价款的合同，其内容一般包括工程范围、建设工期、中间交工工程的开工和竣工时间、工程质量、工程造价、技术资料交付时间、材料和设备供应责任、拨款和结算、竣工验收、质量保修范围和质量保证期、相互协作等条款。

（二）学校建设工程的发包、承包、分包

学校可以与总承包人订立建设工程合同，也可以分别与勘察人、设计人、施工人订立勘察、设计、施工承包合同。但是，学校不得将应当由一个承包人完成的建设工程支解成若干部分发包给数个承包人。

总承包人或者勘察、设计、施工承包人经学校同意，可以将自己承包的部分工作交由第三人完成。第三人就其完成的工作成果与总承包人或者勘察、设计、施工承包人向学校承担连带责任。需要注意以下事项：一是承包人不得将其承包的全部建设工程转包给第三人或者将其承包的全部建设工程支解以后以分包的名义分别转包给第三人；二是禁止承包人将工程分包给不具备相应资质条件的单位；三是禁止分包单位将其承包的工程再分包；四是建设工程主体结构的施工必须由承包人自行完成。

（三）学校建设工程监理

建设工程监理，是指由具有法定资质条件的工程监理单位，根据发包人的委托，依照法律、行政法规及有关的建设工程技术标准、设计文件和建设工程合同，

对承包人在施工质量、建设工期和建设资金使用等方面，代表发包人对工程建设过程实施监督的专门活动。

建设工程监理是建设项目的发包人为了保证工程质量、控制工程造价和工期，以维护自身利益而采取的措施，因此对建设工程是否实行监理，原则上应由发包人自行决定。但是对于使用国家财政资金或者其他公共资金建设的工程项目，为了加强对项目建设的监督，保证投资效益，维护国家利益，国家规定了实行强制监理的建设工程范围。属于实行强制监理的工程，学校必须依法委托工程监理单位实施监理，对于其他建设工程，则由学校自行决定是否实行工程监理。对需要实行工程监理的，学校应当委托具有相应资质条件的工程监理人进行监理。

依据《民法典》第七百九十六条规定，学校建设工程实行监理的，学校应当与监理人采用书面形式订立委托监理合同。委托监理合同是工程监理人对工程建设实施监督的依据，在性质上属于委托合同。学校与监理人的权利和义务关系以及法律责任，应当依照《民法典》关于委托合同的规定以及《中华人民共和国建筑法》等法律、行政法规的有关规定。

（四）建设工程合同无效的处理

建设工程施工合同的履行与一般合同相比，具有明显的特殊性，工程的施工过程就是承包人将劳务及建筑材料物化为建设工程的过程。基于这一特殊性，若建设工程施工合同无效，学校取得的财产形式上是承包人建设的工程，实际上是承包人对工程建设投入的劳务及建筑材料，无法适用无效恢复原状的返还原则，只能采取折价补偿的方式处理。《民法典》第七百九十三条对建设工程施工合同无效的两种情形及处理规则做了规定。

第一种是建设工程施工合同无效，但是建设工程经验收合格的，可以参照合同关于工程价款的约定折价补偿承包人。

第二种是建设工程施工合同无效，且建设工程经验收不合格的，按照以下情形处理：（1）修复后的建设工程经验收合格的，学校可以请求承包人承担修复费用；（2）修复后的建设工程经验收不合格的，承包人无权请求参照合同关于工程价款的约定折价补偿。

此外，实践中也经常出现工程质量缺陷是由于学校原因导致的情况，如提供的图纸不符合规范、提供的施工材料达不到应有的质量标准等。《民法典》第七百九十三条第四款规定，"发包人对因建设工程不合格造成的损失有过错的，应当承担相应的责任"。综上所述，对于工程质量不合格的问题，应分清原因，按照过错程度，由过错方依法承担相应责任。这样处理，符合公平原则和按照过错承担无效合同赔偿责任的原则。

（五）合同解除及后果处理的规定

建设工程合同一般具有标的额大、交易安排复杂、权利义务关系复杂等特点，甚至还会涉及建筑工人等弱势群体权利的保护，维护交易的稳定性显得更为重要。《民法典》第八百零六条对特定情况下建设工程合同的法定解除做出了细化规定：一方面，承包人将建设工程转包、违法分包的，学校可以解除合同；另一方面，学校提供的主要建筑材料、建筑构配件和设备不符合强制性标准或者不履行协助义务，致使承包人无法施工，经催告后在合理期限内仍未履行相应义务的，承包人可以解除合同。

合同解除后，已经完成的建设工程质量合格的，学校应当按照约定支付相应的工程价款；已经完成的建设工程质量不合格的，参照《民法典》第七百九十三条的规定处理（详见"建设工程施工合同无效，且建设工程经验收不合格的"）。

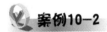**案例10-2**

B学校与A公司的建设工程合同纠纷案

【案例事实】

2005年，A有限公司通过公开招标的方式，取得了B学校二期建设工程图书馆标段（二标段）项目，双方签订了《建设工程施工合同》。合同约定，B学校图书馆标段土建、水电安装及外墙装修工程由A公司承建。整个工程于2005年开工，当年11月18日竣工验收交付使用。2015年11月B学校的施工单位在对图书馆石材幕墙维修拆除龙骨时发现玻璃幕墙和幕墙窗存在严重的质量问题。2016年3月，B学校组织专家分析原因，并委托浙江省建设工程质量检验站有限公司对玻璃幕墙和幕墙窗质量问题进行鉴定。2016年4月，鉴定单位的意见认为：图书馆玻璃幕墙和幕墙窗施工工艺不符合要求，存在安全隐患需要整改。2016年5月17日，B学校通知A有限公司要求进行全面返修，A有限公司未予理睬。故B学校向某地仲裁委员会提出仲裁，请求：A有限公司对图书馆玻璃幕墙及幕墙窗户全面返工并承担全部费用480万元，并承担本案鉴定费用6.8万元及本案的全部仲裁费用。

【仲裁结果】

根据《建设工程质量管理条例》第十六条、第四十一条的规定，建设工程竣工之后由建设单位组织设计、施工、工程监理等有关单位进行验收，验收之后有质量缺陷的，在质量保修期内由施工单位负责保修，保修期届满之后的维修责任则由建设单位负责。根据《房屋建筑工程质量保修办法》第三条、第四条、第七条、第八条的有关规定，结合本案中双方签订的《建设工程施工合同》附件 3"工程质量保修书"第二条质量保修期第 3 点的约定：装修工程质量保修期为二年。

因此，本案诉争的图书馆玻璃幕墙及幕墙窗工程不属于建筑物主体结构工程，应属于装修工程，保修期为 2 年。涉案工程已于 2005 年 11 月 18 日全面竣工验收且交付使用，故被申请人 A 有限公司所施工工程保修期至 2007 年 11 月 17 日届满。而申请人于 2015 年 11 月提出图书馆玻璃幕墙和幕墙窗存在质量问题，此时已经超过工程保修期限，被申请人不应再承担法定的或者约定的保修义务，更不应承担工程返工义务。被申请人认为其不应承担工程返工责任理由成立，予以采纳。驳回 B 学校的仲裁请求。案件受理费 36050 元，处理费 3555 元，合计 39605 元，由 B 学校承担。

【案例分析】

建设工程质量保修责任指的是承包人修复的责任，即在建设工程竣工验收后，工程出现缺陷，缺陷属于合同约定的情形或者不符合工程建设的强制标准。《房屋建筑工程质量保修办法》第三条规定："本办法所称房屋建筑工程质量保修，是指对房屋建筑工程竣工验收后在保修期限内出现的质量缺陷，予以修复。本办法所称质量缺陷，是指房屋建筑工程的质量不符合工程建设强制性标准以及合同的约定。"第四条规定："房屋建筑工程在保修范围和保修期限内出现质量缺陷，施工单位应当履行保修义务。"第七条规定："在正常使用下，房屋建筑工程的最低保修期限为……（五）装修工程为 2 年。"第八条规定："房屋建筑工程保修期从工程竣工验收合格之日起计算。"

本案中，双方签订的《建设工程施工合同》附件 3"工程质量保修书"第二条质量保修期第 3 点约定：装修工程质量保修期为二年。根据上述规定，本案诉争的图书馆玻璃幕墙及幕墙窗工程不属于建筑物主体结构工程，应属于装修工程，保修期为 2 年。

当前，我国对于建筑物的保修期做了不同的规定，主要分为主要部位和非主要部位。保修的年限发包人和承包人可以自行约定，只要双方的约定不违反法律的强制性规定，该约定即为合法有效。涉案工程已于 2005 年 11 月 18 日全面竣工验收且交付使用，故被申请人 A 有限公司所施工工程保修期至 2007 年 11 月 17 日届满。而申请人于 2015 年 11 月提出图书馆玻璃幕墙和幕墙窗存在质量问题，此时已经超过工程保修期限。

案例来源：朱顺德、田野：《对一起建设工程施工合同纠纷案件的思考》，载《法制与社会》，2018（03）。

第三节　学校与社会组织签订合同的注意事项

学校在进行各种活动时，是以不同的主体身份，参与不同的法律关系。在与公民和其他组织进行民事活动时，学校是民事法律关系主体。学校应当掌握民事法律规范，通过法律规范自己的行为，切实维护自己的合法权益。随着学校参与市场经济活动的增多，亟须通过签订合同明确学校与对方的权利义务，减少纠纷，保障各自的权益。规范合同的签订、履行，加强合同管理，使学校作为民事主体在参与经济活动中获得更大的自主权，摆脱传统的政府附属机构的意识，能扩大社会经济交往的深度和广度，更灵活地参与社会经济活动，提高为社会服务的能力。

合同签订前，要建立合同审查体系，合同文本的草拟、内容把关、可行性实用性调查、经费审查等都是合同前期监控的重点，做好前期审查，才能从根本上减少和避免合同风险的发生，将合同风险防控的关口前移。在合同订立的过程中，应当注意以下事项。

一、确定适格的合同主体，订立过程合乎法定程序

学校所签订的合同种类繁多，大致可分为各类资产、服务、设备、药品采购合同，建设工程合同、修缮工程合同、科技服务合同、资产租赁合同、捐赠合同等民事合同。学校作为独立享有民事权利、承担民事义务的事业单位法人，对外签订的各类合同都需以学校的名义进行，学校的法定代表人或者其授权的委托代理人是合同的法定签约人。这就意味着，学校所属非法人部门或单位未经授权是没有资格以自身名义对外签订合同的。

由于行政人员缺乏合同相关法律法规的基本知识，在签订经济合同时，对学校主体模糊不清，往往是谁需要签订合同就由相关校内单位负责人甚至是部门工作人员签署，加盖该单位公章即可。这种做法看似简化了学校合同的签订程序，其实隐患重重。在司法实践中，这类非法人部门签订的或单位未经授权签订的合同，只要已经履行，则往往被认为实质上已经生效。由该合同所产生的种种后果，如合同因主体不适格而产生被变更、被撤销的风险及承担相应的法律后果，将不可避免地由学校承担。

为了避免和减少损失，学校须规范合同签订主体，消除隐患。学校对外签订合同时不应以内设部门的名义对外签订，对外签订的合同主体需经学校授权，以学校名义对外签订合同，使用统一的合同专用章，各部门严格在授权范围内签订各类合同，并由学校统一管理。

二、谨慎选择合同格式，避开格式合同陷阱

学校与公民和社会组织签订的合同多种多样，既有工程项目的施工合同，又有购买设备资产的采购合同，还有对外办学办班的合作合同等，合同的文本格式各不相同。以物资采购合同为例：由于所购资产既有国内也有进口的设备及资产，供货方有国内生产厂家、代理商，还有负责进口设备的外贸代理公司，既有小公司也有大公司。正式、规范的合同文本不仅可以明确学校与社会组织在经济活动中的权利与义务关系，是双方合同管理过程和发生合同纠纷时的文本依据，而且有助于引导与规范交易行为。

在实际工作中，有时采用学校自己拟订的合同文本，有时采用供货单位的格式合同，合同签订的文本各式各样，合同涉及条款也不一致，甚至大相径庭。学校应当谨慎选择合同文本，特别是直接采用对方公司的格式合同时，供应商（企业）会使其格式合同利己条款明确，利他条款或缺失或模糊；或是条款过于简单，违约责任等重要条款都不明确；或是重要条款不通过书面落实，而是通过口头另约。这些情况都有可能为合同的充分履行埋下隐患。如果学校不加修改地签订对方提供的合同版本，则很可能丧失主动权，不利于维护学校利益。

此外，学校不同部门制定的合同内容格式也不尽相同，部分合同管理制度以工作通知、便函等形式出现，缺少正式的合同文本，在签订合同时应加以注意。

鉴于合同起草专业性较强，学校在与社会组织签订各类合同时，凡是国家或相关行业有统一示范文本的，由于其合同条款较全面、完整、严谨，应使用示范文本；没有统一示范文本的，学校应根据具体情况参照国家相关法律规定及学校具体要求，采纳专业人士的建议，组织相关人员拟定、设计出适合学校的各类合同的学校示范文本，提高合同的规范性，防范合同风险，提高合同效率。

三、明确合同条款，完备合同内容

学校对外签订的各类合同都应严格依照《民法典》等相关法律法规订立，在体现合同双方真实意思表示的基础上，尽可能完备地对合同基本条款进行约定。如果签订的合同内容不严谨、条款不完备，就很容易产生歧义进而导致合同难以履行或引发争议，而最危险的还是其所带来的财务风险和经济损失。

在参与合同签订的过程中，学校各职能部门，如财务部门、发展计划部门、招标投标负责部门、采购标的的使用主体、采购标的的检验主体，以及纪律监督委员会、审计部门等监督主体应当通力合作，力求合同的完善。科研仪器设备购置或基

建工程等涉及专业化、高科技内容的合同，应当由归口部门和管理部门共同参与商讨，从专业角度了解合同标的，保证合同的公平、合理、周全。

在实践中，学校职能部门可能因风险意识不强，在签订合同时往往忽视对违约责任、争议解决等条款的约定，认为违约、纠纷不可能发生，这类条款可有可无，很多合同都一带而过；或者由于专注于专业技术参数，很少细心揣摩违约条款，更多的是直接采用对方拟订的条款或标准化的格式条款，这也给合同顺利履行埋下隐患。而实际上，违约责任和争议解决条款恰恰是不可或缺的，它可督促双方积极履行合同义务，并提供处理合同纠纷的依据和方法。

合同内容约定不明的履行规则的适用是以合同有效为前提的，对于欠缺必要条款而导致不成立或无效的合同、欠缺全部必要条款的合同，都不能适用补救规则。通常由当事人通过协商的形式，就内容不明的条款或欠缺的条款签订补充协议，以便执行。学校与社会组织订立合同时，在履约双方的权利、义务、责任划分、违约后果和具体办法等重要方面，应当确保没有或极少发生漏洞，维护学校的正当利益。特别对于一些重要合同，比如基建合同、房地产交易合同等，学校要将这些合同作为重点管理对象，从合同的项目论证、对方当事人资信调查、合同谈判、文本起草、修改、签约、履行或变更解除、纠纷处理的全过程，请法律顾问参与，严格管理和控制，预防合同纠纷的发生，有效维护学校合法权益。

此外，在订立合同时，应当约定合同解除权。在合同生效后，如果出现了约定的解除条件，允许享有解除权的一方通过行使约定解除权而解除合同，以减少不必要的合同纠纷。

四、建立合同运行机制，注重合同动态管理

合同履行是指合同生效以后，双方当事人按照合同约定履行合同权利义务，从而使合同目的得以实现的过程。然而在实践中，合同承办部门往往忽视这一环节，对合同履行中的许多关键问题重视不够，把握不准。

目前，多数学校都没有明确的民事合同管理部门，也没有成文的民事合同管理制度，对民事合同统一、规范的管理几乎空白。在合同实施过程中，可能出现以下情况：（1）相关职能部门根据项目实施情况对报审后的合同擅自作实质性的修改或对签订后的合同另自采取协议补充。（2）应该变更的合同没有及时变更，或是只在口头上，没有以书面形式加以确定，为合同后续履行、纠纷处理等埋下隐患。（3）应当发出的书函没有及时发出，没有做到自我保护。（4）应鉴证确认的没有办理鉴证确认，当发生纠纷时，因无法举证而败诉。（5）应当追究的却过了诉讼时

效，等于放弃债权主张，放弃了胜诉权。（6）应当行使的权力没有行使，使问题更难解决。（7）应当重视证据的法律效力却没有得到足够的重视。上述情况主要是由于合同管理部门没有对实施的合同进行追踪管理，缺乏足够的重视，无法获知合同履行的进程与遇到的问题，因而无法从整体上分析和把握合同的确切状态及应采取的措施，合同管理漏洞百出。一旦发生合同纠纷，学校往往反应不及，处于被动。

合同签订后，学校要建立一整套切实可行的合同运行机制，促使相关人员随时了解、掌握合同的履行情况，发现问题及时处理汇报，对造成合同不能履行或不能完全履行的，追究有关人员的责任，强化合同履行的有效控制。合同管理是指学校依据法律和法规，采取法律的、行政的手段，对合同关系进行组织、控制、协调与监督，以保护合同当事人的合法权益，妥善处理合同纠纷，防止和制裁违法行为，保证合同顺利实施等一系列管理活动的总称。合同管理部门须按合同约定，遵守诚实信用原则，全面履行规定的义务。在合同履行过程中，合同管理部门及其他合同管理机构应加强对合同履行的动态监督，对各个环节进行动态跟踪，发现问题及时处理。

合同关系是一种法律关系，而违约行为则是一种违法行为，要承担支付违约金、赔偿损失或强制履行等法律后果。很多学校在违约纠纷的处理上不愿给自己找麻烦，往往采取回避或人情化的方式解决，没有正确使用法律手段为学校争取必要的补偿。这种息事宁人的态度不利于合同的履行，还会对学校的法治化管理造成负面影响，阻碍社会的法治化进程。在违约责任方面，学校应当充分尊重当事人约定的违约金和损害赔偿条款的效力，严格按合同条款执行。

五、完善合同审计制度，提高合同审计实效

学校的合同审计审签指对涉及物资、服务等采购活动、基建维修工程及房屋租赁、资产处置等经济活动，就合同签订与履行的全过程所进行的审计监督、检查、评价和咨询活动。

目前学校合同审计工作仍有许多不足，学校审计人员在实际工作中往往仅对招标结果与送审合同进行审核，审核其程序是否按学校规定执行，从经济及财务角度对合同进行审核，对一些专业性较强的技术服务合同一般审计人员较难把握其关键控制点，对合同涉及的重要条款、技术指标、法律责任等的审核欠全面，存在审计风险。

有的学校审计部门为规避审计风险，不愿意深入开展合同审计工作。也有的审计人员在审计时过多地考虑与各部门长期相处的关系，出于不愿得罪人的想法，对合同审计中发现的问题只是简单地提出，不进行跟踪督办，严重影响了合同审计的

质量，也使合同审计工作难以在更深层次上发挥作用。

通过合同审计审签工作，可以强化学校内部控制机制，明确合同签订程序，规范各级管理行为，对学校内控建设及发展有着深远意义。一方面可以完善学校合同条款，避免潜在的经济纠纷。学校内部审计部门对各职能部门或相关单位送来的各类经济合同，对合同主体、内容和形式的合法性，合同文本格式的规范性，合同条款的完备性，合同实质性条款与招标文件、询价信息的一致性等进行审查，可减少合同签订的失误，防范风险。另一方面可以强化内部控制机制，增强职能部门的责任意识。学校的内审部门通过对各部门提供的合同订立的依据及合同订立的流程进行审计，审查合同所涉及的经济活动是否经过授权批准、合同所涉及的经济活动是否履行了学校规定的相关手续、招投标项目有无招标记录、所签合同与招投标的结果是否一致、询价的项目有无用户及职能部门的共同调研结果及结果的合理性等。这样既可审查合同签署的流程，又加强了各部门的责任意识，强化学校的内控机制，更好地避免风险。

建立健全激励与约束相结合的审计运行机制，是调动审计人员积极性和创造性，增强和提高其责任意识的有效手段。学校在工程项目的造价审计中，可根据工程造价的核减额或核减率给予审计人员一定的奖励；在合同审计工作中，也可以根据合同审计的效果，对为学校避免或挽回较大经济损失的内部审计人员给予表彰和相应的奖励；而对在合同审计中失职、渎职或玩忽职守，给学校造成较大经济损失的内部审计人员应视其情节轻重，对责任人追究经济责任和行政责任；构成犯罪的，移交司法部门处理。这样，才能促使合同审计工作逐步规范化、制度化，合同审计的质量才能得以提高。

本章小结

随着依法办学、自主管理、民主监督、社会参与的现代学校制度的建立，各级各类学校的办学自主权日益明确，学校作为民事主体与社会组织之间的合作日益密切，民事合同数量与类型日渐增多。如何在市场经济中为学校争取合法的利益，就成为学校面临的新挑战。

学校与社会组织的民事合同在订立、履行、变更、解除、违约责任追究等环节，要遵守《民法典》等一系列民事法律法规的相关规定。学校与社会组织签订合同时，应当遵循平等、自愿，公平、合法、等价有偿，诚实、信用和禁止权力滥用等原则，在合同的签订过程中要做到依据明确、证据充足、定性准确、救济程序正当，充分保证合同双方的合法权益。

学校与社会组织在签订不同类型的合同时，要深入了解各类合同的要素与特点，听取专业人士的建议与意见，选择合适的合同文本、明确合同条款、完备合同的具体内容，并在合同签订之后，建立合同的运行机制，加强合同的动态管理，提高合同审计的实效。在依法签订与管理合同的过程中，增强学校依法办事、预防法律风险的能力，提高学校治理法治化、科学化水平。

参考书目

[1] 教育部. 全面推进依法治校实施纲要 [Z]. 2012.

[2] 马艳平. 合同法实务 [M]. 北京：中国经济出版社，2013.

[3] 吴江水. 合同业务律师基础实务 [M]. 北京：中国人民大学出版社，2014.

[4] 中国法制出版社. 民事法律适用全书 [M]. 北京：中国法制出版社，2016.

[5] 关于政府向社会力量购买服务的指导意见（国办发 [2013] 96 号）[Z]. 2013.

拓展阅读书目

[1] 法律法规司法解释实用手册——教育 [M]. 北京：中国法制出版社，2001.

[2] 李启明，黄有亮，袁竞峰，等. 建设工程合同管理（第 3 版）[M]. 北京：中国建筑工业出版社，2018.

[3] 刘建宏. 教育合同 [M]. 北京：中国政法大学出版社，2013.

思考问题

1. 学校与社会组织签订民事合同的基本原则是什么？

2. 学校与社会组织订立的民事合同包括哪些要素？

3. 学校与社会组织签订的主要合同类型有哪些？简述各类合同的具体种类和内容。

4. 学校与社会组织签订合同时需要注意哪些问题？如何避免合同纠纷的产生？

第十一章　法律救济

 **本章摘要**

本章第一节首先介绍行政救济，即非诉讼救济，包括申诉制度和行政复议制度。其中，申诉分为教师申诉制度和学生申诉制度；随后介绍了行政复议的受案范围、管辖与程序等。本章第二节则对司法救济的三种主要途径，即行政诉讼、民事诉讼和刑事诉讼进行了介绍，特别是呈现了三种诉讼的基本概念与特征，受案范围与管辖，以及诉讼流程和程序。

 **本章关键术语**

法律救济；申诉；教师申诉；学生申诉；行政复议；行政诉讼；民事诉讼；刑事诉讼。

 **学习目标**

◆了解教育领域法律救济的主要途径

◆把握申诉制度的概念，了解教师申诉和学生申诉的流程

◆认识行政复议的概念、受案范围和程序等

◆了解司法救济的三种途径，即行政诉讼、民事诉讼和刑事诉讼的概念、受案范围和程序

法律救济，是指通过法定的程序和途径裁决社会生活中的纠纷，使权益受到损害的主体获得法律上的补救。

教育领域的法律救济途径大致分为两种：一种是非司法途径。主要包括申诉和行政复议两种行政救济途径。其中，申诉主要包括教师申诉和学生申诉。另外，随着教育法治的日趋完善，根据《教育法》和《教师法》的基本精神，正在逐步建立校内调解制度以及仲裁制度。另一种是司法途径。从我国现行的法律制度来看，凡是侵犯了教育的合法权益，并符合行政诉讼法、民事诉讼法、刑事诉讼法受案范围的，都可以通过提起司法来解决。

第一节 非司法途径的救济

一、申诉制度

(一)申诉制度概述

申诉制度,即当公民或其他组织成员在其依宪法、法律或组织章程应当享有的权利受到侵害时,按照一定程序,向有关机关或组织申诉理由,请求处理或重新处理的制度。

根据是否提起诉讼,申诉制度可分为诉讼上的申诉和非诉讼上的申诉两类。

诉讼上的申诉,是指当事人或其他有关公民对已发生法律效力的判决和裁定不服,依法向审判机关、检察机关提出申请,要求改正或者撤销原判决或裁定。

非诉讼上的申诉,主要包括:政党和社会组织成员的申诉,即指政党或社团组织的成员,对其组织做出的已发生约束力的决定不服,而向政党或社团组织的领导机关或有关部门提出重新处理的要求;企业职工的申诉,即指企业职工对企业给予自己的处分决定不服时,向企业的上级机关或劳动仲裁机构提出重新处理要求的行为;选民的申诉,即指选民对于公布的选民名单有不同意见,可以向选民委员会提出要求;国家机关工作人员的申诉,即指国家机关工作人员对涉及个人的处理决定不服时,对原处理机关及其上级机关或专门机关提出重新处理要求的行为。

发生在教育领域的申诉,主要指作为教育法律关系主体的公民,在其合法权益受到损害时,向国家机关申诉理由、请求处理的制度。根据《教育法》和《教师法》的相关规定,教育领域的申诉制度主要包括教师申诉制度和学生申诉制度两大类。

(二)教师申诉制度

教师申诉制度,即教师对学校或者其他教育机构做出的处理不服,或者在其合法权益受到侵害时,依照法律、法规的规定,向主管的行政机关申诉理由,请求处理的制度。《教师法》第三十九条为教师申诉制度提供了法律依据。

教师申诉制度是针对教师这一特殊专业人员而建立的、维护教师合法权益的行政救济制度。它主要具有三个特征:教师申诉制度是一项法定的教育救济制度;教师申诉制度是一项专门性的权利救济制度;教师申诉制度是非诉讼意义上的行政性的申诉制度。

1. 教师申诉的范围

根据《教师法》的规定，教师申诉的范围主要包括：（1）教师认为学校或者其他教育机构侵犯其合法权益的，可以提出申诉。（2）教师对学校或者其他教育机构作出的处理不服的，可以提出申诉。（3）教师认为当地人民政府有关行政部门侵犯其《教师法》规定的合法权益的，可以提出申诉。

2. 受理机关及管辖

受理教师申诉的机关，因被申诉主体的不同而有所区别。如果教师是对学校或者其他教育机构提出申诉，则受理申诉的机关为主管的教育行政部门；如果教师是对当地人民政府有关行政部门提出申诉，则受理申诉的机关为同级人民政府或者上一级人民政府对口的行政主管部门。需要注意的是，提出申诉不是向行政机关的个人提出，而应向行政机关提出，否则，该申诉将被按一般的群众来信办理。

教师申诉的管辖，是指行政机关之间受理教师申诉案件的分工和权限。教师申诉的管辖主要包括以下五种：（1）隶属管辖，教师提出申诉时，应当向该学校或其他教育机构所隶属的教育行政主管部门提出申诉。（2）地域管辖，没有直接隶属关系的学校或其他教育机构中的教师提出申诉，按照教育行政部门的管理权限，由所在行政区的教育行政部门受理。（3）选择管辖，教师在两个或两个以上有管辖权的行政机关之中可以选择一个提起申诉。这主要是指对当地人民政府的有关行政部门的申诉，教师可以在同级人民政府或者上一级人民政府的有关部门之间选择受理的机关。在这种情况下，教师一般应根据及时、便利和业务对口的原则选择受理机关。（4）移送管辖，行政机关对不属于其管辖范围的申诉案件，应当移送给有管辖权的行政机关办理，同时告知申诉人。（5）协商管辖和指定管辖，因申诉管辖发生争议的，由涉及管辖的行政机关协商确定，也可由它们所属的同一级人民政府或者共同的上一级主管机关指定。

3. 教师申诉的程序

教师申诉由申诉的提出、受理和处理三个环节组成。

（1）申诉的提出

教师提出申诉必须符合以下条件：符合法定申诉范围；有明确的理由和请求；以法定形式提出。

（2）对申诉的受理

有关教育行政部门接到申诉书后，要对申诉人的资格和申诉条件进行认真审查，并就不同情况做出相应处理：对于符合申诉条件的应予以受理；对于不符合申诉条件的，可以答复申诉人不予受理；如果申诉书未说清理由和要求时，应要求申诉人重新提交申诉书。

（3）对申诉的处理

受理机关对于受理的申诉案件，应当进行全面核查。在此基础上，区别不同情况，分别作出处理决定。

教育行政部门应当在接到申诉书的次日起 30 日内做出处理。在移送管辖的情况下，从有管辖权的主管教育部门接到移送的申诉案件的次日起计算期限。逾期未做处理或者久拖不决的，若申诉内容涉及人身权、财产权及其他属于行政复议、行政诉讼受案范围的，申诉人可依法提起行政复议或行政诉讼。

受理机关作出申诉处理决定后，应将处理决定书发送当事人。申诉处理决定书自送达之日起生效，如果申诉当事人对处理决定不服，可以向原处理机关隶属的人民政府申请复核或依法提起行政复议或行政诉讼。

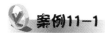 **案例11—1**

徐某要求东莞市教育局认定人事关系的申诉案

【案例事实】

徐某于 1963 年开始在东莞市某小学从事教育工作。1988 年起徐某无故不到校上课，虽经校领导反复谈话沟通，但徐某一直未恢复工作。某小学依规定将该情况上报至东莞市人事局。1990 年 7 月 2 日，东莞市人事局做出《关于徐某同志自动离职的批复》［东人复字（1990）54 号］文件，决定对徐某作自动离职处理。2012 年 11 月 1 日，徐某向东莞市教育局提交《申诉书》，认为其与某小学的人事关系仍未解除，请求某小学核实、主管部门认定徐某的工作年限；请某小学认定、复核徐某有何违纪行为；请某小学补办劳动、人事关系的法定手续并补交医保、社保等费用等。市教育局收到《申诉书》后，就其申诉请求进行了相关调查取证，认为某小学与徐某解除人事关系已依法生效，人事关系于 1990 年 7 月 2 日终止，于 2012 年 11 月 30 日作出东教申（2012）1 号《教师申诉决定书》。

【案例分析】

《教师法》第三十九条第一款规定，"教师对学校或者其他教育机构侵犯其合法权益的，或者对学校或者其他教育机构作出的处理不服的，可以向教育行政部门提出申诉，教育行政部门应当在接到申诉的三十日内，作出处理。"市教育局作为东莞市行政区域内的教育行政部门，依法享有对东莞市行政区域内的教育工作进行管理的法定职权。市教育局于 2012 年 11 月 1 日收到徐某提交的《申诉书》后，经调查确认某小学与徐某解除人事关系具有法律效力，故于 2012 年 11 月 30 日作出东教申（2012）1 号《教师申诉决定书》后送达给徐某。

案例来源：北大法宝　引证码 CLI. C. 2294882

（三）学生申诉制度

学生申诉制度，是指学生对学校给予的处分或处理不服，或认为学校和教师的行为侵犯了其合法权益，依照教育法律、法规或者规章的规定向主管机关或单位申诉理由，请求处理的制度。《教育法》第四十三条规定，受教育者享有对学校给予的处分不服向有关部门提出申诉，对学校、教师侵犯其人身权、财产权等合法权益，提出申诉或者依法提起诉讼的权利。此外，2017 年教育部新修订的《普通高等学校学生管理规定》设专章对高等学校的学生申诉进行规定，具体明确了学生申诉的受理机构、申诉范围、申诉时效等，对其他层次学校的学生申诉制度也具有一定的参考意义。

学生申诉制度具有如下特征：第一，学生申诉制度是一项法定制度。第二，学生申诉制度是一项具有特定性质的权利救济制度。第三，学生申诉制度是一项非诉讼性的申诉制度。

1. 学生申诉的范围

学生申诉的范围十分广泛，一般涉及学生的受教育权、升学权、公正评价权、隐私权、人身权、名誉权和荣誉权、财产权等各项合法权益受到侵害的申诉，这有利于学生权利的保护与救济。依提起申诉的对象和内容可分为如下情形。

第一，学生对学校给予的处理不服的，包括学籍管理、考试、校规等方面，可以提出申诉。

第二，学生对学校侵犯其合法财产权利的行为，可以提出申诉。

第三，学生对学校侵犯其人身权利的行为，可以提起申诉。

第四，学生对教师侵犯其合法财产权利的行为，可以提出申诉。

第五，学生对教师侵犯其人身权利的行为，可以提出申诉。

第六，学生对学校或教师侵犯其知识产权的行为，可以提出申诉。

2. 学生申诉的受理机关

《教育法》第四十三条规定了受教育者享有"对学校给予的处分不服向有关部门提出申诉"的权利，但没有明确规定学生申诉的受理机关。从《普通高等学校学生管理规定》相关规定与我国教育实践来看，学生申诉的受理机关分为两类。

一类是学校申诉受理机构。学校成立学生申诉处理委员会，负责受理学生对处理或者处分决定不服提起的申诉。学生申诉处理委员会应当由学校相关负责人、职能部门负责人、教师代表、学生代表、负责法律事务的相关机构负责人等组成，有条件的学校，可以聘请校外法律、教育等方面专家参加。

另一类是设立在省级教育行政部门的申诉受理机构。《普通高等学校学生管理规定》第六十二条规定，"学生对复查决定有异议的，在接到学校复查决定书之日起 15 日内，可以向学校所在地省级教育行政部门提出书面申诉"。省级教育行政部门的申诉受理机构负责处理本省学校的学生提出的申诉案件。

3. 学生申诉的程序

学生申诉要遵循一定的程序。一般步骤为：提出申诉；受理机关复查；处理决定。

（1）提出申诉

提出申诉可以口头或书面形式。《普通高等学校学生管理规定》第六十条规定，"学生对学校的处理或者处分决定有异议的，可以在接到学校处理或者处分决定书之日起 10 日内，向学校学生申诉处理委员会提出书面申诉"。

（2）复查

受理机关接到学生的口头或书面申诉后，可以依具体情况经审查后作出不同的处理。学生申诉处理委员会对学生提出的申诉进行复查，并在接到书面申诉之日起 15 日内作出复查结论并告知申诉人。情况复杂不能在规定限期内作出结论的，经学校负责人批准，可延长 15 日。学生申诉处理委员会认为必要的，可以建议学校暂缓执行有关决定。学生申诉处理委员会经复查，认为作出处理或者处分的事实、依据、程序等存在不当，可以作出建议撤销或变更的复查意见，要求相关职能部门予以研究，重新提交校长办公会或者专门会议作出决定。

（3）处理决定

学生对复查决定有异议的，在接到学校复查决定书之日起 15 日内，可以向学校所在地省级教育行政部门提出书面申诉。省级教育行政部门应当在接到学生书面申诉之日起 30 个工作日内，对申诉人的问题给予处理并作出决定。

省级教育行政部门根据审查结论，区别不同情况，分别作出下列处理：事实清楚、依据明确、定性准确、程序正当、处分适当的，予以维持；认定事实不存在，或者学校超越职权、违反上位法规定做出决定的，责令学校予以撤销；认定事实清楚，但认定情节有误、定性不准确，或者适用依据有错误的，责令学校变更或者重新做出决定；认定事实不清、证据不足，或者违反本规定以及学校规定的程序和权限的，责令学校重新作出决定。

二、行政复议

（一）概念与特征

行政复议是与行政行为具有法律上利害关系的人认为行政机关所做出的行政行为侵犯其合法权益，依法向具有法定权限的行政机关申请复议；由复议机关依法对被申请行政行为合法性和合理性进行审查并作出决定的活动和制度。教育领域的行政复议制度，是指个人或组织以国家行政机关的具体行政行为侵犯其教育法所保护的合法权益为由，依法请求行政复议机关对该行为进行审查，以保障其合法权益，行政复议机关依法定程序复查并作出决定的法律制度。

行政复议具有如下特征：第一，行政复议是一种特殊的行政行为。行政复议是行政机关依法行使职权的行为。第二，行政复议以行政机关的具体行政行为为前提。第三，行政复议的申请人只能是行政管理相对人，被申请人只能是作出具体行政行为的行政机关。第四，除法律有规定的之外，行政复议决定不是终局决定。第五，行政复议案件的审理，不适用调解。

行政复议与申诉同属行政救济渠道，但二者却不相同。不同之处表现为：第一，提出的原因不同。行政复议是在行政相对人认为行政机关的具体行政行为侵犯了其教育法所保护的合法权益时提出的。申诉是在教师、学生认为其受宪法、法律或组织章程所保护的权益受到侵害时提出的。因而提出申诉的原因不仅包括由行政机关具体行政行为所引起的侵害，而且包括行政机关的抽象行政行为所引起的侵害；另外，非行政机关，如学校或其他教育机构所引起的侵害，同样可以作为申诉的理由。可见，申诉的受案范围远远大于行政复议的受案范围。第二，提出的主体不同。行政复议由行政相对人提出。所谓行政相对人，不仅包括教师、学生、行政机关工作人员，而且包括学校或其他教育机构等组织。而申诉的提出者只能是特定的人，如教师、学生，而不能是组织。

行政复议与申诉虽然存在较大差异，但仍有交叉之处。例如，当政府部门向教师乱摊派时，教师既可提出申诉，又可提出行政复议。

（二）受案范围

教育领域行政复议的受案范围，是指教育行政复议机关对哪些行政行为具有行政复议审查权。《行政复议法》（2017 年修正）对一般行政复议的受案范围进行了规定，如第六条中具体规定："申请行政机关履行保护人身权利、财产权利、受教育权利的法定职责，行政机关没有依法履行的"。教育领域的行政复议的受案范围要符合两个条件：一是符合一般行政复议的规定；二是行政机关的具体行政行为所侵犯的应是教育法规所保护的权益。

1. 行政复议的管辖

教育领域行政复议的管辖是指教育行政机关受理教育行政复议案件的权限分工。依据行政复议机关与作出具体行政行为的原行政机关之间是否有行政隶属关系为标准，可将管辖划分为一般管辖和特殊管辖。

（1）一般管辖

复议机关与作出具体行政行为的原行政机关之间有上下级隶属关系的为一般管辖。它具体包括：对县级以上地方各级人民政府工作部门的复议，由本级人民政府或上一级主管部门管辖；对地方各级人民政府的具体行政行为不服的复议，由其上一级人民政府管辖；对两个或两个以上行政机关共同做出的具体行政行为申请复议的，由它们的共同上一级行政机关管辖；对县级以上地方人民政府的派出机关的复议，由本级人民政府管辖；对人民政府的工作部门设立的派出机构的复议，由设立该派出机构的部门管辖；对法律、法规和规章授权的组织的复议，由该组织的直接主管机关管辖。

（2）特殊管辖

复议机关与做出具体行政行为的行政机关之间不是单纯的上下级隶属关系，此时的复议管辖存在一些特殊情况：对国务院各部门的复议，由做出具体行政行为的部门管辖；对省、自治区、直辖市人民政府的复议，由做出具体行政行为的省、自治区、直辖市人民政府管辖；对被撤销的行政机关在其被撤销前做出的具体行政行为不服申请的复议，由继续行使其职权机关的上一级行政机关管辖。

2. 行政复议的程序

行政复议程序基本上分为申请、受理、审理和决定这四个环节。

（1）申请

它是指公民、法人或其他组织认为行政机关的具体行政行为侵犯其教育法所保护的合法权益，依照法律规定的条件向有关机关提出复议的要求。申请人应以书面形式在 60 日内提出行政复议申请。行政复议申请书应载明：申请人的基本情况；被申请人的名称；复议请求、申请复议的主要事实和理由；申请人的签名或盖章；提出申请的日期。

（2）受理

它是指教育行政复议机关基于相对人的申请，经审查认为符合法律规定的申请条件，决定立案并准备审理的行为。行政复议机关收到行政复议申请后，应当在 5 日内进行审查，对不符合法律规定的行政复议申请，决定不予受理，并书面告知申请人；对符合法律规定，但是不属于本机关受理的行政复议申请，应当告知申请人向有关行政复议机关提出。复议机关决定受理的标志是立案。一旦立案，复议机关必须依法对案件进行审理，复议申请人和被申请人法律地位平等，申请人不得重复申请复议。

（3）审理

它是行政复议的中心阶段。复议机关应当在受理之日起 7 日内将复议申请书副本或笔录复印件发送被申请人。被申请人在收到复议申请书副本或申请笔录复印件之日起 10 日内，提出书面答复，并提交作出具体行政行为的证据、依据和其他有关材料。

复议机关根据复议申请书和被申请人提供的书面答复、材料和证据等，对原行政执法决定进行审查。

（4）决定

它是指对案件进行审理后，在判明具体行政行为的合法性、正当性的基础上，有关机关作出相应的裁断。复议机关应在复议期限内（自受理之日起 60 日内）做出决定。复议决定包括：维持决定、履行决定、撤销、变更或确认违法决定、赔偿决定等。

复议决定生效后就具有国家强制力，复议双方应自觉履行。在教育行政复议的过程中，如果被申请人拒绝履行或无正当理由拖延履行复议决定的，复议机关或有关上级机关应当责令其限期履行。申请人逾期不起诉又不履行复议决定的，或者不履行最终裁决的复议决定的：（1）维持具体行政行为的行政复议决定，由做出具体行政行为的行政机关依法强制执行，或者申请人民法院强制执行；（2）变更具体行政行为的行政复议决定，由行政复议机关依法强制执行，或者申请人民法院强制执行。

公民、法人或其他组织对行政复议不服的，除法律法规有规定的之外，一律可以提起诉讼。

第二节　司法救济

司法救济，又被称为司法机关的救济或者诉讼救济，指的是人民法院在权利人权利受到侵害而依法提起诉讼后依其职权，按照一定的程序对权利人的权利进行补救。司法救济是权利保障的最后程序。司法救济主要是通过诉讼这种模式实现的。诉讼，也就是平时所说的"打官司"，是指国家司法机关依照法定程序来处理案件的活动。我国现在已经形成了以民事、刑事、行政三大诉讼法为主体的司法救济体系。

一、行政诉讼

（一）行政诉讼的概念及特征

行政诉讼是人民法院对行政机关行政行为进行合法性审查的司法救济制度，是与民事诉讼、刑事诉讼相并列的一项独立的诉讼制度。行政诉讼指公民、法人或者其他组织认为行政机关和被授权组织的具体行政行为侵犯其合法权益而不服的，依法定程序向人民法院起诉，由人民法院依法受理，并在双方当事人及其他诉讼参与人的参加下，依法对具体行政行为的合法性进行审理并就相关行政争议作出裁决的审判活动及其诉讼制度。

教育领域的行政诉讼包括教育行政管理相对人认为教育行政机关或教育法律、法规授权的组织的具体行政行为侵犯其合法权益，依法向人民法院起诉，请求予以法律救济；人民法院对教育行政机关或教育法律、法规授权的组织的具体行政行为的合法性进行审查，维护和监督行政职权的依法行使，矫正或撤销违法侵权的具体行政行为，对行政相对人的合法权益给予保护的活动。

教育领域的行政诉讼具有如下几个特征：（1）是一种向国家机关请求依法保护合法权益的专属权利；（2）主管机关只属于人民法院；（3）审查的对象只能是具体行政行为；（4）教育行政机关负有举证责任；（5）不得采用调解作为审理程序和结案方式。

（二）行政诉讼的受案范围

《行政诉讼法》第二条规定："公民、法人或者其他组织认为行政机关和行政机关工作人员的行政行为侵犯其合法权益，有权依照本法向人民法院提起诉讼。"可见，我国行政诉讼的诉讼标的，或者说所针对的对象是具体行政行为。《行政诉讼法》第十二条具体列出了人民法院受理的一系列由具体行政行为而引起的行政案件。除此之外，《行政诉讼法》第十三条还规定了受案范围的排除。2017年教育部新修订的《普通高等学校学生管理规定》明确规定了高校学生享有"对学校、教职员工侵犯其人身权、财产权等合法权益的行为，提出申诉或者依法提出诉讼"的权利。

教育领域的行政诉讼的受案范围，主要集中在以下几方面：（1）对教育行政处罚不服的；（2）认为符合法定条件申请教育行政机关颁发许可证或执照，教育行政机关拒绝颁发或不予答复的；（3）申请教育行政机关履行保护人身权、财产权的法定职责，教育行政机关拒绝履行或者不予答复；（4）认为教育行政机关违法要求履行义务的；（5）认为教育行政机关侵犯其他人身权、财产权的。

（三）行政诉讼的程序

1. 起诉与受理

行政诉讼中的起诉，是指公民、法人或其他组织认为行政机关的具体行政行为侵犯其合法权益，依法请求人民法院行使行政审判权，审查具体行政行为的合法性并予以救济的诉讼行为[1]。它必须符合以下条件：原告是认为具体行政行为侵犯其合法权益的公民、法人或者其他组织；有明确的被告；有具体的诉讼请求和事实根据；属于人民法院受案范围和受诉人民法院管辖。起诉一般采取书面方式。

---

[1]　胡建淼：《行政诉讼法学》，199页，北京，法律出版社，2004。

人民法院接到起诉状，经审查，应当在 7 日内立案或者作出裁定不予受理。原告对裁定不服的，可以提起上诉。

2. 审理

人民法院应当在立案之日起 5 日内，将起诉状副本发送被告。被告应当在收到起诉状副本之日起 10 日内向人民法院提交作出具体行政行为的有关材料，并提出答辩状。人民法院应当在收到答辩状之日起 5 日内，将答辩状副本发送原告。被告不提出答辩状的，不影响人民法院审理。人民法院审理行政案件一律采取合议制。合议庭是合议制的基本组织形式，我国法律规定，合议庭的人数必须是三人以上的单数。人民法院审理行政案件，分为宣布开庭、法庭调查、法庭辩论、合议庭评议、宣判五个阶段。

3. 判决

人民法院经过审理，根据不同情况，分别作出判决：（1）具体行政行为证据确凿，适用法律、法规正确，符合法定程序的，判决维持。（2）具体行政行为主要证据不足的，适用法律、法规错误的，违反法定程序的，超越职权的，滥用职权的判决撤销或者部分撤销，并可以判决被告重新作出具体行政行为。（3）被告不履行或者拖延履行法定职责的，判决其在一定期限内履行。（4）行政处罚显失公正的，可以判决变更。

4. 执行

当事人必须履行人民法院发生法律效力的判决、裁定。公民、法人或者其他组织拒绝履行判决、裁定的，教育行政机关可以向第一审人民法院申请强制执行，或者依法强制执行。当事人拒绝履行判决、裁定的，第一审人民法院可以采取划拨、罚款、司法建议乃至追究刑事责任等措施。

案例11-2

田某诉北京科技大学拒绝颁发毕业证、学位证行政诉讼案

【案例事实】

北京科技大学本科生田某在大学二年级时，因在一次考试中携带记有公式的字条而被监考老师发现，随后被停止考试，后学校以考试作弊为由，依据学校关于考试纪律的文件对田某作出"退学处理"的决定。但田某未收到正式通知，该退学处理并未得到实际执行。此后的两年里，田某仍然留在学校学习，继续缴纳学费，修完了所有学分并参与了实习和毕业设计。临近毕业，学校通知田某不能毕业，不发给其毕业证、学位证及派遣证。

田某认为学校拒绝发放毕业证、学位证的行为侵犯了其合法权益，随即向法院提出诉讼，请求法院判令学校履行发放毕业证、学位证、派遣证等。

【法院判决】

北京市海淀区人民法院于 1999 年 2 月 14 日判决：一、被告北京科技大学在本判决生效之日起 30 日内向原告田某颁发大学本科毕业证书；二、被告北京科技大学在本判决生效之日起 60 日内召集本校的学位评定委员会对原告田某的学士学位资格进行审核；三、被告北京科技大学在本判决生效之日起 30 日内履行向当地教育行政部门上报原告田某毕业派遣的有关手续的职责；四、驳回原告田某的其他诉讼请求。

一审宣判后，北京科技大学不服提出上诉，北京市第一中级人民法院于 1999 年 4 月 26 日作出 (1999) 一中行终字第 73 号行政判决：驳回上诉，维持原判。

【案例分析】

根据《教育法》第二十九条第一款第五项及《普通高等学校学生管理规定》第三十五条的规定，以及《学位条例》第四条和《中华人民共和国学位条例暂行实施办法》第四、第五条的规定，高等学校对受教育者有进行学籍管理、奖励或处分的权力，有代表国家对受教育者颁发学历证书、学位证书的职责。高等学校与受教育者之间属于教育行政管理关系，受教育者对高等学校涉及受教育者基本权利的管理行为不服的，有权提起行政诉讼，高等学校是行政诉讼的适格被告。本案中原告田某和被告北京科技大学之间的纠纷属于行政法律纠纷，是一起较为典型的教育行政诉讼案。

案例来源：北大法宝　引证码 CLI. C. 3775817

二、民事诉讼

（一）民事诉讼的概念和特点

民事诉讼是指法院、当事人和其他诉讼参加人，在审理民事案件的过程中所进行的各种诉讼活动，以及由这些活动所产生的各种诉讼关系的总和。民事诉讼制度用以解决教育领域中的民事纠纷。教育领域中的民事纠纷包括学校及其他教育机构作为民事主体与政府部门、教师、学生以及其他社会组织之间基于财产权和人身权而发生的纠纷。

民事诉讼具有如下特点：（1）民事诉讼以解决民事纠纷为目标。（2）民事诉讼必须依法进行。（3）主体之间的法律地位平等，不存在服从与隶属的关系。

（二）民事诉讼的范围和管辖

民事诉讼范围包括两大类：一是财产权纠纷案件，如财产所有权、债权等纠纷；二是人身权纠纷案件，如生命权、健康权、名誉权、荣誉权、肖像权等。在教育领域比较常见的民事纠纷包括：校园人身伤害赔偿纠纷、学校与相关主体的委托培养纠纷，私立学校与教师、学生之间的教育服务与收费纠纷，等等。

民事诉讼中的管辖，指上下级人民法院之间受理第一审民事纠纷案件的分工和权限。主要分为级别管辖、地域管辖、移送管辖和指定管辖等。

（三）民事诉讼的程序

我国民事审判的第一审程序包括普通程序和简易程序。其中普通程序是法院审理第一审教育民事案件通常适用的最基本的程序，大体分为以下阶段。

1. 起诉和受理

教育民事诉讼必须符合下列条件：原告是与本案有直接利害关系的公民、法人和其他组织；有明确的被告；有具体的诉讼请求和事实、理由；属于人民法院受理教育民事诉讼的范围和受诉人民法院管辖。

人民法院收到原告的起诉状后，认定起诉符合法定条件的，应当在7日内立案并通知有关当事人；认定起诉不符合法定条件的，在7日内裁定不予受理。

2. 审理

人民法院应当在立案之日起5日内向被告发送诉状副本。被告应当在收到起诉状副本之日起15日内提出答辩状。人民法院应当在收到答辩状之日起5日内，将答辩状副本发送原告。被告不提出答辩状的，不影响人民法院审理。人民法院审理民事案件采取合议制，在开庭审理前组成合议庭并告知当事人。人民法院审理民事案件，分为宣布开庭、法庭调查、法庭辩论、合议庭评议、宣判五个阶段。

3. 判决和裁定

判决书应当写明判决结果和作出该判决的理由。其中一部分事实已经清楚，可以就该部分先行判决。

裁定适用于下列范围：不予受理；对管辖权有异议的；驳回起诉；保全和先予执行；准许或者不准许撤诉；中止或者终结诉讼；补正判决书中的笔误；中止或者终结执行；撤销或者不予执行仲裁裁决；不予执行公证机关赋予强制执行效力的债权文书；其他需要裁定解决的事项。

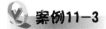 **案例11-3**

王某诉栗某、栗某洲、杨某荣、某市第二中学学生
伤害事故人身损害赔偿纠纷案

【案例事实】

原告王某是某市第二中学的一名学生。2009年5月31日晚9时15分左右，王某在班里上晚自习课时，被告栗某突然将铅笔向王某投去，将王某的右眼扎伤。当时辅导老师未在班级内。事故发生后，某市第二中学及时将王某送往医院治疗。

王某认为被告栗某的伤害行为，致使其身体和精神上受到了极大的伤害，并造成了很大的经济损失。被告某市第二中学也有过错，应当同栗某及其法定代理人承担连带赔偿责任。故诉至河南省某市某区人民法院，要求上述被告连带赔偿各类经济损失共计112279.70元。

【法院判决】

法院判决由某市第二中学对原告各项损失承担30%的民事赔偿责任，由被告栗某的法定代理人栗某洲、杨某荣承担70%的替代赔偿责任。具体判决如下：（1）被告栗某洲、杨某荣于本判决生效后十日内赔偿原告王某各项损失61837.69元（含已付的9658.32元）。（2）被告栗某洲、杨某荣于本判决生效后十日内赔偿原告王某精神损害抚慰金5000元。（3）被告某市第二中学于本判决生效后十日内赔偿原告王某各项损失26501.87元（含已付的5000元）。（4）驳回原告王某的其他诉讼请求。

【案例分析】

《中华人民共和国民法典》第一千零二条、第一千零四条和第一千一百六十五条规定了自然人享有生命健康权；行为人因过错侵害他人民事权益造成损害的，应当承担侵权责任。本案中，被告栗某向王某扔铅笔时未尽谨慎注意义务，将王某扎伤，有明显过错，故应对原告的损失承担赔偿责任。因栗某未满18周岁，属限制民事行为能力人，尚不能独立承担民事责任，故分别应由他们的法定代理人栗某洲、杨某荣承担赔偿责任。《中华人民共和国民法典》第一千二百零一条规定无民事行为能力人或者限制民事行为能力人在幼儿园、学校或者其他教育机构学习、生活期间，受到幼儿园、学校或者其他教育机构以外的第三人人身损害的，由第三人承担侵权责任；幼儿园、学校或者其他教育机构未尽到管理职责的，承担相应的补充责任。幼儿园、学校或者其他教育机构承担补充责任后，可以向第三人追偿。某市第二中学因未尽到管理职责致使未成年学生在校期间发生伤害事故，也存在过错，应承担相应的补充责任。

案例来源：北大法宝　引证码 CLI. C. 76484362

案例11-4

原告邵某某与被告盘锦市大洼区新兴学校、丁某某、丁某甲
教育机构责任纠纷一案

【案例事实】

邵某某与丁某某均系盘锦市大洼区新兴学校学生。丁某甲与丁某某系父子关系。2018年6月25日下午课间休息时,丁某某与邵某某等同学在盘锦市大洼区新兴学校园内玩健身器材秋千椅(摇椅),邵某某与另三名同学坐在秋迁椅上,丁某某在推该秋迁椅使其摆动时,由于该健身器材秋迁椅底部未安装加固螺丝,导致该器材在受到推力摆动时其底部时常与地面分离,且该器材一侧的靠背缺失,原告在乘坐的过程中鞋子掉落,原告在取鞋时,该器材将其左足脚趾压伤。邵某某受伤后,被送至盘锦骨科医院治疗,住院6天,花销医疗费9872.26元,护理级别为2级护理。出院诊断为左足拇趾开放性粉碎性骨折,出院医嘱休息4周。邵某某诉至法院,请求1.判令被告赔偿原告医疗费、生活服务费等合计11743.23元;2.判令被告赔偿残疾赔偿金、后续手术费用、精神抚慰金。

【法院判决】

法院认为原告要求被告赔偿医疗费、护理费、伙食补助费、营养费、交通费的诉讼请求,其合理、合法部分,予以支持,作出如下判决:

一、被告盘锦市大洼区新兴学校于本判决生效后七日内赔偿原告邵某某损失14169.26元。

二、被告丁某某、丁某甲不承担赔偿责任。

三、驳回原告邵某某的其他诉讼请求。

案件受理费94元(邵某某已预交),减半收取计47元,由盘锦市大洼区新兴学校负担。

【案例分析】

《中华人民共和国侵权责任法》第六条第一款规定,行为人因过错侵害他人民事权益,应当承担侵权责任;第十六条规定,侵害他人造成人身损害的,应当赔偿医疗费、护理费、交通费等为治疗和康复支出的合理费用,以及因误工减少的收入。造成残疾的,还应当赔偿残疾生活辅助具费和残疾赔偿金。

盘锦市大洼区新兴学校对校园内的体育健身器材安装不牢固,造成安全隐患,且对设备损毁的部分维修不及时,导致邵某某在与其他同学使用健身器材时,左脚拇趾被健身器材压伤,故盘锦市大洼区新兴学校对邵某某的损害应承担全部赔偿责

任，邵某某无过错不承担责任。关于邵某某主张的生活服务费、残疾赔偿金、精神抚慰金的请求，因邵某某未能提供充分证据予以证明，故该请求理由不成立，不予支持。关于邵某某主张后续手术费用的请求，邵某某可在该费用实际发生后，再另案诉讼。丁某某、丁某甲不是校园体育健身设备所有人，对邵某某的身体损害后无过错，故不承担责任。

案例来源：北大法宝 引证码：CLI. C. 74791633

三、刑事诉讼

（一）刑事诉讼的概念及特征

刑事诉讼是指国家专门机关在当事人及其他诉讼参加人的参加下依照法律规定的程序，追诉犯罪，解决被追诉人刑事责任的活动。

刑事诉讼具有如下特征：（1）是追诉教育犯罪行为的专门活动；（2）是由司法机关代表国家进行的具有国家强制性的专门活动，司法机关包括人民法院、人民检察院、公安机关（包括安全机关）；（3）是司法机关在当事人及其他诉讼参与人的参加下进行的活动。

（二）刑事诉讼的范围与管辖

刑事诉讼的受案范围包括自诉案件和需要提起公诉的教育刑事案件。根据《刑事诉讼法》的规定，自诉案件指公民或其法定代理人对于行为人违反教育法律、法规的规定侵犯其合法权益，并已触犯刑律构成犯罪，情节轻微的，依照有关规定直接向人民法院提起刑事诉讼的案件。

刑事诉讼中的管辖分为职能管辖和审判管辖。职能管辖指人民法院、人民检察院和公安机关受理刑事案件的分工。根据《刑事诉讼法》的相关规定，人民法院直接受理告诉才处理和其他不需要进行侦查的轻微刑事案件。人民检察院对于国家工作人员职务上的犯罪，以及认为需要自己直接受理的其他案件，进行立案侦查并决定是否提起公诉。公安机关对上述两类之外的刑事案件进行侦查，侦查终结后，可自行决定撤销案件；需要提起公诉的案件，移送同级人民检察院，由人民检察院决定提起诉讼。

审批管辖指人民法院系统内对第一审刑事案件受理权限的划分。根据《刑事诉讼法》的规定，基层人民法院管辖一般的刑事案件；中级人民法院管辖危害国家安全、恐怖活动案件，可能判处无期徒刑、死刑的案件；高级人民法院管辖全省（自治区、直辖市）性的重大刑事案件；最高人民法院管辖全国性的重大刑事案件。刑事案件一般由犯罪地人民法院管辖；如果由被告人居住地的人民法院审判更为适宜的，可以由被告人居住地的人民法院管辖。对于同级几个人民法院都有权管辖的，由最初受理的人民法院审判，必要时可以送主要犯罪地的人民法院审判。上级人民法院可以指定下级人民法院审判管辖不明的案件，也可以指定下级人民法院将案件移送其他人民法院审判。上级人民法院在必要时，可以审判下级人民法院管辖的第一审刑事案件，下级人民法院认为案情重大、复杂需要由上级人民法院审判的第一审刑事案件，可以请求移送上一级人民法院审判。

（三）刑事诉讼的程序

主要介绍刑事案件的第一审过程，包括自诉和公诉案件。

1. 起诉

根据《刑事诉讼法》第二百一十条至第二百一十三条的规定，自诉案件包括下列案件：告诉才处理的案件；被害人有证据证明的轻微刑事案件；被害人有证据证明对被告人侵犯自己人身、财产权利的行为应当依法追究刑事责任，而公安机关或者人民检察院不予追究被告人刑事责任的案件。

人民检察院对需要提起公诉的案件进行全面审查后，认为被告人的犯罪事实已经清楚，证据确实、充分，依法应当追究刑事责任的，应当作出起诉的决定，并向人民法院提起诉讼。

2. 受理

人民法院收到自诉状后，经过审查，可根据不同情况作出处理：犯罪事实清楚，有足够证据的案件，应当开庭审判；缺乏罪证的自诉案件，如果自诉人提不出补充证据，应当说服自诉人撤回自诉，或者裁定驳回。自诉人经两次依法传唤，无正当理由拒不到庭的，或者未经法庭许可中途退庭的，按撤诉处理。

人民法院对于公诉案件进行审查后，对于起诉书中有明确的指控犯罪事实的，应当决定开庭审理。

3. 开庭审理

人民法院审判第一审有关教育方面的刑事案件应当公开审理；有关国家秘密或者个人隐私的案件以及14岁以上不满16岁的未成年人的案件不公开审理；16岁以上不满18岁未成年人的案件，一般也不公开审理。两类案件的开庭审理程序基本相同，大致分为开庭、法庭调查、法庭辩论、被告人最后陈述、评议和宣判几个阶段。

4. 判决

人民法院经过审理，根据已查明的事实证据和有关的法律规定，分别作出如下判决：案件事实清楚，证据确实、充分，依据法律认定被告人有罪的，应当作出有罪判决；依据法律认定被告人无罪的，应当作出无罪判决；证据不足，不能认定被告人有罪的，应当作出证据不足、指控的犯罪不能成立的无罪判决。

人民法院对自诉案件，可以进行调解；自诉人在宣告判决前，可以同被告人自行和解或者撤回自诉。

5. 执行

判决发生法律效力后，罪犯被交付执行机关执行刑罚。

（四）教育领域的主要犯罪行为

根据《刑法》《教育法》《义务教育法》《教师法》等相关规定和法律实践，教育领域的犯罪行为主要包括以下情况。

教育行政管理人员是拥有一定行政权力的法律关系主体，其犯罪行为主要表现为：（1）教育设施重大安全事故罪，是指学校及其他教育机构的直接责任人员，明知校舍或者教育教学设施有危险，而不采取措施或者不及时报告，致使发生重大伤亡事故的行为。《刑法》第一百三十八条和《教育法》第七十三条分别对教育设施重大安全事故罪进行了规定。（2）非法拘禁罪，是指非法拘禁他人或者以其他方法非法剥夺他人人身自由的行为。（3）贪污罪，是指国家工作人员和受国家机关、国有公司、企业、事业单位、人民团体委托管理、经营国有财产的人员，利用财务上的便利，侵吞、窃取、骗取或者以其他手段非法占有公共财物的行为。（4）挪用公款罪，是指国家工作人员利用职务上的便利，挪用公款归个人使用，进行非法活动的，或者挪用公款数额较大、进行营利活动的，或者挪用公款数额较大、超过三个月未还的行为。（5）受贿罪，是指国家工作人员利用职务上的便利，索取他人财物的，或者非法收受他人财物，为他人谋取利益的行为。（6）滥用职权罪、玩忽职守罪，是指国家机关工作人员滥用职权或者玩忽职守，致使公共财产、国家和人民利益遭受重大损失的行为。（7）招收学生徇私舞弊罪，是指国家工作人员在招收学生工作中徇私舞弊，情节严重的行为。

教师犯罪所侵害的对象主要是学生，其主观方面或为故意，或为过失。教师的犯罪行为主要表现为：（1）过失致人死亡罪，是指行为人由于过失致使他人死亡的行为。（2）过失致人重伤罪，是指行为人过失伤害他人致人重伤的行为。（3）故意伤害罪，是指故意非法伤害他人身体的行为。教师体罚学生，情节严重的，可构成故意伤害罪。（4）侮辱罪，是指以暴力或者其他方法公然侮辱他人，情节严重的行为。教师侮辱学生的人格尊严，情节严重的，可构成此罪。（5）侵犯通信自由罪，是指隐匿、毁弃或者非法开拆他人信件，侵犯公民通信自由权利，情节严重的行为。（6）强奸罪，教师队伍中的个别教师品行不良，利用师生关系的特殊优势，对学生实施奸淫行为。（7）强制猥亵、侮辱罪和猥亵儿童罪，强制猥亵、侮辱罪指以暴力、胁迫或者其他方法强制猥亵他人或者侮辱妇女的行为。猥亵儿童罪是指猥亵不满14周岁儿童的行为。

学生犯罪通常归于青少年犯罪的范畴中，青少年犯罪是各国普遍关注的一个重要社会问题。学生犯罪主要表现为以下几类：（1）故意杀人罪，指故意非法剥夺他人生命的行为。根据最新《刑法》第十七条的规定，"已满十二周岁不满十四周岁的人，犯故意杀人、故意伤害罪，致人死亡或者以特别残忍手段致人重伤造成严重残疾，情节恶劣，经最高人民检察院核准追诉的，应当负刑事责任"。（2）故意伤害罪，学生故意伤害的对象主要是其老师和同学。（3）盗窃罪，指以非法占有为目的，秘密窃取数额较大的公私财物或者多次盗窃公私财物的行为。不满16周岁的学生不能成为本罪主体。（4）抢劫罪，指以非法占有为目的，以暴力、胁迫或者其他方法，强行劫取公私财物的行为。已满14周岁未满16周岁的学生犯此罪应负刑事责任。（5）放火罪，指故意放火焚烧公私财物的行为。（6）强奸罪，在青少年犯罪中，强奸妇女和奸淫不满十四周岁幼女的占有一定比重。据2016年司法大数据专题报告之未成年人犯罪，强奸罪案件位居第五。在性侵害犯罪中未成年人犯罪占9%。

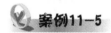

朱某等寻衅滋事案①

【案例事实】

被告人朱某等五人均系北京某校在校女生（犯罪时均未满18周岁），2017年2月28日，五名被告人在女生宿舍楼内，采用辱骂、殴打、逼迫下跪等方式侮辱女生高某某（17岁），并无故殴打、辱骂女生张某某（15岁）。经鉴定，二被害人的伤情构成轻微伤，五名被告人的行为还造成被害人高某某无法正常生活、学习的严重后果。

【判决结果】

法院经审理认为，被告人朱某等人随意殴打和辱骂他人，造成二人轻微伤，严重影响他人生活，侵犯公民人身权利，破坏社会秩序，构成寻衅滋事罪，且系共同犯罪。据此，以寻衅滋事罪依法分别判处五名被告人11个月至1年不等的有期徒刑。

【案例分析】

本案是一起典型的校园欺凌行为构成犯罪的案件。根据《刑法》第十七条和第

---

① 《朱某等寻衅滋事案：依法惩治校园欺凌》，最高人民法院举行保护未成年人权益十大优秀典型案例新闻发布会。

二百九十三条的规定，已满十六周岁的人犯罪，应当负刑事责任；随意殴打他人、破坏社会秩序的，应当判处寻衅滋事罪。本案五名被告人的行为已经不仅仅是同学伙伴之间的打闹玩笑，也不仅仅是一般的违反校规校纪的行为，而是触犯刑法应当受到刑罚惩处的犯罪行为。本案裁判法院充分考虑五名被告人主观恶性和行为的社会危害性，对其分别判处相应的实刑，符合罪刑相适应原则，在有效维护了未成年被害人合法权益的同时，也给在校学生上了一堂生动的法治课。

案例来源：www.scio.gov.cn/xwfbh/qyxwfbh/Document/1656091/1656091.html.

本章小结

本章通过介绍法律救济的主要途径，即行政救济和司法救济途径的基本概念、受理范围、管辖权限、基本程序等，让读者对这些法律救济方式有一定的认识和把握。特别是提供了一些典型性案例，希望读者能够对合法、有效的法律救济途径有更加直观、深刻的了解，在自身合法权益遇到侵害时能够真正运用法律武器来加以保障。

参考书目

胡建森，方世荣，等. 行政诉讼法学［M］. 北京：法律出版社，2004.

拓展阅读书目

［1］余雅风. 学生权利概论［M］. 北京：北京师范大学出版社，2009.

［2］湛中乐. 教师权利及其法律保障［M］. 北京：中国法制出版社，2015.

［3］范履冰. 受教育权法律救济制度研究［M］. 北京：法律出版社，2008.

［4］高崇慧. 教育纠纷与法律救济［M］. 昆明：云南民族出版社，2002.

思考问题

1. 什么是法律救济？教育领域可以采取的法律救济途径有哪些？

2. 简述教师申诉和学生申诉的范围。

3. 司法救济的途径有哪几种？